国民服・衣服研究

★監修・解説★ 井上雅人

第2巻

『国民服』

1942年（昭和17年）1月号～3月号

ゆまに書房

凡例

一、本企画は、一九四一年（昭和十六年）十月に財団法人大日本国民服協会より創刊した『国民服』と改題後継誌『衣服研究』を影印復刻するものである。

国民服・衣服研究　全八巻

監修・解説　井上雅人（武庫川女子大学准教授）

第一巻　『国民服』一九四一年（昭和十六年）十月号〜十二月号
第二巻　『国民服』一九四二年（昭和十七年）一月号〜三月号
第三巻　『国民服』一九四二年（昭和十七年）四月号〜六月号
第四巻　『国民服』一九四二年（昭和十七年）七月号〜九月号
第五巻　『衣服研究』一九四二年（昭和十七年）十月号〜十二月号
第六巻　『衣服研究』一九四三年（昭和十八年）一月号〜三月号
第七巻　『衣服研究』一九四三年（昭和十八年）春季版・夏季版・秋季版
第八巻　『衣服研究』一九四四年（昭和十九年）春季版・夏季版・秋季号／解説

一、本書「国民服・衣服研究　第二巻」に収録するのは左記のとおりである。

『国民服』第二巻第一号　一月号　昭和十七年一月十五日発行　財団法人大日本国民服協会
『国民服』第二巻第二号　二月号　昭和十七年二月十五日発行　財団法人大日本国民服協会
『国民服』第二巻第三号　三月号　昭和十七年三月十五日発行　財団法人大日本国民服協会

一、復刻に際しては、表紙から裏表紙までをすべて無修正で掲載した。ただし寸法については適宜縮小した。また印刷については、目次および本文の単色カラーページを原則としてモノクロームとした。

一、底本の印刷状態や保存状態等の理由により、蔵書印、書き込み、欠字、判読不可の箇所、ページの欠損などがある。

謝辞

このたびの復刻版刊行につきまして、文化学園大学図書館より、復刻底本として所蔵資料の御提供を賜りました。謹んで御礼を申し上げます。

株式会社ゆまに書房

目次

国民服・衣服研究　第2巻

『国民服』１９４２年（昭和17年）１月号～３月号

『国民服』第二巻第一号　一月号

昭和十七年一月十五日発行　財団法人大日本国民服協会

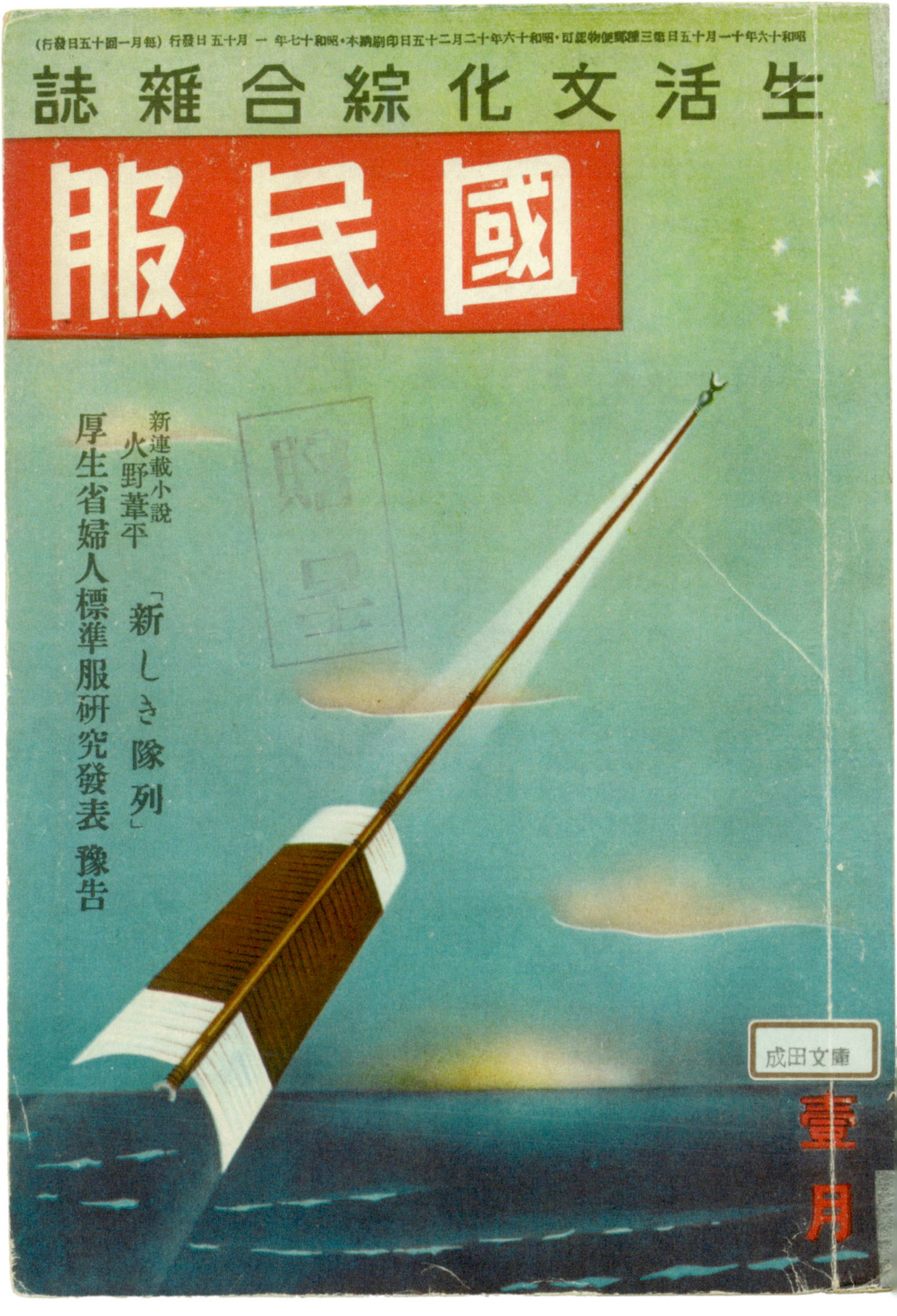

昭和十六年十一月十五日第三種郵便物認可・昭和十六年十二月二十五日印刷納本・昭和十七年一月十五日發行（毎月一回十五日發行）
生活文化綜合雜誌
國民服
新連載小說
火野葦平
「新しき隊列」
厚生省婦人標準服研究發表豫告
贈呈
成田文庫
壹月

財團法人 大日本國民服協會・指導

正規儀禮章

日本纖維雜品卸商業組合聯合會
大阪市南區鰻谷西之町四一番地
（島之内ビル）

日本纖維雜品卸商業組合聯合會
東京支部
東京市日本橋區堀留町二ノ一一

日本レース卸商業組合
大阪市東區本町二丁目一番地

東京織組紐卸商業組合
東京市日本橋區堀留町二丁目一一

東京組糸製品卸商業組合
東京市日本橋區本町四丁目二番地

大阪細巾織物紐類卸商業組合
大阪市西區靱北通一丁目八番地

大阪組紐製品卸商業組合
大阪市東區南久寶寺町二丁目三四

名古屋紐テープ卸商業組合
名古屋市中區横三ツ藏町五丁目一

京都リボン類卸商業組合
京都市下京區富小路松原上ル四八三

京都組糸製品卸商業組合
京都市烏丸通蛸藥師南京都綿業會館内

靜岡縣織組紐卸商業組合
濱松市板屋町六七番地

全國共通新公定價格査定濟
定評ある…
内外の中衣
正規の型で
親切なる仕立
本絹と交織各種
優秀カタログ
生地見本
謹呈
絹服地豊富在庫
見本進呈
内外絹絲株式會社
東京市神田區須田町一丁目五番地
電話神田(25)四一〇〇・二七三八番
出張所 大阪市東區安土町四ノ一
電話本町一九〇七番
内外本絹レインコート發賣中

國民服・一月號目次

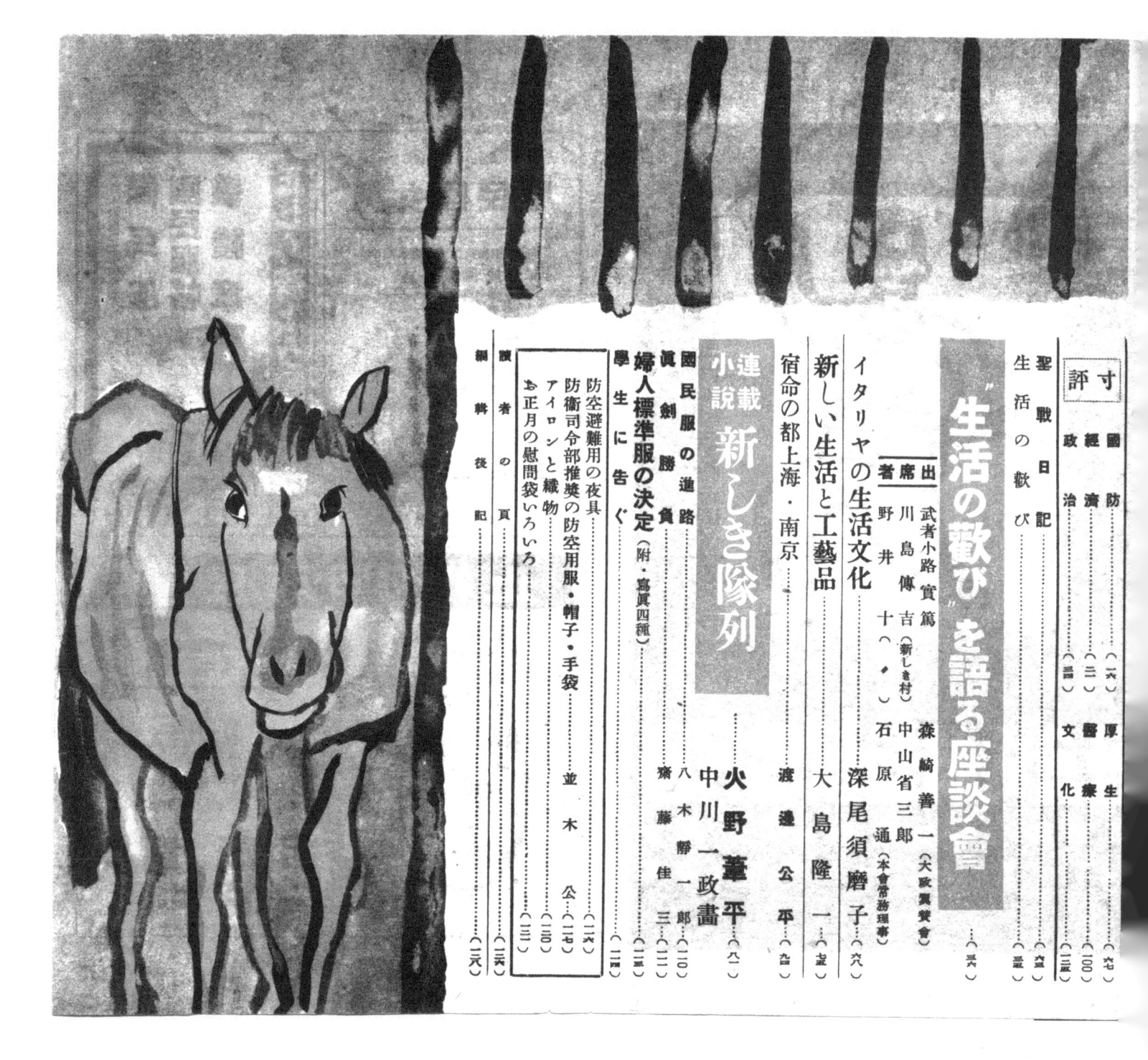

若鷲　　宮本三郎

香港の夜景，英國東亞侵略の最後の夜を現はすやうである。

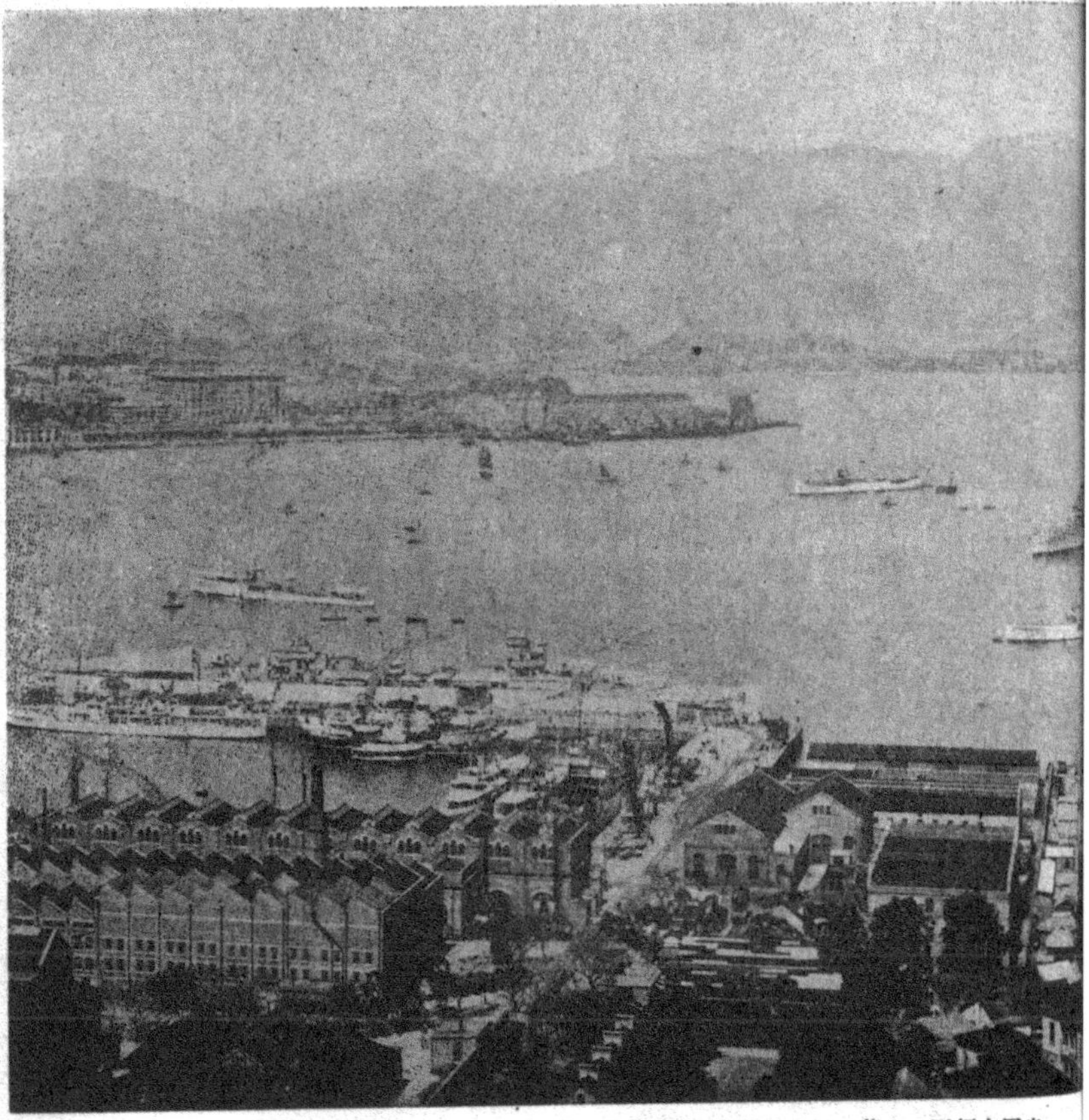

皇軍占領下の九龍。一八六〇年の北京條約，次いで一八九八年條約で，香港の防備に必要なりと支那から租借した。廣九鐵道の終點，飛行場，埠頭等の施設が完備してゐる。

ビクトリヤ・ピーク（香港島の高丘）ケーブルカー，ホテル其他の文化設備を凝らし，自國人中心の享樂地帶を形づくつてゐた。

寫眞中・「英國權益」の標識をはつた舷側。
寫眞下・南支の英國權益を守つた英國砲艦、これも今では海の底であらう。

4頁寫眞說明

（1）海鷲に依つて軍事施設を爆碎されたホノルル市街。
（2）ホノルル郊外の椰子並木。
（3）オアフ島（眞珠港のある島）東岸の軍用道路（コンクリート）

1
3

シンガポール埠頭の大觀。

英領海峽殖民地總督官邸。廣大な芝生をめぐらし，威嚴を以つて土民を感服せしめてゐる。

チヤンギーの濱，シンガポール附近の海濱だが，要塞地帯となつて，邦人の海水浴も禁止された位だ。

勇敢なる日本漁船隊（マニラ灣にて）

二の新しき村

埼玉縣入間郡毛品山町にある第二の新らしき村，面積二町歩，八高線に沿つた小高い半島型雑木林を
建物は母屋（増田荘と云ふ）と納屋一戸。
陸稲，野菜，甘藷を植ゆ。

增田莊に晴耕雨讀する武者小路實篤氏

（A）川島傳吉氏は野井十氏と共に、新らしき村生え抜きの人物である。

二人とも繪をよくし、閑があればカンバスに向ふが、三十年の農耕生活に手は太く、皮膚は強く、弱きインテリの臭ひは少しもない。

いつまでも若々しい川島氏の言葉は、若き世代への生活の歡びそのものである。

（B）陸稲の刈入れをする野井十氏。その小さい土地を兄弟姉妹（つまり新らしき村の會員）の協力で、段々

（B）農稲の刈入れをする野井[illegible]

[illegible]姉妹（つまり新らしき村の會員）の協力で、段々有益な美しい土地にしたい。自分達はその土地で段々自分達の夢をものにしたい。

穀物をつくつたり、野菜をつくつたり、住居をつくつたり、小さい美術館や、圖書館をつくつたりするそれ等をいろいろのしことを考へるのはたのしみである。（實篤）

A

B

たえず何かしようとする意志に支配されて我等は生きてゐるのである。

そのくせ自分の家の庭さへ十分に生かすことは出來ないのだ。

それは自分の仕事があるからではあるが、しかし不精が原因してゐないとは云へない。

二宮尊徳の「何人も捨てざるなきもの」をである。（實篤）

非常時も長くつゞけば普通時になる。
非常時の覺悟が日常の覺悟になる。同時に非常時の内に、日常の生活をする必要がある。（實篤）
大東亞戰は長期戰である。

働らける者はすべて働らき、農耕できる者は、本を讀むかたはら土地を耕せ。

第二の新らしき村には陸稲も甘藷も豊作である。

これを賣つて生活をするといふ目的だけでなく、國家のお役に、何かして見ようといふ氣持と、自分の勉强をしようといふ決心が一致すれば、自由主義時

詔書

天佑ヲ保有シ萬世一系ノ皇祚ヲ踐メル大日本帝國天皇ハ昭ニ忠誠勇武ナル汝有衆ニ示ス

朕茲ニ米國及英國ニ對シテ戰ヲ宣ス朕カ陸海將兵ハ全力ヲ奮テ交戰ニ從事シ朕カ百僚有司ハ勵精職務ヲ奉行シ朕カ衆庶ハ各々其ノ本分ヲ盡シ億兆一心國家ノ總力ヲ擧ケテ征戰ノ目的ヲ達成スルニ遺算ナカラムコトヲ期セヨ

抑々東亞ノ安定ヲ確保シ以テ世界ノ平和ニ寄與スルハ丕顯ナル皇祖考丕承ナル皇考ノ作述セル遠猷ニシテ朕カ拳々措カサル所而シテ列國トノ交誼ヲ篤クシ萬邦共榮ノ樂ヲ偕ニスルハ之亦帝國カ常ニ國交ノ要義ト爲ス所ナリ今ヤ不幸ニシテ米英兩國ト釁端ヲ開クニ至ル洵ニ已ムヲ得サルモノアリ豈朕カ志ナラムヤ中華民國政府曩ニ帝國ノ眞意ヲ解セス濫ニ事ヲ構ヘテ東亞ノ平和ヲ攪亂シ遂ニ帝國ヲシテ干戈ヲ執ルニ至ラシメ茲ニ四年有餘ヲ經タリ幸ニ國民政府更新スルアリ帝國ハ之ト善隣ノ誼ヲ結ヒ相提攜スルニ至レルモ重慶ニ殘存スル政權ハ米英ノ庇蔭ヲ恃ミテ兄弟尚未タ牆ニ相鬩クヲ悛メス米英兩國ハ殘存政權ヲ支援シテ東亞ノ禍亂ヲ助長シ平和ノ美名ニ匿レテ東洋制覇ノ非望ヲ逞ウセムトス剩ヘ與國ヲ誘ヒ帝國ノ周邊ニ於テ武備ヲ增强シテ我ニ挑戰シ更ニ帝國ノ平和的通商ニ有ラユル妨害ヲ與ヘ遂ニ經濟斷交ヲ敢テシ帝國ノ生存ニ重大ナル脅威ヲ加フ朕ハ政府ヲシテ事態ヲ平和ノ裡ニ回復セシメムトシ隱忍久シキニ彌リタルモ彼ハ毫モ交讓ノ精神ナク徒ニ時局ノ解決ヲ遷延セシメテ此ノ間却ツテ益々經濟上軍事上ノ脅威ヲ增大シ以テ我ヲ屈從セシメムトス斯ノ如クニシテ推移セムカ東亞安定ニ關スル帝國積年ノ努力ハ悉ク水泡ニ歸シ帝國ノ存立亦正ニ危殆ニ瀕セリ事既ニ此ニ至ル帝國ハ今ヤ自存自衞ノ爲蹶然起ツテ一切ノ障礙ヲ破碎スルノ外ナキナリ

皇祖皇宗ノ神靈上ニ在リ朕ハ汝有衆ノ忠誠勇武ニ信倚シ祖宗ノ遺業ヲ恢弘シ速ニ禍根ヲ芟除シテ東亞永遠ノ平和ヲ確立シ以テ帝國ノ光榮ヲ保全セムコトヲ期ス

御名御璽

昭和十六年十二月八日

各大臣副署

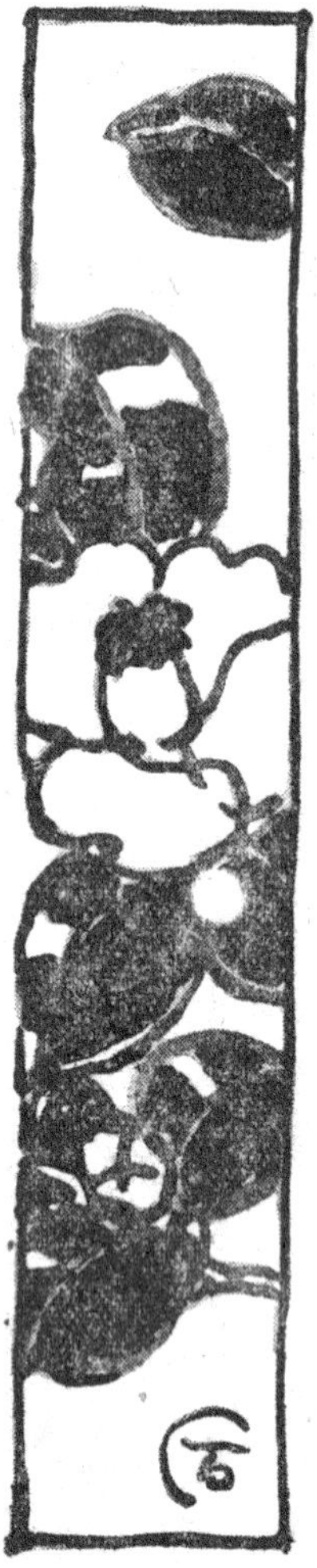

大東亞戰爭と吾人の心構へ

石原　通

時が來たのである。豫て吾人が覺悟して居た時が來たのである。而も皇軍は開戰劈頭に於て偉大なる戰果を收め、帝國の威武を中外に宣揚し大に吾人の意を强ふすることを得たるも、今直ちに勝敗の決を求むことは出來がたく、今後幾十年戰爭が續いても我が皇國民は動ずることなく、堅忍持久、眞に一致結束して、最後の勝利を得ることに努めなければならない。これぞ吾人の名譽であり又責務である。日本國民が一致結束して此の時局に當れば、決して目的を完遂し得ないことはない。如何に智嚢の勝れた人でも、自分一人では何事も爲し遂げ得ないので、目下の超非常時局に於て、一致團結の甚だ必要なことは最早玆に贅言を重ねる必要はないのである。ところが從來の傾向を見ると、一致團結の實を擧げると云ふことはなかなかむづかしいので、小さい部門でさへ內部に相當の摩擦があつて圓滿に行かないところが多く、眞に善く融合して居るところは少い樣である。今後も此の樣な狀態では、此の難關を突破出來ないばかりでなく、國內に於ける摩擦が激化して國內に多少でも崩壞的現象が起つたならば　それこそ米・英の士氣を昂揚させることになるから、斯ることにならないやう心掛けねばなるまいと思ふ。

確固たる信念

然らば、どうして摩擦が起るか。之にはいろ〱の原因があらうが、要は克己心なき各自の我儘な功利心から來るものと思ふ。勿論、不斷の研究努力と確固たる信念とを以て事に當り、是なりと信ずることは之を遂行するの決心と熱意がなければ、到底事の成果を期することは出來ないが、自己の考が絕對に是なりと信じ、他人の言動に對し事每に反對する樣では、決して一致は望みがたく、到底物事を成し遂げることはむづかしいのである。兎角他人の爲したことは、批難しても、自身何等爲し遂げ得ない人がよくあるので、何事も破壞は容易であるが建設はむづかしいのである。何人も玆に思を致し、人の和に依る一致團結に依つて事業を爲し遂げ得る樣に努めなければならない。

人の和

殊に現今の樣な國家の安危に關る重大時局を乘り切るには、何よりも先づ人の和に依る團結で行かなければならない。一家に於ても、其の人の家庭が圓滿でなかつたならばその人の仕事は決してよく行くものでない。又一つの仕事に從事して居る者の足並が揃はなくては、その仕事はよく行かないのである。如何に主腦者が鐵石の決意を持つてやらうと思つても足並が亂れては鐵石にならないのである。故にお互によく心を合せ、眞の鐵石となり、國家は此の鐵石の集りでなくてはならないのである。眞に一億一心となり、大なる鐵石となつたならば、これ程强いものはなく、何事に對しても恐るることはないのである。然らば、どうしたら人の和に依る團結が保てるであらうか。これには次の心構へが必要と思ふ。

團結の要諦

感謝の念を以て人を迎ふること
犧牲を惜しまざること
禮儀を守ること
信義を重んずること
連繫連絡に努むること
なるべく干渉せざること

卽ち家庭に於ては、妻は夫に對し、夫は妻に對し、子は親に對し、何事にも感謝の念を以てすれば、家庭は至つて圓滿に行くと思ふ。又同じ仕事をして居るもの同志が、互に相手方に對し感謝の念を以てすれば、圓滑に行くのである。更に之を大きく見れば、國民は政府の施設に對し、常に感謝の念を以て迎ふれば、不平不滿は起らないのである。之を物資の配給に譬ふれば、其結果に於て意に滿たないところがあつたとしても政府機關の並々ならぬ苦心を知り、古今未曾有の大戰爭に臨みながら、生活を平易に送り得ることに對し幸福觀を以て感謝すれば、不平不滿は起らないのである。然し相手をして感謝の念を起さしむるには、互に自分の責任を果すばかりでなく、相手の犧牲となると云ふことが甚だ必要だ。そうすれば、自然そこに感謝の念が沸いて來るのである。自分の都合ばかり考へ我儘勝手なことばかりして、他人の犧牲となることを惜しみ、他人の感謝を求めるのは無理な話である。自分は、自分より地位の低い人でも、眞に責任感を以て犧牲的に働いて居る人に對しては自然に頭が下るのである。

又和して行くのには、お互に禮儀を守ることが甚だ必要である。互に相手をよく知りぬいて居る友人同志では、形式的の禮儀をしなくても和して行けるが、一般的には、上の者は下の者に對し少しでも暴威を振ふ樣なことがあつてはならない。職務上威嚴を保持しなければならない場合は格別だけれど、其の外は懇切丁寧に取扱はなければいけない。若し禮儀を守らないで、上を尊敬せず下を惠まなかつたならば、決して和を求めることは出來ないのである。

又團結を鞏固ならしむる爲には、お互に信義を重んずることが甚だ大切である。互に心と口先と違つた行爲をしたり、他人と約束したことを實行しなかつたりするのは、甚だよろしくない。こう云ふ風では、決して團結を保つて行くことは出來ないのである。自分が云つたことは必ず履行する樣、相手方の爲出來るだけ努力しなくてはいけない。若し成否が覺束ない樣であつたら、始めから約束しないがよい。

又互に「知らしめあふ」と云ふこと、卽ち連繫連絡の保持と云ふことは、意思の疏通を良好ならしむる所以であつて、團結上極めて必要である。勿論防牒上他人に話すことが出來ないこととか、業務上秘密を保持しなければならないことは格別だが、その他は出來るだけ事前に相手方に話しあひ、互に了解しあつて事を處理する樣に努むれば、何事も圓滑に行けるのである。從來他人に「知らしむべからず」主義を採つた爲、圓滑を缺いた例も少くないのである。大いに注意し努力しなければならないことゝ思ふ。

大乘的見地に立て

又、何事も人に委して省みないのは贊成しかねるが、事毎に他人の仕事に干渉し制肘を與へるのは、唯に業務の進捗を阻害するばかりでなく、被干渉者の蒙むる精神的の打撃甚大の爲、團結を阻害した例も少くないので、常に大乘的見地に立つて事の成否を達觀し、なるべく干渉しない樣愼しまなければならない。何人も普通良心のある人だつたら、仕事を遂行しようとする責任感があるから、なるべく委すがよい。仕事が善く行く樣に懇切に指導するのはよいが、妄りに責めるのはよろしくない。却つて或る程度委して置いた方が良い結果を擧げた例も少くないのである。

以上は團結上是非必要と考へた吾人の心構への一端を述べただけで、此の他にもいろ／＼心懸けねばならないことがあると思ふが、少くも以上擧げたことを守り行ふことに依つて、團結を鞏固ならしむる爲貢献し得ることと確信する。

重ねて云ふが、今皇國は國家の安危に關はる重大時機に直面して居るので、此の非常難局を切り拔けるには非常の覺悟と努力を要するが、どうしても一億一心一體となり、あらゆる國難を克服して、日本の國是貫徹に邁進し、大東亞建設に寄與しなければなるまいと思ふ。

國民生活の生產性

——生活の科學化か生活觀の科學化か？

大熊信行

生活の科學化といふ問題は、生活觀の科學化といふ問題に移りつゝあるもののやうにおもはれる。科學化といふことは、嚴密にいへば、技術的合理化といふことでなければならない。それは因果論的な合理の認識のうへに目的論的な合理性の問題である。しかしながら技術的に合理化されるところの生活そのものの本體が、科學的にとらへられてゐないかぎり、生活の科學化といふことは、まだ單なるスローガンの域を十分に出たものといふことはできないであらう。

　しからば生活の本體は何であるか？　これをどのやうにとらへることが科學的であるか？　この問題については、まだ十分に學者のあひだに意見が出揃つたといふことはできないのできないのであるが、しかし、われわれの見解をこゝに述べてみれば、それは決して各人の主觀によつて恣意的に決定しうることでない。それは一つの新しい時代の生活觀にもとづくものでものでなければならない。いかなる時代の　でも、生活觀をもたなかつたといふことはないのであるが、われわれは一つの新しい生活觀をもつ必要に迫られてゐるのである。しかも、各人がそれぞれ新しい生活觀を工夫するのではなくて、一つの新しい生活觀を共同にもたなければならないといふことが、時代の條件なのである。

科學的生活觀

われわれは新しい生活觀を求めて、これを哲學の領域に見いだすことができず、またこれを近代經濟學の領域に求めても、滿足なものを與へられることはできず、また、これを他のいかなる自然科學の領域に求めても答を得ることができるとはおもへないのである。なるほど、生理學や生物學は、われわれに科學的な生活觀をあたへようとするであらう。しかし、それらのものがあたへるところの科學的なる生活觀は、嚴密には、おそらく生活觀であるよりも、生命觀である。或は一般的な有機體觀なのであつて、決して人間生活觀ではありえないであらう。かく考へるときにわれわれは、科學的なる生活觀を求めて、これをいづれにも求めがたいといふことを、認めなければならないとおもふ。科學的なる生活觀は、これをなんらかの既成の學問領域に求めるべきではなくして、われわれの生活直觀の地盤の上に、あらたに建設されなければならないものとおもはれる。しかも、その地盤は時代の條件に制約されてゐる。

といつて、あたらしい科學的な生活觀なるものは、決して空手空拳をもつて、これを目のまへに建設しうるものではなくて、なんらかの手がかりを、まづもつて必要とするものである。われわれはその手がかりを、しばらくこれまでの經濟學の領域に求めようとするものである。すでにいふごとく、近代經濟學は決して科學的な生活觀をわれわれに與へるものではないけれども、しかし、われわれがそれをあらたに建設するための手がかりを提供することのできるものとおもはれる。この着眼からして、いかなるところにその手がかりを求めるかといふ問題を、一段おしすゝめてみるならば、それはいろいろの方面から、これを論ずることができるであらう。しかし、こゝではわれわれは第一に國民生活の特に生活的なる面として考へられてをつたところの消費の側面からはいつていつて、そして經濟學によつてすでに與へられてゐるところの消費の理論をみちびきの糸としながら、除々に生活の實態に迫ることができるとかんがへるものである。しからば、現代の經濟學は國民生活の消費の面について、いかなる考察を遺してゐるか？それはほかでもなく、消費生活の秩序の原則ともいふべき原則の發見がひとつあるわけである。

右については後段にあらためて觸れるつもりであるが、もうひとつ國民生活の實體に接近する第二の角度があると考へられる。それは何かといふと、いはゆる消費生活をもつて一個の經營體として認識するところの立如である。經營體といふ概念は、今日までの經濟學では、主として物財生產の經營體としての企業を意味してをつたのである。また、今日のいはゆる經營學なるものは、生產經營體としての企業をその硏究對象としてゐるものであるが、しかしこれに對して消費生活の主體をなすところの家の組織と運營をいふものが、これまた一個の經營體であるといふことはつとに一部の學者の認めるところであつた。たゞ一般には、生活經營體としての經營體すなはち「家」なるものは、生產經營體のごとくに科學的に考察すべき對象ではないと信じられてをつたのである。それは空白のまゝ殘されてゐた部分であつた。

由來、生產と消費といふ二つの概念は、物財を中心とする概念であつて、生產とはとりもなほさず物財生產であり消費とは物財消費の意味であつた。そして、今日では專門の經濟學者がこれらの二つの言葉によつて、物財を中心とする考へ方を、無意識のうちに、國民の頭に注ぎこんでゐたものである。經濟學を一ページも讀もない人でも、この意味においていつしか近代經濟學の思考方法もしくは考へ方にしたがつてをつたといふことになる。しかるに、一旦この思考方法の桎梏を脫却して、もういちど國民生活の全體的な活動を見なほすならば、國民生活の全體活動といふものは、一方において物財の生產と消費、他方において生命（および生活力）の生產と消費といふ二大部門を見いださゞるをえないであらう。この着想は、われわれが日本において樹立したものであることを、最初に斷つておかなければならない。

生命の生產・消費

言葉としても、生產といふ文字は「生れる」「產む」といふ意味でものであつて、むしろ物財よりは人間および家畜農作物のごとく、特に生命ある存在について用ゐられるべき言葉であつたのである。しかし、いまにして、にわかにこの言葉を人間に結びつけて、人間生產といふならば、今日のひとびとは異樣に感じるであらう。それほどに生產といふ用語は、いままでは經濟學的な、すなはち物財中心的な思惟によつて、規定されてしまつてゐたのである。いまこの言葉をあらためて、物的なものおよび人的なものの雙方に適用して論ずるならば、國民生活における生產問題といふものは實に兩側面に分たれるのであつて、ひとつは物財の再生産、他の一つは人間再生産――後者についてくわしくいへば、人間再生産および生活再生産である。

　これらの國民的生産の二大部門について、共通の論理をかんがへてみるのに、物財の再生産においては、その反面にやはり消費の過程があるのである。物財の生産は、原料資材勞働力の消費なくしてありうるものではない。これを今日の人々は、生産的消費をよぶ。また、人間の再生産についてみても、これまたその反面に、消費を伴ふことはいふまでもないのであるが、これを指して今日の經濟學者は最終消費と呼ぶ。しかしながら古典學派の思考方法にしたがふならば、生産的消費といふのは、たとへば勞働者がその食物をとる場合に、その活力を維持するに必要な部分については、これを生産的消費であると考へ、その必要を超えた部分をもつて不生産的なものとみたのである。この點を今にしてかへりみるならば、古典學派の思考方法の方がはるかに生活の論理に肉迫してをつたことを知るのであつて、近代經濟學はむしろその後において、一つの退歩をつゞけつゝあつたといはなければならないであらうとおもはれる。もちろん、近代經濟學は　價格理論の發展としては科學的な純化を遂げたのであるけれども、その反面において、國民生活の實態についての科學的考察をいとなむ能力を喪失したといはなければならないのである。一方の進歩が他の方面の退歩を示すといふことの、いちじるしい一例といはなくてはならない。かくかんがへる場合、われわれの求める科學的なる生活觀への一つの端緒は、古典學派の勞働賃銀說のなかにも、見いだされるものだといはなくてはならないであらう。

　以上をもつて、科學的な生活觀の建設のために、およそ三つの角度から問題に迫り得ることを示したのである。第一には、消費の法則としての限界利用均等法則、第二には生活そのものの經營體觀もしくは形成體觀、第三は、生活的消費における生産性の觀點これである。これらの三つの觀點を一つに綜合することによつて、ひとまづおぼろげながらも、國民生活の實態を論理的に把握する手がかりをにぎつたといふことができるのではないかとおもはれる。それ以上の詳細にわたることは、こゝでは紙幅がゆるさない。

　さてつぎに、われわれは經濟學をはなれる。そしてむしろ自然科學的な、あるひは生理學的な生活觀に移らうとおもふ。およそ生活とは、要するに生ける有機體がその環境に適應せんとして、たえず環境の作用にたいする合目的性反應の系列を形成する過程である。(拙著「經濟本質論―配分原理第一卷―」三一〇頁)生活は意欲と環境との統一としてのみ成立するのである。生活體は、それが人間である場合においては、生きんとする意欲を抽象化して、これを生活目的の觀念において對象化する。しかし理想の根源は意欲である。生活者はその生活力によつて環境に適應し、たえず情況の變化に卽應し、その生命の持續をはかるためには、生活力そのものの合理的な行使をつねに必要とする。すなはち、かくのごとき生活觀においては、生活體、生活環境、生活意欲、生活力および生活秩序等の數個の基本概念を不可缺とする。なかんづく重要なものは生活秩序の概念である。

生活秩序は生活體が生活環境に、たえず適應せんとする合目的活動の總體を意味するのであつて、その具體的な內容は、生活力または生活資力の配分でなくてはならぬ。およそ生活活動なるものは、それ自體が生活力の擴大および蓄積を目ざすのを本體とするのであるが、しかし動物および人間の活動そのものは、とりあへず、直接的には生活力の消耗である、といはなければならないであらう。しからば、われわれはすでに生活體一般において、基本的な意味におけるエネルギーの消費と、その再獲得の循環およびその過程を契機とするエネルギーの蓄積を見いだすことができるであらう。おそらくかくのごときが自然科學的なる生活觀からわれわれの引きだすことのできるところの生の論理、あるひは生命の論理であるであらう。

いま、さきに述べた經濟學の領域內における三つの觀點と、こゝにいふ自然科學的な生命觀における生活の論理とを、更めて突きあはせてみるならば、そこにわれわれは生活觀そのものの科學化のために必要なる諸道具が、一應とり揃つたことを知るであらう。

國民の生活力

消費經濟の原理として知られてゐる限界利用均等法則は生活力行使の合目的性原理であり、殊にその基本形式を配分として捉へるものである。この着眼もまた日本においてわれわれが樹立したものの一つであることを斷つてかく。生し力の行使は何よりもまづ生活體そのものの維持發展のためのものでなければならないから、その主力は、直接的にエネルギーの獲得に向はなければならない。しかし、すでにいふごとく、外界からのエネルギーの獲得は、反省においてエネルギーの消耗である。エネルギーの消耗とエネルギーの再獲得の循環およびそれを契機とするエネルギーの蓄積とは生活體の持續における最も根源的な循環の論理である。循環は決して人間生活における經濟面にのみ固有のものではなくして、生命體に共通の根源的な論理であるこのことをまづ知らなくてはならない。生活體の生命が强化されるのは、その循環における生命の擴大再生産である。であるから、もし生活力としてのエネルギーが、その生存目的のために支出消耗されることになくして、派生的な、副次的な目的のために、消耗されるならば、そのやうなエネルギーの支出と、消耗とは、生活合理性の根本軌道を逸脱したものとなるであらう。

いま、國民生活について、その論理を適用してみるならば、生活はいはゆる勤勞の面と、そしていはゆる消費の面とを持つ。勤勞の面は、換言すれば生産の面である。生産と消費とはいはゞ交互に目的および手段の關係にあるものであつて、生産は消費のためのもの、消費は生産のためのものである。すなはち個人の勤勞は一家の消費のためのものである。勤勞は生活消費のためのものであると同時に、生活消費は勤勞活動のためのものである。たゞ、かなしむべし、現代の生活意識においては、勤勞が消費生活を支へる基礎であることはみとめられてゐるが、生活消費が勤勞を支へる基礎であるといふ反面は、全く閑却されてをつたのである。すくなくとも生活消費が人間活動の基礎としてもつてゐる全體的な意義が、論理的に考察されることなしに、放置されてゐたのである。しかし、もし一旦、この論理に目ざめるならば、いはゆる「消費生活」の生産性なる問題は、直ちに解決の端緒につくのであつて、勤勞の最大能率化の基礎、すなはち生活力の維持増强といふ目的をはなれて、生活消費の目的なるものはあるべきものでないことを知るであらう。現代の經濟學は、この消費の本質を滅却して、これをひとへに物的生産の終極と考へ、その意味における最終消費といふ用語を案出して安んじてゐたのである。この最終消費がもつところの本質は生産性の課題にあることを全く見失つてゐたのである。

さうである。そしてこれを見失はしめたものは、とりもなほさず近代經濟學における營利概念の君臨にほかならない。人間活動の領域を生産と消費とに分つところの規準は實にこの營利概念であつたのであつて、ひとつの鍋にものが煮られてゐる狀態も、これが營業としての料理屋の鍋である場合は生産過程であり、家政の內部における場合には消費過程であるといふのが、きさに經濟學の通念であつたのである。しかしながら生活の本質觀からすれば、國民的生産の過程は野菜が臺所口がらはいつたときに終るのではなくて、それが煮られて食膳にのぼるまで、一義的につゞくのである。一家の主婦は國民的生産の最頂點に位する最後の責任者である。かくいへば、人あるひはいふであらう――その生産の論理を徹底せしめるならば、食膳の箸にはさんで食物を口に運ぶのが、なほ依然として生産過程であり、これを咀嚼するのもまた生産過程であるのか、と。さらにこれを嚥下して消化するのもまた生産過程の延長であるといふことにはなりはしないか、と。

　われわれはこれに答へて、しかりといふ。生活の本質觀よりすれば、國民的生産の延長は、つひにわれわれの食物の消費におよぶのであつて、攝取せられた食物が血となり肉となり、すなはちエネルギーとなつて身體に蓄積される段階こそ、眞に最後の段階である。これこそは生産の極限である。こゝにおいて消費は、體力あるひは精神力の消耗においてはじめてはじまるのである。すなはち人間の身體におけるエネルギーの支出こそは、窮極的な消費であつてその反對はそのまゝ、外界におけるあたらしいエネルギーの生産行程でなければならない。われわれにして近代經濟學の思惟形式にとらはれることなく、生活の本質觀においてその論理を追跡するならば、期せずしてかくのごとき結論に到達せざるをえないのである。

　さらに生活經營體の課題は、他の角度からの考察を必要とするものである。それはすでに種々の機會に述べるごとく、人間再生産の組織である生活經營體としての「家」の生活は、一定の自然的、社會的環境の下に、その限りある生活力をもつて、生活運營の持續と發展とを期するものであるといふことである。その生活力とは、現實における生活資力にほかならない。

　およそ國民の生活資力の基礎をなすものは、所有財産と勤勞能力とである。われわれは生活力の概念を人物生活に關していふかぎり、これを單に肉體的なる、もしくは身體的なる生活力に限定することは適當ではない。それは社會關係的なる所有すなはち一家の財產をもつて、その生活力の一部を構成するものとかんがへなければならない。すなはち人間の生活力は、この一點において、他の有機體の生活力とは全くそのおもむきを異にしたものある。ひとりの人間を指して、かれは生活力をもつてゐるといひ、あるひは生活力をもつてゐる男子に嫁ぐなどと、日常の談話に、おいていふ場合、その生活力とは、かれ自身の一箇の手腕のみならず、所有財產すなはち資力をも意味するもののやうである。われわれの生活觀にして人間生活觀である以上生活主體、生活意欲、生活情況、生活秩序等の概念を、他の有機體の觀察における場合と共有するのであるが、しかし、たゞひとつ、生活力の概念においては、はなはだ異る一面をみとめなければならないのである。なほ自已の肉體的存在の外に、肉體をはなれて外界に、生活力を蓄積する例としては、ある種の昆虫の社會生活に見るごとく、すなはち蜜蜂や蜂などの社會に見るごとく、體外において食物の蓄積を見る場合があるのであるが、人間生活においては、生活力の蓄積が體內ではなくして體外に、歴史的蓄積としての各種の設備として、廣汎な範圍にわたつて見られるのをつねとするのである。

いま、國民生活について、國民の生活力の總體を考察しようと思ふならば、われわれは二つの角度から問題に迫らなければならないであらう。第一は、國民がその身體のうちに蓄積するところの生活力、すなはち知力、精神力、體力である。第二は、その身體の外に、すなはち外界に蓄積するところの一切の財貨である。なかんづくその最も大規模なものは歴史的蓄積としての一切の設備である。設備は道路、港灣はもとより、田畑、一切の建築物、各家具調度その他の公共施設を含む。また國家的設備のうちには一切の軍事設備を包括するのである。これを小にしては、個々の家々の生活においても、その家々の生活力の一半は、所有財產から形成せられる。財產は二種の範疇に分たれる。第一は投資形式のもの、第二はあらゆる形態の生活設備である。

生活觀の科化學

いま、生活合理性の觀點から、特に生活設備の問題と論ずるならば、生活の維持發展に照して、本質的に必要なる限度を超えたところの一切の生活設備は、生活力のあやまれる行使であるといはなければならない。あるひは設備のみならず、一回の使用によつて性質を失ふとこのあらゆる生活資料についても、全く同様である。およそ設備とはある期間の使用にたえるところの一定用途にむけられたる資材の意味であつて、衣服のごときはいふまでもなくこの範圍内のものである。それは決してその位置が固定したものの意味をもつものではない。ある種の設備は、家屋のごとく、その位置を物理的に固定することを必要とするけれども、しかし多くの設備は、その用途を固定しながら、その位置を物理的に動かすことの可能なものである。衣服はまさにこの範疇に屬する。その生活目的にたいする第一義的な意義は、自然的・衛生的な必要と、文化的・社會關係的なものとに分裂する。

われわれは生活の科學化に先立つて、生活觀そのものの科學化を先決問題としたのであるが、以上のべたところはそのやうな生活觀へのひとつの接近の試みにすぎない。より一層包括的な論述は、他の種々なる機會にこれを試みたことであるからして、こゝに再び詳論する必要はないであらう。今日いふところの生活の科學化なる問題が、生活における各種技術の合理化の意味を超えて、ひろく生活の根源における合理化をも意味しなければならないといふことは、もはや一部の自然科學者もこれを論じはじめてゐるところである。しかし、そのやうな意味における生活の合理化問題にたいして、その眞の根本問題が生活觀の科學化・合理化にあるといふことの一端が、いさゝかでも示唆されたならば、それを以て滿足しなければならない。

生活理論または生活科學の構想が、われわれにおいてどのやうな想源をもつかといふことは、これまで十分明白に示したことのない一事である事が、こゝに初めて簡略ながらその全貌を述べたのである。昨今、生活科學の名によつて多くの人々は各種の構想を語らうとしてゐるけれども、しかしわれわれが必要とする生活理論は、時代の條件に制約されたものである以上、決して恣意的な展開をゆるすものではない。理論的な概念構成の根源に、歴史の意志が働いてゐることを忘れてはならない。

附記。 拙著「國家科學への道」並に「政治經濟學の問題」は、いづれも生活科學について論ずるところの多いものである。

国防

畏し大詔渙發せられ暴戻米英に對し宣戰す

萬世一系の皇祚を踐める聖天子上にましまして、玆に暴戻極りなき米英に對し戰を宣し給ふ。

隱忍自重八個月の久しきに亘り米國との間に外交々渉を重ねて來たのであるが、盡す可きを盡し爲す可きを爲したに拘らず、彼は與國と共に我が周邊に武力の脅威を增大しつゝ帝國を屈從せしめんとするに至つた。米國は百方支那事變の收結を妨碍し、蘭印を使嗾し、佛印を脅威し、帝國と泰國との親交を裂かんがため策動至らざるなく、遂に無道にも彼は文書を以て帝國を永久に米英の隷屬的地位に置かんとする暴戾なる態度を以て挑戰し來つたのである。

米國は、實に東亞の安定と帝國の存立とを破壞し去らんとするに至つたので、米國及び英國に對し昭和十六年十二月八日を以て、宣戰の大詔を渙發せられたのである。

東洋民族の敵、暴戻米英を膺懲すべき聖戰はかくして開始せられた。

嗚呼、此の日を我等は、その來るべきことを口に筆にして、どれだけ待つたことか。われら國民は、聖旨を奉體して洵に恐懼感激しつゝ一億同胞、鐵石の團結を以て蹶起勇躍し、國家の總力を擧げて此の征戰の達成に協力し、東亞の禍根たる米英勢力の芟除壞滅を期せねばならぬ。

十二月八日、宣戰渙發せられると同時に、太平洋全面に亙り、我が海空陸軍の果敢なる電擊戰が展開せられ、米英軍事基地に對する大爆擊、奇襲上陸作戰、擊破、占領等戰勝の吉報が人心を昂奮せしめつゝある。

「此日天氣晴朗なれども波高し。」あの三笠艦が日本海から發した此の報は、いま三十八年目に而も廣大なる太平洋の東方から我が海軍に依つて再び報ぜられんとしてゐる。

われら皇國臣民として生きて、此の聖戰に遭會せる光榮に今ぞ眞に泣けて來る。この感情はわが古代の先人も歌つた。

みたみわれ
生けるしるしあり
あめつちの
さかゆるときに
あへらく思へば

今ぞ國家興亡を決する秋、われらが赫々たる愛國純情の祖先の史蹟を銘記しつゝ、此の千歲一遇の聖戰の完遂に勇往邁進しようではないか。

時機をよくぞ捕へたり

いや實際われらの心配したのは、時機を捕ふるに誤りなきを期することであつた。東條首相の口から、日米會談の過程中に隱忍自重にも限度ありといふことを聞いたから、その時を知つた。そうなると時機を何時捕へるかといふことにわれら國民の關心があつたのだ。

だがその時機を誤りなく捕へ得たことに有難く思ふ。それは、時機を外せば守るの側となる。孫子曰く、勝つ可からざる者は守る也。

勝つ可き者は攻る也。國防の要諦は疾風迅雷、命令一下、攻むれば則ち餘り有り。

日本人の心

高須芳次郎

日本國體の尊嚴を自覺する心

すべて心の表現や動きは、民族性によつておのづから異なるのは、いふ迄もない。一脈相通ずるところもあるが、また全くちがふ部面もある。それは、やがて民族性に伴なふ必然の現象にほかならない。

日本人の心を説くには、勢ひその主體たる日本民族性に觸れなければならぬ。その特徴はどんなところにあるか。惟ふに、その主要點は、日本獨自の精神に起つて、明朗・快活であり、文化的に包容力がすぐれ、國のためには必ず一至・結束するといふ點にある。

日本獨自の精神とは何か。これを平たくいふと、日本精神にほかならない。そんなら、日本精神は、いかなる特色を持つか。これには、いろ〳〵の説があつて一定してをらぬ。

が、私は日本精神とは、日本國體の尊嚴を自覺し、認識して、その精華を發揮する心であると考へる。在來、この點を閑却して、日本精神は、和の心であるとか、清明心であるとか、いろ〳〵に説いた人々もあるが、それは日本精神の從屬性で本質ではない。

和の心は、ドイツにもある。清明心は、イタリイにもある。故にこれをもつて直ちに日本精神とすることは、妥當でない。苟も日本精神といふ以上は、日本獨得の心でなくてはならぬ。ドイツにも、イタリイにも見出されない獨自的なものであらねばならぬ。

さうなると、日本精神の本質は、日本民族の獨有するものだといふことをはつきり意識するの必要がある。それ故私は前述の如き解釋を提示した。

世界に國は多い。然し、國體の上で日本に優つた國は一つもない。その尊嚴、その崇高は世界第一である。かうした國體の認識・自覺が當然、日本民族のすべてになくてはならない。

然らば、日本國體の尊嚴・崇高な所以は何處にあるか。それは、萬世一系の天皇を奉戴しまつる上にあると同時に神武天皇の御詔勅にある如く、道義建國の大精神に起ち八紘一字の理想を抱持するところにある。

道義建國といふことは、日本國家の優れた特質で、神武天皇は、その内容について、三大綱を擧げたまひ(一)積慶(二)重暉、(三)養正の必要を御垂訓なされたのである。

積慶は仁慈・博愛を意味し、重暉は叡智を意味し、養正は正義護持を意味する。即ち政治上、教化を主として、仁慈の德を發揚せられ、叡智によつて、善惡・邪正を正しく判斷・教示せられ、武力充實のもとに正義の實現につとめられる。ここに建國三綱の意味がはつきり宣示せられてゐる。

この三綱は、歴代の天皇におかせられて繼承したまひ、そして同一の趣旨を海の外迄及ぼして、四海一家の美を實現しようとつとめさせられた。それが即ち八紘一宇で、かうした正大な方針のもとに、上にあつては敬神・愛民・尙武を主とされ、下にあつては、忠君・愛國・尙武を主とする上に日本國體の尊嚴性・崇高性である。

文化的包容の力

以上の如き日本獨有の國體美を自覺し、認識して、その精華を發揚しようといふのが日本精神の本質である。これは、ドイツにも、イタリイにも見出されないで、ひとりこれを日本民族のうちに見る特徴である。

これが從屬性には、いろ〳〵擧げて宜い要素があるが、中にも、明朗・快活で、文化的に包容力が博大だといふことを先づ指摘したい。

日本民族の性格は、昔から明朗・快活である。それは、日本の風光美や山の幸・海の幸に富むことにもよるが、民族の間にヨオロツパに見るやうな烈しい闘爭がなく、氣候が穩かで、心持が宜いためでもある。

途中、小乘佛教によつて、厭世觀に傾いたこともあるが本來は樂天的で、生々光明を喜び、物事にあきらめが宜く失敗にも、くよ／＼せず、いつも樂天的であるのが日本精神の從屬性として指摘される。

殊に日本民族の長所と思はれるのは、文化的に包容の量が大きく、どんな海外文化に向つても、頭から之を輕視せず、どし／＼これを採入れやうとする傾きの顯著なうへにある。だから、印度の文化も、支那の文化も、また西洋の文化も、すつかり採り入れ、それが日本化された。西洋文化は 或點で、尙ほ消化されない部分もあるが、支那・印度の文化は、十分にちかいといつて宜いほどに日本化されて了つた。

そこに日本民族の優越性がある。國によつては、印度文化に誘惑され、或は支那文化に壓到されたところもある。が、日本は、この二つの文化を消化して了つて、すつかり自分のものにした。西洋文化の日本化も、今は時の問題にすぎない。

日清戰役前においては、日本民族はよく西洋文化を消化し得るや否やは、一つの大きい疑問とされてゐた。ところが、日清役でも、日露役でも、日本は軍事科學を巧みに消化して、日本の卓拔な才能を世界に示した。故に日本民族の文化包容力は、世界の國々にくらべて、一番大きい。どの國も、この點では、日本に及ばぬ。

勿論、これがために、一時、外國文化に心醉して、適度を失ふこともあるが、それは、いつ迄も續かない。必ず時期がくると、目ざめて、心醉狀態から解放される。かくしてどの外國文化も、適宜に取捨されて、日本のものになるのが常だ。かうした心は、現在、日本民族のみに著しく見らるゝところである。

從つて、思想・精靈のうへのみならず、衣服住の點においても、必要なものは、外國からどし／＼これを迎へ入れて、之に日本化を加へ、立派に日本のものとして了ふ能力が豐かである。

日本の若々しさがいつも失はれないのは之がためだ。これをドイツ・イタリイ以外の國々が依然、白人優越の迷夢に囚はれて、東方文化の優越を理解せず、その行詰りを打破るべき新文化を採り入れる丈の包容性がないことは、頗る物足りないやうに思ふ。

ドイツ・イタリイ二國は、早くも日本の忠孝一體主義・文武一致主義の優れた所以を認め、これにつき、學ぶところがあつた。そこに獨伊の優れた長所が見られる。然し、それは、まだ日本の文化包容力にくらべると、遙かに狹くまた限られた觀がある。

擧國一致の心

から考へると、日本人の心は、常に新しいものを迎へるうへに機敏で、而もこれを巧みに取捨してゆくべき彈力性を持つといふことが判明する。だから、いつも行詰らず、單調化せず、文化的に何らかの進歩を持續してゆく所以である。

今、これを衣食住において見ると、それが日本的要素を中心に、西洋的要素を加へ、時に東洋的なものをも少し加味して、ここに一つの調和態が現はれやうとしてゐる。それを曾て二重生活といひ、或は三重生活ともいつたが、要するに、東西調和の趣を具體化する先行的事情によつたものとして、今日は故らにこれを云々するものはない。

國民服の制定も、西洋の服裝に日本の意思を加へ、時代に適應するやう、なされたところに一つの新意義がある。そこに質實と利便と颯爽たる趣とを併有することを何人も感知するにちがひない。

かく日本民族の心は、常に日本精神を本として現代的に海外文化を生かし用ひてゆかうとするところに一特色を示し、潑剌として、休止しない。それが衣食住のみならず、各方面において、見られるのであつて、八紘一宇の理想を仰ぎつゝ、向上、倦むことがない。そこに輝やかしい躍進性が示されてゐる。

且つ日本民族の心は、國家有事の秋に尊嚴な國體を擁護するために、必ず一致・結束する傳統性を持つ。蒙古襲來は、日本空前の大國難であつたが、かかる大危急の前に、能く文永・弘安の兩役に打勝つたのは、上下協和して、擧國一致の體制に些のゆるぎさへ見せなかつた爲めである。

當時、蒙古は元と稱して、世界的帝國を築き、その勢は世界の脅威だつた。のみならず、その軍隊は、近代的武裝と近代的戰術とを用ひ、日本の鎌倉期の武人が一騎討の舊式戰術と弓矢・刀槍の具に甘んじてゐるのとは全く比較にならなかつた。殊に九州方面は、弘安の際、無國防に近かつたが、而もよく勝利を得たのは、一に結束力が固く、旺盛な日本精神に滿ち溢れてゐたからにほかならない。かの神風の如きは、偶發的な事柄で、勝利を助けた一因ではあるが、根本は擧國一致の體制にある。旺んな日本精神力にある。

經濟

食糧に不安なきか

腹が減つては、戰が出來ぬ昭和十七年に於ける食ふ問題として、先づ米は何うかといふことに人心が集中する。米の年度から云つて、十七年に入つてからも、十六年度產米のことに就いて語らねばならぬ。

十六年度產米は、內地米五千五百四十六萬石と最近報告されたから、この邊がほんとうの所だらう。

然るに、內地の人口の米を食ふ所謂消費量といふものは、現在量として七千九百萬石を要するのである。そうすると、內地人口を扶養するために內地米だけで當てがふと二千三百五十四萬石といふものの不足になる勘定である。

この不足部分は、朝鮮米と臺灣米とで補給することになるが、十六年に朝鮮と臺灣とで補給した米穀量は千五百萬石の見當で、之に持越米約八百萬石と外國米で何うにか補給したわけであるから、心細いが不安があるわけではない。

しかし、昭和十七年へ向けての持越米が八百三十九萬石と發表されてゐるが、去年の持越米八百四十九萬石に比すれば、幾分不足してゐるし、また十六年內地產米が五千五百四十六萬石と發表されたが去年（十五年）の內地產米六千八十萬石に比すれば、これも五百三十五萬石の不足であるから、昭和十七年は國民が依然米の不足にがまんをせねばならぬ年だ。

內地人口七千四百萬人を養ふには、內地米だけでは足りないので、朝鮮から一千百萬石、臺灣から四、五百萬石を移入せねばならぬし、其他の不足を前年からの持越米と外國米とで補給するわけだ。

そこで、外國米の佛印やタイ米を入れねばならぬわけだ。勿論外國米に依存すべきものでなく、米の不足に大豆や麥や、ジャガ芋やサツマ芋を取入れて、雜穀米をも食べねばならぬ所以である。

そういふ次第であるから、此の際に遊ばせてゐる土地や荒地は、遊休勞働力を大に動員して、之にサツマ芋を植付けて、食料の增產に精を出さねばならぬ。たゞ一言しておかねばならぬことは、今後どし〳〵生れる內地人口を扶養するには、それだけでは、ほんとうの所、何うにもならぬのである。

そこで、國家悠久の計として、米の補給地として南方諸領を東亞共榮圏として之を何うしても確保するのでなければ、日本民族の將來の生存の爲に眞慮を禁じ得ないものがあるのである。今日、南方進出が我が生存圏の確保として、國運を賭してまでも戰はねばならぬ所以は、それが單に石油やゴムの資源獲得のみに重點があるわけではない。勿論これらの物資、その中には更に錫や衣服資源が包括されてはゐるが、この他に日本民族に取つて生存上絕對必需物資として、南方領域には米の生產力が無盡に包藏してゐるからである。

日本の南方進出の絕對的に必要なる事に就き、明治十七八年に既に之を說いた先見の士のあるを銘記せよ、彼偉哉。

想ひ起す米英據點

崩壊の前夜　百年の迷夢

香港

中山省三郎

小さな窓ごしにクローム・グリーンの島かげと白い町とが見えて來た。「香港」「香港」といふ聲がきこえる。海峽の左右には絶えずトーチカが望まれ、いくつかの砲臺も見えがくれする。島を背景にして英國軍艦が並んでゐる。

船が速度をおとして、九龍半島の碼頭に近づき、やがて横づけにならうとする暫くのあひだ、支那人の舟が岸壁と船との間にむらがり、しきりに船客に呼びかける。上から錢を抛り投げると、裸體の少年が水にもぐつて取る。

ユニオンジャックを掲げた船が、青天白日旗を船尾に掲げた戎克の間を通りぬけてゆく。

船から下りて、夜は散歩に出る。中國航空公司、歐亞公司のまばゆい廣告ネオン。汎美航空公司の營業所には、香港から小呂宋、瓜罕島、韋克島、半途島、檀香山、舊金山へ行く時間表賃金表が掲げられてゐる。サンフランシスコまでの賃金、九百五十金圓。

商務印書館份有限公司の店頭には、夥しい學術書の間にたわいもない排日の書が混つてゐる。陳公哲の「香港指南」といふ案内記を求める。定價は國幣一元、香港弗に直して五十何錢かである。極めて大ざつぱな案内書であつた。長沙の商務印書館で民國二十七年の暮に印刷したといふのは、上海の本館が滅び去つた後の事情を物語るものであり、それが粤漢線によつて香港に運ばれ、しかもその粤漢線さへも今は皇軍によつて遮斷されてゐることを思ふて、いささかの感慨をもよほす。少年の雜誌があくまでも抗戰の記事にみたされ「童子軍戰時服務」「戰時常識」「進行曲」等々が載つてゐるのを見て重慶政府が靑少年の抗日敎育にいかに力を盡してゐるかの具體例を見るやうに思ふ。

どこかの小さい店の飾窓には

救國救民　保衞中華

國幣五百元敬献

と麗々しく、献金の廣告を唐紙に書いて額緣に收められてゐた。

一見したところ、いかにも美しさうなこの町には「亞熱帶の瘴癘蠻雨の地を化して天下の樂土たらしめた」と稱する英國の植民政策の亡靈が漂つゐるのだ。

○

朝。宿の下の干諾道（コンノート路）の街を見ると、甘蔗を賣つてゐる。竹のやうな甘蔗の莖を求めて嚙つては甘い液汁をすすつてゐる裸足の男、宿の人口に默々と佇んでゐる印度人の巡査、手を携へて海岸通を步いてゆくモダンな靑年男女　葉卷をくゆらしながら人力に乘つてゆく英國人――かういふさまざまな人種の風貌に、何かしら悲劇的なものが感ぜられる。

遮打道（チャータード路）に聳え立つ渣打銀行、滙豐銀行の白い建物。これらは、投資と貿易と借款と、三面夾攻の經濟政策によつて中國の經濟を骨拔きにしてゐる策源地なのだ。

廣九鐵道停車場

嘗て、「オブローモフ」の作家は香港に來て、造船所を有するマデソン商會の發展ぶりに眼を見張り「英國人の不撓不屈の精力と底知れぬ貪慾と企業慾の見本」に驚嘆したが、その時からすでに九十年に近い歲月が流れ、香港は今は援蔣、と同時に、彼等をあくまでも搾取するための基地と化したのである。

○

九龍半島の九龍驛には、朝になつてもネオンサインがついてゐる。それは「廣東までの急行列車」の廣告であつたが、もはや廣九鐵道の英支國境以西は通じなくなつてゐる。援蔣物資は山積し、黑い蔽ひがかかつてゐる。

「もとはここから援蔣物資が送られ、漢口に向けてカー大使が發つて行つたりしたものです」同行のH氏はいかにも感慨深げにいふ。

　啓德飛行場に行つて、私たちはガブレンツ男機を待ちうけ、うすら冷い小雨の待合室でお茶をのんでゐた。眼の前には重慶行の大型機があり、憂鬱さうな顔をした支那人の青年たちが機體の點檢をしてゐた。そこには支那人飛行士を教育する學校もあるのである。そこらにゐる支那人たちがやがて重慶に歸り、わが荒鷲の前に現れる日を思へば彼等を煽動して「抗戰到底」を叫ばしむる者の姿が眼にうかんで來る。

　私たちの傍では、英國人の教官たちが、賭博（ダイス）をしてゐる。授業の始まる間ぎはまで彼等は遊び興じてゐる。彼等にとつては戰爭もまた賭博のやうなものであらう。

　ガブレンツ機は河内から雨の中を飛んで來た。私たちは英國人の見てゐる中で、このハーケンクロイツのマークも鮮かな獨逸機を心から歡迎した。

（十四年の日記より）

ハワイ

中村正利

乙女のやうな眞珠港

「當地の名所は二つあります。白い砂糖と眞珠港です。皆さんは砂糖の方は見學を終つたのですから、これから眞珠港へ御案内申上げませう」

　砂糖會社の人はさういつて、われわれを自動車にのせ、砂糖會社の高地から更にのぼつてゆき、やがて眞珠港が斜下に見下せるところに停つた。そこには邦人の園藝農園をやつてゐるらしい家があつて、その裏庭は、眞珠港の見晴し臺とでも言ふべき場所だつた。まるで箱庭のやうに優しい風景だつた。港は一帶の低地になつてゐて、入口が細く狹く、港内に小さな島を抱いてゐた。その島の眞中に飛行場がある、といふよりも、その島が殆んど飛行場になつてゐた。この可愛いい島を抱擁してゐる腕にあたる突出地にも、もう一つ滑走場があつた。この二つの飛行場は、まるで小さな臺灣禿のやうに圓く光つてゐた。この飛行場の近くに銀のやうにガソリンタンクが竝び、又程よく格納庫も配置されてゐる。兵舍も船渠も、停泊の軍艦も實にはつきりと見えるのである。それはまるで上から見下す美しさを狙つたかのやうである。何一つ遮るもの丶ない開けつぱなしの鳥瞰圖であつた。すべて優しく、美しく、女性的だつた。うす緑の芝生でかざられたふつくらしたスロープ。纖細な港岸の曲線。

「なるほど、これが眞珠港（パール・ハーバー）か」

われ〳〵は軍港としての威壓を少しも受けなかつた。

「これで戰爭ができるのかな……」

「アメリカ怖るゝに足らず……」

さうした話題が見下してゐる人々の間に語られてゐた。飛行場からは飛行機が陽にかがやきながら飛び立つた。

「アメリカの飛行機は實に氣持のいゝ音をたてるね」

さう言はれれば、日本の飛行機の音とはちがふ。

布哇爆擊――と聞いた瞬間、私はこの處女のやうな眞珠港の姿を思ひ浮べた。何か、源氏の荒武者に遭遇した平家の公達のやうな哀れさを覺えた。

一九三八年度のアメリカ海軍大演習は「作戰第一九號」といふもので、眞珠港とホノルヽのあるオアフ島を中心にハワイ攻略の大作戰演習であつた。この演習で、ハワイ島防禦軍とハワイ攻擊軍は近代立體戰で鎬を削つたのであるが、攻擊艦隊所屬の爆擊機は大擧ホノルヽ市と眞珠港を爆擊して、短時間のうちに潰滅させてしまつた。艦上からの掩護砲擊によつて敵の陸戰隊がオアフ島に上陸し、遂にハワイは攻略されたのである。

この演習でタウシツグ司令官は結論として「ハワイを守るには、ハワイより西方千哩の海上で敵を防禦しなけばならぬ。そのためには四萬五千トン以上の大艦主義でなければならぬ。この位の大艦になると、空中から爆沈することは不可能である」といつてゐる。實は、われ〳〵は、その演習の講評などを話題にしてハワイ攻略を語り合つたのだつた。アメリカ海軍がハワイより千浬西方で日本艦隊を迎へねばならぬといつたことを今思ひ出す。不覺にもハワイは、日本海軍を懷の中にまで引きよせてしまつたのだ。

われわれ素人戰略家は、日米戰の場合劈頭からハワイをやるかやらぬかといふことで兩論に分れた。ハワイまでのこ〳〵出かけて行くのは無暴だといふもの、いや、對米戰は主力艦隊決戰でなければならぬ。まづハワイを攻略して、アメリカを憤激させ、主力艦の反擊して來るところを一氣に擊滅しなければならないといふもの、結局この後の考方が優勢だつたが、今思へば素人戰略家も馬鹿にならぬ。

青春の樂園（パラダイス）

所詮ハワイは太平洋の樂園（パラダイス）であつて全き軍事據點ではあり得ない。珠を抱いて悔あり、ハワイを得るものは、一種の陶醉的な魔性に魅入られるのではあるまいか、とさへ言ひたくなるほど樂園（パラダイス）としての感じが強い。高く細く絫り合つて街路に影のゆれてゐる街路樹には、朱色の花の房が飾られてゐる。肉質の熱帶植物は、大きな厚い花瓣がついてゐる　熱帶といつても北緯二十度で貿易風帶のまん中にあるので、それほど熱くなく、涼しいときは、セル一枚といつた氣候である。四季の變化が殆んどないから、男も女もアロハシヤツといふ派手な模樣のブラウスに、パンツ一枚の輕裝である。

　第二世たちがどうも日本精神を忘れて、賴もしからぬ青年になるやうだといふ第一世もある。しかしかういふ樂園にゐてはアメリカナイズされなくとも骨なしになるのは無理もないと思はれる。人を押しのけて偉くならう、何かあることを完成するために寢食を忘れるなどといふことはあり得ない氣がする。

　ホノルヽは何よりも青春の國である。青春時代はさぞ樂しいであらうと思はれる。しかし老人の住むべきところではないと思つたのは私だけの理くつ拔の感だつた。そこには建設もなく破壞もない。たゞ毎日があるばかりである。と、かうはつきり言つては、ハワイ關係の邦人から叱られるかもしれないが、確にハワイには日本の鄕土がそのまゝ移行してゐて、營々と土に親しみ、鎭守を祭り、日本酒を飲み、角力をとつてゐる。しかし何と言つても氣候の變化をつけることはできない。

　アメリカ人でも、永年ハワイにゐると少しのんびりして來るので、ときに本土に歸つて寒さにあたつて來ると話してゐた人もあつた。

街の明暗

　ハワイ諸島總人口四十二萬人のうち日本人は十五萬以上、三七%強にあたる。白人は七萬、布哇土人は二萬、白人と布哇土人の混血が二萬、亞細亞人と布哇土人の混血が二萬、比律賓人五萬、支那人三萬、その他いろ〳〵で、ここも人種の展覽會である。

　ワイキヽビーチは、期待したほど華やかな風景ではなかつた。しかし美しいのは白い砂によせる綠の寄せ波である。名物の波乘りは、いつまで見てゐても見倦きない。白い砂と公園の境にドライヴウェーがあつて、その傍の蔓草棚の下では不良少年らしい一團や不良老年らしい一團が車座になつてトランプをやつてゐる。それが黒ん坊に白ん坊に黄色ん坊とまぢつてゐる。一時ホノルヽは不良少年の跋扈したことがあるが、取締りで今は少なくなつてゐるといふ。しかし一日中街や海岸で、のらりくらりとして日を送つてゐる混血の半不良連中らしいのが目立つてゐた。これはハワイといふ土地の生んだ子等であり、又、アメリカといふ國の生んだ子等でもある。

　ハワイの自然は確に美しい。明るい貿易風帶の海の中に、火山岩の島はくつきりとして、明暗をもつて浮んでゐる。その山々は、小さい島であるにもかかはらず、わが北アルプス連峰を思はせる偉容を具えてゐる。しかし北アルプスとちがつて、頂上に雲のかかつてゐることは少なく、山の向ふ側に明るく巻雲(キユムラス)が轉つてゐる。しかしマノア住宅地の近くの、マノア谷には小さな虹がかかる。そこは貿易風帶の風が冷えて霧になり、それに太陽の光線が、又は月光が映ずるのであらう。この小さな島で部分的にスコールが來る。ワイキ、ビーチで人々が走つてゐるので何事かと思つたらスコールから逃げてゆくのだときいた。

官廳街と住宅地との美は有名なものであるが、それはたゞ明るいとか、しやれてゐるとかいふだけでなく、もつと深い美をもつてゐる。これは確にアメリカ人がつくり出した美であらう。官廳街はせいぜい二階建の白い建物でその白さが、いく分灰色にくすんでゐて、周圍の樹木と見事な階調をなしてゐる。日本建築とは異つた洋館の美しさである。都市の構成は、明治以來の日本人はどうもうまくないとそのときつくづく思つた。街の到るところがそれほどきれいかといふとさうではない。場末の商店街の長屋の前面などは、日本の連鎖街と言はれるものと同じやうだ。その又裏街はごみごみして、そのごみごみした中に玉突屋などがあつてさまざまの人種の不良風な若者が騒がしく球をついてゐる。

民族の血

一口にハワイといつても、八つの島から成立つてゐて、小さいのは伊豆大島位から、一番大きい布哇島は、わが國の大きな縣の廣さほどある。眞珠港とホノルル、のあるオアフ島はわが大阪府より少し狹い程度である。島と島の間は伊豆七島よりずつと大きい距離がある。産業は製糖と鳳梨(パイナップル)、珈琲　旅客業　貿易等であるから、大して問題にならない。その點濠亞地中海諸島とは性格を異にする。しかし、鳳梨のおいしさは確に世界一だらう。鳳梨工場では、アメリカの物質文化の夢をそのまゝ現して、門をはいるとノコノコと窓硝子の向ふにレッテルをはつた罐が行列して進んでゐるのが見られる。工場の中は大かたコンベアだらけで、ピカピカした罐にレッテルがはりついたり、罐の中に鳳梨がつまつたり、他の方向からやつて來るボール箱の中に一打づつ落ちこんだりしてゐる。又そこで働いてゐる人たちも、臨時の大學生や女學生が多いとのことで、見てゐて明るい感じだつた。邦人の業もいろいろあつて、貿易業、雜貨商、會社員、農耕、漁業、建築等である。日本人關係の問題としては日本人の米化問題、日本語學校問題、二重國籍問題がある。このうち二重國籍問題は最も切實な問題である。

ラヂオ設備のある自動車で、われわれをオアフ島一周の案内をしながら、〇氏は元氣よくこの問題について談ずるのであつた。車内のラヂオは日本の流行歌である。その間々に廣告放送がある。

「私は昨日先輩のところに行つて言つてやりましたよ。國籍を移すことにしたとね。すると、ほゝ思ひきつてよく決心できたね、わしはどうもやらなければならないとは知りながら決心できなくてね、といふので、あなたは私がどつちの國籍を移すと思つてゐるですかといふと、そりや勿論日本の國籍を移すのにきまつてゐるぢやないかといふので、冗談でせう、私はアメリカの國籍を拂ひ下げるんです、といつてやりましたよ。さうすると、彼氏、おいそんなことを大きな聲で言ふな、といつて、あたりを見廻すのです。何といつたつて、わし等は日本人ですよ。うちの子供たちも、家の中でつい英語をしやべるのですが、その度に横びんたを一つはつてやりますよ」

えらい元氣のいい案内者であつた。

いかにもデモクラチツクに生活してゐる邦人もあつたが、大部分の邦人はどうしてもデモクラシーにはなれないのではなからうか。

「私はアメリカ人として、アメリカの軍隊にはいります。そして、もし日本の軍と戰ふやうなことがあつたら、最先に突進します。勿論發砲はしません。そして、祖國の彈丸に擊たれて死ねばいゝでせう」さういふ第二世は、やはり日本の血は爭はれないもので、アメリカ青年にはとても言ひ得ることではなからう。しかしその青年の言葉も過去の言葉であつて、今は日本民族はすべて一つの目標に集中してゐる。彼等の悲劇は今も解消してはゐない。さぞ苦しい立場にゐることであらう。祖國の爆彈に斃れることもあるかもしれない。が又、日本人としての大きな役割を果すかもしれない。そのときこそ彼等は名實共にハワイの日本青年である。

有名なスコッフィールドの米陸軍兵營の前まで來ると、○氏は「中にはいつてみませうか」とわれわれにきいた。

「大丈夫ですか」

「大丈夫です。私は門衞たちと顏馴染ですからね」

さう言つて、○氏は門の步哨に輕い擧手の禮をして自動車を乘り入れた。

「なるほど、アメリカといふ國は面白い國ですな」とわれわれの連の一人が言つた。廣い兵營の構内のあちらこちらの林の中に兵舍があつた。上衣をぬいだ白いシヤツのまゝの兵隊たちがわれわれを見てゐた。自動車は兵營構内を勝手にあちらこちらと乘り廻した。芝生のところで、アメリカの菜葉服とでも言ふべきブルーの仕事着をきて雜草を拔いてゐる兵たちがあつた。

「あれは何ですか」

「あれは囚人です」

「へえ?營倉から出して働かしてゐるわけですね」

「あいつ等は囚人服を着てゐても平氣らしいです」

「實際妙な國ですな」ともう一度言つた。

日本に武士道があれば、アメリカにはフェアプレイの精神があるといふ。

「しかし戰爭はプレイぢやないからね」

ハワイ諸島中のオアフ島は少くともわれわれにとつては、太平洋の遊園地に過ぎなかつた。われわれに武備を大ぴらに見せておどかすつもりであつたかも知れないが、われわれは何だか理由なしに、アメリカには大丈夫勝てるといふ自信をもつたのだつた。

（筆者は海洋文化會理事）

シンガポール

小林猪四郎

美しき近代都市

上海からの船中私は病氣であつた。朝、三十八度位の發熱を冒して甲板に出ると、爽やかな空氣の中に、熱帶特有の風の香りを感じた。私の熱した肌にまつはるやうに吹く濃厚な風であつた。

前方に扁平な島が浮び上つた。ピヨンピヨンと中空に突立つ椰子樹がおどけたやうである。それの背景に、壯大な近代都市がどつしり座つてゐる。シンガポールだ。

埠頭近くに船が行くにつれ、褐色にくすんだ屋根瓦を持つ家並、したゝる翠綠、靑々とした芝生が限にしみるやうだ。明るい建築物と南洋の樹木との對照がくつきりしてゐる。

長い航海のあとに見たシンガポールは、美しい姿であつた。

空は天蓋までコバルト色に晴れ、必らず層々たる夏雲が浮ぶ、海の色はエメラルドグリーンだ。

市街の背後にある丘上には、廣東華僑のゴシック建築の豪壯な邸宅が點々と連つてゐる。

それら建築物の代表のやうに、キヤセイ・ビルデイングが、稍風致を害しながら建つてゐる。キヤセイ・ビルはキヤフエあり、シネマあり、ダンスホールあり、アパートあり、といつた歐米文化のシムボルでありまた近代都市シンガポールの表象のやうでもある。

英國極東軍司令部は、市の小高い所にある、純英國風兵營である。

景勝の地にある總督官邸は、古風なイングランド風建築に威嚴を誇る大建築物で、前庭は綠の芝生、廣さはゴルフ・リンク位もあらうと思はれる。英國、東洋探題サー・トマス總督が住んでゐるのだ。

日本總領事館も印象に殘る。シンガポール港市を一望に眺める丘上に、日の丸の旗を高く揭げてゐた。

上海、香港に較べると、シンガポー

ルはとても綺麗な街である。道路は無論コンクリートだが、毎朝苦力が水掃するので、塵一本とどめず、鏡のやうである。

それに、スコール（夕立）は殆んど毎日あるので、街全體が清潔で、氣持が良い。

街路樹は常綠の熱帶樹で、爽々しく美しい。

シンガポール七十五萬の人口のうち五十五・六萬は華僑である。そのうちには、數千萬圓の巨財を有し、大邸宅高級自動車、ヨット、と英國人も及ばぬ豪勢な暮しをするゴム成金、錫鑛山屋もあるが、一臺のリキシヤに露命をつなぐ苦力も居る。

老大英帝國の動脈

周知のやうに、東洋と西洋をつなぎ英國自身にとつても濠洲、蘭印と英國との連絡點、いはゆるインピリアル・ルート（英帝國路）として、老大英國の動脈の中心點である。

もと／＼商業都市であつた。南洋特産物は勿論、東西物資の集散地であり住民の色別も世界各國人――ヨーロツパ人の殆んど全部、地元のマレー人、ビルマ人、安南人、タイ人、印度人、支那人と、人種展覽會的様相を呈する點は、上海、香港以上である。

これを物語るのによい例は、今次戰爭以來、シンガポール郵便局の檢閲官の受持が、何と四十七ケ國語に分れてゐる一事で、シンガポールに渦卷く生活の複雜さが察しられると思ふ。

日本人の生活を例にとつても、味噌、醬油、着物、すべて內地同様の店が並び、不自由はない。

シンガポールは航空上から見ても、交通の要衝である。はる／＼英本國から印度を經て濠洲へ通ずるインピリアル・エアウエイ（英帝國航空會社線）をはじめ、和蘭のＫＬＭ、フランスのエール・フランス等、各國の優秀機が競爭の形であつた。近くはアメリカの太平洋横斷機クリツパー飛行艇も來ることになつてゐた。

ラツフルスの怪腕

シンガポールは古い街である。

一體、ヨーロツパ人が東洋へ進出したのは、ポルトガル人を最初とする。西暦一四〇〇年代に彼等はマラツカを根據地と定め、南洋特產物の集散に從事し其後約一世紀に亘つて繁榮した。

次いで和蘭が東洋貿易に着目し、ポルトガル人をマラツカから驅逐して取つて代つたが、間もなく、東印度會社を根據とする英國が、マラツカを占領し、始めてこの邊りに腰を据えたのが今から一二〇年以前であつた。

英人スタンホード・ラツフルスは、東印度會社の一役員であつたが、怪腕を振つて、ジヨホール王から僅か八十萬弗の金で、シンガポール島を買收してしまつた。現在の英領海峽植民地はこの外ピナン・マラツカが加はり、マレー半島には、いくつかの聯邦各洲があり英領保護國の體裁となつてゐる。

一二〇年間に、英國がシンガポールに施した設備こそ、英國資本主義の東洋蠶食史となるのだが、こゝを根據とした自由貿易主義はつひ最近まで、英帝國へ莫大な富をもたらし、必然の結果として、シンガポールを今見るやうな壯麗な近代都市と化せしめた。

初代總督ラツフルスは、二十二、三歳で副總督になつたほどの手腕家であつたが、彼はシンガポールを東洋のジブラタルたらしめようとは思つてゐなかつたかも知れない。

軍港シンガポールの出現は今から二十年前、第一次世界直後からである。英國は、商港シンガポールに大規模な軍備計畫を立案し始めた。その目的は今にして思へば、日本を主なる敵とし一朝事ある時、英國の東亞防衛第一線基地たらしめようとしたのであつた。シンガポールは根據地である。本國と連絡を斷たれても生存して行けるやうな、用意周倒な施設が一九三〇年度から、漸次本格化して行つた。

星港の軍備

十三年前に英本國から、御苦勞にも曳行して來た浮ドツク、三年前に完成した乾ドツクの二つには、五萬トンの戰艦を入院（?）させることが可能である。

二億圓の巨費を投じて作つた要塞地區は、島の東北部にあり、センター・センバーの二航空基地並びに海軍根據地は、一衣帶水のジョホール海峽を以て、マレー半島をにらんでゐる。

乾ドツク西方のゴム樹林の中には、數十基のガソリン・タンクが置かれ、大艦隊の燃料を約六ケ月間保證するといはれてゐた。

最近では、急造の地下タンクもあるに違ひない。軍港入口には十八吋の巨砲數門が控へ、商埠地の前、ブランカンマテイにも數門の要塞地が据えられ、遠距離よりの攻擊に待機してゐた。このほか、西海岸の基地には重砲陣がある。天津租界封鎖問題以來、海岸に厚さ四吋の機關銃座を持つトーチカを作り、昨年春には、海岸から三〇ヤードの幅で、樹木を全部切り、濠や海水浴場設備を取拂ひ、掃射に便利なやうに死角をなくする工夫もした。

守備兵は總數六七萬人と思はれる。

そのうち九割は印度兵、空軍も增强されたといふが、せいぜい五百機位であらう。機械化部隊は小型戰車が僅かあるだけである。

白人は前世紀以來、東亞に於ける征服者であるといふ自惚が強く、設備さへ一應とゝのつてゐさへすれば、有色人種何するものぞといふ氣持がある。

しかも、彼等の軍備の內容は、少しも完璧ではない。なかには優秀な兵器もないではないが、それらを支配する精神に至つては問題にならない。

私はシンガポールにゐた當時から、東亞に事ある時、

プリンス・オブ・ウエールズが、東亞に來航した時、良き爆擊目標であると思つたが、果せる哉、今回の如き大戰果である。

しかし何といつても、シンガポールは、英國が金にあかせて施設したゞけに、文化の程度進み、南洋に於ける文化の中心といつてよいであらう。

醫科大學、ラッフルス・カレッヂ等教育の設備もとゝのひ、衞生施設は特に手がつくされてゐる。この點、日本內地にゐて想像する南洋とは全く違つてゐる。

英國人のなかには、ケンブリッヂ・オクスフォード等、英國一流の大學卒業生も少くないが、一般イギリス人はやはり出稼ぎ人が多い。市の住宅區域には、英國人はじめ、華僑の豪壯な邸宅が立ち並び、いはゆる文化生話を營んでゐる。

英國の植民地政策

英國人の職業は、政廳の役人、會社々長、貿易商などが主なものであるが小學校の校長ですら、月收八〇〇弗で贅澤な生活をしてゐる。海峽植民地總督の年俸は約五萬弗、これに土侯（サルタン）からのつけとゞけも多く、總督を一度勤めたら、彼等は餘生を悠々と英本國で送ることが出來るほどである。

以下、皆かくの如しで、すべて有色人種を犧牲として、自分等は出來る限りの贅を盡し、我儘を通してゐたわけだ。

英國人は非常に排他的——人種的偏見が強く、自分達だけのクラブを持ちすべて本國の生活樣式そのまゝを移植し、夜はダンスに興ずるのが常であるが、その半面、仕事に關しては他の英領各地よりキチンとしてゐて、晝寢の時間なども取らずに働いてゐる。

シンガポールは健康地としては三等地だといはれるが、屋內平均溫度八十度、海の風が吹くので、暮しよい。

それに、英國植民地政策の一つとして、植民地を本國以上に住み心地よく

して、落ち付かせようとするため、二十年、三十年と長く居ついてゐる者が壓倒的に多い。

シンガポールに在留する日本人は、二、三年前には四千人を突破してゐるが、昨年八、九月は、既に三千人になつてゐた。

日本人の職業は、貿易（雜貨）ゴム園、鑛山關係が多い。

英領マレーは全英國領土の僅か二分二厘を占めるに過ぎないが、屬領全輸出額の三割九分は、マレーを通じて行はれる。英領マレーの價値がいかに大きいか分るであらう。

大東亞戰爭に於ける英米の出方は、支那事變當初から今日を豫想されてゐたので、英米の沒義道な對蔣援助、對日經濟壓迫、武力威赫が最近に至つて強化され、特にABCDラインの軍備狂奔は、日本人を憤慨させた。

今次大戰の口火は、實に對日資産凍結であつた。米國よりの一部物資の供給を絶ち、日本をして經濟的に孤立せしめんとした。鼠ですら、窮すれば猫を嚙む。日本は決して窮してはゐないが、事こゝに至つては立たざるを得なかつた。

私は近頃まで、シンガポールにゐて彼等のやり口をこの眼で見て來た。在留同胞で切齒扼腕しないものは一人も居なかつた。

皇軍一度立つや、古今未曾有の大作戰となり、開戰當日の眞珠灣空襲に於ては、戰艦二隻轟沈、四隻大破、大巡洋艦四隻大破、死者三千名の驚異的戰果をあげ、香港、マニラ、グアム、ミツドウエー、ウエークを空襲、マレー沖に於ては、英海軍の至寶プリンス・オブ・ウエールス及びレパルスの二戰艦を轟沈した。

マレー半島何かあらんやだ。

終りにのぞみ、シンガポールに殘る舊知の人々の無事を祈る（一六・一二一五）

（筆者は同盟通信社前シンガポール支局長）

グアム島の灯

ロタ島の台地で日が暮れた。自分達を内地から遙々運んで來た〇〇丸が珊瑚、礁を避けて碇泊してゐるあたりがキラキラと輝やく。

その向ふ三十浬の水平線上にグアム島があるのだ。空には汎米航空會社（クリツパー機）の航路が、我が南方生命線と傍若無人に交叉してゐる。

同じマリアナ群島系でありながら、目と鼻の所に、敵性武装を急ぎつゝあつたグアム島海軍基地。南洋にゐる日本人達の氣持を察して、私は海の彼方を見た。

南海の闇に、キラキラと灯が見える。海とも見えない廣漠たる天地に、グアムの灯は砂漠の狼の眼と同じ光りを放つてゐた。

仰げば、誰が植えたか、ロタの珊瑚灰地には「さくら」の大樹が立つてゐる。（南方紀行より・井澤生）

政治

木堂犬養とハル

政治は、單純では行けぬ。それは、外交でも内政でも同じだ。ただ實力で押せ。

古い談だが第、十三議會に政府が地租增徵案を提出せんとした。之を聞くや進歩黨は地租增徵反對を旗幟として一擧に政府を倒さんとするの議を決し、辯士を各地方に派遣して盛んに農民を煽動し、また議會では極力反對したものだ。

當時、自由黨が政府を援けたので、地租增徵案は首尾よく議會を通過し、案の成立を見たのである。進歩黨は、孤城落日の觀があつたわけだ。

そこで或策士が一日、犬養木堂に謂て曰く、一體地租增徵の反對などすることは、始から全然失敗に終ること位は解つてゐる筈ぢやないか。木堂ともあらうものが、似合はん談ぢやないかと。

木堂、笑つて曰く、君、未だ此の黨議の奥秘を知らず。我が黨が現今の非運に陷りて尙多くの脫黨代議士を出さざるは、此の黨議あるが爲だ。彼等はその選擧人たる農民に對して脫黨することが出來ない事情にある。實に地租增徵の反對は彼等代議士を繋ぐ鐵鎖であると。

日米會談に際し、米國相ハル、屢々敵性國家群使臣等を糾合相會す。ハルは其時に於ける木堂犬養に似たるか。ハルに謀略ありとするも、犬養の深謀に如かず。

遮莫、ハルの謀略を危惧することあるべからず。和戰孰れにせよ、實力あるのみ。

國民の結束

政治は、家筋よりも國民が第一義的だ。が、漢の高祖は家筋に重きをおいた。彼、重態に陷つた時、呂后が後繼者に就き尋ねると、高祖は、相國として蕭何死去の後には曹參がよいと答へた。

呂后は、「その次は誰がよいので御座いませう」とたづねると、帝は「王陵である」と答へた。高祖は更に語を次いで云つた。王陵は國相として人物であるが、少し愚直であるから、陳平に助けさせるがよい。陳平は有り餘るほどの智慧を持つてゐるが、それだけに一人では大事を任せがたい。周勃は重厚で丁寧であるが才氣に乏しい。依つて之は太尉とするがよい。將來わが王室劉氏を安全にする者はきつとこの周勃であらうと。

高祖の死後、太子即位して孝惠帝となつたが、此の二年に國相蕭何卒し、曹參が相國となる。五年に曹參も死し、六年に王陵が右丞相となり、陳平が左丞相、周勃が大尉になつた。惠帝は位にあること七年で死んだが、子がなかつた。そこで漢の國は呂后の系統のものと劉氏の黨とで王位相奪の爭ひとなつた。

太后は、自分の家筋の呂氏を立て王としたが、之に贊したものは陳平と周勃、反對したものは王陵であつて、彼は宰相をやめてしまつた。

昔の政治家は、支配者の系統に重きをおき、國民を第二義的に考へた。亡國必せり。

國家の興隆は、國民の結束に依る。決戰必勝は、國民の結束に依る。

生活の歡び

自由主義經濟機構のもとに生れて、そこに成長した者にとつて「統制」なるものが一種の壓迫感を與へたのは、すでに昨日のことに屬する。「統制」に服することを「壓制」に服することと同樣に考へる者にとつては、今日の世界も明日の世界も、ただ暗憺として、そこに何等の光明もあり得ないのである。希望も、喜悦もこの世界に見いだすことが出來ずに、その日暮しをしてゐる如きは既に文化國民の恥辱以外の何ものでもない。

然るに今もなほ、統制の何ものたるかを解せず、今日の戰時狀態が終熄すれば、數年前の自由主義の世界が逆戾りして來るかのやうに考へてゐる者が跡を絶たない。

今や、畏くも宣戰の大詔渙發せられ、われらは、新しき戰ひへ出で立つた。これは建設の戰ひである。我が精鋭なる海陸軍は猛烈果敢な電擊作戰によつて敵の膽を寒からしめてゐる。われらはこの喜びを力と賴みわれらの生活を打ち樹てなければならない。

目前に崩れ行く自由主義の牙城米・英兩國の姿を見るにつけ、力強き生活は、國民が生活に希望を持ち、生活の歡びを感じ、自ら前進する氣魄を有するところに存する事を知る可きである。

然らばいづこに生活の歡びや希望を見いだしたらよいのか。文化を語る者にとつては、かやうな喜びや希望を見いだすことが義務であり、責任でなければならぬ。たとひ、戰爭が如何に長期にわたつても、我が國民が、東亞民族の解放のために起ち、その故に戰つてゐるといふ嚴然たる事實に變りはないのである。而して、我々が「統制」に服するのも、血緣を戰場に送るのも、すべては國家の理想に從つてゐるといふ事實にも變りはない。更に、今日、我々はすべての理想を國家の理想に結びつけることによつてのみ、理想を理想として生かし得る道たることを覺らねばならぬ。今日の目前の生活にのみ理想を見いだすことなく、明日の大いなる世界理想の分擔者たるの喜びを思ふがよい。

"生活の歡び"を語る座談會

出席者

武者小路實篤（作家）
川島傳吉（新しき村）
野井十（同上）
森崎善一（大政翼賛會國民生活動員本部）
中山省三郎（作家）
石原通（本會常務理事）
倉田英（本會幹事）
井澤眞太郎（同上）

本誌記者

生活の歡びは、希望と理想から生れる。一つの理想を持つて進む事は力强い歡びを生ずる　それが、國家目的と一致する所に、新しい戰時生活體制が示唆される。

武者小路實篤氏を指導者とする「新しき村」は、大正七年、宮崎縣兒湯郡木城村石河内宇城に建設され、協和合力を主旨とした。

「新しき村」では人間はかくして生きられるものだと云ふ歡びを味はひたいと云ふのである。だから、土地も、金をとるとか、食ふとかを唯一の目的とはせず、それらの目的が、つつしみ深く全體にかくされてゐる必要がある。以前からある日向の村を「西の村」と云ひ、埼玉の村を「東の村」と云ふ。同志五十名が農業を中心として印刷出版などして今日に及ぶ。大正十年創立三週年頃には全國に三十六支部、今年に入つて、雜誌「馬鈴薯」を發刊す。

石原　本日はどうもお忙しいところを有難うございます。私どもの國民服協會では國民服といふ雜誌を發行してをります。高度國防國家建設に伴ふ被服をはじめいろ〳〵生活刷新の研究をいたしまして雜誌に掲載いたしてをりますが、本日座談會を催しましてお集りを願ひました次第であります。進行につきましては井澤幹事から又お話をすることになつてをりますからどうぞよろしくお願ひいたします。

井澤　それでは私が進行係をいたします。「生活の歡び」といふ今度の特輯の主題にしやうと思ふので、武者小路先生の第二回の御發足と申しますか、或は、新しい村の傳統が再出發されたといひますか、さういふやうな時期に際しまして、ちやうどわれわれが生活刷新の意味に於て非常に意味があると思ふのですが、まづ最初に武者小路先生に、「新しき村」をおつくりになつた動機からお伺ひした方が話の順序としていゝかと思ひますので一つお願ひします。

新しき村の動機

武者小路　まづ初めに動機といふところから――。下手な文學をやつてをつたが、文學の仕事は二時間くらゐで大概仕事が濟むので、その後の時間がどうも非常に無駄になるやうな氣がして、何かそこに中心がなくて空虛なやうな感じがして、人のために何分でも働きたい、と思つても、ちよつとどういふ風に働いていゝかわからなかつたりしたので、そのうちにだん〳〵考へてゐるうちにやはり何か或る一つの世界といふものがあつて、世界では一番不幸な境遇に自分は生れて來ても、文學をやりたければ文學がやれる、繪が描きたければ繪が描けるといふ樣な世の中になつて來れば――自分はしかし便利な都合のよいところに生れてゐたから文學が出來、自分の好きなことが出來たのですけれども、さういふことの出來ないやうな境遇になつてゐても、さういふ事が出來

武者小路氏

るやうな時代が生れれば、自分が文學をやつてゐても氣がひけずに、競爭してやつてもハンディキャップがつけられてゐると考へることもなしに平等な位置に立つてみんなと一緒に競爭が出來ると考へたので、さういふやうな意味もありて皆助け合つて働いて生活して、さうして、餘暇で文學の仕事もやれるといふ風になつたら非常に氣持がいゝだらうといふ風に考へて來た。これが個人的な意味でいふとさういふ動機の初めなのですけれども。大阪毎日新聞から原稿を頼まれて「新しい生活」といふやうな題で書いた時に、自分達でも本氣になつてやればさういふ生活が出來るといふ氣がして、それでそれを作りたいといふ氣がして、そこへ贊成の人が大勢ゐたもので、さういふ人達の力を借りて、それに自分の力を加へてそれをつくりたいといふ考になつた。ですから、村では、勤務勞働といふ名前をつけてみんな一定の勞働をする、その勞働を濟ました後は自分達が好きなことをやつていゝといふ風にして仕事を始めたのです。

井澤 あれは大正何年頃でしたか。

武者小路 大正何年でしたか、僕は三十四の時でしたけれども……

中山 大正七年です。

井澤 一番最初は何人くらゐでおやりになりましたか。

武者小路 一番初め先發隊と稱してそれが行つて働いてある程度出來てから第二番目が行くといふやうにして、初め十四・五人だつた。二番目にもやはりそのくらゐ行つて三十人くらゐになつたわけです。

井澤 主に文學とかさういふ方面の方々ですか。

武者小路 一番先發隊になつて行つた人は相當苦しい勞働もしなければならんので、勞働の出來る人といふのが條件になつて、今まで勞働の經驗のある人達で身體のいゝ人、もう一つは非常に熱心で早く入りたいといふ氣の強い人と、さういふ二つの二十歳ぐらゐの人が集まつたわけです。

井澤 大正七年頃の世界的な社會情勢といひますか、その頃の先生のお感じになつたものは――「新しき村」と直接關係はありませんが、それはどういふ風な狀態であつたでせうか。

武者小路　日本ではまだ社會主義とか、あゝいふものは盛んでなかつたかも知れませんね。けれどもロシアの方は若しかしたらもう革命がちようど起つてゐた時分かと思ひますが

井澤　なるほど。日本だつたらシベリア出兵の頃ですか。

川島　もつと以前です。

井澤　その頃東京なんかの生活はどういふ風で——のんびりと……

武者小路　のんびりもしてゐなかつたらうと思ひます。歐洲大戰は全部濟んでゐたんですね。

川島　濟んでゐたんです。さうして少し景氣が良過ぎた時でせう。

井澤　武者小路先生と、川島さんとは……。

武者小路　家が農家の人で小說が好きで小說を見て呉れといつて僕のところに送つて來た。その小說は農民の生活を書いてゐて、その時分正宗さんが書いた農民の小說があつたのですけれども、それは非常にうまくは書いてあるやうですけれども、やはり農民自身が書いたといふのと違ふので何處か喰ひ足りなかつたが、川島の書いて寄越した原稿は、隨分それから見れば幼稚なところもあつたでせうけれども、農民自身の働いて書いた、生活が出てゐたので割に興味を持つたのですが、それが來たいといふので、來たらいゝだらうといふことで、僕のところに呼んだら鍬一丁擔いで僕のところへやつて來た。僕はその時我孫子に住んでゐたので畑なんかあつたりしたもんで、そこへ鍬一丁持つてやつて來た。

井澤　川島さん幾つだつたんですか

川島　十九か二十歲ぐらゐだつたでせう。

井澤　その時の氣持を……

川島　白樺の非常に盛な時代で……

武者小路　福島縣の山奥の人で……

川島氏

川島　まだ若くつて實際子供で、文明と都會と藝術に、華々しいものに非常に憧れてゐた時代です。來て見

ると東京は賑やかな盛大なところでしたけれども、別にさう大したものは何にもなくて、唯やはり東京の中にある白樺の人達の藝術家の生活などが非常に貴重に樂しく思はれて、やつぱりいゝものといふのは個人に屬するといふ風な感じを覺えたことを覺えてゐるのです。その個人を中心にした生活が非常によくて、隨つてその後二年ほどのうちに「新しき村」の仕事が始まるといふことになつた時には、今度かういふ人達が中心になつてさういふことをやればキツト何か素晴しいことが出來るといふ感じがして、多少東京から離れるのは淋しかつたですけれども、今度こそ何がいゝことが始まるといふ氣がして非常に喜んだのでした。既に我孫子といふところが福島縣から見るとずつと南でして、冬は雪が積るけれども積つても足駄を沒するほどには積らないといふ非常に明るいあたゝかなところで、沼のほとりの先生の新しい住居なんぞが非常に晴れ〴〵して明るく、非常に氣持のいゝ何か新しい世界が此處にあるといふ風な感じのした愉快なところだつたので、先生のところにやはり僕と同じくらゐに一緒に二三人の若いやつがゐて、それも一生懸命脚本を書いたり小說を書いたり、ヴァイオリンを彈いたりなどしてゐたのですがその三人ゐたといふのが、これはまたなか〳〵愉快なことだつたのですその三人の一人はその後七、八年で死にましたけれども、そのうちの一人は今まだ殘つてゐて、やはり脚本など書いて或る劇團に關係したりして、まあ相當にやつてゐるのですがそのうち僕はやつぱり白樺の人達のところに泊つたりちよつと家事の手助けなどしたりしました。當時我孫子には、志賀さんに、先生に、さうして柳さん、リーチ、などといふ人がをられて、さういふ人達の間の往復などは非常に樂しかつたのです。先生のところから手賀沼のほとりを步いて、暫らく行くと柳さんのところがあり、そこにリーチがあのやきものなどを始めてゐる。朝鮮やそこらのいろ〳〵な古典的な美術品などが、この柳さんのところには澤山集つてゐて、それがまた非常に珍らしかつたし、その少し先に行くと志賀さんの屋敷があつたのです。此處のところに、午後になると三人の先生達が集つては何か話しこむといふやうな恰好だつたのです。大體先生達は午前中が仕事の時間だつた——志賀さんなんかは夜が時間だつたけれども。午後は皆樂しく寛ろいでいろんな話をするといふ風だつたのです。

　これは僕等から言ふと、「新しき村」の生活のやうなものでした。唯農耕の仕事が缺けてゐるだけのやうな「新しき村」の生活といふのはやはりそれらと本質的に關聯があるやうな心持がするのです。その後になつたら變りましたけれども、これからも「新しき村」の生活が發展すれば、人は替つてもやつぱり似たやうな、物質よりも精神の方の力と喜びを主にしたさういふ生活になると思ふのです。「新しき村」の生活といふのは、人々によつていろんなものが出る可能性がある、それが十あれば十、皆特色のある村になると思ひますけれども、さういふ先生達を中心にした「新しき村」はこれからも當然出來ると思ふのです。

　「新しき村」では、服装などといふのも一々どういふ服装がいゝだらうといふやうにいろ〳〵考へられた時がありました。あのギリシヤ人の長服などに現はれる服装は非常に趣きのあるものでしていゝなアなんて思つたのですけれども、しかしそれは實驗にまでは至らなかつた。日本人でも身體の大きい體格のいゝ人にはなか〳〵當嵌まるだらうと思ふのですが、體格によつては似合はない人も無論あるだらうと思ひます。

井澤　あのキトンといふやつですかギリシヤの、あれは勞働服になりますかね。

川島　勞働服にはならないですね。

井澤　村の平常着ですね。——川島さんは二十歳くらゐの頃は農耕の實力はあつたのですか。

武者小路　もう農家の出だから百姓のことしか……

川島　だからよかつたですなア。

武者小路　村にゐても、腕力はさう強くないけれども、物を擔いだりなんかする點に於ては川島以上の者はなかつた。

井澤　野井さんもさうですか。

武者小路　野井のは工藝の方で……

野井　工業學校です。

井澤　宮崎ですね。

野井氏

野井　ちようど村へ先生なんかゞ土地を搜しに來られたので、新聞記者をやつてをりました僕の兄貴が先生にお會ひして非常に感激して――僕と兄は十一ぐらゐ年が違ふのですけれども、僕をつかまへていろ〳〵その興奮を漏らすわけなんです。武者小路さんといふのは非常に眞劍な人で、道を歩いてゐてもヨタ〳〵して歩かれる人だ、なんて先生に會つた興奮を話したもので、それから日向の土地が出來てから宮崎で村の演説會をやらうといふ時に兄が會場なんか世話したのです。會場に充てられたのはお寺だつたのですけれども、さういふ經緯については、僕はまるで若くて內氣でしたんで、兄の話をチョイ〳〵聽くだけに止めてゐたのですが、それでも先生なんかの演説會――「新しき村」の演説會といふのはどんなものだらうといふ氣がして、ちよつとお寺の前を通ると、大きな提灯が下つて、お寺のお坊さんが住んでゐる居間といふのですか、さういふところで演説會がやられて何か非常に興奮したのです。それでも上る勇氣がなくてゐたのですが、そのうちに村にゐる人達が宮崎に時々來るやうになつたのです。兄のところと僕のところは離れてゐましたもんで、兄のところにゐましたら絶えず會へてゐたのでせうけれども、話を聽くだけで、町で村の人らしい人に會ふと何か自分も村に行きたい――工業學校に入ります時分に、やつぱり繪の勉強がしたくて、それで工業學校から美術學校にも行けると兄が言ひますもので、それぢや入らうと、まあ兄に瞞されたやうな恰好でしたけれども、それで大工の仕事を覺えたのです。學校を卒業してさうして友達の家に行つて手傳つたりしてゐますが「新しき村」では藝術家が百姓しながらさういふ勉強をして行くことが出來るといふ風に聞きましたので非常に興奮して、是非入りたいといふやうな氣を強くしてゐたのです。そのうちに村の創立記念日——第二週年の記念日でしたかはつきり覺えてゐませんが、兄と二人で出掛けたのです。出掛けてみると大勢若い人達がゐて、その言葉の使ひ方なんかは非常に神經質で、神經が行き屆いてゐるのです。たとへば「よかつたら僕の部屋に來て下さい」かういふ風に「よかつたら」といふ言葉を聽いたのは隨分印象が深かつたのです。食堂に行きましても、あの頃のお菜といふのは梅干一つで、それが晝飯だつたかと思ひますが、朝は味噌汁に菜つ葉ぐらゐが入つてゐたかどうか、さういふ節約がまた非常に私には何か本當に地に着いた喜びがあつたのです。それで先生にお會ひして見ると、先生に唯聲をかけられただけで隨分喜ばしい元氣が溢れて來て——まあ先生が子爵出の方であつたといふ、さういふ概念があつた故か、とにかく僕達のやうな者にも非常にやさしく聲をかけて下さつたり、又僕達が繪を勉強したがつてゐましたから、繪のことについてさういふ要求を濡らすと、先生は立ちどころに要求に應じて下さるのです。複製なんかは奏西の複製が隨分あつて、その點でも喜んでゐたのですが……

井澤　野井さんはその頃からずつと繪は描いてゐたのですね。

野井　水彩畫をやつてゐました。ひとりでボツ〳〵勉強してゐたのです

武者小路　幾つだつたかね。

野井　十八です入村したのは十九。

井澤　先生にお伺ひしたら、非常にいろんな製作にお得意だそうですが村のものなんか隨分自分でお造りになつたでせうね。

野井　松丸なんかで堆肥小屋を拵へたり、小屋掛けをしたりしました。

武者小路　船を一つ作つたね。

野井　船は附近の大工に習ひに行つたのです。

井澤　河船ですね。

武者小路　渡し船が一つ要る——何を運ぶにも河を渡るのに。ところが村の船が時々壞れたりするので、それをどうかして造らなければならん大工に頼んで造つたがそれも壞れたので、金もないし、自分で習ひに行

つて造つたものです。

川島　幅が二間くらゐで長さが四間くらゐ。

井澤　相當乘れますね。幅はどのくらゐの河ですか。

武者小路　ちよつと殖えれば三十間ぐらゐです。

井澤　あそこは村の土壤はどういふ風な？

野井　あんまりよくありませんね。火山灰地といはれるやうな、段々の耕地があつて、一番高いところに眞ン中と下と、下には川つ緣へ出てその川つ緣の方は川上から何か押出したやうなところでして、そこのところは筋がよかつたです。

武者小路　下がよかつたのですね。あとはもう……

井澤　野井さんか川島さんのやうに身體が出來てゐる人はいゝでせうが身體が出來てゐないで來た人が隨分あつたでせう。

野井　僕は身體が出來てゐなくて物を擔ぐのに非常に骨が折れたのです時々食料なんか運搬するのにも、向ふ岸に行つて其處から渡し船に大勢で擔いで歸るのですけれども、その間を半日も費やす、皆んな重くて苦しいのです——さういふ工合だつたのですが。

武者小路　あれは往復が三町くらゐあるのだから……

川島　大抵入村してから二箇月の終り目ぐらゐに病氣をしました。

井澤　どういふ工合に？

川島　何といふ譯のわからない、ひどく熱が出る。

野井　日向熱だ。

武者小路　日向熱といふ名前を僕等がつけた。入村したら必ずそれにやられたものです。そいつを通過してガツカりして都會へ又戻りたくなる人もあつたのですけれども、それから後しつかりして本當に働くやうになる人もある。大體五年くらゐゐると、村の人間としてまあ相當の者になります。

野井　勞働ですが——身體が出來たり何かぢやなくて——身體も確かに鍛へられるし出來て行くもんですけれども——最初の私達の頃は隨分苦しかつたです。たとへばその後十年くらゐ經つてから、勞働なんていふのは特に田植として思ひ出すのですが、田植が十年後になると非常に樂になつたのです。その以前は一反くらゐの田を植ゑるにしても、それは砂地でしたから殊に植ゑにくい田の故でもあつたのでせうが、非常に草臥れて悲觀したものですが、十年經つといろ／＼設備も出來るし、またいろんな仕事に對する段取とか、それから斷えず心棒へといつたやうなものが出來てをりますので非常に樂だつたのです。後から入つて來る人も、別にそんな身體がいゝとか、出來てゐるとかいふ風な人でなくても、相當に直ぐ働けたといふやうなことがあるのです。さういふ辛棒がやつぱり要るものだといふことを、實に痛感しましたですね

井澤　最初からずつと今まで續いて終始一貫されたのはこのお二方ですか。

川島　まだあります。

武者小路　まああちこちにありますが、二人が古い方ですね。

井澤　二十何年か……

野井　僕が二十二年。

井澤　川島さんは？

川島　二十三年です。

東の村に就て

井澤　今度の埼玉の村ですね。あれをおつくりになつた先生の理想といひますかそれはどういふやうな……

武者小路　今度は理想とか、さういふ難しい考へではなかつたのですけれども、つまり一番初めの動機は、日向の村の一番下の一番いゝ土地が發電所が出來るのであそこにダムを作ることになつた。さうするとその一番下の土地が水田に沒するわけになるのです。それで何處かに土地を買つてその足りない部分を補いをつけようといふことになつたわけで、それで村の近所に土地を買はうと初めのうちは考へてをつたのですけれども、自分はまあよくいろ／＼考へ込む癖があるのでその時もいろ／＼考へた時に、東京近所に作る方がいろ／＼の點がよくないか知らんといふ考へがフト浮んで來た。前から、日向に村を作る時にも、日向にずつと引込みきりになつてゐる積りではなくて、大體村の勞働の仕方を呑みこんだり、土地の生かし方を呑込んだりしたら、段々東京の方に近く第

二第三の村を作りたいといふ希望を持つてゐるのですが、さういふ希望も一番初め土地を捜した時――話は前に戻りますが、東京から日歸りの出來るところに土地を捜さうといふのでさういふ土地を捜したのです。ところが捜してみるとなか〳〵いゝ土地が見つからないし、それに金が――金は實に無くて始めたのですから、迚も近所にそんな金で買へる土地はないので、そこで今度は、距離は構はん、土地の安いところで生活の割に便利なところ、餘り寒いところは、北海道なんかでやると設備に非常な金が掛るし、設備なしにやれる、なるたけ暖いところ、といふので、初めの動機はさういふところだつたのです。もう一つ、宮崎縣といふのはものを始めるのに何だか緣起のいゝ土地、といふやうな氣がしたので、それで宮崎縣でやつたのですが、やはり遠方で、此方が出かけようと思つても、一年に一回くらゐですし、行けたり、行けなかつたりしますし、又こつちが村のために働きたいと思つても、なか〳〵それが出來ないし、又東京の支部の人達の努力も足りなかつたりして、さうして又都會と農村の關係とか、いろんな關係で、やつぱり東京附近の方が都合がよいだらうといふ氣が段々起きて來たのです。それで川島やその他いろんな人に相談してみたり、又東京市民の人にも相談したのですが、皆んな贊成して、そこで今度は近所に持つて來ることになつたのです。今度もやはり向ふの昔の村と同じもので、出來上つたものについては、昔の村を作るのとちつとも考へが違つてゐないのですけれども、作り方が前と少し違つて、前はいきなり十五人の人が住んで、それから後間もなく三十人の人が住んで、勞働の呼吸も吞みこめず、生活の方針も立たずに、唯もう熱心だけで行つたやうな形で、隨つて今野井君も言つたやうに十年くらゐ無我無中で働いてゐたやうな格好なんです。それで今度はやつぱりだん〳〵經驗を積んでから――川島君と野井君が一番經驗がある人だから、二人に來て貰つて、段々よくやつて、獨りでに擴がつた丈擴げて行かうといふ――僕たちが繪を描く時とか、文學をやる時とかと同じやうな意味で、初めから計畫しないで、一つからういふものを作つてそれが段々發展したら何處まで行くといふことを、實際に段々知つて行きたいといふやうな意味で、非常に小さい土地を手に入れて、僕達の力が強かつたら段々擴げて、力に應じていゝものにして行かうといふことになつてゐるのですが、これから先にどういふ風になるかといふことは、さう考へてゐずに、現在どうしようといふことを考へてゐるのです。

井澤　現在先生はどういふ風の……

武者小路　開墾をもう少しやりたいと思つてゐます。それから適當な人がゐたら人を殖やしたい。適當な人があつて、向ふも來たいし、こつちも入つて貰へば村のためになるといふ人があつたら、その時入つて貰ひたい。

井澤　「新しき村」の會は東京にも會員がいらつしやいますでせう。

武者小路　はつきり判りませんが、熱心なのは四五十人ゐます。今日野井君に聽いたのですけれども二人ばかり村に入つて働きたいといふ若い人が來たといふ話ですけれども……

井澤　それはずつと行ききりですか？

武者小路　まだはつきり判らないのですが……

野井　モーリの農園とかで働いてゐる人ださうです。自分の先祖には百姓があつたらしい、自分の中には本當に地に根ざして生きてみたいものを感じて、現在の農場で働いてゐるといふ風なことを言つてゐましたけれど——滿洲に明後年あたり行きたい、それまでにいろんなことを知つて行きたいといふ風な希望を持つてゐる人が來たのです。また入つて戴けるかどうかわからないのです。

井澤　今度は埼玉の話ですが、そこに出來るいろんな大根やなんか、さういふ物は「新しき村」で消費するといふ建前でございますね。

武者小路　さういふものは、まだ出來てみないとはつきりわからないのですけれども、今はとにかく二人の食べる米を作らうといふこと、それからあとは芋を作つたり大根とかいふものを作つてゐますけれども——經濟的にも何か賣れる物も、作らないといふ氣はちつともないのですけれども……

井澤　作つて收入を殖やさうといふ意味ではなくて、出來た物を賣るといふのですね。

武者小路　まあ餘分が出來れば……今までは自給自足が……

井澤　といふのが、やつぱり建前でございませうね。

川島　實際問題ですから。これを作れば金になると思ふいゝものがあれば賣る――それを避ける考へはないのですけれども。

武者小路　縣の方達と相談してみてかういふものを驗しにやつて貰ひたい、世間では經濟的にはちよつとやれないものでも、經驗的にやつて貰ひたいといふものがあつたら、今度はなるたけやるやうにしようと思つてゐます。

石原　宮崎では自給自足しますか。

川島　大體やつてゐたんです。

石原　どういふものをお買ひになりますか。

川島　初めは全部外からですが、終ひには米は大體食べるだけ出來たのです。

石原　終ひまで供給を受けられたものはどういふ物ですか。

川島　味噌だの、醬油だの――造る〳〵と言つてをりながら買つてをりました。しかし梨なんぞは大分賣りました――四反ほどあつて。それがなか〳〵熱心家がゐて隨分作つたんです。

石原　家は自分でお造りになりますか。

石原常務

川島　やはり造る方が多いです。

井澤　野井さんの造られたのは、野井さんの住宅ですか。

川島　外の家の書齋を三つ造つた。

野井　掘立小屋なんか大分造りました――家造りが好きで。

井澤　青少年義勇軍が滿洲でやつてゐるのと同じですね。

野井　さうです。あゝいふ風なのが多いのです。

井澤　そこで「新しき村」の、田を作つたりなんかする、どつちかといふと本質的なあなた方の生活、それはどういふ風に展開されてをりましたですか。

川島　それは、文學だとか、繪を描くことだとか、さういふことにすつかりあらゆる時間と精神を打ち込んでゐるやうな恰好でしたけれども。しかし一番よかつたと思ふことは、芝居の好きな連中がゐて時々芝居をやつてくれること、これがよかつたやはり面白い生活といふものは、食物は成るべく自給自足して、さうして樂しみは、芝居をやつたり、さういふ風なことをして村人と一緒に樂しむ、さういふことをやつてをれば人間はこれで滿足出來るもの、といふ氣がしましたね。

石原　醫者なんかはどうですか。

武者小路　二里も三里も行かんと醫者がないのです。醫者といふのは死んだ人の診斷書を書く者くらゐになつちやつたね。

川島　診斷書を書いて貰ふのが醫者の役目、村の弱い人はやつぱり用心して病氣しないやうに生活するといふのが仕事のやうな工合です。

石原　何か急救施設といふのは別になかつたのですか。

武者小路　それはやつてゐました。

新しき村の行き方

井澤　新しき村の組織に、と申しますか、指導者なんかは？——さういふ風なものはないでせうけれども。

川島　あります。

井澤　それを一つ。どうも吾々はそれがはつきりしないものですから。

武者小路　係があつたものです。勞働係、動物係、薪係、炊事係、會計係と。

井澤　さうすると指導者が先生でせう。

川島　生きるのは——先生のやうな人がゐて下さつて、まるで神樣のやうに先生のためにいゝのだつたら皆んないゝに決まつてゐるといふ、何となくさういふ感じが見えるといふことが統率力になつてゐる。そいつがあると村は何も無理なく出來るやうな感じがします。

井澤　ところが先生は東京にいらつしやるでせう。村は一種の自治體になつてゐますね。それをどういふ風にして……

川島　先生は何處に居られても同じなのです。

井澤　それはそうでせうけれども、例へば新しい人が入つて來たやうな場合に、それを共同體と云ひますかその村の生活にどういふ風に徹底さしてゆくか、その時にはあなたが矢張り指導されるのですか。

川島　それは前からゐた者で、いろんな係が出來てゐまして。

井澤　それは命令で行はれるのですか。

野井　自然に尊敬されるやうに。

川島　どうしませうといふ風にするんですね。

井澤　會議があるのですか。

武者小路　毎月一日に會議があつて仕事の相談をする。

川島　月初めと、中頃とやつたり。

井澤　こまかい相談をするその時に紛糾したらどうしますか――あまり揉めないのですね。

武者小路　人數が少いですからね。

井澤　しかし相當議論が出ますでせう。

川島　出ても、外のところと違つて議論が出れば自分が得をするかといふと、決して得なんぞないですから激しい議論なんかない。さう思つたらちよつとやつて見給へといふ風な工合で……

武者小路　飯が不味いなどと言へばそんなら自分が炊いたらいゝといふことになります。だから炊事が拙いなんていへない譯です。言へば自分が立派にしなければならぬ。

井澤　さつき野井さんは、梅干一つで食べてゐたと言はれましたが、それはどういふ風にすれば榮養のあるものかといふことはちつとも考へないのですか。

川島　まだ出來てゐなかつた。これからさういふこともやることになつてゐるのですが。――こんなことも考へてゐるのです。もう少し人數が多くなつたら特色のある食堂を三つくらゐ拵へて、今日は乙の食堂、或は甲の食堂、丙の食堂で食べて見ようとか献立をそれぞれ拵へて自分の好きな所へ行つて食べるといふことにしたらどうだらう。しかしこれは人數も少なかつたからその必要もなし、隨つて出來なかつたけれども。

武者小路　經濟的に許さないし。

井澤　何か生活狀態について……

武者小路　何にも物が出來ない時には、係の人が方々何か食べる物はないかと探して歩く。

井澤　東京市内でもさういふ生活を或は隣組でやらなければならんやうに時局が迫つて來てゐますから、翼賛會の方から一つ。

川島　僕等はまだやつてゐた事は少いです隨分考へてはゐたのです――これからやらなくてはならぬこともいろ〳〵出るだらうと。

武者小路　いろ〳〵敎へて戴くことも澤山あるのですけれども。

翼賛運動との關聯

森崎　實は今日は部長が伺ふ筈でしたが、盲腸を病んで居りまして失禮しました。ところがこの雜誌社の方から「生活のよろこび」の座談會があるといふ風に言はれてもうその名前だけで大變私は嬉しく感じたのですが、今のお話を伺つてをりますと、先生の理想として、その理想を一つの型に嵌めて、さうして理想を描いて實際に生活しようと思はれるのですが、丁度今隣組を盛んにやつ

森崎氏

てゐますが、何かその隣組がずつと前に出來上つたのぢやないかと云ふ風な感じを非常に受けたのですが、今隣組で共同化の問題を非常にやかましく言つてをります。結局その生活の共同化といふものが、さういふ先生の心に於て既に出來てをつたのではないかといふ氣がするんですか

武者小路　御飯炊は一つ所でやつて各家庭へ行く譯です。副食物も作りましたがそれは自由に買つたりする所があつたりして――各家庭では自分の内で細君が料理したりなんかして、村で普通の人が食べるのより幾らか御馳走を食べるといふ傾きも出來て來たのです。ですから獨身の人達に言はせれば、少し嫌なところもあつたかと思ふのですが、さういふ所もだんだん解決して行かうとは思つたのですが。

森崎　今までの考へ方を變へまして

ほんとうに共同の力でやつて行く、これが今の生活新體制ではなからうかと、斯樣に考へるのです。たゞそこで榮養問題ですが、私はあの榮養學といふものはあまり贊成しないのです。例へばカロリーが幾ら、ヴィタミンが幾らとか、いろんなやかましいことを言ひますけれども、それでほんとうに體が丈夫になるかといふと、私は甚だ疑問だと思ふのですあの自然の姿ですけれども、牛が青草を喰つて、あれだけの肉と、あれだけの脂と、あれだけの乳を出すのですから私は結局日本に昔からありますところの食事をほんとうに食べこなすことを知らんぢやないかと思ひますね。結局その食べこなすことをすれば、凡ゆるユダヤ榮養學が言つてるやうなことよりも立派なことが出來るのぢやないか。形式ではなくして實質的に身につける方から考へたらどうかと思ふのです。さういふ意味に於きまして、あゝいつた形式的な理論がどうもよくないのではないかと思ふのです。さういふ所から翼贊會に於きましても、いろ／＼な榮養食のことなんか出て參りましたり、いろんな獻立を書いた炊事があるのですが私の方で積極的にさうなさいといふことは言はないやうにしてをります。

武者小路　禪宗などの食物を研究したら相當面白いのです。

森崎　人の精神が高くなるといひますか、高くなればなる程菜食ですね。外國の例によつても、ヒツトラーがさうですし、坊さんがさうです。精神生活に入つて來るとどうしてもさうなるやうですね。そこに私は非常に考へなければならぬ――つまり榮養の問題があるのぢやないかと思はれるのですが。

井澤　最近肉類がなくてみんな大騷動してゐますね。

森崎　ですからあゝいふことは非常に囚はれたことだと思ふのです。われわれの祖先が果してさういふ風な食事をして來たが。美食をする人が却つて弱いといふことはどういふわけかといふことも、一應考へられていゝのではないかと思ひますね。

武者小路　美食をしなければ量で補ひをするわけです。勞働すれば飯だけ餘計食ふといふことになるのではないかと思ふ。ですから適當のものをとるやうにすれば、割に數が少くてもいゝのではないかと思ふ。量が少くて腹をはらさうと思ふと、やはりカロリーなどの問題が出て來やせんかと思ひますがね。ですから、村など――僕たちはさうでしたけれども、味噌と米だけで――それもずいぶん麥も入つてゐまして、近所の農家よりも食物が惡いといふので、なかには不平をいつた人もありましたが――。勿論金がなくて始めた仕事ですから、最初から生活程度の低いことは覺悟の前で、それが出來た人達だけが入つたわけですが、食物に不平をいつて出た人は少いと思ふのです。やはり趣味とか、都會なんかにゐたりして、村にゐると生活が單調ですから、畫とか文學が好きだといふ者は割に落着きましたけれども、ほかのものに興味をもつた人は落着かなかつたやうに思ひます。

森崎　今のお話の、文學とかいろいろな藝術で生活が樂しめるやうに、私は全體の人がさうならなければいかんと思ひますね。

川島　一番大事なことはさうでなければいかん。樂しみをもつのが一番根本だと思ひますね。

井澤　都會の人の樂しみはとんでもない樂しみが多いのですね。

武者小路　金があれば樂しむし、金がなければ樂しみがないといふ風なものですから……。

森崎　生活の指導のことでいろ〲あるのですが、私達は生活の新體制といふことをやかましくいふのです。しかも組織とか形式だけでは駄目だと思ふ。たとへば、組織をつくつて人を入れていろ〲な命令をするといふことは、鳥籠をつくつて鳥を入れ餌を與へてやるのと同じだ、それではいかんと思ふ。それぢや本當の生活が樂しめるのは何かといふと、一般の人が、生活といひますか、そのなかに入ることぢやないかと思ふのです。さうして生活道に入つて生活の意義といふものをはつきりもたなければ駄目なんぢやないかと思ふ。

川島　それを與へる方法を考へることでせうね。

武者小路　生活に希望と進歩がなければ駄目だと思ひますね。

森崎　そこで今生活觀の確立といふことをいろ〳〵やつてゐるのですけれども、この考へ方が根本になつて、その生活の目標がきまつてからでなければ、生活の刷新も、生活新體制も、本質的に成立たぬのではないかと思ひますがね。さういふ意味で、先生の仰しやつたことは、理論的に考へたことを實際に現はして行かうといふのですから、私はさういふ風な新しい村が——日本全國が新しい村にならなければいかん。かういふ風に考へるのはそこなんです。

井澤　實際統制も何も大正七年頃にはなかつたのですが、先生の理想といふものは今もちつとも變らないのですね。

生活の協同化

森崎　今生活の協同化といふことをいつてゐるのですが、その協同化といふことは、先生の仰しやつたことと同じです。隣組を單位として、そこに指導者があり、そのなかに炊事係あり、班長あり、非常時に於ては救護班もあるといふ風に、役を分けて一つの協同體的のものをつくつて行かうといふのが、今の生活協同體の狙ひです。

武者小路　やはり隣組の質が問題になりますからね。

森崎　それが根本なんです。

武者小路　精神的の隣組といふものと、地理的な隣組といふものが、兩方うまくピツタリ行けばいゝのですけれども……。

森崎　そこを狙はなければ駄目です。

井澤　上からかうしろといふのでは駄目ですからね。

川島　僕達は、いつ出來るか分らんけれども、俺達の仕事こそ日本の光明になるのだといふ考へをもつてゐるのです。實際さういふ氣がするのです。

武者小路　さういふ氣持になつてゐるから、みんな元氣でやつてをれるのです。二十何年經つても、いつも新鮮な氣持でをれるのです。

川島　出來るならば、どこかに先生の脚本などを演ずる劇場が欲しいといふ要求を誰もするのです。芝居といつても、大衆的な人達にも氣持よく樂しめるものをやつたり、もつと知識階級の人達が見てをれるものをやつたり、ずつと進んだ人達の見てをれるものをやるとか、三通りぐらい演出の出來る劇場がどこかにあると、樂しみも多くなるし、もつと大きな働きが出來るやうになるだらうと思つてゐます。いつ出來ることか分りませんけれども……。

中山　新しい村と周圍の村との交渉といひますか、さういふ風なものは今までやつてをられますか。

野井　良い隣人になりたいといふのが望みなんです。なるべく近所に喜んで貰へるやうにしなければ、村も大きくならない。ですからなるたけ近所によくしたいと思つてゐるのです。初めの出來たての頃は近所の人達は誤解したのです。あんな山の中に住んでゐるが、金儲けもしてゐないし、見當がつかない、狸の皮でも剝いで金儲けでもするかしらん（笑）もつとひどいのは、贋造紙幣でもつくつてゐるのかしらんと思はれてゐたのですが、二三年經つてからだん〳〵分つて來て、それでだん〳〵よくなつたのです。

中山氏

川島　僕等がいゝと思つてゐることによつて誰も迷惑するものがなく、自分達の近所にいゝ村が出來たといふ風な感じを段々持つやうになつたのです。

武者小路　初めは村へ小學校の子供達が來ることを反對してゐましたけれども、今は村の祭りには小學校の子供をみんなよこして運動會みたいなものをやる、みんな鉛筆ぐらいづつでも公平に分けるといふ風にして、村中の祭日みたいなものが出來て、ずいぶん遠くからも村の祭りの日には人が遊びに來るし、屋臺店なんかも出たりしてね。

川島　僕等は毎年一回は仲間で芝居をやるのですが、それを羨しがつて近所の村なんかでも、學校の開校式などの時には芝居をやつてをります

中山　地方文化運動ですね。

森崎　精神方面はさういふことがあ

ると思ふのですが、生活の方面の收入はどういふ御計畫でお進みになつてをりますか、おつくりになつたものをお賣りになるのですか。

武者小路　賣るといふことにはまだいかなかつたのですけれども、終ひには梨が澤山出來て賣つたりなんかしましたけれども、初めは自分達の食べるものをつくるといふわけだつたのです。僕達は生活が一番の目的といふのと違つてゐたので、こつちだけの收入では足らんので、いろいろな收入で賄つたのです。さうして出來れば大勢の人を入れたいといふ氣持があるものですから、自活はちよつと出來なかつたのです。自活は出來たが、それだけで外のものが行けないでは、村をつくつた理由がなくなつてしまひますから、そこがちよつと難かしいところなんです。土地の廣さを適當なものにして、人數を減らして、さうしてその人達に或る勞働の計畫を立てゝやれば、それは自活は出來たらうと思ひますが、教育――といふとをかしいけれども、いくらかさういふものも含まれてゐたから、事情の許す限り人を入れたいといふ氣持もあつて、僕等のゐる時には四十人ぐらいになつたのですが、五町歩ぐらいしかないところですから、そこに四十人ゐたのではなか〳〵生活が大へんですよ。

川島　働き方なども、ずいぶんゆるやかにおつとり働いてゐて、二十年後に自活に漕ぎつけたのです。あゝいふところは非常に面白かつたのです。少しはやはり裕とりがないと……。

森崎　今の大衆にさういふことを知らしてやるのには、生活が根本であるといふ意味から――計畫性のある何かそこにプランが要るのではないでせうか。

武者小路　熟練した指導者がちゃんとゐて、義務勞働なら義務勞働をうまく指導したら、非常に早く出來上つたのではないかと思ひますが、ところが指導の仕方がみんな愉快に働けるやうな指導の仕方でありましからね。

川島　今まで新しい村の仕事といふものは、幹部の養成だつたのですが、今度はだん〳〵さういふ風にやつて行けると思ひます。

武者小路　今まではどういふ風にやつたらいゝかといふ研究所みたいなものですから……。

井澤　收入はどうですか。

武者小路　暇な時にやつたものは自分のものにしてもいゝが、義務勞働によつて得たものは村全體のものになるのです。

石原　餘計働いてもですか。

武者小路　餘計働いても收入にはならないのです。

倉田幹事

倉田　餘計働いて收入にならなくても別に不平を起す人はなかつたのですか。

武者小路　さうです。

川島　僕等にとつては、誇りといふやうなところにかゝつてをつて、金を持つてゐるといふことは誇りにならないのですから、世間とはまるで違ふのです。

武者小路　勞働者の人が見えたので、村では働く方が誇りになるのだからといふと、世間では餘計働くと何だかお世辭でも使つてゐるやうにみんなに思はれるのですが、ここでは餘計働く方がいゝのですかといふ風に、僕の方が驚いたくらいに、向ふでは反對に驚いてゐました。村では働く方がみんなにいゝわけですから、それだけみんなに尊敬されるわけです。

野井　みんなのところで生活をさして貰ふといふことに幸福を感じて、村にゐるといふことについて、勞働に對して自分の能力を考へて非常な負目を感じてゐたのです。それで少し體の弱い人などは、自分の働き場所を見つけて小さなところで働いてくれたのです。さういふところがやはり大事なところで、よく行つたと思ふのです。

森崎　先生の新しい村が出來たのがちようど私の學生時代ですが、さうして先生のお書きなつたものは、新聞なんかで見てゐましたけれども、やはり赤みたいな感じがしましてね、みなさういつてゐたのです。ところが翼賛會の共同化の問題を捉へましてそれは赤の思想だといつて攻撃が來るのです。そこで翼賛會の方としましては、つまり歸一一體の精神、共同して上に行くのだと說明してゐるのです。先生のところの皆さんは歸一一體されてゐますからそれでいゝのですが、上に行かないで横に行きますと、完全に赤であり共產主義でありますので、その點を說明してやつてゐるのです。

武者小路　その點は一家のやうに生活をし、兄弟姉妹だといふ風にするのですね。

森崎　さうして今の共同化は、日本の一大家族體といふことにして――先生のお話と同じだけれども……。

川島　新しい村は權利の主張などはないのです。

井澤　それが特徴ですね。

武者小路　小遣を一月一圓づつ貰つてゐたが、或る時一圓も多過ぎると川島がいひ出して、五十錢でいゝといふことになつた。世間からいへば、一月働いて五十錢しか貰はないわけですが、それでもみな非常に一生懸命に喜んで働いてゐたのです。嫌氣の出る人がないのです。さういふ點はみんなお互に感謝し合つてゐたといふことになるのです。

森崎　「喜びの生活」といふことは非常に愉快なことで、それを伺ふために出て來たのですが、全くみんな喜びの生活をやつて行かなければならんと思ひますね。

武者小路　喜びと希望ですね、どん〳〵努力して行けば、そのうちに效果があるといふ、何か元氣になるものがあるといふ風な……。

川島　新しい村の生活をすることによつて、自分といふ人間がだん〳〵向上して行くといふやうなことは非常な喜びでした。これがもし反對だつたらこんな心持にはなれないでせう。

野井　村ではどんな富裕な人が來ても、やはり人間として當然遇するやうに遇する、一方にまた貧しい人だつてちつとも輕蔑せずに、やはり人間として遇する、ちよつとかういふところはどこにもないだらうといふやうな氣焔をあげたことがありましたがね、やはり人間として喜べる生き方だと思ひます。

森崎　今物が統制され、稅金が高くなり、生活が非常にやりにくくなつてゐるのですが、さういふ苦しみのなかでも喜べるだけの心構へが出來んといかんのぢやないかと思ふですがね。

野井　やはり隣組でも何でも、兎に角相手を尊敬するといふことが大事ですね、人間として――。さういふことが行きわたらないと難かしいですね。

井澤　東京の隣組にはずいぶんひどいのがゐますよ。

川島　一番大事なことは、根氣よくやることです。急に始めたのがうまくいかないのは當然ですよ。一生懸命にやつて、さうして何事も續けて行くといふ氣持をもつことが大切です。ですから新しい村なども、ずいぶん小さい時からつくつて、だん〳〵いゝものをつくり上げて行かうといふのです。

井澤　國家として大勢でやるといふことは難かしいのですね。

川島　困難は仕様がないのです。根氣よくやつて行く外ないのです。

森崎　先生の仰しやつた習慣によつていゝ習性をつくるといふことですが、私はそれが非常に大事なことではないかと思ふのです。

武者小路　子供の時はみんな純粋ですから、その時分からいゝ習性を養へばいゝのです。

川島　實際さうだと思ひますね。

井澤　新しい村に子供は生れたでせうね。

武者小路　川島の子供は大きくなつてゐます。

川島　學校がなくて普通の學校に行つてゐますけれども……。

井澤　村での生活は。

井澤幹事

川島　極く普通です。

井澤　何か特別な教育方法といふやうなものはありませんか。

川島　それが、僕のゐました頃は、壞れたやうなところに相當の人數が住んでゐましたから、やはり違つた氣風がありました。何となく外の子供と違ふのです。

井澤 どういふ風に――。

川島 のんびりしてゐるのです。

野井 野蠻なことを非常に嫌ふのです。人の不幸だつたりする場合には涙を流したり、非常に情にもろいところがある。非常に感情的なんです。（川島氏に向つて）どうもさういふ傾向があるね――さう思はないか。

川島 さうだなア、人に親しみをもつといふか――あるなア、人を信用して、誰にでも愛をもつ傾向があるね。餘り人見知りをせんね。

武者小路 みんなに可愛がられるからな。

森崎 悪智慧がつかないのですね。いはゆるスレるといふやうなことがないのだね。

武者小路 學校へ上れば――さういふところへ行つてもまれるといふことも、今の世の中ではいゝともいへるね。

石原 都會には利己主義の人が非常に多く集つて來ますが、かういふものはやはり修正させる必要がありますね。

川島 みんな理由があるのですから、やはりいゝものが出來るやうに工夫するより仕方がないでせう。

武者小路 安心してをれば、金がなくても安心してをれるが、今のやうだと何か頼りになるものを持つてゐなければなりませんからね、すつかり信頼しきつて、どこまでも背かれず、未來子供の生活まで安心して、全部安心出來れば餘程氣持が變つて來るでせうね。

川島 國家としても、戰爭が終つても元のやうにはならない、この通りの行き方で理想的な國家をつくり上げて行くのだ、だからこの通りの考へ方をもつてやつて行けば間違ひがないといふ考へをもたせることが大切ですね。戰爭が終れば元の生活に歸るといふのでは、二重の用意をしなければならん。

倉田 買溜が行はれるのもさうですよ。

森崎 それが利己主義の問題になるでせう、そこで私の方ではかう思ふのです。この戰ひがどういふ戰ひであるか知らさなければならん、何のために戰つてゐるかといふことを知らんのではないか、利己主義の我儘勝手な國家群に對して、それぢやいかんといふので、民族全體、國家全體のために起ち上つたのが日本だ、日本はさういふ戰ひをしてゐるのであるから、その戰ひを勝ち拔くためには、國民自らが自分の心から利己主義 我儘勝手な思想を取り去つて、從來の歐米的な考へを裏向けにすればいゝぢやないか、そこに本當の全體的な、いはゆる日本精神をもつた心が生れて來る——翼贊會に於ても、翼贊體制といふのは、その心を裏向けにすることぢやないかと思ふ。それでありますから、結局あゝいふ風な建物の形式や理論ではなくて、みんなの心の中に翼贊體制といふものがあるのではないか、かういふ風に考へたのですが、どんなものでせうか。唯考へを變へるのぢやないのです。

武者小路 村のやうにお互に信賴し愛し合つて、背かずに行くといふわけです。

森崎 さうすると我儘勝手な思想もなくなると思ひますが……。

森崎 さういふ風にしてゐるのですが、この體制といふものは明治以來培はれて來てゐますから、またさういふ教育を受けて來てゐるものですから、その考へ方を根本的に棄て去らなければ、本當に日本的の考へ方をすることが出來んのではないですか。これを本當にやることが教育者の眞の使命であり、文學運動の大きな目的ではないかと思ふのですが……。まア、しかし、だん〳〵これを契機にして本當の姿に歸るのではないか。

武者小路 だん〳〵眞劍になつて來てゐるから……。

野井 川島はかういふことをいふのです。赤の恐怖に對しては、日本でもそれに對抗出來るやうな強いものが生れなければ、赤の恐怖はなくならないといふのですが——強いものといふのなんですけれども、さういふものが入る餘地がないやうに——つまりさういふ立派なものが出來さへすればといふのです。

井澤 つまり日本本來の姿に歸ればいゝのですね。

森崎 まアさうです。

井澤 それではこの邊で速記を止めまして……。

聖戰日記

昭和十六年十二月八日〇米英に對し宣戰の大詔渙發さる聖旨畏し。隱忍八ケ月、終に爆發した一億の火の玉、大御心に沿ふて立つ。記念すべき日なり。

〇同日陸海將兵に勅語を賜ふ。三軍の士氣とみに昂る。

〇わが海鷲荒天を冒しハワイを空襲す。戰艦ウエストヴアージニヤ、オクラホマ瞬間に沈む(轟沈)、航空母艦エンタープライス擊沈さる。外に太平洋艦隊に屬する戰艦四隻大破、大巡四隻粉碎、米太平洋艦隊主力一擧に全滅し、白堊館色を失ひ、眞珠灣の被害甚大を米國民に訴ふ。

我、これにハワイ海戰と命名、不朽の偉勳を記錄す。

〇同日、敵アジア艦隊の根據地、米國東亞防衛基地比島を空襲、敵百機を擊墜、軍事施設に徹底的打擊を與ふ。

〇同日、英の極東前進基地香港を空襲、敵十二機を炎上同時に英領植民地全沿岸を封鎖す。

〇陸軍上海共同租界進駐暴逆英國の東亞據點壞滅す。

〇黃浦江に於て英國砲艦ペトレル號を擊沈、米國砲艦ウエーキ號を捕獲す。

〇この日はよき日なり。西太平洋全面を覆ひし雄大無比の作戰に敵の機先を制し、未曾有の戰果を上ぐ。

〇皇軍泰國に友好的に進駐の交涉成立す。英のデマに躍りし反日華僑等動搖す。

〇偉なる哉我が防衛陣、この日國土に敵機を見ず。

十二月九日

〇防衛總司令官に東久邇宮稔彦王殿下親補せられ、總參謀長に小林中將が補せられた

〇我が國土防衛は完璧となる。

〇陸軍部隊マレー半島に敵前上陸成功、要衝〇〇を占領頑強に死守する英軍を驅逐前進中。

〇シンガポール連爆。

〇比島ニコルス飛行場粉碎

〇太平洋上の米據點ミッドウエー島を急襲、多大の戰果を上ぐ。

〇同じく太平洋上の據點たるウエーク島を空襲、敵九機を擊破す。

〇ナウル島爆擊、同島は赤道以南にある濠洲委任統治領

〇開戰以來、我が海軍に依つて拿捕されたる敵船舶二百餘隻なり。

〇笑止!和蘭對日宣戰す。

十二月十日

〇畏くも聯合艦隊司令長官山本大將に優渥なる勅語を賜ふ。

〇英の最新鋭戰艦プリンスオブウエールス及高速戰艦レパルスを轟擊沈。我が海鷲の偉勳、全世界を驚倒す。

〇グアム島敵前上陸に成功

十二月十一日

〇日獨伊三國間に對米英戰共同遂行單獨不講和及新秩序建設協力に關する協定成立。

〇日泰攻守同盟締結。

〇グアム要港完全占領、總督捕虜となる。

〇比島空軍全滅、マニラ・カヴイテ猛擊。

〇マレーで敵機三十機を擊墜、わが軍大いに振ふ。

〇盟邦獨伊三國同盟の精神に基き對米宣戰を布告す。

十二月十二日

〇比島作戰開始以來海鷲敵二百二機を擊破す。

スパイと郵便

萩原達

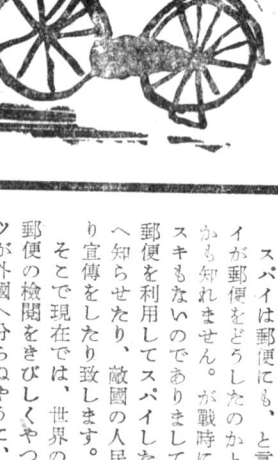

スパイは郵便にも、と言ふと、スパイが郵便をどうしたのかとおつしやるかも知れません。が戰時にはユダンもスキもないのでありまして、スパイは郵便を利用してスパイしたことを本國へ知らせたり、敵國の人民を迷はしたり宣傳をしたり致します。

そこで現在では、世界の到るところ郵便の檢閲をきびしくやつて國のヒミツが外國へ分らぬやうに、又、外國からのツマらぬ宣傳が國内に入らぬやうに氣をつけて居ります。

わが國やドイツのために、散々の眼にあつてゐるイギリスは本國はモチロンのこと、英領印度も香港もニユージーランドもオーストリヤもカナダも郵便の檢閲をやつてゐます。

友邦ドイツもイタリーも、我が皇軍の平和進駐をした佛印も矢張檢閲をしてゐます。又、アメリカの如きはまだ現在の樣に日本が宣戰しなかつた時ですら我國向けの郵便を去年の十月一日かには六十トンも押へて檢閲をすると云ふやうな實に怪しからんこと、ランボウなことをやつてゐました。

世界にはご存じの通り、萬國郵便聯合條約と云ふ條約がありまして、郵便の交換やいろ〳〵のことをきめて、世界が一つの家のやうな工合になつてゐたのですが、こんな風に方々で勝手に郵便を檢閲することになりますとこの條約も空證文と同じことだとまで言ふ人すらあります。

これは、一面から申しますと、第一次世界大戰當時以上の大スパイ戰が到るところで行はれてゐるためにこのやうにきびしい注意をするのだと言ふことも出來ませう。

スパイとか、第五列とか言ふのは、標語をポスターに書いたり、マツチペーパーに書いて貼つた位でへこたれるやうな生やさしいものでは決してございません。

近代のスパイは、あらゆる力をあつめて新しい戰術を考へいろ〳〵の方法でスパイしようと熱心に研究し、猛烈に活動してゐますから我々は餘程、ガツシリと構へねばならぬワケであります。

一列買ひをやめよとか、車中や人の集るところで不平だの、ぐちだの、じまん話だのをやるナと言はれるのも、この眼に見へぬところのスパイを防止しようとする一つの手段であります。

これ位のこと……と思つてやることがスパイには何よりの材料とも手がかりともなるかも知れないのですから外國行の手紙やハガキなどにもうつかりしたことは書けぬワケであります。

さて、我國でも御承知の通り去年十月のはじめから緊急勅令に依つて「臨時郵便取締令」が公布され、最近一層強化されてゐます。外國行の郵便は検閲されることゝなりました。

何しろ、我國の郵便制度開始以來はじめての検閲ですから、お互にこの制度をよく理解し、さうしてお國のためにこの制度がうまく行くやうに力を合せたいと思ひます。

この臨時郵便取締の目的は、新聞などでごらんの通り、スパイの暗躍を防止すること、卽ち、國防上知らすことの出來ないことや、國の不利益になることが外國に洩れぬやうにすることと、も一つは國民が知らず／＼洩らす國防上のヒミツを防止するためであります。ですからその取締の方針も、外國郵便を主とし内國郵便は第二となつてゐます。と云つて、では内國郵便ならドンナことを書いてもよいかと申しますと之れは言ふまでもなく、書くべきではありません。

さて、我々はこの郵便の検閲についてドンナ點に氣をつけたらよいのでせうか。國民として知らねばならぬ點を次にザツと申上げてみませう。

一、外國行の郵便には、暗號や隱語秘密インキ（あぶり出しも含みます）盲人用點字、私製ハガキ（繪ハガキ、印刷したアイサツ状など官製ハガキ以外は全部）二重封筒その他秘密の通信方法を使用してはならないことになつてゐる。これに違反すると千圓以下の罰金に處せられる。

二、私製ハガキも滿洲、中華民國には許されてゐる。軍事郵便と書いたもので滿洲、支那、佛印などの皇軍宛のものは差支へない。

三、郵便物が差出人の手元まで返送出來るやうに、今後は差出人の住所氏名を必ず外部に書かねばならない。

「京都にて、山村生」と云ふやうに書いたものや、ウソの住所氏名を書いたものは處罰される。

すべての郵便物には、差出人の住所氏名をくわしく書くことである

四、外國宛の郵便（滿洲國、支那をのぞく）は、すべて郵便切手を貼らずに一、二等局の窓口へ切手を添へて出さねばならない。ポストへ入れてはいけない。

五。郵便物で内容の不明なもの、例へば「あれを例の所へ送つて下さ

い。すぐに、いつかのあれを、あすこで必らずお渡し致します」と云ふやうなものは、差出人又は受取人に譯文の提出、說明を求めることがある。

更に昨年十二月十二日から改正された臨時郵便取締令に依ると、

（一）外國郵便物で、直接たると間接たるを問はず、米國及び英國（屬領を含む）卽ち敵國宛のもの、我が國在留の敵國人から差し出すものは一切禁止する、この禁を犯したものは嚴重に處罰される。

（二）内國郵便物も外國郵便物も通信文は日本語（朝鮮語を含む）滿洲語支那語、獨逸語、伊太利語、西牙班語露西亞語、佛蘭西語又は英語で記載すること、これ以外の用語は使用出來ない。

（三）郵便物には差出人及び受取人の居所氏名を明記する必要があるが、更に差出人又は受取人が外國人である場合は、その國籍をも郵便物の外部に明瞭に記載すること。

先づ、これだけを知つて居て、これをよく實行されゝばお互はどんなにお國に力を合せることになりませう。

いつかの新聞記事のやうに「差出人の住所氏名の書いてない郵便××萬」などと云ふことは決して誇るべきことではございません。

差出人の住所氏名を書くこと、つまらぬことは書かぬことなどすぐに實行の出來ることでも先づ以つて實行しようぢやありませんか。スパイは我々一人〳〵が身を以つて防ぐべきであり、郵便取締も郵便局へのみ任せて知らぬ振りは出來ません。我々は郵便局へ進んで協力しませう。

（筆者は東京都市遞信局郵務課監督係）

厚生

増産と育兒

國家總力戰下の婦人の任務は、増産と育兒にある。

そこで良い兒を生む秘訣を心得ておかねばならぬ。結婚は適齡期を外さぬこと。婚期がおくれると、子供を多く生めぬばかりでなく、子供の素質も低下する。

若いもの同志が、愛しつゝ協力して生んだ子に惡い子がない筈だ。たゞし、何でも多く食べる母親の兒は丈夫だから、物の好き嫌ひ言はぬこと

萬歳でお開き

三重縣南牟婁郡相野谷村では、結婚式の島田と丸髷を全廢し、三三九度の杯ごとも、之を誓飲と改め、萬歳を三唱してお開きにすることにした。生活改善も、先づ結婚式から、このやうに始めてほしい。

たゞし、式だけ新體制でも禮裝にモーニングを着るやうでは舊體制から脱し切れないものであるから、服裝のこのやうな英米依存を捨てねばならぬ。

國民服を着た新朗の雄々しい姿、それは新日本の姿である。モーニングは猿の着物で縁起惡い。新朗は之を着るな

たまに和合せよ

たまに和合する夫婦間に、子寶多いといふ。子寶報國のために、たまに和合せよ。

和合し切れざるものあり。日米關係の如し。彼我、人種異る。人種異なれど男女間なら和合し得るも、野郎共にては和合離し。それに利害關係異る。

和合し切れざるものに、頭下げる馬鹿もなし。

新日本は、行く所まで行け

前進座の忠臣藏

舊臘より前進座の忠臣藏、映畫ファンの前に、天蓋をはね上げて戰爭の中からぬつと敵前に飛出したる如く現はる。

われらは之を前進座の厚生政策、社會政策の施設と考へる。

歌舞伎座の大舞臺以外に、庶民階級向小屋で技を演ずることを恥と考へた役者の大馬鹿野郎もある世の中に、舞臺よりも映畫に乘出した前進座幹部こそ流石新人と稱すべけれ。

思ふに民衆娯樂として、芝居よりも映畫の方が大衆的だ重役階級でない以上、大芝居に一度行つて御覽じろ、一ケ月分のお米の代金がふつ飛ぶのだ。故に芝居は映畫よりも大衆的でない。

此の大衆的な映畫に、日本最高峰の舞臺俳優團體前進座が數年前より乘出してゐるので、それには映畫監督の功績を並列的に擧げるべきものであるが、その作物を數本われらの前に提示してくれた。舞臺の上での演技とカメラの前でのアクティングとは元より趣を異にしてはゐるが、しかし、舞臺での前進座幹部の熱演を見ることの出來ないものに取つて、此の映畫を觀賞することが何んなに樂しみなことであらう。忠臣藏は、元より此座以前の諸優の協力に依り、其綜合的合作なだけ特徴的傾向が弱かつたけれど。

獨逸は民衆娯樂に課稅しない。先づ民を樂しましめよ。

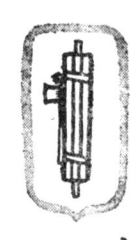

イタリヤの生活文化

深尾須磨子

イタリヤを目ざす旅行者が、船でナポリにつき、ナポリから超特急の快速列車でロオマに向ふ、と假定すると、まづ敬服するのは、その列車の設備の新しさと、乗心地のよさである。何しろ、ナポリ・ロオマ間はイタリヤの交通路の中心でも本街道に相當するので、交通當事者の氣の入れ方も他の線路以上、從つて列車にしても、イタリヤに於ける最新式のが走つてゐるわけだけれど、いづれにしても輕金屬と皮革づくめのその列車に乗つただけで、新時代の文化の匂ひが快よく總身を包む。そのまた速力の素晴しさときては、たしかに超特急の名に背かない。

こんな話は勿論平時のことであつて、この頃のやうな大騷動の中では、多分あの煤煙なしの最新式オート・カーなど運轉されてゐないかも知れない。と思ふ一方では、いや、たしかに運轉されてゐるに違ひない、と、私はきつぱり斷定が下したくなる。と云ふのも、元來ムツソリーニなる人が、どんな場合にも、イタリヤの血であり、肉である大衆の活動力を殺ぐやうなことは、極度に戒めてゐるからであり、いきほひ交通機關の能力減退を防ぐやうなことについては、あらゆる苦面を吝しまないからである。とは云ふものの、ガソリンの一滴が血の一滴に相當することと、日本に優るとも劣らぬイタリヤの今日では、ガソリンで走らせるあの快速列車が、イタリヤ交通路の本街道を今も尚走つてゐるか、どうかは、はつきり請合ふことが出來ない。

それはとにかくとして、その快速列車で運ばれる旅行者が、まづその速力と、乗心地のよさに驚き、次に周圍を眺めて制服姿や徽章をつけた乗客の多いのに驚く、と云ふのはほんとのことである。堂々たる制服姿、青壯年の男たちは大抵がフアツシストの制服を著てゐるか、でなければ胸に四角の、それもフアツシストの徽章をつけてゐる。イタリヤには、特に國民服と呼ばれるものはないので、そのかはりフアシスト黨員は必ずその制服か、でなければ一定の徽章をつけるのがきまりである。

フアツシストの制服や徽章を身につけることは、フアツシスト黨員證の所持者に限つて許されるので、フアツシスト黨に加入してゐない一般人は、決してそれが出來ない。從つて、單に一着の制服であり、一個の徽章であつても、ファッシストのそれらになると、實にはつきりとした存在をとるわけで、一目でファッシスト黨員の身分を證明するかはりに、それらをつけてゐる當の本人は、いやしくも非難の的になるやうな言動を身を以て愼しまねばならぬことになり、その點イタリヤにおけるファッシストの制服や徽章は、いはゆる國民服など以上に身につける者には窮屈である。と同時に黨員としての誇りと、他の信頼とを合せ持つことになる。

日本でも、近來ますます國民服が普及してゐるやうで、まことに結構なことだけれど、いかに表べだけ國民服で身を固めても、心がそれとぴつたりしなくては、それこそ形造つて魂入れず、である。時にその筋を煩はすやうな不德漢が、國民服姿で民衆の目をまどはしたりするやうなあさましい事實もあつたやうだけれど、それこそ沙汰のかぎり、それにつけても、今後國民服所持者や着用者は殘らず國家的に登錄する、とでもいつたやうな、何かしら制限や規則の必要はないものであらうか。と、そんな蛇足も考へられないではない。

「信ぜよ」「服從せよ」「鬪へ」の三綱領をかざして一路邁進するファッシスト國イタリヤの生活文化を語るには、いきほひファッシストの制服と徽章を著けた人々の生活を中心にしなければなるまい。要するにファッシスト黨員の生活中心に文化の動きを觀ることである。かつては全歐に君臨したロオマ帝國、その榮華の絕頂においては黑鷲を描いた遠征軍の軍旗にさへ、香水をふりかけた、と云はれる位に華やかなものであつた。とはいへ、すべて物事には行き詰りがあり、墮性がある。ロオマ帝國が亡びてからと云ふものは、その間、時に火花らしいものをたてたやうなこともあつたとは云ひながら、いたづらに絢爛たる古代文化の殘骸を擁し、久しい傳統と墮性の裡にとにかく生きながらへて來た、と云ふのがイタリヤの姿である。

地形からいつても、風土の關係からいつても、かなり日本と類似性を持つたイタリヤは、また日本と同じやうに、鐵もなければ石油もなく、ざらにあるのは大理石くらゐ、それに、いささか食糧が豐富な程度で、國家としてはよくよく貧乏な國である。ただ、古來世界の至寶とも讃へられてゐる大藝術家が輩出し、そのおかげで、イタリヤ全國はそれこそ一大博物館とでも云ふべきほどに、彼等の遺作の大藝術で飾られてをり、一方また、全世界におけるキリスト舊敎の本願寺とも云ふべきバチカンの法王宮殿や、ピエートロ寺院があつたりして、遊覽地としてはおよそ世界無比、さればこそ四時共に旅行者が絕えず、國民の氣風はいつしか浮薄となり、卑屈となり、果は乞食の國の異名を被むる迄になつてしまつた。さうした祖國の姿に義憤の血を沸騰させたのが、イタリヤにおける、と云ふ以上に、世界における詩の父とも云ふべき大詩人ダンテであつた。彼が止みがたい祖國愛の極致で、「あゝ奴隷國イタリヤよ！　舵なき舟よ！」の叫びを發したのは實に六百數十年の昔であつた。しかし、彼の叫びに應じて出現するジュリアス・シーザもなく、アントニオもなく、イタリヤ一國は依然下降の一路を辿るばかりであつた。

一世の偉人ムツソリーニは、實に、さうしたイタリヤ一國下降のどん底に現はれたのである。家貧にして……の言葉のとほり、彼は全くイタリヤ一國の逆境のどん底に於て、救世の名のりをあげたのである。

ファツシスト黨首としてムツソリーニがイタリヤに君臨して以來僅かに二十年に滿たず、かつて亡國に瀕したイタリヤ全土には、今や新興國の炬火が高々とかかげられてゐる。これこそは奇蹟の二字を以てする以外形容すべき言葉もないであらう。

「信ぜよ」「服從せよ」「鬪へ」の嚴しい鐵則が、イタリヤ現在の文化をも支配してゐるのは勿論である。しかもそこに、「美のなきところに文化なし」の一句が、ムツソリーニの信條として加へられてゐるところに、餘韻嫋々たるものを感じずにはゐられない。さればこそ、血のにじむやうな忍從に終始する國民生活にも、おのづから美の一字が匂ひづけられる。ロオマの公園のベンチで晝寢をする勞働者の胸に、眞紅の薔薇の一輪が挿されてゐる、と云つたやうな光景も、決して空想ではなく現實のことである。

ムツソリーニの理想は、飽く迄もイタリヤ一國をロオマ帝國の當初に還元させることである、と思ふ。とは云つても決して單なる復古ではなく、ロオマ帝國初當時の一切を檢討、取捨選擇して、更に輝かしい理想國家イタリヤを建設しようとするのである。

たとへば、ファツシストの禮式となつてゐる右手を高くあげることにしても、イタリヤ國內到るところに見受ける古代の彫像に照しても明かなやうに、それこそはジュリアス・シーザ時代の公式の作法であつた。

今日歐米で一般の作法となつてゐる握手や接吻は、科學的にいつてかなり非衞生極まるものである。と同時に、文化的に觀ても決して高尚なものとは云へない。それよりも、相手に向つておほらかに明るく掌をあげることの方が、どんなに優れてをり、智的であるか知れない、と云ふのでムツソリーニはそれを挨拶の作法として復活した。掌は、もともと人間の精神が集まるところである。それを示し合ふことこそは、接吻や握手以上に、精神的である、とも云ふことが出來る。

私がイタリヤに滯在中、參觀させて貰つたオルヴイエトの女子體育大學の學生たちは、運動服としてロオマ帝國時代の寬衣を著てゐた。最高指導者のロンバルヂ女史が私を案內しながら、「この學校では、イタリヤ未來の母となるべき若い娘たちを、ファツシストの精神を基礎として、古代の美の女神のやうな自然の美しさと健康を目標に鍛錬させてをります。彼女たちがイタリヤ中に指導者として赴任するのですから、やがてイタリヤ中の女性が、健實な精神と自然な肉體美を有つことになります」ときつぱり云つてのけるのだつたが、私は、何よりもまづ信念に滿ちみちた彼女の態度に頭が下つた。

新興國イタリヤの誇りに燃えながら、精神と肉體の鍛錬に邁進するうら若い女性を擁し、美しい樹木に覆はれて聳つオルヴイエトの白堊の校舍を、私は忘れることが出來ない。

門の側には立札があつて、それには「私は樹木が好きである。どうぞ樹木を愛して下さい。そのためにはどんなお手傳ひもいたします」と云つたムツソリーニの言葉が書かれてあつた。

淸らかな原始と自然に憧憬し、それをあがめる、イタリヤの生活文化として、何よりもまづその事實を見のがすことが出來ない。

樹木を愛するファツシストの黨首ムツソリーニ、彼のせゐばかりとは云へないが、イタリヤはどこへいつても實に見事な植物が繁つてゐる。ことに、都市に樹木の豐かなことは全く以て羨ましい。それから、水も豐かである。到るところ藝術的に優れた新舊の噴水が霧雨を降らし虹をかかげてゐる。そんなところで營まれる人間の生活は、たとひ物質的に貧しくても、それを堪へる餘裕は充分に養はれる、と云ふほどにも潤ひを感じる。

建築物もお手のものゝ大理石づくめで立派である。特にファツシストの設備になる新しいものは、サナトリウム、青少年の鍛錬所、その他、科學的にも美的にも文句のつけやうがない。いまのところ内容はまだ充分とはいへない迄も、設備の優れてゐることに於ては全く理想的である。やがてはイタリヤの建築物がそれらと同樣になる日、それを想像することも許されるであらうし、その時こそイタリヤの一般生活文化も理想の二字に近づくであらう。

とにかく「美のなきところに文化なし」のムツソリーニの言葉は、イタリヤ中にあらゆる形となつて表はれてゐる。ロオマのムツソリーニ競技場にしても、周圍に大理石の彫像を建てめぐらし、ところどころに新樣式の噴水を配置したその一角の美しいこと。

一般庶民の生活は、日本のそれに優るとも劣らぬむづかしさである。それを明るく、愉しみながら切り拔ける、また切り拔けさせる、と云ふことに對する心づくしは、實に到れり、つくせりである。

青少年どころになると、男女共に、學校とファツシストの二重の鍛錬と訓練で寸暇なしである。それらを飽く迄明るく愉しい雰圍氣の裡に授けてゆく。强ひられる、といつたやうな氣持は微塵も感じさせない。結局、いはゆる娯樂などは無用である。

あるファツシスト黨員の壯年者が、

「生活は樂ではないが、イタリヤでは國民がそれを愉快にしてのけるところが特長である」と話したのは、すくなくともほんとの事である。

大人の娛樂機關、とも云ふべき、ファッシストの勞働の後（ドッポ・ラボロ）の設備も行届いてゐる。テニス、スケート、球ころがし等々の出來る運動場が各都市に幾つとなく設けられてあり、一日の仕事を終つた人々は 家族や友人づれで出かけては簡素な娛樂に興じる。

「早くやらうよ」

などと、大きな制服姿の小父さんたちが子供のとほり遊んでゐるのも好もしい光景である。

大人の制服も、子供のそれも、地質は一般にスフ入りときまつてゐるけれど、スフなどの言葉が耳にをかしい位それはもはや生活に慣らされきつてゐるし、製産者の方でも技術向上、持ちも充分である。スフ以外の綿毛代用品もおびたゞしい數に上るが、いづれも實用向きに出來てゐる。現に私がロオマで求めたセータなど、幾度となく水をくぐらせた現在でも、なほ新品どほりだし、色もはげない。

制服の形ときては、それこそ美が御自慢の國だけあつて、全く心にくいほどぴつたりと體についてゐる。地質はたとひ代用物であつても、形と色で美の一字を出し、新興國の體面を保たせようとする苦心のほど、いはゆる裡體（はだか）で道中がなるものか！ の意氣もしのばれてゆかしい氣がする。

ここでは、全く體面の二字が馬鹿にならない。一も體面、二も體面、と云ふべきほどに、いささか體面が重んじられすぎる。それも要するに「美のなきところに文化なし」を裏書くものかも知れない。

かつての爛熟したフランスやアメリカなどの生活文化に比べると、新興國イタリヤのそれは、實に簡素で新鮮である。自然と原始を重んじるムツソリーニの意志で、若き世代は鍛へぬかれてゐるのだ。ファッシスト前の國民層にしても、日に日に旺んな若い流れに觸れると、知らずしらずそれに合流せずにはゐられない、と云つたわけで、少年團の喇叭鼓隊や、青年團の合唱隊の調べに合せて、物質の不自由を超越した明るい生活に慣らされてゐる。つまり、貧しさの中で許される健朗で愉しい生活を最上にいとなんでゐる、と云ことが出來る。

過度にコーヒーを飲むやうなことは過去の文化の餘弊であり、人間の健康上にも好もしくない、と云ふ建前から外國から購入するコーヒーが來なくなり、飲めぬやうになつても、ファッシストはコーヒーは飲まない、と誇らしく云ひ切り、我々の黨主ムツソリーニも決してコーヒーを飲まないと、欣然たる態度で歌の一つも歌つてすましてゐる。事實當のムツソリーニはコーヒーなどかつて飲んだこともなく、何かといへば水をがぶがぶ飲むのである。

これはほんの一例で、一切萬事がこのとほり、萬人に不可能な贅澤を敢てする者があるなら、忽ち非難の的になるのは勿論、それでゐて、一般生活が見る目に粗野でもなく、見苦しくもなく、むしろ新鮮溌剌たる美を思はすところ、さすがに美的に慣らされた久しい國民性のいたすところと感歎のほかはない。

美と藝術に於ては、イタリヤは全く世界の王國である。國内到るところにキリスト前からの珠玉の美がころがつてゐる。傳統的にそれらに觸れながら育つのがイタリヤ人なのだ。おまけに天然の風景は風景でまさに名畫の素材である。彼等が美をたのしみ、美に生きる事の出來るのも云はゞ當然すぎる、と云へやう。

一方、イタリヤはまた音樂の國であり、詩の國である。しかも忍苦の生活の迫力として、いかに詩と音樂が無限の迫力を有つてゐるか、と云ふ事實についても云々の要がないであらうし、イタリヤの國民は、その二つながらを、贅澤なほど持合せてゐるのだ。たとひ一皿に水だけの食事でも、美しい音樂だけはおまけである。それを聽きながら食べる段になると、たしかに榮養價値も高まる。

イタリヤ全國には、どんな寒村にいつても、フアツシストの合唱團があり、指導者があつて、農民の若い男女は、大抵がその團員であり、何かの集りには必ず參加して見事な咽喉を聽かせる。歌詞もその地方によつてそれぞれに土地の詩人があらゆる素材をとりあげて歌ひ、それをやはり地方の作曲者が歌曲にする。と云ふやうなわけで、地方色も溢れるばかり、また生活にも即してゐるので、倘更迫力が加へられる。それを烈しい生活者が歌ふのだから萬事申分なしである。レコードにも澤山吹込まれてゐるが、素人の合唱團などとはかりそめにも考へられない位の美しさである。

かうして、音樂などもレコードを介し、または遙々地方から合唱團が出かけたりして都市に紹介されるが、この一例によつても、イタリヤの文化がいはゆる都會中心の事實を極力避けてゐることが考へられる。實際國民生活は日毎に全國一樣に均らされてをり、ロオマで使ふ石鹼は、北部の片田舍でも使つてゐるし、その他どんな品物でも都會と田舍共通である。都會に限られてゐる、と云ふやうなものは殆ど無い、といつたのがほんとで、そのかげに一元化されつつある國民生活を窺ふことが出來るであらう。女性風俗にしても、都會と田舍のそれにはまづ大した差別が感じられない。田舍の勞働服だけは例外だが。

晝間は土だらけになつて働いてゐる農村の若者でも、夕方になるときちんと背廣なり、團服なりに著かへ、身じまひを整へ、近所の家を訪ねたり、フアツシストの集會所で歌をうたつたり、または合唱の練習に出かけたりするのを見てゐると、彼等の生活も正しく文化的であると感心させられる。

イタリヤの生活文化は、一般の共通

と云ふことが主となつて普及されてゐるやうである。一般の生活に便宜を與へるやうな文化でなければ今日の文化と云ふことが出來ない。その點、電話などでもよく考慮がめぐらされてゐる。

電話で思ひだすのは、かつてのパリに於ける電話設備の不完全なことである。いつかけても故障だらけ、混線だらけ、一通話を完全にするにはどれだけの時間が要り、どれだけいらいらしなければならないか知れなかつた。そんな、有れども無きに如かざる電話に比べると、イタリヤのそれは實に實用的であり、重寶である。

電話の架設費なども驚くばかり低廉で、料金は職業によつて區別されてをり、それに、電話を持たぬ者は、持つてゐる者のところで無料の使用が許されてゐる。つまりどこの家に入つて電話をかけてもよろしいのである。その便利さそれでこそ電話は便利なものと云へるのだ。

それから、電話でタクシイが呼ばれる。それもイタリヤで感心したことの一つである。タクシイの必要な場合、何町の何番地へタクシイを一臺よこして下さい、と、中央局へ電話をかけると、局からその町に最寄りの駐車場へ電話が通じ、やがて必要のタクシイが指定の場所へやつて來るのだ。大衆生活に出來るかぎりの便宜をはからうとする當事者の心づくし、それがイタリヤ國民の氣持をどんなに明るくする結果になるか知れない。

冒頭に述べたイタリヤ入國の旅程を南フランスの方からとして、國境ヴエンチミリアを越えると假定する。それ迄に旅行者は、パリも見たであらうしリヨン、マルセイユ、その他のフランスの都市をはじめ、かつては世界の樂園の名をほしいまゝにした華やかな南佛の風光にも接したであらう。それこそは、世界中の持てる者が豪奢を競ふ別荘地帶であり、花園とうす紫の地中海をわがものにした宮殿また宮殿の風景である。さて國境を一跨ぎ、イタリヤに入ると、海や花園はまだ夢のやうなすがたをひろげてはゐるが、散在する人家となつたら、それこそお伽話めいた天上ならぬ地上の人間の住家であり、壁もむきだしのお粗末なものである上に、どの家の窓にも、まるで國旗の如くひるがへるおしめの干し物に、旅行者は忽ちどんでん返しの舞臺みたいなものを想像するであらう。しかもそこに、何と潑剌たる人間生活がくり擴げられてゐることか。多産の表はれなるおしめの旗をめぐつて、ある者は歌ひながら洗濯をし、ある者は笑ひながら畑を耕やし、そのくせ無爲に手を拱いてゐるやうな者は一人もゐないのを、旅行者はおそらく見のがさないであらう。とにかく忍苦の生活を愉しく働き拔いてゐる。それがイタリヤの今日の國民である。しかも彼等は美を忘れないのだ。

新しい生活と工藝品

大島隆一

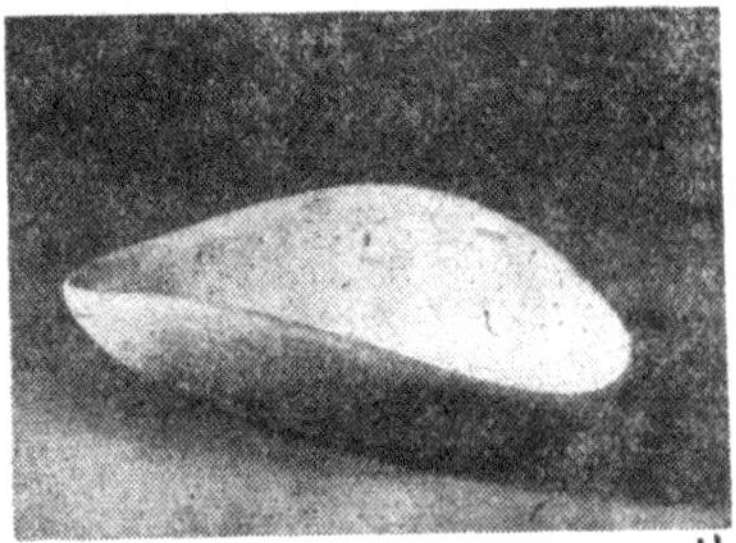

セメント灰皿　辻　光典

1

あたへられた命題は――「新しい生活と工藝品」といふのである。

繪畫・彫刻に比して、工藝は、われわれの生活と、もつとも密接な關聯をもつてゐる。たんに實用品として生活上に役立つだけでなく、それを日常使用するに際して、われわれの美感を誘發し、生活を美化し快適ならしめる役割をはたしてゐるもので、こゝに工藝の大きな特色があるといへよう。

ひと口に「工藝」といふが、この中に、染織・刺繍・鑄金・彫金・鍛金・硝子・漆藝・陶磁器・竹工・木工――等がある。もつと詳しくいへば、硝子の中にも、漆藝のうちにも、いろいろ細かくわけられるが、それはあまり專門的になるので、こゝには省くことにする。

染物や織物によるテーブルセンター、刺繍された帶、鑄金の花瓶、彫金の帶留、あるひは鍛金による置物、硝子の鉢、漆の棚、竹の籠、木製の家具、陶磁器にいたつては額皿から珈琲茶碗にいたるまで、われわれの周圍に、いくたの工藝品をみるのである。

2

前置きはこのくらゐにして、こゝで、ちよつとたれしも關心をもつ最近のドイツにおける工藝品について、すこし觸れてみることにしよう。ドイツでは建築家が、ひとつの家を設計するとともに、その室内裝飾をもひきうける。もちろん、じつさいの製作は工藝家がやるのであるが、この場合は建築家のプランによつて仕事をするわけである。

オスカア・リーデルとか、ハンス・ハルトル、ヒルラア・プラントなどは、ドイツにおいても優秀な建築家であり、たくさんの住宅を設計してゐる。

これらの新しい家におかれた工藝品はどうであらうか。たとへば家具をみよう。椅子や卓はがつしりとしてゐる。よけいなものはとりさられ、木材のもつ美しさが充分に發揮されてゐる。簡素で、すこしも無駄がない。

卓は、木製のものにたいして、最近硝子製の卓が非常に多く使用されてきた。全部硝子による卓は、室内を明るくし、新鮮な感じを注入する。珈琲茶碗や皿をおいても快適であり、なにかこぼしてもすぐふきとれば、また、もとどほりの透明にかへる。この硝子の卓は、たしかに生活をいきいきと朗かにさせるであらう。

クツションにも、薔薇の花とか、鳥などをごてごて刺繍したものは追々なくなり、すつきりとした棒縞のものが多くなつた。フロワー・スタンドも、裝飾過剰なものは影をひそめて、木製のきりつとした線をもつた、きはめて實用的なものにかはつてきた。

隅棚をみても、金具の亂用を極力つゝしみ、どうしても必要なところに、きちりと使はれてゐる。その上におかれた鍛金の花瓶にしても、重厚な感じのもので、文様などのない無地ものである。

ドイツの工藝品は、このやうに無駄な裝飾を極力はぶき質實・簡素なものへとつき進んでゐる。しかしながら新鮮な形態と明るい色彩によるこれらの工藝品は、生活を朗らかにし、いつそう堅實なものたらしめてゐることは事實である。

3

ひるがへつて、戰時下、日本の工藝品は、どうであらうか。

多くの工藝家たちは、新しい工藝品の創始に懸命な努力をかたむけてゐる。いままでの獅子文の香爐とか、布袋の置物といつたやうなものから逸脱して、新しいデザインを考へ、つぎつぎに清新な作品を製作してゐることは注目すべきであらう。

この二、三年來、急速な進展を示してきたのは、なんといつても硝子工藝である。從來、低俗な、しかも薄手なコツプとか皿しかできなかつたものが、優秀な硝子工藝家の

硝子鉢　岩田藤七

眞劍な努力と苦心によつて、すばらしい花瓶や果物盛が製作されつゝあることは、たしかによろこぶべきことである。

参考寫眞としてあげた美しい鉢（岩田藤七作）などは、いままでわが國ではできなかつたもので、多年ヴエネテイアン・グラスを研究した結果、すつかりその技法を自家薬籠中のものとし、氏獨自のデザインによつて美しい花器や鉢、あるひはコンポートを製作してゐる。

もう一枚のクリスタル鉢（各務鑛三作）は、きりツとした感じのもので、ドイツでクリスタル・グラスの技術を習得し、歸朝後、さらに研究を重ねて優秀な作品を産みいだ

クリスタル鉢　各務鑛三

してゐる。この方は、一品製作のほかに、いゝ原型をつくり、それを基にして大量製産に向つてゐるので、美しいデザインでしかも丈夫なリキユール・セツトやコップがデパートにも進出し一般家庭の食卓にもみることができる。

かつては、イタリア、ドイツ、フランスの硝子工藝品をみて、そのすばらしさにみとれてゐたが、現在ではわれわれの身邊に、それにまさる美しい形態と光澤の花器や皿をもつことは、考へても愉快なことである。

漆藝の方面でも、きらびやかな蒔繪の手筥とか棚から。新しい漆藝家ははなれていつて、色漆による屛風とかパネル、乾漆の花瓶などに手をつけてゐる。文様も、從來の菊花とか水仙といつたやうなものからぬけだして、獨自の文様の創始に努力してゐることは、注目すべきであらう。

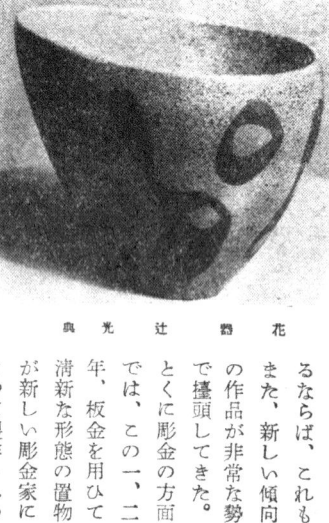

たとへば寫眞にみる乾漆花器（辻光典作）などは、もつともその先端をいつたもので、乾漆によつて新しい形態の花瓶・水盤・盛器を製作してゐる。新鮮な感覺をもつたか

うした漆藝品は、いはゆるお道具類を愛好する人士には歡迎されないが、若い知識層からは大いに迎へられ、さういつた人たちの室内を快く飾つてゐる。

花器　辻光典

金工に眼をむけるならば、これもまた、新しい傾向の作品が非常な勢で擡頭してきた。とくに彫金の方面では、この一、二年、板金を用ひて清新な形態の置物が新しい彫金家によつて製作されつゝある。鳥や魚をモテイーフとしたもので、板金をたくみに曲げ、あるひはこれに布目象嵌をほどこし、きはめて輕快な感じのものを創出してゐる。

置物以外、燭臺・額皿にも着々新しい研究がみられ、いままでの富士山や筑波山を毛彫でいつたやうな額面は漸次影をひそめつゝある。鑄金の花瓶・水盤、また鍛金による壺にしても、傳統的な技術を新しく生かし、形態・文様ともにフレツシユな感覺をもつたものが製作されてゐる。

染織品はどうであらうか。和染、臈纈の屏風、テーブルセンター・額なども、古くさい圖案は後退して、すべて新しい圖案になつてきた。七・七禁令後、刺繡、皮革、織物は、いろいろなむづかしい規則があつて、いままでのやうに自由に製作はできなくなつたが、染の方は壁掛にしてもハンドバツグにしても、新しい染色家の活躍によつて、つぎからつぎへ美しいものが製作されてゆく。

陶磁器は、いはゆる陶藝家の手になるものは、どちらかといふと花瓶・香爐・水盤・水差・壺といつたやうなもので、形態にしても文様にしても、それほど新鮮味をもつたものは現はれないといつて過言でない。

この點では、むしろ大倉陶園とか京都の陶器試驗場、岐阜縣陶磁器試驗場からつくり出される——ベリー・セツトや珈琲茶碗、皿、灰皿などに明快なものが多く、また使ひやすいといへよう。陶磁器による置物は、最近、日本陶磁彫刻作家協會といふのができて、こゝによる作家たちによつて製作されてゐる。主として動物彫刻であるが、やはらかい調子の釉藥をかけた羊とか牛の置物を、飾棚やマントルピースの上によくみかけるやうになつた。

木材工藝についていふと、いはゆる和家具は、舊態依然といふよりほかなく、あひかはらず黒檀の机とか紫檀の飾臺とかいつたものがつくられ、遺憾ながらそこに新しい形といふものはみられない。これは一つに、いゝ指導者がないことに歸因する。

これに反して洋家具は、美術學校の圖案科や高等工藝學校木材工藝科の出身者が、この方面にとびこんで、新しいデザインを考案する結果、椅子や卓、棚等、斬新にして、しかも簡素な美しいものが製作されてゐる。いまのところ用材は主として楢材がもちひられ、これにラツカーで仕上げるのが普通である。ドイツの家具にみるやうな、がつしりとしたものはすくないが、よけいなものはとりのぞかれ「簡素・明快」をモツトーとして、考案・製作されてゐることは事實である。

竹工は、和家具と同じやうに古い殼を脱しきれず、ほとんど生花に使用する花器を製作してゐるにすぎない。しかしながら、若い竹工家は、最近風呂先屏風や飾筥に手をつけてきたし、編み方にも新しい工夫がみえてきたので、今後に期待するものがあるといへよう。

昨年、貿易局がフランスからシヤルロツト・ペリアンを招聘し、輸出工藝の指導にあたらせたとき、ペリアンの考案によつて竹を折り曲げた椅子が製作された。このごろ、デパートによくみうける「バンブー・チエア」といふのはこのペリアン指導のものである。

一時流行したステイル・パイプの椅子からヒントを得たものだが、竹を折り曲げてこゝまでつくることは、日本の竹工家の考へてもゐなかつたことである。

4

資材の不足にかんがみ、工藝家は、新しい材料を驅使して製作しなければならない——といふところに直面してゐる。

これについては着々研究が進められ、彫金家の一部ではすでにアルミニユームによつて花挿、皿、喫煙具などをつくり、さうたうな効果をあげつゝある。これは價格も安く今後の研究いかんによつては、もつといゝものができるのではないかと考へる。

東京美術學校でも、工藝部の中にセメント科を新設し、在學生及び出身者によつて、新しいセメント工藝品について眞面目な研究がつゞけられてゐる。寫眞のセメント灰皿（辻光典作）は、最近の試作品で、このほか水盤、パネルなどもつくられ、追々いゝ成果がもたらされると確信してゐる。

このほかに特筆すべきものは、プラスティックスの登場である。アメリカでは非常に盛んで、このプラスティックスの美しさを利用して多くの工藝品がつくられてゐる。從來は、石炭酸系合成樹脂や尿素系の合成樹脂によるものであつたが、最近はさらに進展して、アクリル酸樹脂、ヴイニール系樹脂、醋酸纖維素などがあり、いはゆる透明プラスティックスの進出顯著なものがある。

ナフキン立

アクリル酸樹脂は、もともとドイツの發明によるものであるが、アメリカにおいてかへつて盛んに使用され、日本でも島津製作所がもつぱら研究をつゞけ、美しい果物盛や皿などを製作してゐる。（寫眞のナフキン立（アメリカ）はアクリル酸樹脂製）

だいたい板または棒の加工品で、一部はプレツス、一部はインジエクシヨン・モルデイングによつてゐる。これは染色が容易なので、きはめて美しい色のものがあり、將來その應用範圍はきはめてひろくなると考へる。

これからのわれわれの生活の中には、從來の工藝品以外かういつたプラスティックス、あるひはセメント、アルミニユームによる新しい工藝品が、登場してくることは疑ひないことである。（完）

原稿募集

規定

創作、感想、實際（經驗）記事、地方文化運動に關するもの一篇四百字原稿紙十枚以内（但し創作は五十枚以内）
締切毎月十日
掲載のものには稿料を呈す　誌上匿名は隨意

宛名は　東京市芝區西久保廣町一八
「國民服」輯編部

新しき隊列

火野葦平

中川一政書

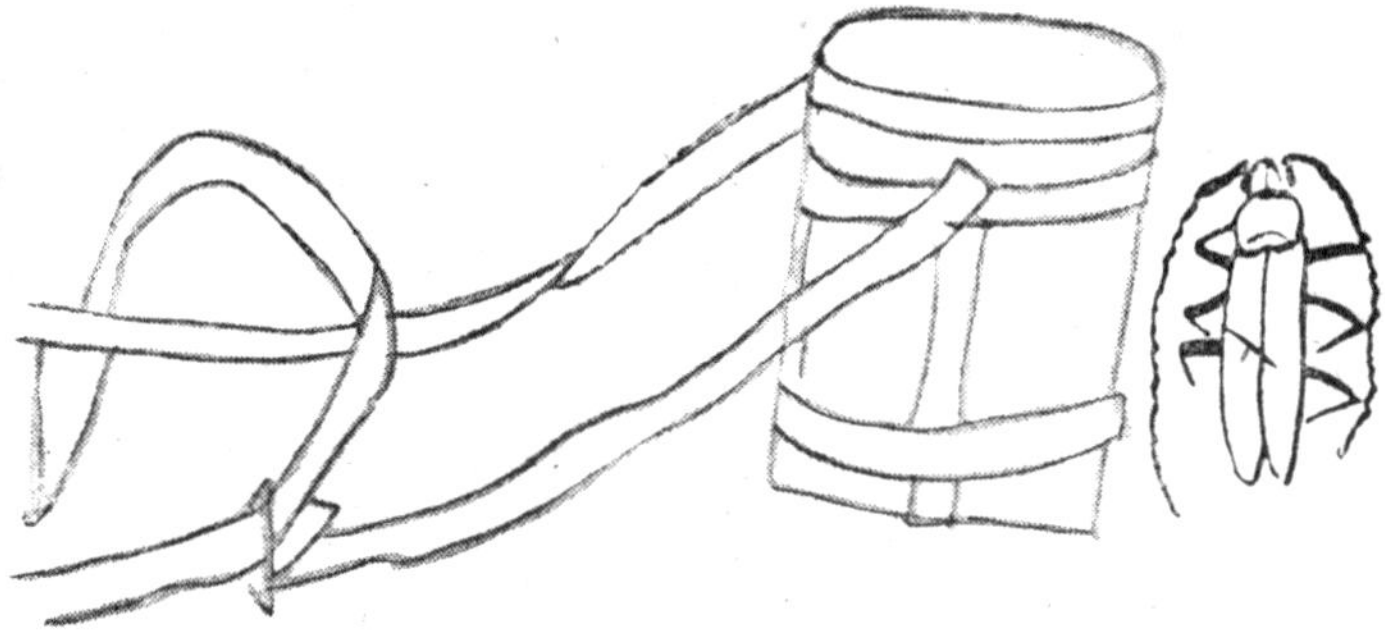

一、昆蟲譜

日曜になると、子供たちは朝寝をするどころか、暗いうちから眼をさまして、兄の部屋へやつて來る。弟たちの部屋と兄の部屋とは遠いわけではないから、出張するのももどかしい風で、眼がさめるとすぐに、寝床のなかから

「兄ちやん、今日は古賀へ連れて行つてよう」

と、二人して交替にどなることもある。

孝之介は弟たちの聲を聞いても知らぬ顔をしてゐるが弟たちがやつて來て床の中に兩方からもぐりこんで來ると、應接をしないわけにはゆかない。寝たふりをしてゐても、弟たちは兩方からくすぐり初めるので、たうたう笑ひだしてしまふのだ。

「うるさいな」

わざと眼をむいておこると、弟たちはほんとに怒つてゐるのではないことをちやんと見抜いてゐるので、すこしもおそれない。

「行こよ、行こよ」

「兄ちやんの嘘つき、この前の日曜もだまくらかしたやないか」
と、二人の弟は強硬につめよる。

鐵道に勤めてゐる孝之介はまだ雇員であるし、日曜は休みにはなつてゐても、ほんとうにその日をゆつくり休んだことがない。上役や年長者の無理を相當に聞かなければならぬし、さういふ人達から仰せつかつた仕事を日曜の休みにもしなくてはならぬことが多い。それも勤務の一つと考へて孝之介は別に不平をいふでもなく滯りなく片づけてゐる。孝之介はまだ徴兵檢査前だ。ちよつと見にはもう二十二三にもみえる體格で、眼こそ惡いが眼鏡をかければすこしも不自由はないし、檢査には無論合格をすることはわかりきつてゐる。彼は九人きやうだいで、下から三番目だ。一番上と四番目が女で七人が男である。跡をとつてゐる次兄の芳三郎は見かけは頑丈さうであるが、たちのあまりよくない胃腸病を長い間持病にもつてゐて、寢こむといふことはあまりないが、いつも健康が勝れない。それでも老父とともに岸原食料品店といふ小さい店を、番頭を一人おいてやつてゐる。五番目の孝盛は生きて居れば二十六になるが、小學校を卒業すると、四五日の病ひで急逝した。平民は平民らしい名前をつけねばいかんといふのが、父の孝兵衞の主義であつたが、孝盛が出來た時には、それでも一人くらゐはえらさうな名があつてもよからうといふので、思ひきつて、西郷隆盛のタカモリをとつて、孝盛とつけた。學校の成績も拔群であるし、この子が一番出世するかも知れんなどと思つてゐたのに、まるで、死ぬために小學校だけは終へたといふやうに、卒業するとすぐに死んだ。名前に負けたと今でも孝兵衞はときどき述懐してゐる。しかし、あいつも頭のよい奴ぢやつたから、あの世に行つても小學校も出て居らんぢや幅がきかんので、ちやんと小學校だけは終へていつた。といふのが、死んだ息子を偲ぶ父親のただ一つの慰めであつた。それから出來た子供たちにはたいそうな名前をつけることを警戒したが、それからは長男の孝吉と次兄の芳三郎とに命名を委せたので、平民らしい名をといふ條件のもとに、男ばかり續いたきやうだいには、それぞれ、友造、孝之介、孝太郎、新太郎、といふやうな名がつけられた。孝盛は死ぬときばかりではなく小さいときから病身で、鳥が鳶を生んだといはれるほど利發ではあつたが、そのころから、やはり、名前に負けてゐると父親は信じて、いつか改名しなくてはなるまい、などと時々は考へてゐたのだ。ともあれ、孝兵衛のやうに正直なものは商賣を初めても、眼から鼻へ抜けるといふやうな才覺などあらうわけはなく、小さい食料品店では九人もの子供を持つてこれを育ててゆくといふことは大事業であつた。また妻のりんの氣苦勞は並たいていの事ではなかつた幸ひ長女のみね子の嫁入つたさきの主人といふのが、海漕業をかなり手びろくやつてゐる尾形といふ男で、隣家であつたために、氣さくな尾形は自分の家を岸原家のために解放をして、表の方は別々の看板を掲げてはゐるが、裏は一軒につづけてしまつた。そこで手狹であつた岸原食料品店の奥座敷から、下の三人の兄弟が尾形海漕業店の座敷へ移動した。二家の店舗のある町は、この港町の一番賑やかな通りを、一つ横にそれた場所にあつたので、かなり人通りはあり、近所の得意も悪くはなかつた。ただ、事變が初まると、物資に對するさまざまの統制のために、品物の仕入や賣買が困難になり、そのやうな條件のなかで猾く立ちまはつてゐる仲間のあひだで、正直一點張りの孝兵衛は、いよいよ家計が苦しくなるばかりであつた。そのうちに、長男の孝吉と友造とは應召して出征した。たか江の嫁入つてゐた先の婿も出征した。大體、孝之介の家のありやうは以上の通りであるが、すこしごたごたとわかりにくくなつたやうであるから、岸原一家を今一度整理してみると、次のとほりである。括孤のなかは年齢である。

父孝兵衛(62)、母りん(60)、みね子(37)、孝吉(35)、芳三郎(32)、たか江(28)、孝盛(生きて居れば26)、友造(24)孝之介(20)、孝太郎(12)、新太郎(9)

ところで、話はある日曜日の朝の寝床のなかへあともどる。寝たふりしてゐた孝之介を、孝太郎と新太郎とは競爭でくすぐりはじめた。日曜にあまり休みを持たなかつた孝之介は、今日は久しぶりで全くなにも仕事がなかつたので弟たちの脅喝に同意することになつた。

古賀といふのはこの町から十里ほど離れたところにある町で、姉のたか江が嫁入つてゐる先は、そこにある小さな製材工場である。夫は出征したが、氣丈なたか江は殘つてゐる四人の職人とともに、あとをすこしも遲滯なく切りまはしてゐる。職人は五人ゐたのであるが、一人は夫の闘野と同時に出征した。

　汽車が短い隧道を抜けると、兩側には田園がひらける。日曜なので、汽車はひどい混雜である。窓側に腰を下した三人の兄弟はさつき乘り換えをした驛で買つた蜜柑を食べながら、もう、行く先での活躍を待ちきれぬやうな調子でしきりに話をしてゐる。

　孝太郎は肩から昆蟲採集の毒壺をかけ、大きな硝子箱を小脇にかかへてゐる。新太郎の方は、孝太郎の介添役といつた調子で、昆蟲採集の袋と針の箱と、一冊の部厚な本とを持つて、大きな眼をきよろつかせながら、兄たちの話に熱心に耳をかたむけてゐる。

　孝太郎は蜜柑をしやぶりながら、孝之介へ矢つぎ早に質問を浴せる。

「兄ちやんはどうがねといふ黄金蟲みたことがあるな」

「あるとも。ちやんと知つとるよ」

「そんなら、あをかなぶんは？」

「あをかなぶん？　そんなとは知らんな。そんなとは居るまい」

「あんなこと。居るんだよ。ちやんと、本に書いてあるけん」

　孝太郎はさういつて、新太郎の持つてゐる厚い本をとつて、なれた手つきで頁をめくる。それは千五百頁もある日本動物圖鑑だ。いつも手元から離したことがなく、亂暴にとりあつかふので、表紙はいつの間にか無くなつて、本は手垢で黑くよごれてゐる。頁をめくると、

「ほらね、これごらんよ。あをかなぶんだろ。分布、北海道、本州、九州、ちやんと書いてあるよ。珍らしい種類やないんだよ。ええな、體長三〇粍内外にして、形はかなぶんと同樣なれども、全體光澤ある綠色を呈し、恰かも硝子製品のごとき光澤を放つ、普通なる種にして樹液に集まる、と書いてあらな」

「さうか、兄ちやんは見たことはない」

「かぶと蟲でも、九州にやたくさん居るとばい。九州ちや、昆蟲はなんでも居るよ。分布のとこみたら、九州にや昆蟲の種類はたいてい居る。ほらこめつきでも、とらふこめつき、ひめもふりこめつき、るりこめつき、ひげこめつき、なんでも居るし、たまむしでも、おばたまむし、くろたまむし、あをたまむし、くろほしたまむし、こがね蟲で

(85)

も、まめこがね、ひめこがね、せまだらこがね、はなむぐり、おほこふきこがね、びろうどこがね、ちやいろこがね、せんちこがね……」

「わかつた、わかつた。こがね蟲でもずゐぶん種類があるんやな」

「まだあるよ。つのこがね、だいこくこがね、くろこがね……」

「もうええよ。そんなら、そんな昆蟲が古賀にはたくさん居るのかの」

「ううん、あそこはかぶと蟲がうんと居るんよ。姉ちやんとこの材木置場に、何百ちゆうてかたまつとる。はんめうやら、ごみ蟲やらも居るよ。かぶと蟲も大きいのが居るよ」

弟たちが古賀ゆきをねだるのは、まつたく昆蟲採集が目的なのである。孝太郎はすこし前には飛行機の模型をつくることに沒頭してゐたが、この頃では昆蟲に夢中になつてゐる。孝太郎にねだられて、孝之介は相當に値の張るこの日本動物圖鑑を古本屋で探して買つてやつた。孝太郎はこの頃では、だいぶ前から、ファブルの「昆蟲記」を買つてくれといつてきかないのであるが、十冊もあるその本をちよつと孝之介は買ひかねてゐるのだ。

「兄ちやん、アフリカにはライオンと喧嘩するくはがたかぶとが居るちゆうのは、ほんとうな?」

「兄ちやん、ほんとに居ると?」

そのことは、やはり新太郎にも前からの疑問であつたとみえて、兄の質問に追從して孝之介の顔をのぞきこんだ。

「ああ、居るよ」

居るかどうか孝之介は知らないのである。アフリカだから居りさうな氣がしただけである。それよりも、別に昆蟲を研究したことのない孝之介は、汽車に乗つたときから、弟の質問にやや辟易をして、いい加減の合槌を打つてゐるだけだ。また、弟たちの昆蟲採集につきあつたことをいかにも迷惑さうにしてゐるやうにもみえる。彼は弟たちの昆蟲にいい加減の受け答へをしながら、窓外に眼を轉じてゐた。

ところが、實際は孝之介も決して、弟たちと古賀に行くことを迷惑に感じてはゐないのだ。ばかりではなく、あるひは、彼の心は弟たち以上に古賀に結びついてゐたかも知れないのだ。彼にとつては、今日の日曜日は二つの意味があつた。それは第一に、今日の休日を自宅に居たくなかつたことが一つ。といふのは、日曜になると必ず叔父の成木太三が訪ねて來て、彼を映畫見物につれて行つたり、洋食を食べに誘つたりするからだ。洋食を食べたり、映畫を見に行つたりすることはすこしもいやではないのであるが、その叔父が自分にちやほやする理由がよくわかつてゐるだけに、あまり面白くなかつたのである。五十を越えてもひとりの子供もない成木太三が、自分の兄である岸原孝兵衛のたくさんの子供たちに眼をつけたことは無理もない話であらう。さうして、叔父は、なんとかして孝之介を貰ひたいと考へるやうになつたと思はれる。孝之介はうすうすこのことを感づくと、なんと勝手な叔父であらうと思つた。新太郎か孝太郎ならともかく、いつたい自分を眼をつけたといふのはどうしたわけだ。ひとの育てた子を貰ふのなら、あまり手のかかつてゐない裾子を所望するのが禮儀ぢやないか。それにもう二十歳になる自分を狙ふとはをかしな話だ。そんな風に考へると、どうして自分が選ばれたのか、すこし薄氣味わるくもある。叔父は石炭業をやつてゐて、いくらか金を殘してゐるといはれてゐるが、この子供のないのがなにより淋しいらしく、よく兄の孝兵衛にしんみりと述懐してゐることがあつた。

「あんたは九人もでけたのに、どうして俺にやひとりもでけんぢやろかの。なんか、子供のでける秘傳があるか」

「さあな、秘傳ちゆうたち、ありやすまい。そりや畠のせいぢやろたい。そでなかつたら、お前があんまり道樂した罰ぢやろたい」

「道樂したちゆうたち、子種の切れるほどのこたせんよ。赤間のさきに、どんなことでも聞いてくれるちゆうお地藏があるちゆうから、なんでも家内をやつてみたが、やつぱつまらん。病院でも見て貰うたか、でけん筈はないちゆう。たいがい色んなことを聞いてやつてみたが、效能があらはれん。わたしも五十の坂をもう半分も越したのに、あとが無うて心さみしうてたまらん。なんか、子供のでける秘傳があるにちがはん。おりんさんに聞いてみよか」

「さあ、女房たち、そんなことは知るまい」

さういふをかしな話がまじめに話されてゐるを傍で聞いて孝之介はときどき吹きだしかけたことがある。すると、

叔父はぎろりと睨むやうにみたが、また柔和な顔になつて

「この子はいくつになるかの」

と父に訊ねた。孝之介はなにかひやりとして匆々にしてその場を退散したことがある。

年老いた兄弟たちの話は、ちよつと聞くとなに氣のない會話のやうであつたが、どこかちぐはぐに食ひちがふところがあるやうに見うけられた。それは、成木太三がそのことを話してゐるときには、九人も子供を持つてゐながら、自分が一人も持たないことに對して、一向しんみに同情してくれる風もない兄に、あきらかに不滿を感じてゐる樣子が見られた。自分が會ふたびに愚痴をこぼすのであるからして、兄の方から、そんなら一人やろかといひだしてもよささうなものだと思ふのだ。しかし、それがこつちからはなかなかいひ出せなかつた。それは孝兵衛夫妻の子煩惱をよく知つてゐると同時に、子供たちが、どんなに苦しい家計のなかで、苦勞して育てあげられたかといふことを太三もよく知つてゐるからであつた。いつそ、生れたときにすぐ相談して置けばよかつたのに、もう、十を越してはなかなかくれとはいひにくかつた。それに成木太三は重大な誤算をした。それは、九人も生んだ腹であるし、新太郎が生れたときには、見るからに元氣さうであつたおりんは、まだまだ生むにちがひないと考へられたし、この次にできたのを貰はうと思ひ思ひ、時を過してしまつたのだ。元氣さうにおりんが見えたのは、自分が老ひこんでしまつては家の中がどうにもならないと、氣が張つてゐたために、さう見えたに相違なく、また、もう五十になつたおりんが、いかに達者であるとはいへ、そんなに次々に子供を生む筈はなく、これは全く子供について惠まれない成木太三のあきらかな認識不足であつた。

成木太三はどういふものか、若い頃から、毛がうすく、頭が禿げてゐて、四十になると、もう人生五十終りましたな、などと他人からいはれるやうになつた。石炭商としては並ぶもののないやり手で、がんがら木魚といふ奇妙な綽名がある。頭の形が木魚に似てゐるが、音は、まるでブリキ製のやうに喧しいといふ意味らしい。この綽名は誰がつけたか知らないが、彼が背のずんぐりした恰好で、すこし前かがみに歩いてゆくと、すぐにこの綽名がうかぶ。彼もまた酒席などで隱し藝のはじまるやうな時には、自分の頭

を木魚のやうに扇子などでたたいで、巧妙な節まはしでお經をあげることもある。さういふ瓢輕なところもある。そのがんがら木魚の叔父が、孝之介を自分の子供にしようと心にきめたらしく、孝之介の休みである日曜には、かならずやつて來て、なにかと孝之介の機嫌をとるのである。

　これが、孝之介が弟たちの昆蟲採集にむりやりにひきだされたやうな顔をしてゐながら、自分で、家にゐたくなかつた一つの理である。もうひとつは、積極的に古賀に行きたいといふ氣持。それは、古賀に會ひたい人がゐたからである。それは、姉の工場に、手傳ひに來てゐる義兄の從妹になる馬渡とみ子といふ娘である。十七になるとみ子は關野工場に來て、會計やら書類の整理やら、タイプやらを打つて、たか江の加勢をしてゐた。會つてべつにどうといふこともなかつたのであるが、關野が出征することになつて行つた時に、とみ子がゐて「關野軍曹の出征をおくる」といふ詩をつくつてゐたのを見て、孝之介は少からず驚いたのである。それは、あまり、そんな方面に趣味のなかつた孝之介にとつては、なんともいひやうもなく驚嘆に値することで、そのときに、ふいに、自分も詩をつくつてみたいと考へたほどである。すこしもてらはない質素な洋裝も、とみ子にはよくうつつて、いかにも健康な淺ぐろい顔ではあるが、化粧した顔には見られないかがやきとにほひとがあつて、ちよつとみると不愛想ではあるが、笑ふとまつたく人がかはつたやうに明るい顔になつた。

　義兄の出征の夜、座敷とはつづいてゐる事務所に降りた孝之介は、事務室の壁に、從業員の名前の書いた札がかけてあるなかに、馬渡とみ子とある名を見て首をひねつた。さうして、たまたま、事務室にやつて來たとみ子に、

「あなたの苗字はなんと讀むんですか」

とたづねてみた。

恰度、また、初まつた何回目かの萬歳の聲に消されて、よく聞えなかつたのか、とみ子はくりくりと大きな眼をまばたきながら、孝之介の顔を見た。

「うまわたしですか」

見つめられて顔が赤らんで來た孝之介は、どぎまぎしながら、そんなことをきいた。

「うまわたし？」

とみ子はなんのことかわからぬらしく、

「うまわたしつて？」

「いや、あなたの名は、うまわたしとみ子さんでせう」

「まあ、まわたりよ。うまわたしなんて」

「まわたりですか。さうですか。うまわたしはをかしいと思ひました」

詩をつくるやうな娘が、うまわたしである筈はないと孝之介は思つたが、しかし、やはり、詩をつくる娘が、まわたりもどんなものかと、この詩のわからない朴直な青年は馬と詩とが結びつかずにすこし困惑したのである。

その馬渡とみ子が古賀の製材工場にゐるのである。

昆蟲の質問に辟易しながら、うるささうに窓外に眼を轉じた孝之介は、國民服のポケツトから一冊の黒い手帳をとりだした。彼は頁をひらくと、そこに書かれてある詩を小さな聲で口吟んだ。

きみみいくさにゆきたまふ
とどろけるいくさのにはに
ををしくもつつもてたてよ
このくにのくにのいしづゑ
おほぎみのみたてのきみよ

はるかなるおほぞらあふぎ
はるかなるきみをしのばむ
もののふのいのちのかぎり
もののふのこころのかぎり
たたかへよたたかひてかて

うまいのかまづいのか孝之介にはわからない。義兄の出征のときに、とみ子のつくつた詩を手帳にひかへて來たのであるが、今とりだして讀むと、出征してゐる自分の兄のことが思はれて來た。孝吉兄は中支に、友造兄は南支にゐるが、友造兄の方が伍長で、上の孝吉兄はたつた一等兵である。戰地で苦勞してゐるであらう兄たちの武運長久をいのる心が、詩を讀んでゐるうちに切ないもののやうに、胸にあふれて來た。しかし、それはとみ子の詩がよいからといふわけではあるまい。肉親の感情に外なるまい。それにこの詩はどうも讀みづらい。どうしてわざわざ平假名ばかりで書かねばならぬのか、つまらないことをするものである。本字を知らないからかも知れない。それに、出征を送る詩にしてはすこし勇しくない。ただ、女らしい感情があふれてゐることはわかる。孝之介は詩にしきりに文句をつけながら、この詩の作者の心のやさしさといふものを知らぬ間に認めてはゐたのである。彼は疾走する汽車の窓から晴れわたつてゐる夏空を仰いだ。それは、やはり、いつか、詩の「はるかなるおほぞらあふぎ、はるかなるきみをしのばむ」といふ一節にさそはれたのかも知れない。戰地にゐる三人の兄たちの、鐵兜を被り、背嚢を負ひ、銃を握つた姿がはつきりと頭の中に浮んで來た。

「兄ちやん、ライオンと喧嘩するくはがたかぶと蟲はどのくらゐの大きさかなあ」

孝太郎の聲に、孝之介ははつとした。とつさに、

「うん、さうぢやな、これくらゐはあろ」

と、兩手で肩幅くらゐの輪をつくつてみせた。

「ふうん、そげなのが、いつちよ、取りたいな」

孝之介の頭に詩がわいて來た。

あふりかのしんりんふかく
むしありてししとたたかふ

詩といふものはわけはないと思つたが、それが頭のなかに平假名で書かれてゐるのを知ると、大きな呼吸がひとりでに胸をついて出た。

汽車が古賀について降りると、孝之介はあたらしく湧いて來た疑問に、足が重くなつた。古賀は田舍町で、田圃のまん中に數百戸の家があるきりである。弟たちはもうどんどん先に立つて歩きだした。孝之介が憂鬱になつたのはふと、がんがら木魚の叔父が、いつか、馬渡とみ子のことを不良少女だといつたことを思ひだしたからである。叔父は炭坑に使ふ杭木なども扱つてゐて、木材工場であるたか江のところには商用でときたま出かけるので、馬渡とみ子のことは前から知つてゐた。いひ分は、詩や小説を作つたりするやうな者に碌なのはゐないといふのである。さういふことを考へるときには、孝之介はいつの間にか、自分の將來の運命について、思ひをめぐらし、ある覺悟をかため

つつあつたのであるかも知れない。彼は來年が徴兵檢査であるが、現在の身體で合格することは當然である。すると兄たちと同樣に戰場に出ることによつて、自分の生涯の運命の試練が初まる。それは人間としてはどういふことであらうか。戰場といふものが、自分の持つてゐる個人的な生活と一切無緣なものであるとするならば、現在、生きつつ考へてゐることのすべては、いつたいどこへつながる思惟であらうか。國の運命のなかに、一切のものが沒入されなければならぬことに疑ふ餘地はないが、さうすれば、自分と國との結びつきは、どういふところから初められなければならないか。自分が來年は兵隊になつて戰場に出るといふことが、殆ど確定してゐることなのに、その自分を養子にしようといふ叔父の成木太三は、いつたいどういふつもりであらう。そんなら、いま、弟たちの昆蟲採集にしぶしぶついて來たやうな顏をしながら、馬渡とみ子に心ひかれてやつて來た自分は、いつたいどういふものであらう。孝之介はなにか恥かしい氣持がいつぱいになつて來て、いよいよ足が重くなつて來た。

どんどん先に駈けだして行つた弟たちは、愚圖ついてゐる兄をもどかしさうに、なん度も振りかへつて呼んだ。家のかさなつた向ふから、關野製材工場で、廻轉する鋸が材木を裂く、しゆうん、といふ音が、やがて聞えはじめた。すると、一層孝之介は足が進まなくなつた。勝手を知つた弟たちは、もう、ぐづぐづしてゐる兄を待ちきれなくなつたやうに、横町に入つてわからなくなつた。

バスの通る街道に出ると、三町ほど先に、田圃のなかにある工場の垣と煙突とが見えて來た。すると、その垣の中から、新太郎の姿が飛びだして來て、なにか兩手につまんだ黑いものをさしあげ、

「わあい、かぶと蟲が何百というて居るよう」

と、力かぎりにこちらに向つてどなつた。手に持つてゐたのは、かぶと蟲なのであらう。そのあとから出て來た孝太郎も同じしぐさをして、兄ちやん、はよ來うい、とどなる。汽車のなかで話してゐたやうに、材木置場に、かぶと蟲がたくさんゐたのであらう。

「いま行くよ」

もう孝之介は元氣をとりもどしながら、駈けだした。すると、半分くらゐ來たときに、工場の正門の方から一

台の自轉車が出て來た。それにはスーツを着た馬渡とみ子が乘つてゐて、右手で書類綴ぢを持ち、左手で自轉車のハンドルを握り、こちらにやつて來た。孝之介は胸がどきどきしだした。彼が立ちどまつて道傍に立つてゐると、自轉車の傍に來たので、

「やあ、まわたりとみ子さん、こんちは」

と孝之介ははづんだ調子で聲をかけた。

すると、とみ子は、ちらと孝之介を見たが、返事もせず素知らぬ顏で自轉車の埃をかけながら走り去つてしまつた孝之介はぽかんとなつたやうに、その颯爽とした後姿を見送つた。とみ子の姿は後から長くみられることを避けるかのやうに、ちりんちりんとベルを鳴らしながら、すぐ横町に曲つて消えた。

「兄ちやん、大きなのが居るどう」

うしろで孝太郎の聲がした。

ふりむきざま、

「ライオンと喧嘩するやうなのは居らんかあ」

孝之介はさうどなりながら、工場の方へ走りだした。

（つづく）

宿命の都上海・南京

渡邊公平

上海停車場

その昔「上海特急」といふメリケン映畫があつた。その中に上海の停車場は遂に現はれて來なかつた樣に記憶してゐるが、何しろ大上海の中央停車場ともなれば相當豪壯なものであらうぐらゐは、南京路だとかバンド邊りの樣子を映畫より寫眞で見識つてゐる者には一應考へられることなのである。

ところがである。上海には中央停車場らしい大停車場は始めから無かつたのである。東京の東京驛に相當し、北京の正陽門站に當るものは現在上海驛となつてゐる北站であつたのだがこの上海の大玄關たる北站たるや、これが世界有數の大都會と誇るSHANGHAIの代表的ステーションであるとはちよつと信じ難い底の代物であつたらしい。

それを今度の事變で支那軍は上海から逃出す時に徹底的にぶつ壞していつた。尤も我空軍の正確無比な爆擊にも遇ひ陸海軍の砲擊下に潰えてもゐるが全く停車場として再び使用し得ぬまでに破壞したり持去つたりしたのだから是が再建は實に容易ならざることであつた。

今日、物の見事に復興し、寧ろ事變前より整然とした上海驛に立つて輻輳する中國人の動きを眺め、音樂的な姑娘のアナウンスを聞いてゐると、しみ〴〵と日本の偉大さが感じられる。事變直後の此附近の慘狀を知る者には恐らく信じられない程現實の姿は變つてゐるだらう。桑海の變もたゞならずである。出來ることなら此附近の激戰に散華していつた兵隊さんに、今日の賑やかな平和な姿を見せてあげたい。

私はさつき音樂的な姑娘のアナウンスと云つたが、正しくこの姑娘の上海語のアナウンスは音樂的と形容するにふさはしい快さを持つてゐる。新宿や東京驛あたりの何か人をいら〳〵させるやうなアナウンスと違つて、上海語の內容は解し難いが大陸的な何とも言へないのんびりした味ひがあつて旅情が一入誘はれるのである。

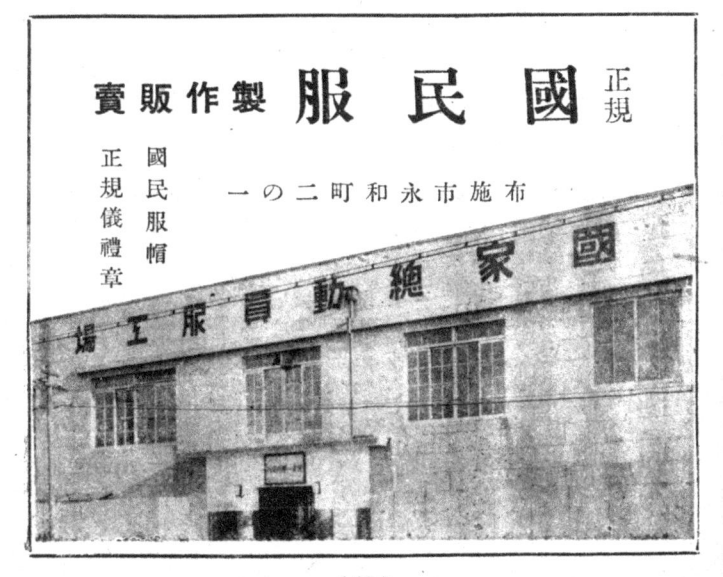

上海語の後で日本語でアナウンスされるが聲の主は同じ姑娘、アクセントに變なところは勿論あるけれどもそのタド〳〵しいところに無限の愛嬌があるので、上海を通過する人の評判になつており、また前戰から歸つて來る兵

隊さんを悦ばせてゐる。最近錄音されて日本へも放送された筈である。

驛頭の珍景

現在上海─南京間には「天馬」、「飛龍」の二快車（急行）を始め五往復の直通列車が走つてゐるが、何れの列車も內地同樣の混雜振りを示し、少し遲れて行かうものなら少くとも蘇州あたりまでは立ん坊の苦汁を飲まなければならない。それに荷物の檢査があるので、氣の長い中國人は、早慶戰前夜の外苑球場の如く或は又最近の國技館の如く、極めて早朝から驛へ驛へと詰めかける。南京行の一番列車は朝八時半の「天馬」だが深更二時頃から驛へやつてくる。いくら中國人でも六時間も待つのでは腹もすかう、喉も渴かうといふわけでこの連中目當の食べ物屋がやつて來る。黃包車（ワンポーツ）（人力車）が集る。又その車夫相手の飯屋が來るといつた鹽梅で、三時前からガヤ〱と支那式雜音を放送して宿直の驛員を惱ます。

尤も驛員を惱ますことにかけては「法」の裏を潜ることに天才的な閃きを見せてゐる中國人のことだから、例を擧げて書き出せば際限がないが、一つの支那らしいユーモアを持つた奴を御紹介しよう。

それは何處にもある薩摩守だ。如何してもぐつて來るのか此の只乘俟といふ奴がちよい〱ある。少しでも拂ふ金のある奴なら始末がいゝが、全然無い袖は振れぬといふ徹底した仁が相當多い。逆にして振つたところで金目のものは何一つ出ないのだから驛員の方でも、もう野暮なことは言はない。お尻を二つ三つ叩いた上、此處と彼處を掃除して行けと命ずるとＯＫ・ＯＫと綺麗に掃除を濟まし、惡びれもせずニコ〱し乍ら歸つて行く。驛員でもないルンペンみたいな奴が改札口の近くや待合室を掃いてゐるのを見かけたら、今の薩摩守だと惟つてまづ間違ひない。

好姑娘（ハオクーニャン）

「マモナク　ナンキンユキ　ガ　ハツシヤ　イタシマス。オミオクリノカタハ　オアトヘ　ネガヒマス」といふ姑娘のアナウンスが終ると快車「天馬」號は愈々內地でお馴染の　Ｃ51　型機關車に引ぱられて發車する。

最後部の一等車のソファに深ぶかと埋つて上海でなければ今は喫えない高級煙草でもくゆらしてゐると、すつきりした濃紺の制服を着た姑娘が蒸タオルとお茶を運んでくる。すく〱と伸びて屈託のない顏をした好姑娘（ハオクーニャン）ばかりそう云へばこのサービスガール許りではない。同乘客である中國人の娘々（ニャンニャン）（奧さん）もお孃さん方も堂々たる體格、堂々たる風彩、下手するとでない大和撫子は寧ろ壓され氣味である。部分的な缺點を拾へば幾らでもあらうが上海でも北京でも又南京に於ても中國婦人にはなか〱立派な體軀と正しい姿勢を持つた人が多いのに聊か奇異の感をすら抱くのである。東亞の盟主を以て任ずる日本の女性の――特に大陸に在つて祖國日本を代表する女性諸姉の一考を要する問題だと思ふ。

興亞の首都

蘇州、無錫、鎭江等沿線事情は次の機會に讓つて一擧に南京に飛ばう。

南京も亦麗はしい姑娘の玉を轉がす樣なアナウンスによつて其の第一歩は甚だ印象的である。

復興中國の首都、南京の表玄關たる南京驛は大した戰禍も受けなかつたので、未だに事變前の遺物がちよい〳〵見られる。この驛は別名を下關(シヤークワン)と云ふのだが、この下關といふ二字を事變前の抗日政府は恥辱的だといつて餘り好かなかつた。日本の下關といふ所は日清戰爭後馬關條約を結んだ國恥記念地である。然り而して我南京の下關たるや是また百餘年前、阿片戰爭のみぎり英國が軍艦を以て威嚇し遂に屈辱的な南京條約を結ぶに至つた恨み深き地なのだといふわけで、こんな事までが抗日教育の教材になつてゐたのだから呆れるといふより寧ろ恐ろしいのである。だが昨今の南京は東亞共榮圏建設の理想に燃えてゐる南京である。建設東亞新秩序、擁護中日條約、中日經濟合作等のスローガンで埋つた首都である。幾度か王城の地となり又幾度か廢墟と化した宿命の都―南京。

朱雀橋邊野草花　烏衣巷口夕陽斜
舊時王謝堂前燕　飛入尋常百姓家

といつた感傷的な詩の生れた所以でもあるが、昭和十二年十二月十三月、南京城頭高く日章旗の掲げられた瞬間、一切の南京は過去の遺物となり舊秩序は根底から覆へされて新しい中華民國の首都としてこの荒城は更生への第一歩を踏出したのである。

今や人口は六十萬を突破し日本人の數亦一萬を超えてゐる「南京好日」を謳歌する民衆の聲は夫子廟に秦淮に新街口に溢れ、重慶に無限の魅力を投げかけてゐるのである。

生活時評

いよいよ暴慢米英に對する宣戰は布告され、わが軍は忽ちにして歷史的大戰果を收むることが出來た。さうして時を移さず、銃後に對する政府の方針が闡明されたことは、どれほど我々に確固不動の信念を與へたか知れぬのである。しかも今次の戰爭は戰ひつつ建設し、建設しつつ戰はなければならない前古未曾有の大業であつて、國民はかりそめにも勝利に醉ふて、自己に課せられた任務を怠るを許されないのである。

東亞共榮圏の確立にはなほ幾多の困難が横たはつてゐるのであつて、それらは一朝一夕にして解決されるものではない。

○

日露戰役は東洋永遠の平和を念とする日本の正義の提唱が暴慢なる帝政露西亞の容るるところとならず、やむを得ずして開かれたものであつた。

日露の交渉斷絶に關して帝國政府が栗野公使に宛てた訓電の一節に「露國に於て了解し得べき理由なくして屢次回答を遷延し、加ふるに平和の目的とは調和し難き軍事的活動を爲せるに拘はらず、帝國政府が現交渉中用ゐたる耐忍の程度は、其露國政府との關係より、將來誤解の一切の原因を除去せんことを忠實に希望したることを十分證し得て餘りありと信ず。而も帝國政府は其盡力の結果、帝國の穩當且つ無私なる提案若くは又絶東に於て鞏固且つ恒久の平和を確立するに近き如何なる他の提案に對しても露國政府の同意を得ることは、毫も其望みなきを領得したるが故に、現下の徒勞に屬する談判は之を斷絶するの外他に選ぶべき途を有せず」とあり、今次の日米交渉との類似を想はしむるものがあつた。

○

日露交渉の斷絶を見、忽ちにしてわが海軍は仁川港外に於て、露國軍艦「ワリヤーグ」「コレーツ」の二隻を撃沈したのであつたが、當時は、東洋の渺たる一小國が、世界に誇る强大國を相手にして、果して勝算ある戰爭が出來るや否や、なほ不安の少からざるものがあつた。しかも正々堂々と機先を制し、わが國は遂に未曾有の大戰果を收めることが出來た。これこそ、何にもまして、國民が一丸となつて戰つた精神力に依るものである。

我々は今日、暴慢なる米英との戰端開始に當つて、そぞろに日露戰役當時を追想するの念にたへない。

○

凡ゆる努力を盡して、平和の建設を希望しながら、全く報いられず、戰ふや常に堂々の態度を失はざるはわが國の歷史の道であつた。次の世紀を背負つて立つ少年にも、このことを分りよく說明し、いかに支那が、露西亞が、また今日の米英が暴慢であつたかを說明してやらなければならぬ。年少なる者に日本の行く道を示し、勇氣と叡智とを正しく植ゑつける必要があるのである。

國家的な青少年の訓育が今日程、痛切に要請せられる時はない。

○

つひに獨伊も對米英戰爭に參加することとなり、ヒツトラーの對米英宣戰の演說は全世界に向つて放送され、わが國にも中繼された。然るにこの放送は敵性國の妨害電波によつて聽取に著しく不便を感じた。

かやうなことは、今更驚くべきことではなく、敵の反擊の一つとして當然豫想さるべきことであつて、今後いついかなる時に、日本語によつてデマ放送をするかも、もとより計り難いのである。軍事的に重大なる損害を蒙つた敵性國は、やがて謀略によつて國內を混亂させようと企圖するかも知れぬ。これこそは空爆以上に有効なる手段と考へてゐるに相違ない。

しかし、かかる策謀に乘ずることは半ば自信を缺くところに起り易い。嘗て日露戰爭當時には、民衆が軍の遠大なる計畫を知らずして、徒らに行動の遲速を云々したやうな實例もあつたが、當時より四十年に垂んとし、東亞の盟主となつた日本の國民には十分に肚の訓練も出來た筈である。

我々は言動を愼しみ、冷靜沈著にして果敢に、今日の事態下に於ける自己の任務を遂行すべきである。

○

皇軍の赫々たる戰果が發表されて將兵に對する感謝の念は日一日と昂まりつつある。文字の國支那の標語に「有錢出錢、有力出力」といふのがあるが、これは「錢のある者は錢を出せ、力のある者は力を出せ」の謂ひであり、國家總動員を促すものである。今日、我々も亦、將兵への感謝は、最も手近なところで實行すべきである。冗費を省いて債券を求め、或は將兵に宛てて慰問の手紙を出すべし。物がないから慰問袋が作れぬなど思ふは卑屈な思想である。

○

やがて戰爭が終れば元通りの世界が還つて來るやうな考へは改めねばならぬ。戰爭が終つて、我々は新しい秩序の世界を迎へるのだといふ歡ばしい豫感に生きなければならぬ。

医療

肺炎に効果の多い血清療法

肺炎の流行期が來た。この病氣は肺炎菌によつて發病するのだが、菌の種類は非常に多く、現在日本では三十三の型のものが存在してゐるといはれる。しかし、どの型の菌も同じやうに流行するのではない。そのうちの幾つかが最も多く流行するのだ。これについて東京市衞生試驗所で調べたところによると、大葉性肺炎では四、五、七、一〇、一四の各菌型がこどもに多く、成人では一、二、三、五、七、八の各菌型のものが主として流行、また氣管枝肺炎では六、一八、一九の各菌型がこどもに多く、同じく成人では三、五、七、八、一〇、一八の各菌型のものが一番多く流行することになつてゐる。

この肺炎の治療法としてはズルフォンアミッド劑のうちのピリヂン系統のものが大變有効であるが、しかし、抵抗力の弱い老人や小兒なぞにはこの化學療法は多少無理があるといはれ、それには血清療法が一番適切だといはれる。

この血清は兎からつくられるもので、これを肺炎患者に注射すると肺炎菌に作用して肺炎菌の持つ有毒物質であるところの莢膜の毒作用を中和する。そのため病勢の進行を停滯させて回復に向はせるといふことになるのだ。現在肺炎の血清療法は外國ですでに實施してゐるが、わが國ではまだ行はれてゐない。といふのは、患者の罹つてゐる菌型に應じた菌型の血清でないと効果が薄く、そのためには、およそ、流行する菌型の主要なものの血清を平素から皆用意して置かなければならないからだ。これを今度東京市衞生試驗所がつくるといふ、大變結構な話である。

結核の豫防によいB・C・Gの注射

結核による死亡者は年々十五萬人といはれる。罹患者は通例死亡數の十倍といはれるので、この計算で行くと百五十萬人の患者がわが國には存在することとなる。この治療法としては榮養を良好ならしめること、生活環境をよくすることに歸着する。治療藥としてはいろ〲のものが澤山あるが、現在前東大教授近藤平三郎博士發見になる化學物質以外には、これといつて有効なものは見當らないやうである。近藤博士のも無論絶對的ではなく、傳研の長谷川教授は同藥を用ひて一部の患者を治療してゐるが、なほかつ相當度の死亡者を出してをり特に腸結核には殆ど奏効しないといふことが傳へられてゐる。結局から見て來ると結核對策としては豫防が非常に重要意義を持つこととなる。集團檢診による結核の早期發見もこの必要からだが、こゝで學者間に注目され出したのがフランスのパストール研究所で研究されたB・C・Gだ。これは結核の生菌を弱體化してつくられた豫防ワクチンであるが、これを集團檢診によつて發見したツベルクリン反應の陰性者に注射接種して置くことによつて、結核の發病を相當度に豫防出來、かつ發病した場合でも重症に陷らせずに濟ますことが出來る。日本における實驗でも人體の場合で五〇%以上の結核による死亡を減少させることが證明されてをり、一般には六五%以上の効力を持つものとされてゐる。動物實驗では九〇%ぐらゐまで行つてゐる。しかしB・C・Gの注射にも一つの問題がある。それは注射によつて潰瘍が生ずることだ。それも普通の潰瘍ではなく結核性のものなので、なか〳〵治り難い。別にそのため生命がどうの、日常生活がどうといふわけではないが、長いのになると一年ぐらゐ出來てゐる。この原因がどこにあるかといふと一つにかかつてワクチンの製造法にあるのだ。ではどんなやり方でB・C・Gはつくられてゐるのか、人工培養をした結核菌はかたまつてゐるので、これをばら〳〵にするため、瑪瑙の乳鉢で擂つて細かに分離する。瑪瑙の乳鉢を使用するのはこの鑛石そのものが質が緻密で細かくするのに好適だからであるが、それでもなほかつ完全な分離は困難で、それに技術が優秀な場合は別であるが、さういふ人でもその時の條件たとへば過勞、精神上の諸問題がある時は、その持つてゐる技術を完全に行使出來ないため不完全な分離が行はれる。したがつて結核菌は均等に分離されないでかたまつてゐるため或る人の注射には結核菌のかたまつた液を注射し、或る人には逆に結核菌の非常に少ない液を注射することとなり、その結果、澤山かたまつたワクチンを注射したものには潰瘍が出來るといふことになるのだ。だが、これも近く解消することとなつた。といふわけは、今度、結核研究所の柳澤謙氏によつて超音波による菌の完全分離が行はれるやうになつたからだ。それによると今まで經驗したやうな潰瘍は全く發生しないといはれる。

蛋白分解で出來る腸炎

葡萄狀球菌はどこにでもゐる細菌である。空氣中にも澤山飛散してゐるし、人體では口中にもゐるし、表皮にもおどろくほどの數が附着してゐる。この細菌が蛋白質につくと、繁殖發育をはじめてそのため蛋白を分解し、その際に腸炎毒をつくる。腐敗または腐敗に近い魚或は肉類を食用すると猛烈な嘔吐下痢を起すのは、この葡萄狀球菌による腸炎毒の中毒の結果で、昔はこれを指してプトマイン中毒だといつた。しかし本態はこれである。それが最近の細菌學の發達によつて實證されたのである。腸炎毒は容易には破壞されない。したがつて一度發生した蛋白質は一寸やそつと煮た位では消えない。少くも三十分以上の煮沸が必要だといはれる。しかし燒くか炙ると割合早く破壞される。

離乳期の蛋白給源に煮干粉を使用

離乳期にある乳兒の蛋白質給源としては白身の魚、卵などが推奬される。だが之等のものはいづれも入手が昔のやうに簡單に行かない。では蛋白をとらなかつたらどうなるか。その子供は發育不良に陷つて滿足に育たないばかりか抵抗力が低下して病氣のために生命を失ふやうになる。最近、鮮魚の代用に煮干粉を用ひて實驗したところ、その結果は別に支障を來さなかつたといふことである。

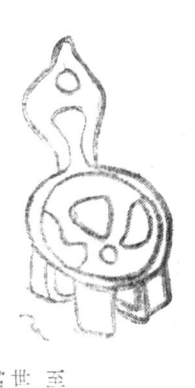

全國 優良女子學校案内

戸田實踐女學校

洋裁專攻科（一ケ年）

校長 戸田カナメ

横濱市鶴見區鶴見町一二六八

電 鶴見 二、五九三

東京高等技藝學校

全六卷

自宅で習へる洋裁講習錄

○小物篇 ○女兒服篇
○男兒服篇 ○平常着篇
○婦人服篇 ○男子服篇

洋裁の初歩から奥義まで、順序よく家庭で習得出來ます。

内容見本申越次第送呈

東京市牛込新見附

東京高等技藝學校

溝部洋裁學園

（新體制下の服飾改善期）

◇最簡易なる無製圖裁斷法と服飾の研究を！

一、就職確實　一、應用自在
一、材料貸與　一、寄宿舎完備
一、夜間部有　一、規則要三錢（製帽科新設）

新學期―一月八日
補缺編入―每月一日

溝部百合子指導

東京市麻布區霞町一（電・赤坂二六七三）

溝部洋裁學園

マツエー洋裁學院

洋裁の科學化 短期卒業（規則書呈ス）

マツエー洋裁學院

大阪市此花區上福島町中三ノ十二

電 福島 一、八〇四番

第五回校舎 寄宿舎増築

東京洋裁學園

專門部
- 師範科 一ケ年
- 研究科 A 四ケ月／B 四ケ月／C 四ケ月

女學部
- 豫科 一ケ年
- 本科 二ケ年

洋裁專科
- 婦人服科 六ケ月
- 子供服科 六ケ月

夜間部
- 速成科 八ケ月
- 子供服科 四ケ月

特色
- 一、教師は名實共に斯界の最高權威
- 一、教授用諸設備の完備
- 一、獨創的デザインとカッテイング
- 一、材料の貸與と就職の斡旋は懇切確實
- 一、出征家族は特典あり

スクールジャーナル及詳細學則送呈

新洋裁教本 清水登美著
前編 子供服編
附錄 洋裁要所技法
右二册併せて 三圓 送料 十四錢

學園長 清水登美

豐島區西巣鴨二丁目

電話大塚（86）一、〇八五番

衣服資源

争奪戰物語(一)

高村敦

金衣野の盛會

十七世紀初葉より十八世紀の中葉に至る佛英の世界的な衣服資源争奪戰は世に勇ましくもきらびやかなわが國の川中島の戰ひにも優れて、史上目覺しきものであつた。

だが、この争ひは、千五百二十八年七月七日、佛蘭西の綠野に行はれた英佛兩王の金衣野の盛會に、その動機が遡る。

ルイ十二世に王子がなかつたので、オルレアンのアングールム伯を王位に立てた。これがフランソア一世であつて、わが國の時代で云へば、足利將軍十二代義晴の頃であつたのである。この王は、臣下の美しい夫人達を十二の房室に毎夜招じ入れたといふことで名だたる人であつたが、國家主義發生時代に、佛蘭西の王權を國外に宣揚したところの功績のあつた王である。

この時代は十六世紀の始であつて、獨逸の諸州は、かの三十年戰爭の後始末で、多難がつゞいた。

これを見た佛王フランソアは、獨逸の諸侯と對抗して、佛蘭西の偉力をこれ見よがしにせんがために、英王ヘンリ八世と會合を試みた。この會合は、その收獲の多きものがあらうと豫期されたものであつたが、政治的には何等の效果を收め得なかつた。

しかし、この會合は、英、佛兩王の豪奢を競ひ、衣服の華美を争つたといふ世界衣服發達史の上に特筆大書せらるべきほどの絢爛たる會合であつたので、歷史家はこれを金衣野の盛會と呼んでゐるほどである。

千五百二十八年七月一日、佛王フラ

ンソアはアンドレに、英王ヘンリはカレーに、おの／＼威儀を正して宿城に着した。兩國王の式部官等は、數人の書記や護衛兵等を從へて、相手方の公館を訪問し、兩王會見の日取や、儀禮樣式を協議したのであるが、その協議が決定し、設備が成るまでに六日を費した。史家は、此の事に就いて、この日の會見樣式に繁褥を極め、禮答に虛儀を極めたること、世界史上にその比を見ずといつてゐる。

兩王の會見の日取は、七月七日と決つた。

此の日、天の南方に一抹の白雲がかすかに棚引いたゞけで、空は白青にかゞやき、申分なき良い天氣だつた。兩王は、朝十時に各々その城門を出でてカレ郊外の綠野に到り、そこで相迎へ會した。各々その朝廷の侯伯貴族を從へ、式部官の先導で式場に向つた。近衛兵は、式場近傍で英佛双方共、兩側に並立し、その中を兩王は、白刄を手にせる侍從長官の先驅に從つて、白馬銀鞍上悠然と進んで來る。之につゞいて、重臣や貴紳等は、今日を晴と盛裝して從ひ、その後方には、英佛兩方共各々四百人の射手が扈從してゐる。

會見の式場は、カレーとアンドレ兩城の間にあるヴルドレの河畔、そこの綠野が指定されてゐたので、兩方の行列は、そこで出會した。英、佛の行列は、中間に設けられてゐた天幕の前で止つた。兩王は互に馬を進めて、入口の前で相會し、馬を下りて、相携へて幕中に入つた。君牧師ウルセー、水師提督ボンニヴト、ポアシのアーサー等が兩王に扈從して幕中に入つた。

佛王フランソアは、英王ヘンリ八世の手を執り、次の如くいふ。

「わが親しき兄弟、また從兄弟、朕は殿下と相見えんがため、少からぬ苦心をしたのである。朕は、わが王國と臣下の貴族とを傾けて、殿下を助けやうと思つてゐるし、また之が用意あることを諒として貰ひ度い」

此の助けやうとするといふ意味は、攻守同盟を締結せんとすることにあるものであつたがヘンリはこれを婉曲に避けて「殿下の王國と貴族とは暫く措く。たゞ朕は、貴國と自國との間に結ばれてゐる條約に忠誠であり、また之が實行に躊躇するものでないと告げ度い。仍て殿下も之を守らば朕も、安意たるものである」と云つた。

此の日、兩王の會見の傍ら、侍臣等に依つて起草せられた條約文は、兩國勢力の動向を決定するといふが如き大げさなものではなく、王室の親類關係を更に密にせんとするものであつたので政治的に大なる收穫を期待することが出來なかつた。

が、此の日は、綠野に於て會食し互に大いに歡を盡くした。

翌日、フランソアは、鞍上豐かに白馬に跨がり、後方に王妃カザリヌを、金鋲打つた紅絹カーテン付の轎に乘せ、之に美々しく着飾つた貴婦人や官女等を從がへさせて、カレーの英王居城を訪ふたので、ヘンリーも妃クラウドを伴つて、アンドレの佛王の居城を答訪した。

それから二、三日經てフランソアは三、四人の從者を從へて騎上颯爽として、不意にヘンリの居城に向つた。フランソアは、英王室側の從臣の制止を聞かず、寢室の戸を親ら叩くと、ヘンリは驚き目覺めて、自らその室内に請じ入れた。

「朕は、これよりは殿下の捕虜になつた」と戯れて云ひながら、自分の美しき金と寶石の頸飾を取つて、フランソアに献じた。フランソアも、直に金製の臂飾を外づして之に酬ひた。

それから數日の間は、英佛双方が一堂に相會して、或は演技に、或は競武を以て國交を厚くした。それが、兩王自ら指揮に當つて、比槍競技の如きは八日間もつゞいた。それが親しめば狎れ、戯れごとがついに、兩王の間に喧嘩がはじまるに至つた。

或日、それは會見の日から二十日目と覺ゆるが、ヘンリ王は、フランソアにいふ

「おい兄弟、相撲を取らうではないか」

「よし、來た」

フランソアは、實はヘンリの射術の得意は知つてゐたが、自分には相撲の方が優れてゐることを自負してゐたので、直ぐ來いといふ氣持で、さう答へたのである。

兩王の相撲が始つた。ヘンリは、右腕に力があつたので、その臂力で以てフランソアを抑へて倒さんとした所、フランソアは忽ち脚がらみの得意で、ヘンリをアツといふ間に倒してしまつた。兩國の重臣等が環視の中であつたので、ヘンリは恥ぢながら起き上り、怒が忽ち顏に現はれ、滿面朱を注ぎ、佛王に挑みかゝつた。英佛朝廷の從臣共は、色を失つた。

幸ひのことに、丁度その時に午餐の報せがあつた。兩王の妃達も、その場に走せ來り會したので、機嫌を取つて

事なくして濟んだのである。
ヴルドレ河畔の此の兩王の會見、史家のいふ金衣野の盛會は、政治的に見ると、何等外交上の好果を齎さなかつた。否、英佛兩國は、此の後忽ち敵對の地位に立つに至つた。

兩王最初の會見時の服裝は、兩王共單袴はなめし白鹿皮だつたが、英王は上衣を黒びろうどに金色の刺繍、之に金剛石、紅玉をちりばめ、白羽の飾ある鷺絨帽を戴いてゐた。佛王は、玄黃色綾織羊毛製布に、綠玉眞珠の飾りであつたので、服飾では英王の方が盛裝衣として東洋風の華美豪奢だつた。これが、佛蘭西廷臣等の美的誇りを少からず害したのである。

佛蘭西が、衣服資源を東洋に求めんとした意慾は、此時に根ざしたものである。

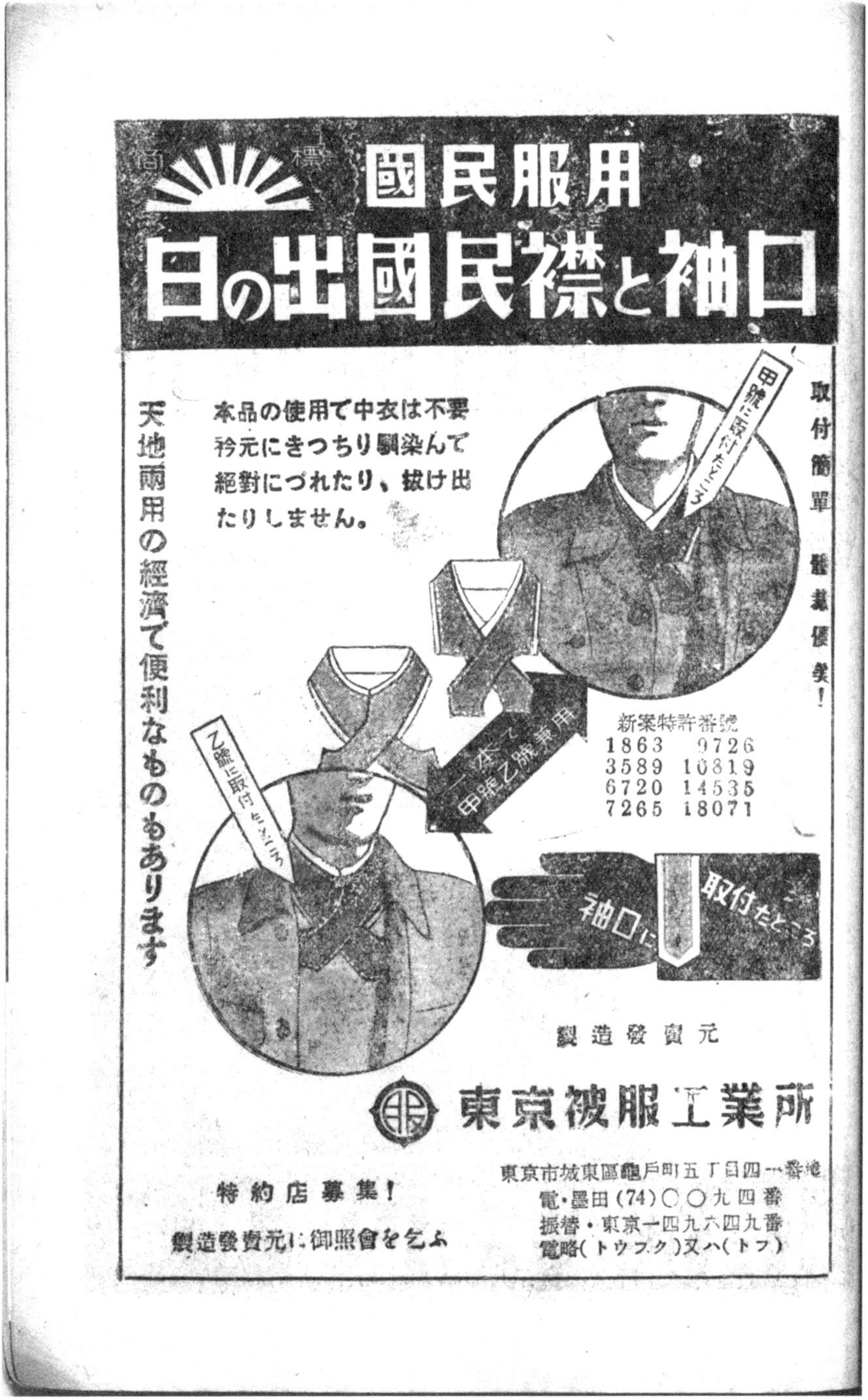

商標
國民服用
日の出國民襟と袖口
本品の使用で中衣は不要
衿元にきつちり馴染んで
絶對にづれたり、拔け出
たりしません。
天地兩用の經濟で便利なものもあります
取付簡單 體裁優美!
甲號に取付たところ
乙號に取付たところ
一本で甲號乙號兼用
新案特許番號
1863 9726
3589 10819
6720 14535
7265 18071
袖口に取付たところ
製造發賣元
東京被服工業所
東京市城東區龜戸町五丁目四一番地
電・墨田(74)〇〇九四番
振替・東京一四九六四九番
電略(トウフク)又ハ(トフ)
特約店募集!
製造發賣元に御照會を乞ふ

勅令第七二五號國民服令
正規國民服帽
謹製
東京帽子株式會社

御府の拜観も國民服で

畏き邊りでは、非常時局下を思召され、昨年十一月「國民服令」が勅令により公布されて以來、參賀を除く參内記帳などの特定の場合には國民服着用を差許されたが、今回は更にその範圍を擴大、今後は御府その他の拜観に際しても、國民服甲號禮装の着用を差許されることになり、去年十一月二十八日付で宮内省から通牒が發せられた、これによつて、從來フロック、モーニング等の通常禮服着用と定められてゐた御府、御所、離宮、御苑、御養蠶所、正倉院等の拜観を差許された場合には國民服を着用して差支ないことになつたもので時局下簡素を旨とせさせ給ふ御趣旨のほど、まことに畏き極みである。

通牒全文

寫
宮内大臣宮發第四九〇號
官房
昭和十六年十一月二十八日
宮内次官　男爵　白根松介㊞

厚生次官　武井群嗣殿

通牒

從來御府其他ノ拜観ニ際シ通常服着用ノコトト相成居候モノハ爾今國民服(甲號)禮装ヲモ着用シ得ルコトト相成候條此段及通牒候

喪服と國民服

戰時體制と國民服とは切つても切れぬ關聯を有してゐることは、最早、何人と雖も否定出來ない現實となつて來た。限りある資材を有効に使用するため、一度に全國を國民服化する事は、大いに考慮の餘地があるが、國民服精神だけは一億の國民の胸奥に宿す必要があらう。

この精神は、度々云ふ如く、悠久なる建國精神と國體觀念を内に藏し、外に向つては、一切の米、英依存的分子を撃滅し、新たな建設へ向ふ精神である。そこで「禮」の精神は極めて重大であり、忠靈に對する葬送の際など、國民服着用は意義深いものが、從來、一般には喪服と國民服との觀念がはつきりしてゐなかつた。

厚生省當局では、大政翼賛會名古屋支部長からの照會に對し左の様な回答を發し國民服と喪服との關係を明らかにし、一般の疑念を解いた。

寫
生第二四〇號ノ内
昭和十六年十月十六日
厚生省生活局長
大政翼賛會名古屋市支部長殿

國民服ヲ以テ喪服ニ代フル場合ノ疑義ニ關スル件

標記ノ件ニ關シ本月一日翼名第五三八號ヲ以テ内務次官宛稟伺有之候處左記ノ通御了知相成度候

記

一、國民服ヲ以テ喪服ニ代フル場合

國民服令ニハ別段ノ定メナキモ他ノ喪服ノ例ニ準フヲ適當トスベク隨テ國民服禮装（國民服ニ儀禮章ヲ佩ブ）トシ、喪ヲ服スル場合ハ上衣ノ左腕ニ黑羅紗又ハ黑紗ヲ纒フヲ可トス

國民服の進路

八木靜一郎

國民服が華々しく其のスタートを切つてから一時兎角の批評もあつた様であるが、實際使用上別段の故障もなく時の經つと共に此の非常時局を奮進すべく何と云つても板に着いて來たとの感が深い。殊に相當論議もし檢討もして來た過去の準備期間を顧みて今更今昔の感と云ふ程年代は經過して居ないが試驗時代は既に過ぎ去つて實用時代として其の眞價を發揮して來た。然し國民服本來の特徴を沒却して今尚「ワイシヤツ」「ネクタイ」を使用して居るのを街頭に見かけるのは國民服の本旨に沿はない。之は何と云つても廢止し本來の姿に還らねばならない。國民服の型式の整備も勿論だが着用法も制式通りでなければならぬ。時局は益々重大さを加へて居る。銃後に緊張して活動する上に於て國民服の果す役割は可成り重要であると思ふ。

事實は議論に先立つ。兎角世上には議論斃れに終る事がある。無論或る物の完成迄には充分なる論議と研究と檢討とが必要である事は勿論であるが單に議論だけに終るのが多いのは殘念である。國民服は更に此の上共其の研究を進めて健全なる發達を期さなければならない。例へば南北に亙る廣範圍の氣候風土に適應すべき工夫研究も此の上共に望ましい事の一つである。之等の點に對しても更に考慮を加ふべきである。經驗試驗の結果は正當なる理論の裏付となり基礎となつて其の使命を完全に果すべく邁進を續けて行かねばならない。此の非常時局に對して、國民服の持つ使命は益々重要性を加へて來た。居は氣を移すと云ふ諺があるが衣服に對しても同様な事が云へると思ふ。適正なる衣服は吾人に威嚴安定自信の感を與へ、不適當なる衣服は之と反對なる結果を持ち來らすのでなる。衣服の吾人の心理上に影響する所は大きい。住居は固定的靜止的であるが衣服は四六時中絶えず吾人の活動に應じて動的であり身邊を常に離れる事は無い。此の意味に於て「衣服は第二の皮膚である」と云ふ言葉は意味があると思ふ。國民服を着用する事に於て日本人としての意識を更に强め時代の難局を乘り切る爲に活躍を期すべきである。此の意味に於て國民服の持つ使命は更に重きを加へてゐる。

（筆者は元特許局技師、日本化學機械工業組合聯合會專務理事）

眞劍勝負

齋藤佳三

皇紀二六〇一年一二月八日の日附けと云ふものは、世界史のあらん限り、我國民の前に躍り出でて常に血を湧かさせ、武者振り立たせる大文字となつた。

午前十一時四十分の臨時ニュース情報局發表。

「唯今アメリカ及イギリスに對し宣戰布告の大詔が渙發されました」

そして即日數千浬に亘る千古未曾有の大戰線に於て果敢なる電擊戰が展開された。

マレー半島の奇襲上陸から、シンガポール爆擊。グアム島爆擊。香港猛爆。ハワイ決死的大爆擊等更に間髪を入れず、上海、天津、秦皇島、北京其他敵國權益地の撤收を見たのである。此開戰第一日の戰果として三萬噸級戰艦ウェスト・バージニアを始めとして　十三隻を血祭りにあげ、更に船舶二百隻の拿捕と、飛行機一百臺の擊墜など一時間毎に傳へ來るニュースに、國民の耳は兎の樣に長く延び、隱忍長きに堪へた血潮は太平洋の怒濤にも勝る高鳴りを覺えたのであつた。

即ち國家千年の運命を卜する世界未曾有の戰端が今日開かれたのである。十數年來「非常時」として降魔の夢に悩まされながらも、其の正體は何處にゐたか、國民の惡夢は重苦しく不安であつた。然し今日こそ、すつぱりと其覆面をひつぱぎ、思ひ出すさへ忌ま〳〵しく屢々眼に映つた彼の怪物の如き傲頑な鬼面をはつきり見屆けたので、寧ろ國民の肚は坐り「非常時」なる不安は、一齊に晴れ渡つたのである。

最早我國は陰欝な「非常時」ではない。覺悟の定つた晴れがましい「眞劍勝負」の現場に出場。全國民の鬪志は、いやが上にも武者振り立つたのである。

　さあ來い。

來るものは遂に來たのだ。

　技は日本刀天道流、試し斬りの五ケ年は長かつたが、刄の切れ味には微笑ましい自信たつぷりなものがある。

電撃即決

日本人は立つ時には立つ。立つが然し立たざる前に「正義の道」さへわかれば立つ必要があるまいとするから隨分と氣長な處もあつた。

　然し氣長な事は卑怯なことではない。惻隱の心があり「絜矩の道」を踏んでゐたからである。隱忍とは此正義あるが故に可能であり、又電撃とは此陰隱あるが故に可能なのである。それであるから勘忍袋の緒が一たび切れたら最後、拔く手も見せずさつと眞向から「破邪の劍」が振り下されるのである。


　然しながら敵は無盡藏なる財寶と資材を自負して多分は決戰を好まず一日でわかる可き「至誠」の話に八ケ月も空費させたのだから、此勝負には八十年もかけてやらう、さうする事によつて相手の瘦せ相撲は早晩油を切らして參るに相違なからうと多寡を括つてゐるのかも知れない。

長期戰

　結構な話である。

　敵が百年戰爭を好むなら、こちらは二百年の準備をして了ふまでである。そんなメフィストの驕りとする財力や資材や大軍の見せびらかしに怖じ氣たり、ぺこ／＼してたまるものではない。我國民には、神代伊弉諾命時代から、さうした心構へなど依然として保有されてゐる。即ち「汝の國の國民を一日千人づゝ首を刎ねてやるから其のつもりでゐろ」と云はれたのに、伊弉諾命はからからとお笑ひになつて、「そんなら此地らでは、一日に千五百軒の產院を造つて見せる」と仰せられた。其心意氣があるからである。

　さあ同胞よ、惡魔の夢を醒さんため此心意氣の「實現」を「齊備」を敢然と、やつて了はうではないか。


食糧もよろしい。

船は間に合ひさうだ。

飛び道具の用意はよいか？

男の軍服は出來た。

防火の準備もよささうだ。

女の着物はよいか？

唄は何時でも唄へる。

眞劍勝負……

凱旋の歌は後で歌はう。

（一六、一二、一〇）

× × ×

婦人標準服の決定

待ちに待たれた「婦人標準服」が決定發表された。昨年十二月十九日神田如水會館で開催された、厚生省婦人標準服研究會最後の委員會で、いよいよ本極りとなり、これを同研究會の試案として發表した。これが、男子國民服の樣な國家的服裝となるかどうかは、今後の事に屬するが、戰時國民生活と切つても切れないものである事は、否定するわけに行かない。これを正しく普及育成する爲には、全日本婦人の協力こそ必要である。

本誌は厚生省當局の指示の下に、編輯陣を總動員し、目下資料の整理に忙殺されてゐるが、殘念乍ら、本月號に全部を登載するのは不可能となつたので、來月號の誌面を擧げて、詳細、且つ正確に報導するつもりである。本誌が厚生省直接監督下にある國民服協會の機關誌たるの故ばかりでなく、國民服裝並國民生活に關する最高指導誌たるの使命に鑑み、記事、寫眞共に最高權威を有する事を斷言するものである。今や、大東亞戰爭は、全國民の血を湧かしつゝ堂々の進軍をなしてゐる。全日本婦人の新らしき裝ひは、すでに成つた。今こそ、舊き衣をかなぐり捨てゝ、皇國への御奉公へ向ふ時ではあるまいか。來月號の誌面を切に期待されん事を希む。

婦人標準服研究會委員
（イロハ順敬稱略）

大日本國民服協會理事長	石川半三郎
畫家	伊東深水
大日本青少年團副團長	井上秀
日本女子大講師	岩本許子
評論家	市川房枝
日本女子大教授	上田りう子
風俗研究所長	江馬務
陸軍被服本廠技師	小川安朗
東京市國民學校女教員會長	木内キャウ
商工省纖維局商工技師	岸武八
厚生省勞働局	谷野せつ
大政翼贊會中央協力會議員	高良富子
大日本國民服協會理事	齋藤佳三
洋裁研究家	清水登美
醫學博士	竹内茂代
日本衣服研究所長	田中千代
文部督學官	成田順
大日本國民服協會理事	中田虎一
和洋女子專門學校教授	藤田トラ
洗足高女校長	前田若尾
被服協會理事	三德德次郎
東京中央放送局	村岡花子
元特許局技師	八木靜一郎
大日本國民服協會評議員 大政翼贊會組織局	山室善子
日本女醫會長	吉岡彌生
文藝家	吉屋信子
厚生省社會局長	川村秀文
陸軍省衣糧課長	吉良五市
厚生省生活課長	青木秀夫
陸軍省衣糧課員陸軍主計中佐	森口德治
厚生事務官	植田俊雄

（寫眞說明）婦人標準服研究會試案として十二月十九日決定された應用型
1.甲型二部式の應用型　2.乙型二部式の應用型　3.乙型の中穿　4.活動着

學生に告ぐ

背廣の感觸に春の息吹を味はつたりネクタイの柄に青春の歡びを歌つたりして、獨りでいゝ氣持になつてゐた過去の學生よ、時局の足音は、皇國が興亡の一戰へ踏み出した、その壯大な響きを傳へてゐるのだ。

本協會普及部では、國民服指導の使命に鑑み、今春卒業の學生層に向つて國民服の意義の徹底强化を圖るため、小册子數萬部を都下各大學專門學校へ配布した。左はその要項を記したものである。

國民服の意義

わが國の服裝の現狀は、まるで衣裳博物館を見る樣だといはれる程多種複雜を極めてゐる。われわれは、日常着としての和服、勤務服としての背廣服禮服としてのモーニングの最小限度三種類の服裝を常備しなければ、これまでの社會生活では、不便不都合があつた。

一般服裝文化を見ると、最近は特に歐米風の盲目的摸倣に流れる傾向があり、自主性の乏しかつたことは否定出來ない。

由來、服裝は民族精神の表現である世界興亡の跡をたづねても、民族が發展する時期に當つては、必らず建設的な服裝文化がこれに伴つてゐる。この事に關しては、我が光輝ある國史を顧みても幾多の事例があるのである。

國民服は昨年十一月勅令にて定められた服裝であつて、國民の基準服をかくの如く國法に依つて一定された事は劃期的な事である。

國民服には、三つの大きな目的がある。

第一は國民精神の昂揚である。國民服は日本古來の服裝の長所を生かし、民族の傳統と氣魄をこれに依つて發揮し、國民をして總力戰下、あらゆる奉公活動に於て、勇奮振起せしめんとするのである。

第二は國防の充實である。國民服はその儘、軍用に轉換出來るのであつてこれに依つて、軍服の豫備を蓄積出來被服産業を國防充實へ向はしめる事が出來る。

第三は國民被服の合理化である。國民服は洋服を日本化し、和服の長所を採り入れ、日常生活にも便利であり、儀禮章を佩ぶる事によつて禮裝にもなり、服裝の二重生活が大いに合理化され、國家經濟上にも、資源の節約となる點が多い。また咽喉を締めるカラーネクタイを使用しないから衞生上にもよい。

以上、三點が國民服の目的であるが、これを貫くのは、皇國精神の具現化である。國民服を着用する事に依つて、皇國民としての自覺を强調し、進んで國家の急に赴かんとする積極性を、日常生活に於て發揮せしめんとするのである。

國民服を着用すれば、自ら氣持が引締ると云ふのは、多くの着用者の實感であるが、これは、あたかも軍服を着れば、勇往邁進の皇軍精神を體得するものと同じである。この點より、背廣服を見れば、現下の非常時局下に於てそれは日常着としての役目も果す事が出來なくなつたと云ふ可きである。

背廣服は歐米服裝文化――それもフランス革命末期以來の一產物に過ぎず八紘一宇の雄大なる氣宇を以つて邁進しゝつある吾人に取つては過去の服裝であり、云はば寢卷、浴衣程度の重要性をしか發揮してゐないと斷ずる事が出來る。

國民服と實生活

國民服には周知の如く、甲號乙號の二種があるが根本は同じで、乙號の方が軍服に近似して通常詰襟式にしてゐるのが異つてゐるだけである。何れも襟は日本襟で、ワイシヤツ、チヨッキの代りに中衣を着用するが、これだけで、あらゆる日常生活に少しも不便はない。特に中衣は家庭に於ても脫ぐ必要がなく、和服、又はどてらの下着としても便利であり、外出に際しては、上衣と袴をはくだけで足りる。

カラー、ネクタイ、ワイシヤツの費用も中衣一枚の費用によつて大節減される。これらを新調する費用のみならず、消耗する場合を考へると、節減の度合はまことに大きい。

例へば次の如き事が言へる。背廣服の場合は、

カラー	一圓
ネクタイ	二圓
ワイシヤツ	三圓五十錢

以上を標準とすれば、合計六圓五十錢で、新調費用としては、上等中衣の約半額であるが、これだけの數量では濟まない。また、その消耗率を考慮に入れると、中衣一着の價格をたちまち淩いでしまふ。

中衣は附襟を取り換へるので、洗濯回數も非常に少なく、もちろん家庭で洗濯出來る。また中衣は單なる下着ではなく、上衣に準ずる目的から考へられ、縫製地質其他ワイシヤツとは同一に談じられないので、消耗も上衣程度と思つてよい。

上衣は、袴と共に現在市中で、粗惡な生地で八、九十圓位で賣られてゐる向きもあるが、本協會が直接指導する業者に於ては、五十七圓程度が最高となつてゐる。これは、背廣服一着が百圓內外を唱へてゐるのに比較すれば、問題にならないであらう。

ところがこれにモーニングの費用を加算すれば、從來の如き被服樣式では春、夏、秋、冬の一揃ひに數百圓を投

じても足りない計算になる。

國民服は寛裕な仕立を生命とするので、寒暑の調節に何枚もの下着を着脱しても、少しも不都合がない。この故に、合服、合オーバ（スプリング）の如きは全く無用となるので、この節約だけでも驚く可き金額になる。

しかも、この節約が、大にしては國家經濟に資し、民族厚生に資し、高度國防國家確立に資する事を思へば、國民服の着用の意義大なるを覺えるのである。

附記

財團法人大日本國民服協會は、厚生・陸軍兩省外廓機關として、國民服の普及奬勵並一般服裝文化の向上を目的とする公益團體である。國民服に就いては縫製、資材等各方面の指導を行つてゐる。

防空避難用の夜具

對米英戰の火蓋が遂に切られた折柄何時敵機の空襲をうけてもよいやうに防空訓練と國土防衞の覺悟は勿論必要ですが、一旦有事の場合に備へて、非常時用寢具を用意することも必要です。

支那人は昔から內亂や天災の經驗が多いため、彼等はいざといふ時、何よりも先に、綿入の着物を持ち出すといひます。これは防寒のためでもあり寢具でもあるからです。關東震災のときなどは、厚い布團を何枚も持ち出した人達は、目方が重い上に、それに火がついて悲劇をおこしたことは私共の記憶に新しいところです。

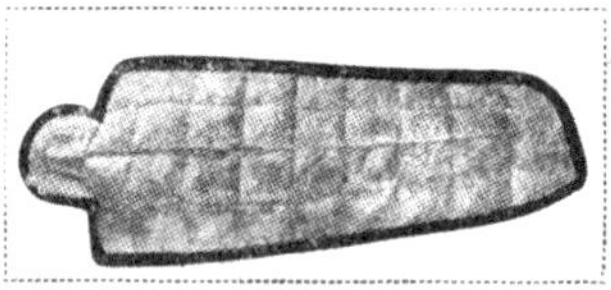

避難用には寫眞のやうな寢袋を常に用意しておくと便利でせう。これさへもつてゐれば、どこで寢ても安らかで寒さも防げます。これは赤ちゃんのサックからヒントを得たもので、內側を溫かい布で、外は防水したもので作ると、濕氣の多い場所にも使用に耐へます。

二枚折の毛布を使つて上部のやうな四角いものを廻りをとぢて作つてもよい。日本人には上圖のが適してゐます。入口をもう少し大きく開け、中にはいつてから兩端をお腹の方へ折ると溫かさが違ひます。輕くて携帶に便利で保溫率も高く衞生的でもあるわけです。

更に毛布で作つた場合は中の方に小さいポケットを作つておき、貴重品を入れておくのもよいでせう。特に赤坊のある家庭では、小型のものを作つておくと、普段は寢袋として使へば、寢冷えを防ぐ上に役立ちます。

防衛總司令部推奬の
防空用服・帽子・手袋

日本興亡の大戰に入り、家庭防空擔任者としての婦人の責任は重大になつてきました。いざといふ場合の非常時服を何處の家庭でも責任者は揃へておくことが急務です。そこで今回防衛總司令部で推薦になつた婦人防空用服と帽子と手袋——考案者、友淸靜江女史——の作り方をお知らせしませう。

特徴

この新案服、帽子、手袋はいづれも考案者が各國のものを比較研究した上にこれを日本人向きに適するよう實際化したもので左のやうな特徴が推賞されてゐます。

一、家庭内のありぎれで作れ且つ用布が比較的少量で出來ること

一、帯附のまゝ着用し得ること

一、着脱が簡單で三十秒位で着られること

一、上衣と袴が一體であり、バンドも縫ひ着けになつてゐるため、急の場合に忘れたり落したりすることなく、夜でも走り乍らでも着られること

一、衣袴が手首足首まであるため、冬は暖かく又怪我や火傷を防ぎ得ること

一、股がスナップで止めてあるため、用達に便利なこと

一、帽子は鍋により、高射砲や爆彈の破片その他簡單な危害を防ぎ得られ、またその耳覆は爆風をよける、ツバや垂布は陽よけ、火の子よけになること

一、倘、鍋は日常使用出來得ること

一、手袋は簡單に誰でも出來仕事にも差し障りなく、母指、人差し指が別れて自由になつてゐること

防衛總司令部
難波中佐の推賞談

防空用服の類は今日までにいろ〳〵考案されてゐるが、空襲時における凡ゆる條件に便利なやうに、各部分の縫製が完成されてゐる點では今度の友清さんの新型は最も推賞出來ます。各國の防空服についても充分な研究をされて日本人向きに出來てゐる點など考案者のなみ〳〵ならぬ努力が伺はれます。他の人々も尚これを一層立派なものに仕上げるやう眞劍に研究し努力してもらひたいものです。

作り方

服

◇材料　古布一丈九尺八寸、襟芯、見返少々、スナップか或はボタン數個

◇出來上り寸法（身長五尺前後の人に適す）袖丈九寸

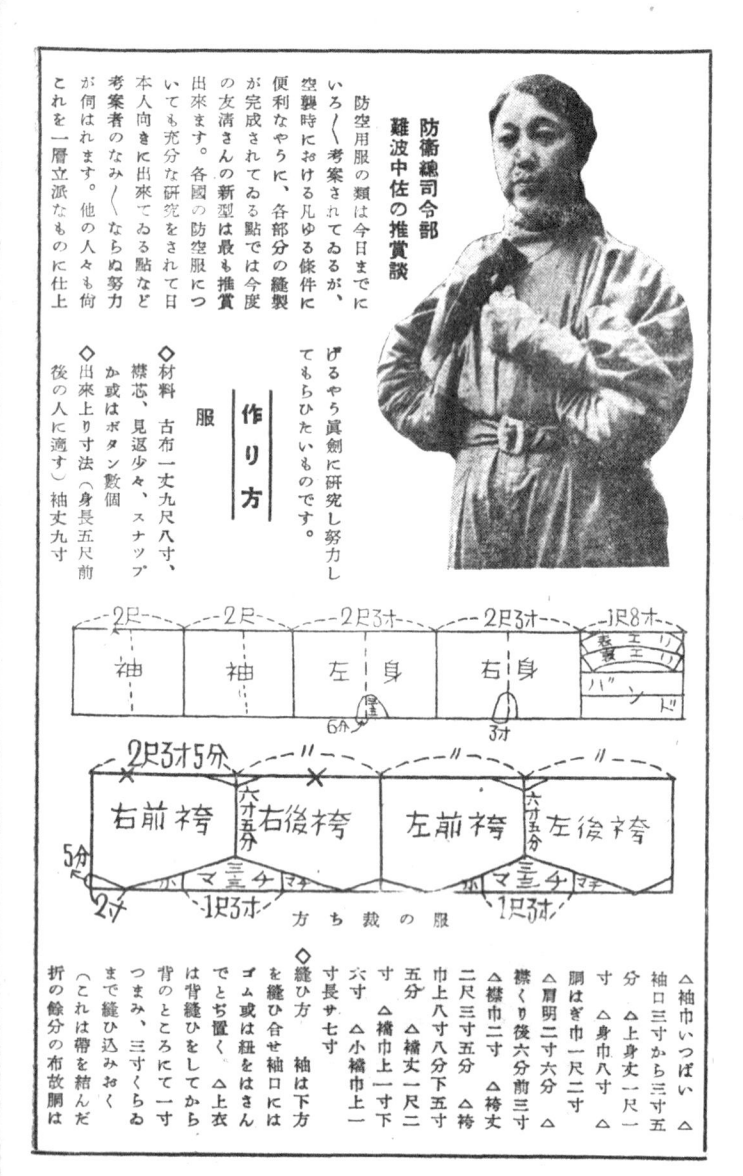

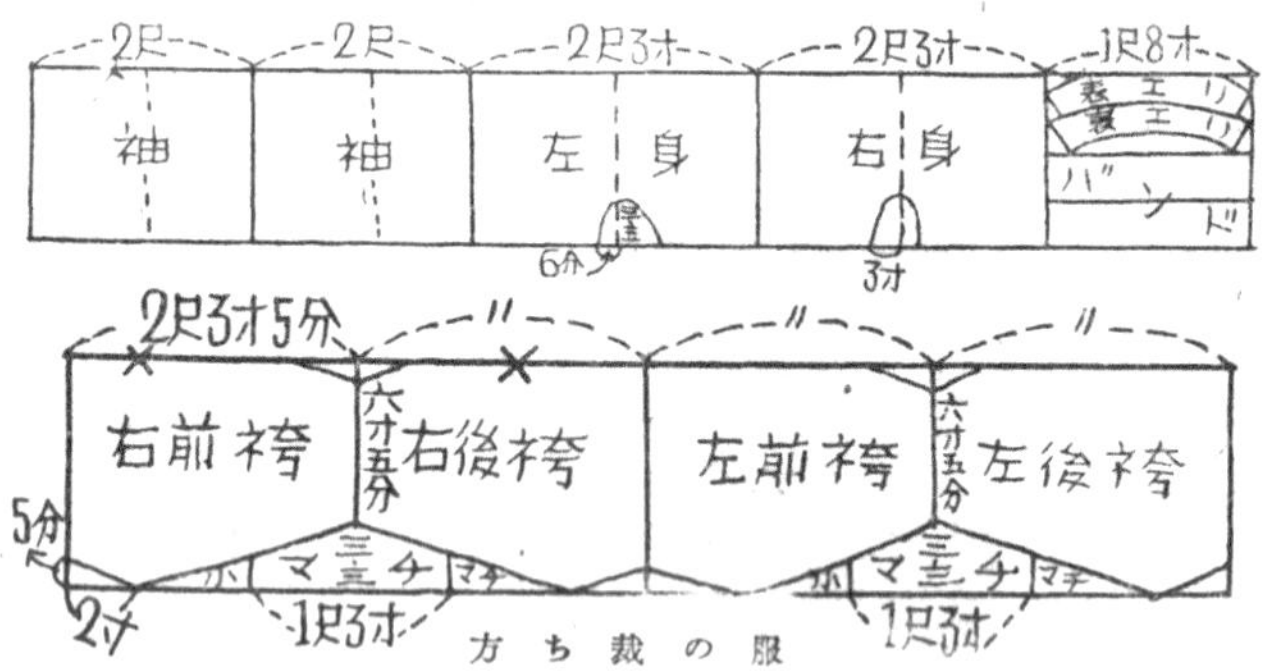

服の裁ち方

△袖巾いつぱい　△袖口三寸から三寸五分　△上身丈一尺一寸　△身巾八寸　△胴はぎ巾一尺二寸　△肩明二寸六分　△襟くり後六分前三寸　△襟巾二寸　△袴丈二尺三寸五分　△袴巾上八寸八分下五寸五分　△襠丈一尺二寸　△襠巾上一寸下六寸　△小襠巾上一寸長サ七寸

◇縫ひ方　袖は下方を縫ひ合せ袖口にはゴム或は紐をはさんでとぢ置く　△上衣は背縫ひをしてから背のところにて一寸つまみ、三寸くらゐまで縫ひ込みおく（これは帯を結んだ折の餘分の布故胴は

ぎの時にも下でチョット止める）△上衣の前は左右共に見返しの布をつけ、襟を作り、芯を入れ、首の周りに縫ひつけ、これに袖をつけておく

△上衣の下は、脇より三寸五分の山として、後は内側前は外側に五分くらゐのヒダをつけ、前の合せは適當に重ね、假縫ひをしておく

△右袴は身も襠も眞直の方を合せ、前袴の×印の方へ細き方をつけ、上から縫ひおろし、山のところでよく止め、すぐ右後袴へ縫ひ移り、それより下を前後合せて縫ひおく（このとき、巾狹ければ左右袴共にこゝへ上一寸、長さ七寸くらゐの襠を入れるも可）また脇は上を二寸殘して縫ひ合せ、裾にはゴム或は紐を入れてくけておく

△左袴は襠の丈だけ殘して下を前後合せて縫ひ、右袴の通り縫ひおく

△袴の第一のヒダは脇より三寸五分を山とし、第二のヒダはそれより二寸五分はなして七、八分のヒダをとり、襠をかくして手際よく折り込み（前後とも同樣に）假縫をしておく

△次に上衣と袴とを縫ひ合せ、脇明と襠明を三ツ折りぐけにして袴に一個、胸に三個、襠には六個以上のスナップ又はボタンをつけて出來上る（襠のスナップは布を一寸ほど内に殘してつけること）

△かくしをつける場合は内側につけおくこと

△縫ひ合せはなるべく全部袋縫か二重縫にして堅牢にしておくこと

△バンドは或る一ケ所を服

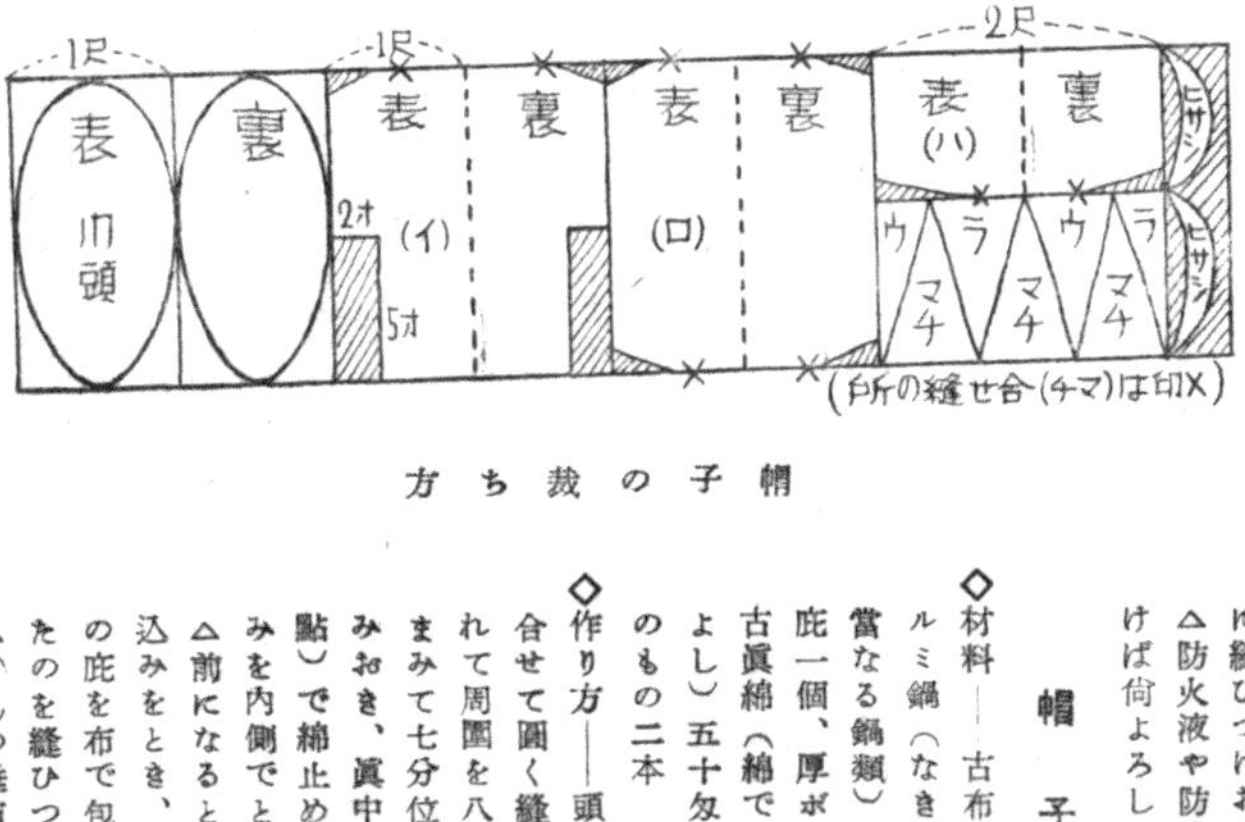

帽子の裁ち方

に縫ひつけおくこと

△防火液や防水液を施しおけば尚よろしい。

帽子

◇材料――古布八尺五寸、アルミ鍋（なき場合は他の適當なる鍋類）一個ブリキの庇一個、厚ボール紙二枚、古眞綿（綿でも抜け毛でもよし）五十匁以上、紐一尺のもの二本

◇作り方――頭巾の布を二つ合せて圓く縫ひ、眞綿を入れて周圍を八ケ所三分位つまみて七分位はすに縫ひ込みおき、眞中の處（頭の頂點）で綿止めを兼ねたたるみを内側でとぢておく

△前になるところだけ縫ひ込みをとき、そこへブリキの庇を布で包み、糊でつけたのを縫ひつけておく

△（イ）の垂布は目の出ると

ころをくけて、×印へ襠を入れ(イ)(ロ)(ハ)と縫ひ合せ、綿を敷き上部や横をくけておく
△頭巾に垂布をつけるとき耳の處はたるませて、鍋の手が自由にはいる様に縫はずに穴をあけておく
△巾一寸五分、長さ二寸五分位の厚いボール紙の耳覆を耳部の布の間に入れて外より縫ひ止めをしておく
△スナップは頰の所と中央と椐の所と三個つけて出來上る
△紐は鍋の手のはいる穴の上部左右に縫ひつけおき鍋を被つたとき垂布の内側で鍋の手を一卷きして顎の方で結ぶ

手袋

◇材料――厚き布三尺、型紙一枚

◇作り方――少し厚いめの紙に五本の指を揃へてのせ、次に親指を出來るだけ開き、次に人差し指を中指から少し離し、鉛筆で大きめに型を書いて切り拔く
△布に型紙をあてゝ縫代を出來る丈廣くたつぷりとり餘分の布を切り捨てる
△ごく厚き布なら内側は別布で少しく薄きものを使ひ表から縫ひ、尙ふちをかがり縫し、その他の場合は縫ひ目を中に入れる
△親指の方は三分の一は縫はずにおき、手首の方と、一緒にくけ、最後にスナップかボタンをつけて出來上る。（並木公）

× × ×

(生活科學メモ)

アイロンと織物

もし乾いた布にアイロンをかけるとすれば一番熱に弱いのは毛織物です。百三十度位から、もうきな臭い匂ひを放つて焦げはじめます。絹はそれより稍高く、百七十度位までの熱に耐へますが、熱に弱いことは格別で、水氣があつても百度位のあつさのアイロンで、多少はいためられると見ねばなりません。熱に強いのは何といつても木綿で、これは二百三十度位のあついアイロンをかけてはじめて焦げるのです。スフは、品質によつて色々で、一概にはいへませんが、大體絹の程度と思つてゐれば間違ひないところでせう。最近の製品のうちでは蛋白纖維であるシルクールなど、最も熱に弱い方の代表です。實際にアイロンをかける時は、必らず霧を吹くか、濕布を當てるかして、布に水分を與へて取扱ふので、これよりもはるかに高い熱度のアイロンが使はれます。

たゞ、與へる水分の量が不充分であると、膲々にして熱に弱い布は焦目がつくことがあります。霧吹きにせよ、濕布にせよ、布に應じて充分な水分を與へるには、纖維の持つ含濕量を知つておく方が便利です。織方にもよりますが大體一番水分を澤山含むことの出來る纖維、それだけに充分の水氣を與へねばならない纖維は毛です。あとは絹、人絹、スフ、木綿、麻の順で段々に含濕量が少くなります。

つまり、布地に應じた熱度と、この二つがアイロンをかける時に、注意を怠つてはならない事柄です。

お正月慰問袋

まづなにより手紙

寒さはいよ〳〵きびしく、大陸の前線はすでに吹雪の嚴寒にさらされてゐます。誠心籠めた慰問袋は私共銃後國民が第一線の兵隊さんに對し感謝の念のあらはれですから、多忙の中からも常に誠意をこめた慰問袋を絶やさないやうに送り届けたいものです。

ある娘さんは毎晩十通近くの慰問文を書かねば寢につかず、事變後何年もつゞけてゐるといふことですが、このやうな健氣な心の持主の娘さんが多くなることを望みます。どんなに忙しい人でも一週に一度や月に二三回の慰問文を書く暇は作り出せませう。寸暇をさいて一家擧つての寄せ書や友達同士の集合には慰問文を幾つか書かうといふ規則を作つておくと、戰地の兵隊さんの何分の一かでも、故國からの激勵で士氣益々振ふに違ひありません。

さういふ意味で故長谷川時雨女史の主宰した「輝ク部隊」の主催で全國から慰問袋を募つたことは大いに意義あることでありました。全國から集つた三千餘個のうち、模範的な慰問袋が四十個選ばれたことはすでに報道されましたが、參考になる點をとりあげてみると、何れも心から兵隊さんの喜ぶものにしたいといふ眞心のこもつた手製のものゝ多いことでした。一人一人がこれなら喜んでもらへるといふ誠心こめて工夫をこらしたものが多かつたのです。

中に入れる好適の小品はどんなものか次に選んで見ませう。

兵隊さんは郷土の香をあこがれてゐますから、近くの川でとれた魚の燻製、串柿や土細工の鳩笛、吹き方によつてはカツコー〳〵と啼くものなど。故郷の山に成つた胡桃や栗、椎の實や榧の實落花生、千數の子、豆類などもつとも喜ばれます。甘いものは一樣に欲しいさうですから、果物の砂糖漬、あづきの納豆、キヤラメル。羽子板、紙凧、風船なども元日の景物として忘れないで入れませう。

「フクチヤン」や「オタコサン」など毎日の新聞の漫畫を切抜いて、不用の小型ノートに貼つて入れることもよく、新聞の切拔や雜誌、流行歌集なども喜ばれませう。

一家族の贈りものとしては主人が愛讀書、主婦は手編の防寒覆面、娘は美しい七ツ道具入りの針さし（糸巻、ハサミ、縫針など）男の子は寫生の圖畫や工作品を入れます。祖母は唐がらしと眞綿を入れ（零下二十度も越える地の兵隊さんの靴下の先に入れるため）このほか安全カミソリの刄や爪切、耳かき、陣中の日記や手帳など貰つてうれしく思ひ出ともなりませう。

慰問文の中に櫻の花を入れたら、それを受とつた兵隊さんは掌にあの桃色の花瓣をのせ、つくづく眺めてゐたが、パクリと喰べてしまつたといふことです。これほど内地の匂ひを慕ひ、故國を、故郷を偲ぶ感極つた行爲がありませうか。私たちはいつも季節の庭の花を押花にして、慰問文に添へることを忘れないやうにしませう。

慰問袋の作り方

どんな好いものが入つてゐても、黴たり變質したりしたものは失望させるのみですしまた中味のこぼれるやうな荷造りの仕方も不注意といふべきでせう。濕氣を帶び易いものは、乾燥した竹筒に入れて蠟づけして防ぎます。

袋はスフの手拭を縫合せたものよりも、針仕事の餘り布の色どりの美しいものでつぎはぎしたものなどが人氣がありませう。袋は投げ出しても解けぬやうに丈夫に縫ひつけておきます。紐を通して絞つてあるのは、途中で開くおそれがあります。

包裝の仕方

内容品が動かないやうに詰合せ、下包みをし、さらに丈夫な布でしつかりと荷造りをします。その上を井型か龜甲型か丈夫な紐でしめ、布地に受取人の部隊名と氏名を墨書にします。小包の中へも萬一の場合に備へて、受取人の部隊名、氏名、差出人の住所氏名を記した紙片を入れておきます。爆發性、發火性のあるものは郵便禁制品ですから絶對に送れません。

兵隊さんの針さしの作り方

なるべく赤くて可愛らしい布を使つて手製の針さしを作りませう。眞心のこもつたこの贈物は不自由な戰地では案外兵隊さんの人氣ものとなるでせう。

材料　メリンス、不二絹など丈一尺（三十八糎）巾五寸（十九糎）芯と裏に小模樣又は無地の布、同じ長さ各一枚四寸六分（十七糎）の紅絹一枚、（或は白フランネル同寸法一枚）

作り方　まづ兵隊さんの名前がわかつてゐるときは、姓名と部隊を簡單に表に出るところへ糸で記します。芯を入れて圖のやうに一端をポケットのやうに折つてまはりを縫ひ、中央に白のフランネルを當てゝ針さしとします。これはモミを袋に縫ひ、髮の毛を薄綿に包んだものを入れると針が錆びませんが、手近にあるもので何でもよいのです。

兩端は配色のよいしつかりした布で斜布をつくり、ぐるりをとり卷きます。

針さしのところには安全ピン、針、ボタン大小などをつけるもよし、一まとまりに紙につけたボタンがあればポケットに入れます。

ポケットの内容物は灰色又はカーキ色の接布、同色縫糸白糸、黒糸、小型はさみなどを入れ、フオックでとめるやうにしてもよろしいし、三つ折にして背に千鳥縫で細いリボンをつけ、上で結ぶやうに

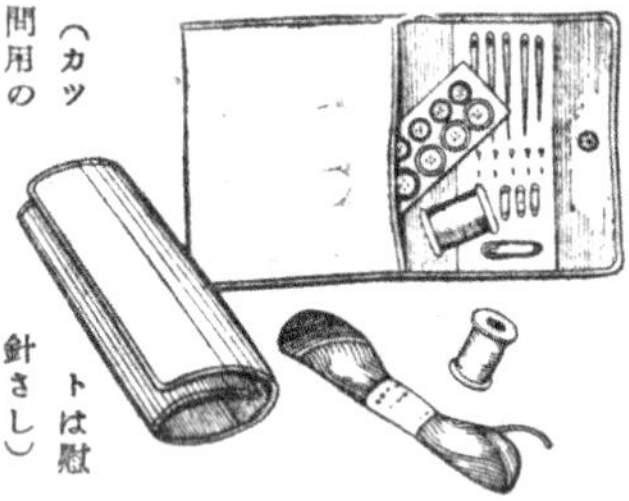

（カットは慰問用の針さし）

いたします。
この秋の夜長に、餘暇を利用して温かい心をこめてお作り下さい。

平和の使ひ鳩袋

可愛いゝお人形は兵隊さんの心を柔らげ喜ばれますが、一寸目先の變つた袋物を慰問袋に入れませう。これは平和の使徒、クークーと啼く鳩の小さな袋です。お財布入れにもなりマスコットにしてもよいものです。背中が袋になつてゐて、この中に胡桃や豆を入れて「まめでくる」と意味を含ませても面白いでせう。またハンカチなど入れるとふくらんで形もよくなります。嘴には小さい封筒の故郷からの便りをくはへさせます。若い娘さんたちが思ひ〳〵の慰問文をつけて、こんな平和の使ひを入れて贈つたら、前線の兵隊さんたちはどんなに喜ぶことでせう。

材料 洋服地の小模様のついた端布並巾五寸もあれば裏表がとれます。裏地は白か赤の無地ものでもよく、共布を使つても構ひません。

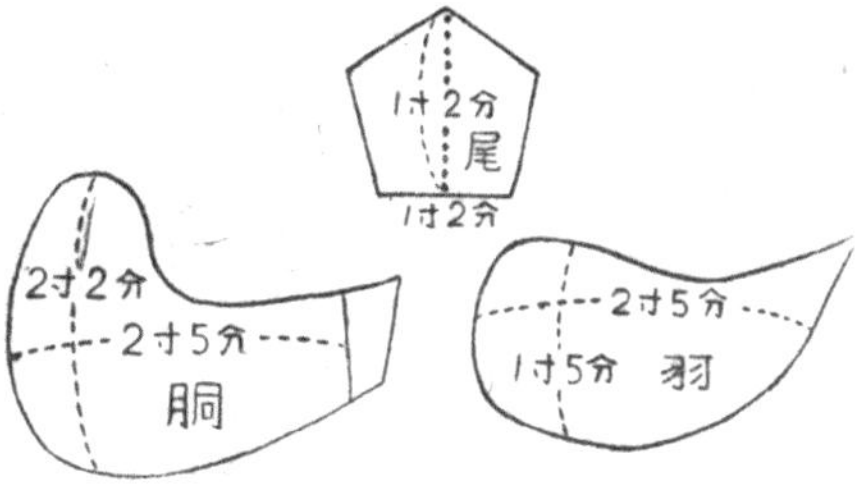

圖のやうな型紙を輪にして表二枚裏二枚合せて、羽は一枚とります。嘴八分四角、尻尾（一寸二分）も片隅から裁つておきます。他に袋の口布一寸三分四角。

縫方 なるべく和紙の薄いものを裏うちして縫ひ合せると仕立がしつかりします。胴は裏表四枚合せて嘴をつけて縫ひ、ひつくりかへして表を出します。羽は表と裏を合せて縫ひ表を出しておく。羽を胴につけ尻尾をはさみつけます。口の布をつけて縫ひ紐を通して締めます。これで出來上りました。

吊紐式腹巻の作り方

嚴寒の戰地で活躍される兵隊さんに防寒具を送る支度は出來ましたでせうか。

冷え込んでお腹をこはしたりすることのないやうに有合せの古い純毛の毛糸で腹巻を作りませう。それも普通のたゞ輪になつただけの腹巻は、上つたり下つたりして困るさうですから、一寸工夫して、吊紐つきの腹巻にしませう。かうすればその心配もなく便利ださうです。

材料 並太毛糸、六オンス二號針。

これは編方はゴム編が主ですから、非常に簡單で、伸縮も自由にきゝます。二號の棒針に一目ゴム編の目の作り方で二百目つくり、一寸ほど一目ゴム編にして、次に二目ゴム編を五寸、一目ゴム編を一寸あんで、吊紐を作るところだけ、間隔をおいて十六目殘し、ほかの部分を伏せ止めします。

吊紐分にとつてある十六目を一目おきに二目一度にして十一目に減し、ガーターで一尺一寸ほど編んで、後でタスキになるやうに交叉してあみ繼ぐと出來上ります。編直しの毛糸を利用する場合は、色を幾色もとり合せて、配色の美しい縞を適當に入れます。

吊腹巻の図

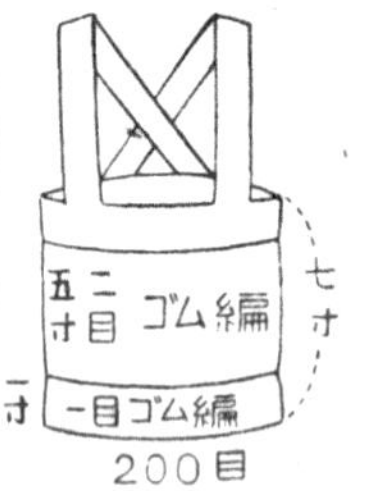

防寒頭巾の編方

滿洲のやうな嚴寒の地では毛糸で編んだ防寒頭巾は是非必要です。これで顔を保護して更に頭には内側に兎の毛を張つた防寒用の帽子をつけるのです。

戰地への慰問品の一つとして、この防寒帽子を選びませう。頭からすつぽり被つて目だけ出すのですから、作り方は簡單です。

材料　並太毛糸二オンス半三號の四本棒針、綴針。

編方　まづ首廻り百四十目をつくり、一目ゴム編を丸編にして、增減なく九十八段（二十七糎）あみます。こゝで顔面を作るため五十目を伏せ止めします。次から殘りの目を往復しますが、止めた五十目の兩側では、一段おきに一目づゝ減らして丸味をつけそのまゝ增減なく十段平にあみ、今度は一度に六十目を作り目して加へ、丸くつゞけてあみます。

全體の目が百四十二目となりますから、そのまゝ三十二段あんで、全目を六等分し、二十四目づゝのものを五つ、二十二目のものを一つ作つてその區切に糸じるしをつけてその目を立て一段おきに三目一度を十一回あみます。つまり六本の目が立つて終りに十目のこりますから、その十目を一度に針に通して絞りますと、頭のてつぺんが出來上ります。

防寒頭巾

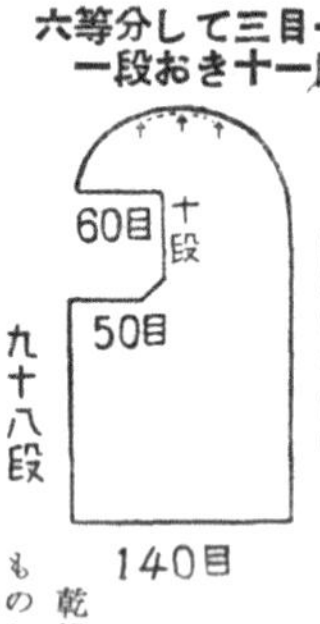

寒さ知らずの眞綿と唐がらしの足カバー

出征勇士に贈つて喜ばれるものは何かとお考へになるならば、躊躇なくこの溫かい足カバーをお作りになつて下さい。慰問袋に入れて、多くの勇士の方に喜ばれた試驗ずみのものです。

材料　眞綿三匁、ゼラチン三分の一枚。

一足分の眞綿三匁として、これを四等分し、まづそのうちの一つをよくのばして、足をすつぽり包むやうにし足頸のあたりまで卷きつけます。（足に眞綿が引かゝるやうでしたら、足を紙に包み、その上に眞綿を卷くとよいのです）その上に乾燥した唐がらしの刻んだものを萬遍なく撒き、その上からもう一度薄くほかした眞綿を被せてまき、かうして兩足を作り、外側だけ吹留をします。ゼラチン三分の一枚を薄くとき、霧吹でふくか、刷毛に少しづゝ含ませて塗り、天日に干しますと適度の硬さになります。

文化

新聞新體制

文化統制中最も遲れ、最も重大問題であつた新聞統制もついに總動員法の斷が下る事になつた。まことに慶賀に堪へない。

戰時に於ける新聞及新聞人の使命を今こそ眞底から自覺すべき時である。特に大新聞(その數は少ない)の幹部並記者は、從來、やゝもすれば派閥鬪爭を事とし、營利に走り、國家の新聞をして私利私慾追求の修羅場たらしめた。

國民の輿論どころか、自分の生活觀すら指導し得ない如き者が天下の新聞人と誇稱する時代は過ぎた。大新聞社に巢喰ふ自由主義の殘滓は根强いものがあり、無力の記者をして月給取り根性ならしめ、硬骨の記者をして生存せしめざる運命へ落した。

小器用に筆を執るのが記者ではない、國家の危急には一身を忘れて挺身する覺悟が必要である。これは、從軍して彈雨の中をくゞる事のみを云ふのではない。每日々々の勤務に於て、これを實踐しなければならぬ。

文化人の中で新聞人はあまり勉强する方ではなかつた。

社會の尖端を行く、と云ふ新聞人の中には、世の移り變りを理解するだけの教養を有するものは案外少なかつた。その教養を裏づける國家主義的世界觀の深さに於ては、想ひ半ばに過ぐるものがある。これは筆者の實驗せしところであるから、噓いつはりは無い。

記者登錄は、營利會社の記者から、國家の記者へと飛躍する重大事である。單に名簿に名を連ねて事足れりとする如きは嚴として排擊されなければならぬ。

新聞人が眞に國家の記者たるには、國家の憂ひに先立つ自覺がなければならぬ。

統制されたから、止むを得ずついて行く、と云ふのでは轉業せんとする小料理屋のおやぢ以下である。記者たる者は何人の前に出ても、國事を談ずる事に絕大の自信を持たなければならぬ。しかし、これは國に殉ずる信念なくては生れない。他人のした事を批判するのみを以て能事おはれりとする如き、ユダヤ人的世界觀は一刻も早く脫す可きである。

今こそ新聞人は、裸になつて、一管の筆のみを武器として出世慾や、社內游泳術などの舊式武裝を脫し、文章報國の誠を盡す時である。

年來、この時あるを主張した筆者、新たなる感慨無きを得ない。(眞) (一六・一二・一五)

禮服は國民服

天地淸淨、昭和十七年の新春は、日本國民の心氣を今迄になく更改した。

だが、禮裝に英米流のモーニングを着用せるものを街頭に見受けるは、眞に情けなし。何とならば、これらの者は、未だ日本的なる服裝の自覺がないからだ。

モーニングを着て、敵國英米人流の眞似するものは、毛唐への屈從だ。日本人の恥だ。

勅許「國民服」、日本的なる國民服を着よう、爽颯として。

讀者の頁

因循姑息な女性

東京　井口賢橋

女性は男性に比べて服裝洋化の點に於いて時間的に甚だしく遲れてゐたのであるが、これは從來の婦人の立場上無理もないことであると思ふ。しかし最近では、都會でも田舍でも、洋裝する婦人の數が目立つて多くなつてきた。

しかし如何に婦人が洋裝を採用したからと言つて、和服を捨て去るといふことは、とても出來ないことである。世の一般の女性にとつて、多分帶や着物は命から二番目か三番目であらう。

その帶について問題があるのである。

成程、見た目には結構であるが、お太鼓を背負つてゐる恰好を見ると、結構と同時に「なさけない」といふ氣持が湧く。

次に、價格を比較すると、和服用の帶と洋裝用のバンドとでは、隔段の差がある。洋裝の場合には、特にバンド代といふものは、無視できる程に少額で寧ろ無いに等しい。それは殆んど衣服代に含まれてゐるのである。これに反し帶の場合には、着物とは別個の出費の項目である。

「先日、この帶を締めたから今日はほかのを締めなければこの帶一つしかないと思はれるからいやだ」とか、何とか云ふ女性の心理、これに就いて、忌憚なく我が心中を吐露すれば「女性なるが故に尤もなことではあらうが、あきれてものが言へない。沙汰の限りである。こんな煮ても燒いても食へないやうな氣持は、池の中の金魚にやつてしまへ」である。

女性が優美であるのはまことに結構で、大いに賛成するのであるが、觀賞一點張りではもはや時代錯誤である。日本國民の半數を占める女性が一歩前進すれば、大きな力が湧くのである。女ばかりが因循姑息、男だけが新進氣鋭ではお話にならぬのだ。

今後は一般婦人は廣幅帶を廢止し、少數の極く一部の人達に、この保存を賴むことにしては如何。或は又、かつらと同じく、舞臺專用としては如何。服裝博物館とでもいふのが建設された曉には、陳列しておくことは勿論必要だ。もし家庭に於いても保存するといふならば、冠婚葬祭用として一本限り、といふことにしては如何であるか。

少女が娘に成長すると「兵兒帶ではお尻が大きくてみともない」といふことになつて、いよ〳〵お太鼓に轉換する次第になるのだが、斯のやうに申す婦人と雖も、洋裝の場合にはお太鼓を背負ふやうなことはしない。「大きな尻は大きな自慢である」と思ふ帶の美を誇るより尻の大なるを競へ、大きな尻はみつともなくはない。見事でよろしいのである。

數が少なければおかしくもあらう、奇拔でもあらう、またみつともなくもあらうが、普及して多數の人が採用するやうになれば、少しもおかしいことはなく、たゞのあたりまへのことになるのである。

服裝規正に就いて

高知市　西峯恒範

過日大日本國民服協會によつて女子標準服の入選が發表された。いづれは男子の國民服同樣わが國女子の規準服裝として法的にも認められ、漸次一般女子に愛用されるに至るであらうことは、わが國服飾文化規正上まことに喜ばしいことである。この際云ひ度いことは――男子國民服についても同樣――こゝに一つの規準が定められ、これを良しとするからには、他の良からずとする物は一定の猶豫期間後には、その製造販賣を禁止しなくては無意味だと云ふことである。

國民服が定められても依然新しい背廣服が作られ、標準服が設けられても他面華美な和服が相變らず幅をきかすやうでは、一向生活が簡素にもならず改善もされない。否々（和服＋背廣＋國民服）となるやうでは生活は却つて複雜化するばかりである。〝强制するのはよくない、國民の自覺にまつ〟とよく云はれる。又業者に及ぼす影響も考へねばなるまいが、良いことをすゝめるのは良い指導であり、よくないことを止めさせるのは大きな親切である。殊に根强い女子の服飾に對する執着を清算し「日本人の服裝はこれだ」と名實共に云ひ得るやうにするには强い「斷」が伴はねばならぬ。たゞし國民服一色にするにも左の點は考慮されねばなるまい。

男子も家庭着としての和服着用はこれを認める。（從つてこの程度の和服地織物の製造は差支へない）男子國民服を一部改造して農、工、鑛等の勞務者用のものと海員型のものを別に定める。

立派な背廣で月末に泣顔

朝鮮　尾崎撫養

京城の或會社の主任池田氏の實話——

私が服裝改善の意味で詰襟服を思ひ付いて實行し初めたのは、忘れもしない大正十年十月からでした。それまでは同僚が皆背廣をきてゐるので私も何の考もなしに矢張り背廣をきて居りました。

色々考へてみますと背廣をきてゐるのと詰襟服をきてゐるのとでは經濟方面で大變な違ひのある事を知つたからです。

國民服が制定されてからは本絹紡織のものを着てゐます國民服は原則として詰襟であり、その色合など絕對端麗無比と申しましても決して過言ではないと思ひます。

國民服は平時に、或は有時に、或は勤勞に、或は應召にも一貫して着られ眞に理想的なものでありまして、シャツの調節に依つて秋冬兼用も出來るのであります。

まづ背廣と國民服を比較しますと左の相違があります。

背廣ではネクタイ（約三、〇〇位）を二月に一回取替ると一年に六本十八圓かゝります これは國民服ですと全然要りません。

カラーも背廣では五十錢位です。一月に一本としますと一年に十二本六圓かゝります國民服のカラーは一本十錢位ですから一、二〇しかかゝりません。すると、この差は四圓八十錢になります。

其の他背廣ではネクタイピン、カフスボタン等一年に約五圓はかゝります。これも國民服では全然要りません。

洋服の仕立賃も背廣は國民服の約二倍高くつきます。冬と夏だけでも二年に一回作らせるとすると一年の差が約三十圓です。

それから背廣ならワイシャツが要りますが、國民服ならば普通のシャツで澤山です。

こんなことを計算して全部合せると、どんな少く見積つても一年間に六十圓の差が出來ます。現在私はその服裝改善によつて、溜つた貯金が四百七十圓ばかりあります。あと七八年たつたら貧弱な家位建ちさうです。

また國民服は儀禮章を佩用すれば禮服に代用せられますので、フロックやモーニングを作る必要もありません。

月給五六十圓の男が立派な背廣を着て、そのくせ、月末毎に汲々としてゐるのを見ると、私は可哀想な氣が致します。

後記

大東亞戰のそもそもの目的たる米英打倒の時至る。

皇軍疾風の電擊戰は、かくの如き大戰果となり、吾等をして、感激、雀躍せしめた。

この上は國民たる者、嚴肅なる生活歡に徹し、益々大國民たるの態度を以つて、長期戰に入ると雖も、確固たる自信を有する事が肝要である。

想ふに大東亞戰爭終局の目的は、道義新世界の建設にあるが、その爲には、先づ何よりも、當面の敵戰力を徹底的に破碎しなければならぬ。

國民は戰ひに勝つ爲めには、何物も犧牲として悔ひなき自覺を有す可きである。

今や、國内に於てあれこれと言ふ時ではない。蝸牛角上の爭ひは、大東亞戰爭の本質から見ても取らない。

支那事變勃發から、今次大戰に至るまでの日本の巨歩は、何物の力を以てしても、さへぎる事は出來ない。

宣戰の詔勅を拜して、全國民は、雨雲がすつ飛んだ樣な朗らかさを覺えた。願はくば、この千載一遇の「朗らかさ」を、國民生活の一大原動力として、新らしき戰時生活建設へ進んで貰ひ度い。

吾人が服裝に於ける英米依存精神の打破を叫んで年あり、今日の日を迎ふ。

吾人、國民服運動に從ふものは決死の覺悟を以て邁進せん事を誓ふ。

國民服精神は大東亞共榮圈建設の理念と一致する事を、吾人は確信してゐる。

皇軍の向ひつゝある南方圈の全諸民族が、英米の鐵鎖を斷ち切つて立上る日も近い。

彼等の文化を、その獨自の姿に於て發達せしめ、これに一貫せる新指導理念を與へるのが日本の任務である。服裝の部面よりこれを見るに、わが國民服の任務いよいよ大なるを覺える。

一億總進軍と定つた今日、國民服は男子に關する限り、全銃後第一線の武裝であり、全國民的に見て、强力なる思想戰の兵器でもある。但し、市中に散見するペラペラの國民服は、以つて國防の要求に添ひ難く、辛うじて形に於て、總進軍の意氣込を現はしてゐる。

情報當局の指示にて、極東なる國辱的文字を抹殺したが、大東亞の指導國民が、日常身にまとふ衣服に於て、アングロサクソン臭味を發散するのは、恥辱である。

本誌は戰時國民生活推進の目的を達成する爲全力を盡すが、本號に於ては、大東亞戰の門出を祝し、壞滅する敵の東亞第一線據點につき、逸早く諸家の印象記を集錄した。

生活科學の問題に關する大熊教授の論說は、指導的なるものとして味讀されたい。

「新らしき村」を新らしく見直す意味に於て、特輯をした。

（眞）

「國民服」毎月一回十五日發行 第二卷第一號

㊄定價一冊四十錢（郵稅一錢九厘）

「國民服」はなる可く豫約して下さい。御希望の方は書店へ御申込下さい。定期御購讀の方は左記の前金を添へて本協會へ御申込下さい。

半年分（六冊）	金二圓四十錢（郵稅とも）
一年分（十二冊）	金四圓八十錢（郵稅とも）

●御註文は總て前金で願ひます。

●御送金は振替が便利です。

廣告料は本協會編輯部廣告係へ御照會下さい。

昭和十六年十二月廿五日印刷納本
昭和十七年一月十五日發行

（禁無斷轉載）

發行人 石原通
編輯人 井澤眞太郎
印刷人 淺野剛
東京市芝區櫻川町一一
印刷所 株式會社金羊社
東京市芝區西久保廣町十八
發行所 財團法人大日本國民服協會
電話芝(43)四五〇五番
振替口座東京一二四四、六六五番
文協會員番號第二一六〇四三號

配給元 東京市神田區淡路町二ノ九 日本出版配給株式會社

婦人標準服の試作發表

←向って右より甲型一號（二部式）
同二號（一部式）、同一號（二部式）

←甲型用外套

←活動衣

寫眞向つて右が乙型一號（二部式）
左・乙型二號（一部式）

→乙型二號に羽織をつけたところ

婦人標準服の試作成る

（厚生省發表）

かねて戰時下に於ける婦人衣服の研究を進めつゝあつた婦人標準服研究會に於ては十二月十九日の會合に於て一應試作案を得るに至つた。

この試案は婦人の日常着を中心として考案されたもので型式は甲型、乙型（假稱）の二種で各々二部式又は一部式となつて居り組合はせに依つては數種類と爲すことも出來、而も此の標準型に基き柄、模樣乃至は部分的な形等、日本的な意識を表現する工夫應用が出來るゆとりのあるものである。

考案の主眼とする處は活動の便、保健上のこと或は經濟上の點に於て纖維事情を考慮し、所持品の更生等に意を用ひ國家の現狀に即してあらゆる角度より檢討されたものである。

當局に於ては此の試案に付尙各方面の建設的な意見を求むる等更に研究の上成るべく速かに標準とするに相應しいものを定めて行きたいと考へて居る。

婦人標準服型式

婦人標準服の型式は左に依る

○甲　型

1、**構　成**

構成は上衣及裾衣より成る二部式となし又は上下を分離せざる一部式と爲すことを得、型は左圖に依る。

二部式

上　衣

一　號

前面

後面

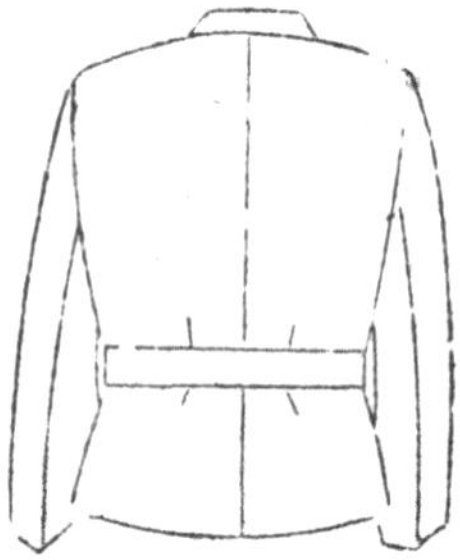

裾衣

一號

前面

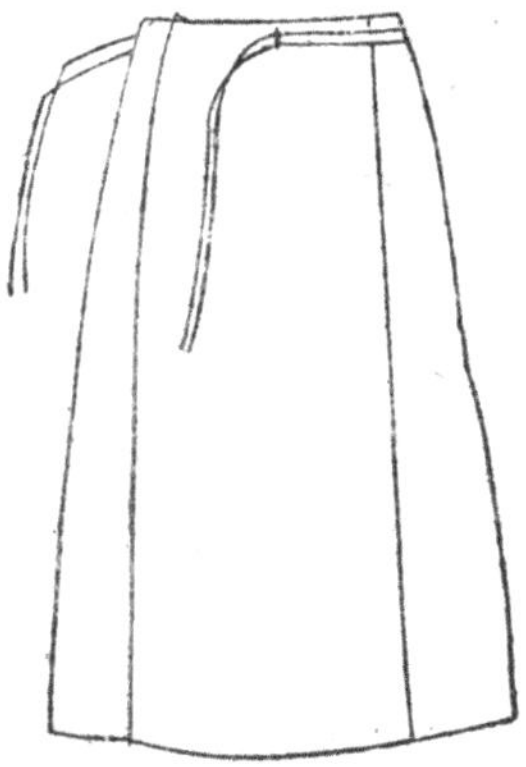

後面

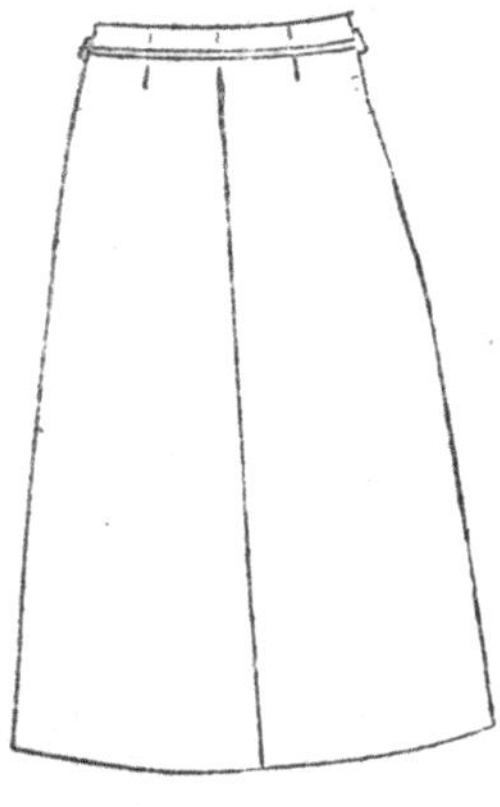

二號

前面

後面

一部式

一號

前面

後面

二號

前面

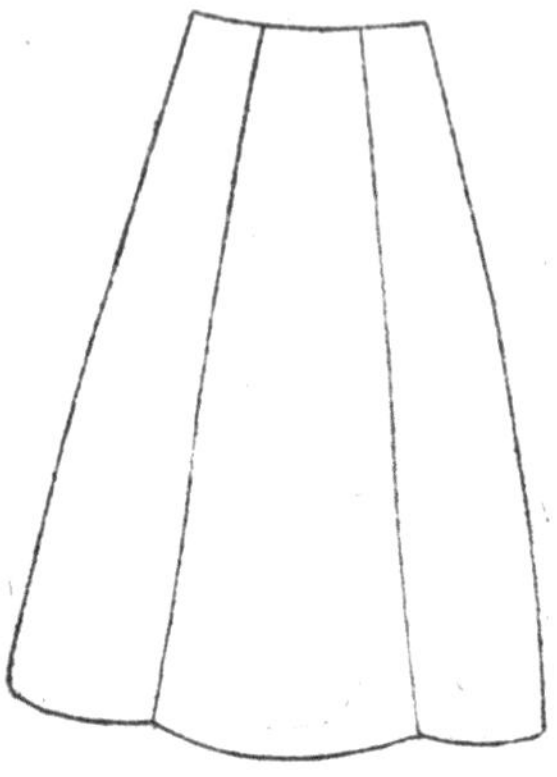

後面

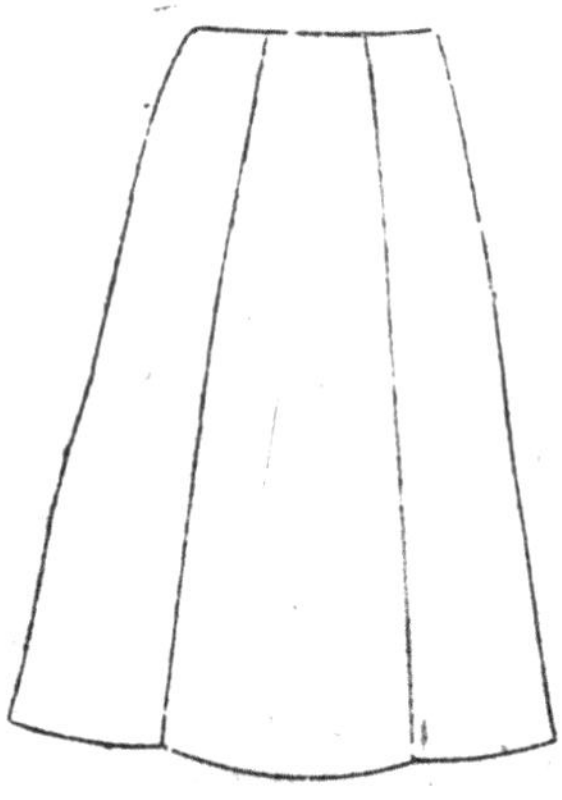

二號

前面

後面

備考

イ、二部式の上衣裾衣は一號二號何れを組合はすも可とす

ロ、一部式の下部は一號及二號何れを組合はすも可とす

2、用布

用布は和服生地を活用するものとす。

3、仕立

單又は袷仕立と爲す。

4、**上　衣**

イ、身　頃　　右前合はせとす。
襞及肩入を附すことを得。

ロ、襟　　襟布を附せざることを得。

ハ、袖　　袖は筒袖式長袖とす、但し暑熱の時期又は地方に依りては半袖と爲すことを得。袖附は山を低くし前後の刳を略等しく脇開を作る。

5、**裾　衣**

裾衣の丈は脹脛を覆ふ程度又はこれより長くし輪式と爲し襞を附することを得。
裾廻りは一米八十糎（鯨四尺七寸）程度とす。

6、**帶**

帶は型式及用布を隨意とす。

7、**下着の組合はせ**

下着は肌着、腹卷、下穿、中穿、胴着、中着とす。
中着の型は左圖に依る。

一號

前面

後面

備考　前襟元は内側に折るも可。

二號

前面

後面

8、其他

上衣及裾衣（一部式も含む）に物入を附すること。

外套は右前合はせとし、綿入れと爲すことを隨意とす。
帽子は夏期又は地方に依り用ふることを得履物は隨意とす。
靴下又は足袋を用ひ靴下は分離式又は短靴下となすことを得。

○乙　型

1、構　成

構成は上衣及裾衣より成る二部式とし帶を附す。但し上衣裾衣を分離せざる一部式と爲すことを得。型は左圖に依る。

二部式上衣

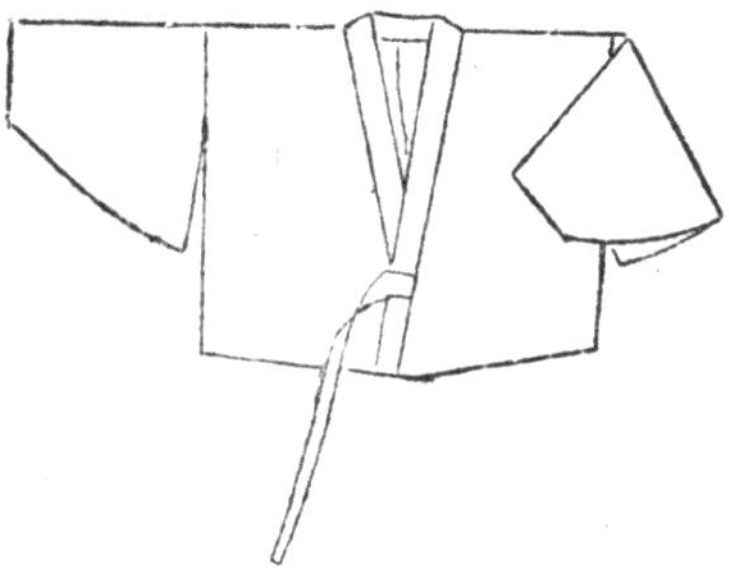
前面

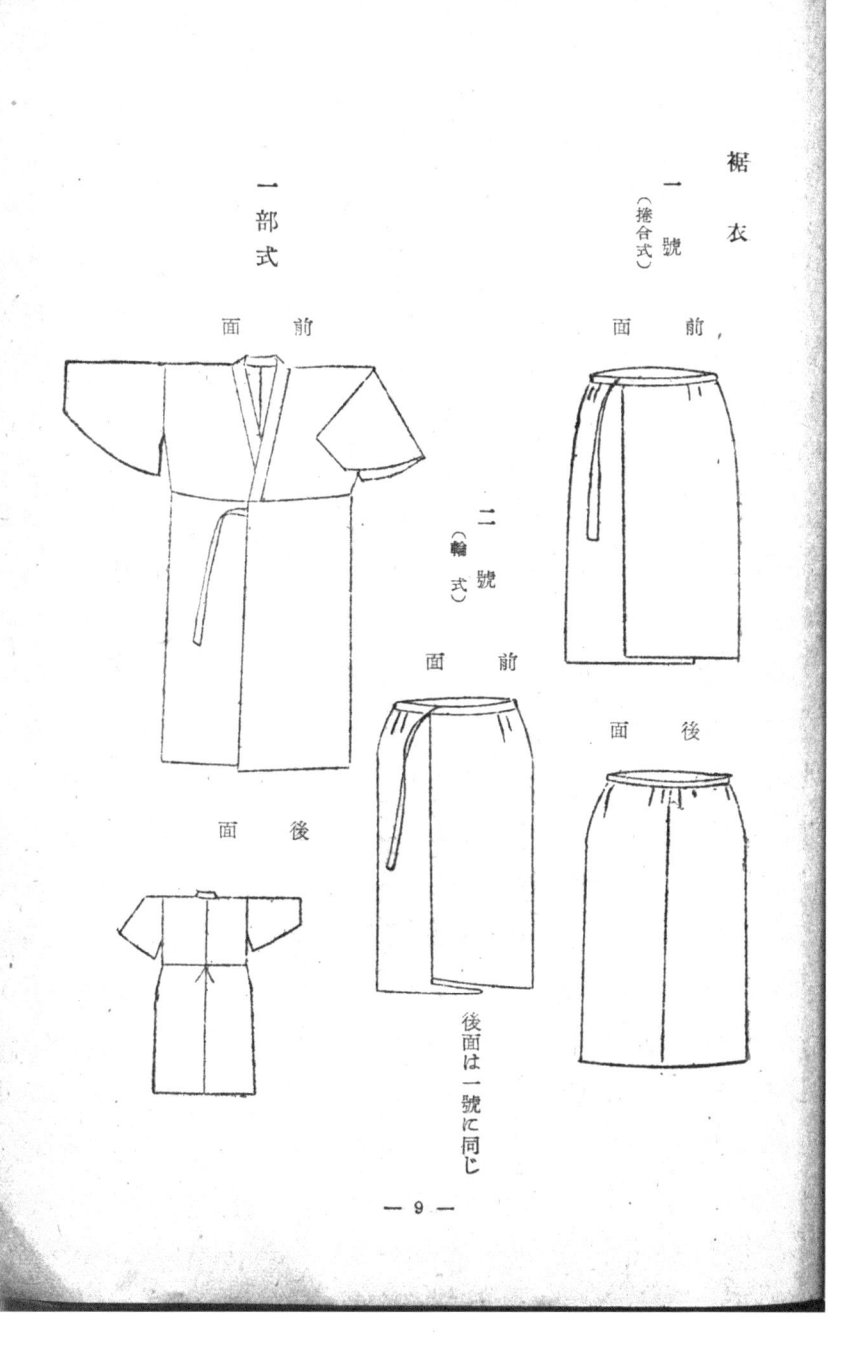

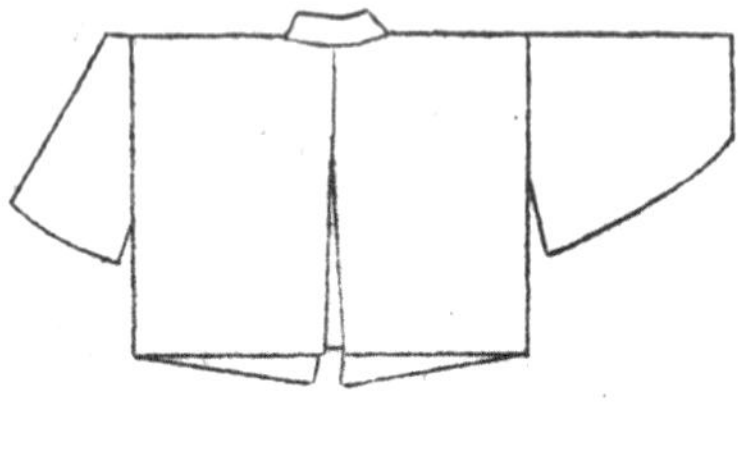
後面

裙衣

一號（捲合式）

前面

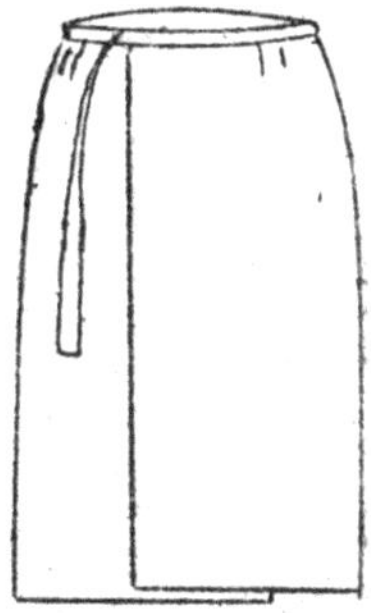

後面

二號（輪式）

前面

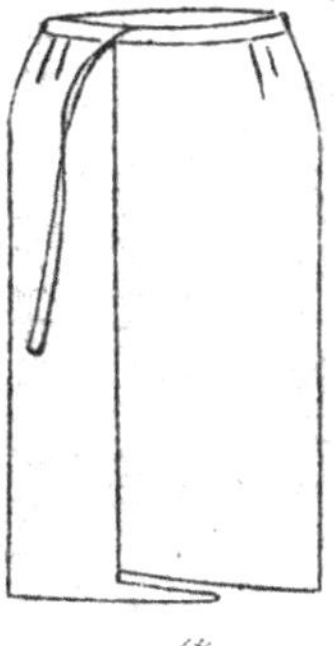

後面は一號に同じ

一部式

前面

後面

備考　乙型上衣と甲型裾衣一號との組合はせを爲すことを得。

2、仕　立

單又は袷仕立と爲す。

3、上　衣

イ、身　頃　身頃は前後一枚續きとす。但し肩の線にて切り替へを爲すことを得。

ロ、衽　衽を附すことを得。

ハ、袖　袖は筒袖式船底型とし、丈は三十五糎（鯨九寸二分）以内とす。但し丈の制限内にて型を替へることを得。袖附は直線縫とし、脇開（八つ口）を作る。

4、裾　衣

裾衣の丈は踝に達する程度とし捲き合はせ式又は輪式と爲す。輪式にありては上衣の襟下に當る位置に於て折襞と爲し内襞に於て裾口より上へ二十五糎（鯨六寸六分）程度を開くものとす。裾廻りは一米六十糎（鯨四尺二寸二分）程度とす。

5、帶

帶は幅を十七糎（鯨四寸四分）程度長さ二米八十糎（鯨七尺四寸）程度とし、結び方は随意とす。

6、下着の組合

下着は肌着、腹巻、下穿、中穿、胴着、中着とす。中穿及下穿の型は左圖に依る。

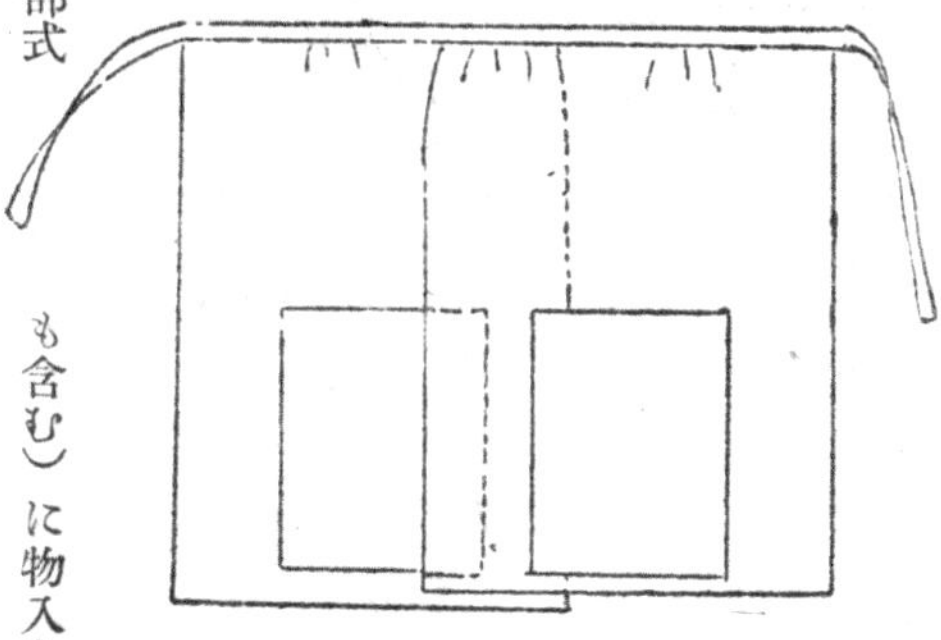

中穿

下穿

7、其　他

上衣及裾衣（一部式も含む）に物入を附することを得。羽織の型式は随意とするも袖丈は三十八糎（鯨一尺）以内とし丈は膝に達する程度とす。

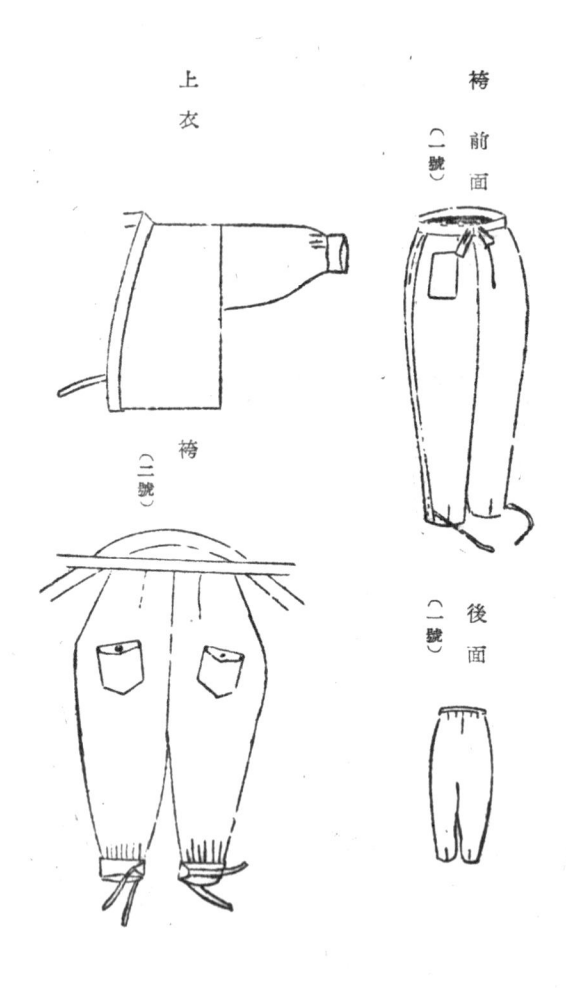

○活動衣

活動衣は上衣及袴とし袴のみを用ひることを得。型は左圖に依る。

袴前面（一號）

後面（一號）

上衣

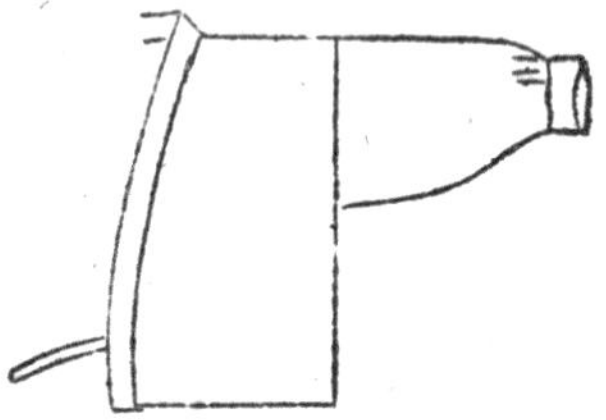

袴（二號）

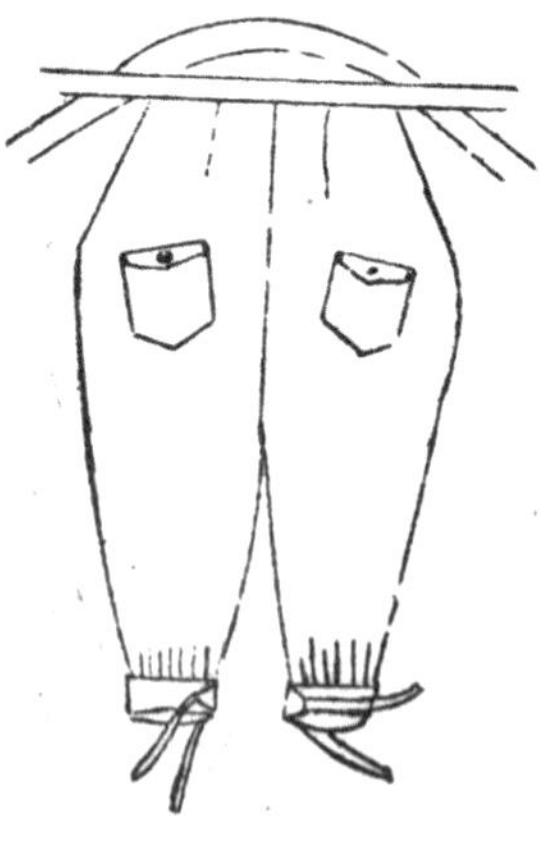

婦人標準服姿圖

○甲型

二部式

一部式

○乙型

二部式

一部式

○活動衣

昭和十六年十一月十五日第三種郵便物認可
昭和十六年十二月二十五日印刷納本
昭和十七年一月十五日發行（毎月一回十五日發行）
定價金四十錢

『国民服』第二巻第二号　二月号

昭和十七年二月十五日発行　財団法人大日本国民服協会

生活文化綜合雜誌
國民服
昭和十六年十一月十五日第三種郵便物認可
昭和十七年一月二十五日印刷納本（毎月一回十五日發行）
昭和十七年二月十五日發行
特輯
婦人標準服解説
蘭印の生活を語る
贈呈
成田文庫
二月

國民服・二月號目次

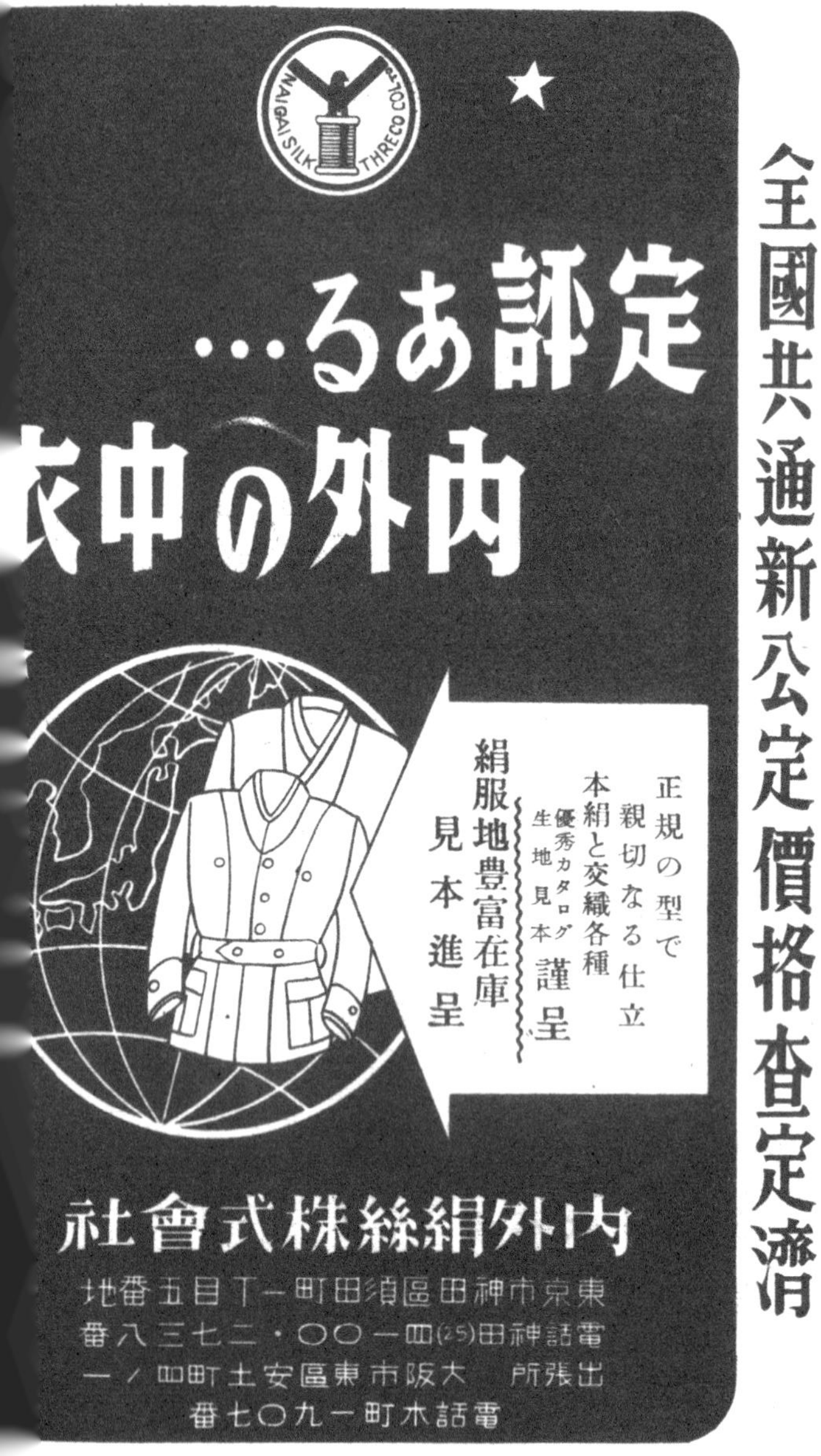

定評ある…
内外の中衣
正規の型で親切なる仕立
本絹と交織各種
優秀カタログ 生地見本 謹呈
絹服地豊富在庫
見本進呈
内外絹絲株式會社
東京市神田區須田町一丁目五番地
電話神田(25)四一〇〇・二七三八番
出張所 大阪市東區安土町四ノ一
電話本町一九〇七番
全國共通新公定價格查定濟

正規國民服
國民服配給株式會社
東京市日本橋區橋町三番地二
電話浪花(67)五一二五、五一二六
中衣
制定
儀禮章
國民帽
（カタログ進呈）

鶯梅

伊東深水

勅令（昭和十五年十一月二日）

朕國民服令ヲ裁可シ茲ニ之ヲ公布セシム

御名　御璽

昭和十五年十一月一日

内閣總理大臣 公爵 近衛文麿
厚生大臣　金光庸夫
拓務大臣　秋田清

勅令第七百二十五號

國民服令

第一條　大日本帝國男子ノ國民服（以下國民服ト稱ス）ノ制式ハ別表第一ニ依ル

第二條　國民服ハ從來背廣服其ノ他ノ平常服ヲ著用シタル場合ニ著用スルヲ例トス

第三條　國民服禮装ハ國民服ヲ著用シ國民服儀禮章ヲ佩ブルモノトス

國民服儀禮章ノ制式ハ別表第二ニ依ル

第四條　國民服禮装ハ從來燕尾服フロックコート、モーニングコート其ノ他之ニ相當スル禮服ヲ著用シタル場合ニ著用スルヲ例トス

第五條　國民服禮装ニハ佩用ニ關スル規程ニ從ヒ勳章、記章及褒章ヲ佩用スルコトヲ得

第六條　本令ノ制式ニ依ラザル服又ハ徽章若ハ飾章ハ其ノ名稱中ニ國民服又ハ國民服儀禮章ノ文字ヲ用フルコトヲ得ズ

附則

本令ハ公布ノ日ヨリ之ヲ施行ス

（別表第一）

國民服制式表

甲號

		上衣	中衣
地質		茶褐絨又ハ茶褐布	適宜
製式	襟	立折襟式開襟（小開キ）トス	日本襟トス上襟及附襟ヲ用フルコトヲ得但シ禮装ノ場合ニ於テハ附襟ヲ用フルモノトス
	前面	袵形ヲ附シ釦五箇ヲ一行ニ附ス	上衣ニ同ジ
	袖	筒袖型トシ脇開及端袖ヲ附シ釦各一箇ニテ開閉シ得ル如クス	上衣ニ同ジ附袖ヲ用フルコトヲ得
	帶	帶形ヲ附ス	分離式トシ前面二箇ノ釦ヲ以テ留ム
	裾	左右兩裾ヲ開ク	上衣ニ同ジ
	物入	胸部物入ハ左右各一箇トシ袵線ニ沿ヒ縦型ト爲シ釦各一箇ヲ附ス腰部物入ハ左右各一箇トシ横型襞附ト爲シ蓋及釦各一箇ヲ附ス但シ釦ハ附セザルコトヲ得	上衣ニ同ジ但シ腰部物入ハ附セザルコトヲ得

袴			帽		外套		手套	靴
地質	製式		地質	製式	地質	製式		
	裾	物入						
茶褐絨又ハ茶褐布	釦ヲ以テ緊收開閉スル如ク爲スコトヲ得	左右ニ各一箇ヲ附ス	適宜但シ禮裝ノ場合ニ於テハ茶褐絨又ハ茶褐布	適宜但シ禮裝ノ場合ニ於テハ烏帽子型トシ折返及前庇ヲ附スルモノトス	適宜但シ禮裝ノ場合ニ於テハ茶褐絨又ハ茶褐布	適宜但シ禮裝ノ場合ニ於テハ左ニ依ルモノトス 襟　開襟式立折襟（小開キ）トス 前面　釦三箇ヲ一行ニ附シ比翼仕立トス 袖　筒袖型トシ端袖ヲ附シ釦一箇ヲ附ス 裾　後開ヲ附シ釦二箇ヲ附シ比翼仕立トス 物入　腰部左右ニ各一箇ヲ附シ釦一箇ヲ附ス	適宜但シ禮裝ノ場合ニ於テハ白色トス	適宜但シ禮裝ノ場合ニ於テハ黑革短靴トシ雨雪又ハ乘馬ノトキハ黑革長靴ヲ用フルコトヲ得

乙號

上衣					
地質	製式				
	襟	前面	袖	裾	物入
茶褐絨又ハ茶褐布	立折襟トス但シ開襟式立折襟（小開キ）ト爲スコトヲ得	釦五箇ヲ一行ニ附ス	筒袖型トシ脇開ヲ附シ釦一箇ニテ開閉シ得ル如クス端袖ヲ附スルコトヲ得	左右兩裾ヲ開ク	胸部物入ハ左右各一箇トシ横型ト爲シ蓋及釦各一箇ヲ附ス　腰部物入ハ左右各一箇トシ横型ト爲シ蓋ヲ附ス

中衣						袴	帽	外套	手套	靴
地質	製式									
	襟	前面	袖	物入	其ノ他					
適宜	日本襟トス附襟ヲ用フルコトヲ得但シ禮裝ノ場合ニ於テハ附襟ヲ用フルモノトス	釦四箇ヲ一行ニ附ス	筒袖型トス附袖ヲ用フルコトヲ得	胸部物入ハ左一箇トシ腰部物入ハ左右各一箇トス但シ腰部物入ハ附セザルコトヲ得	背帶、背縫筥襞又ハ下脇襞ヲ附スルコトヲ得	甲號ニ同ジ	甲號ニ同ジ但シ禮裝ノ場合ニ於テハ製式ハ陸軍略帽型ニ依ルコトヲ得	甲號ニ同ジ	甲號ニ同ジ	甲號ニ同ジ

備考

一　上衣、中衣、袴、帽（陸軍略帽型ヲ除ク）及外套ノ製式ノ形狀ハ圖ノ如シ

二　甲號禮裝ノ場合及開襟式立折襟（小開キ）ノ上衣ヲ用フル乙號禮裝ノ場合ニ於テハ立折襟ト爲スモノトス

三　甲號禮裝ノ場合及開襟式立折襟（小開キ）ノ上衣ヲ用フル乙號禮裝ノ場合竝ニ開襟（小開キ）ノ場合ニ於テハ中衣ヲ著用スルモノトス但シ暑熱ノ時期又ハ地方ニ在リテ上衣ニ副襟（副襟ニハ附襟ヲ附スルコトヲ得但シ禮裝ノ場合ニ於テハ附襟ヲ附スルモノトス）及附袖ヲ附シタルトキハ中衣ヲ著用セザルコトヲ得

四　禮裝ノ場合ニ於テハ附襟及附袖ハ白色トス

五　禮裝ノ場合ヲ除クノ外暑熱ノ時期又ハ地方ニ在リテハ中衣ヲ以テ上衣ニ代ヘ（此ノ場合ニ於テ中衣ハ半袖ト爲シ、襟開ヲ大ト爲シ及帶ヲ附セザルコトヲ得）又ハ袴ハ半袴ト爲スコトヲ得

六　禮裝ノ場合ニ於テハ茶褐絨又ハ茶褐布ノ長マントヲ以テ制式ニ依ル外套ニ代フルコトヲ得

七　外套ハ用ヒザルコトヲ得禮裝ノ場合ヲ除クノ外帽、手套及靴ハ用ヒザルコトヲ得

八　乙號立折襟上依ノ物入ハ當分ノ内外物入ト爲スコトヲ得

決戰下の
工場厚生

わたし達は大東亜娘です
大きな氣持て空へ手を伸ばします
米・英撃滅のための生産は死んでもやり遂げます
餘暇のスポーツを樂しむ、とは過去のこと
この張り切つた身體から出る氣合は

この張り切つた身體から出る氣合は
さア、日本精神を練るのだ
うむ、やるぞ！
工作機械を武器として、突進しよう
お〻開け！　ラッパが鳴るではないか
戰線からの突擊譜かも知れないぞ

D

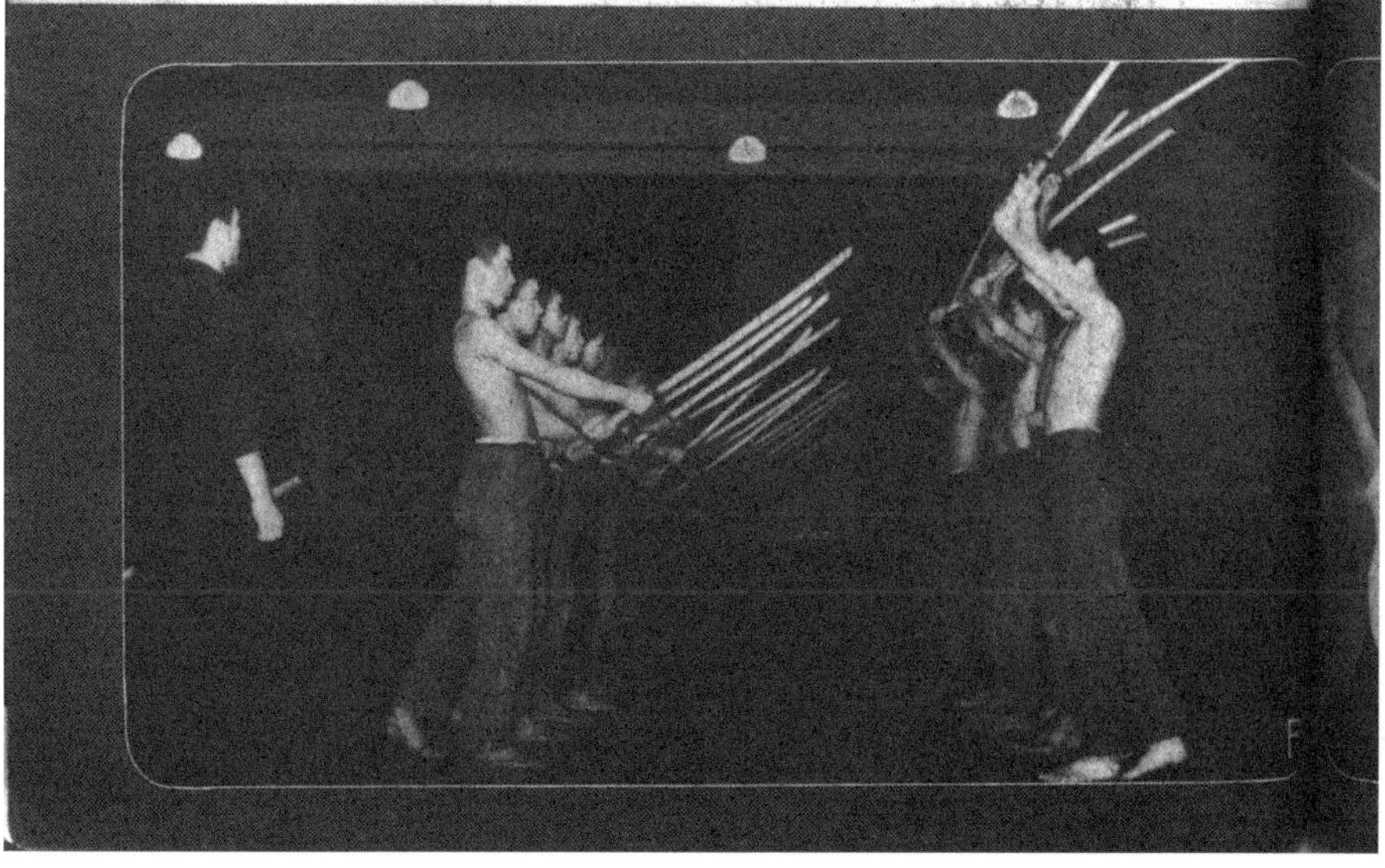
F

旋盤よ廻れ、敵が、敵が見えるではないか

さあ削れたゾ、間違ひはないかな

自給自足の學園

こゝは都塵をはなれた北多摩郡久留米村，武藏野の色濃い南澤に廣大な校翼をひろげる自由學園．羽仁もと子女史の指導下に完全な自給自足をめざして決戰體制下に學ぶ朗かな學園風景。

學園内の養魚場・元氣な虹鱒がはねるぞ

豚小屋の臭ひも「科學する心」で打ち消す

發電所工事も男子部學生の手で

未來の技師とならなくとも，機械に親しむことは大切だ

土に親しむと云ふのではない，土から出て來

た觀念で，われらは學び，そして收穫する

白菜の收獲

稲よけをつくる

國民服

第二卷　第二號

風俗の一新

日本は起ち上つた。そして世界は一變した。米、英二國は既に手痛き打撃を負ひ、全世界を震駭しつゝある皇軍巨彈の轟音は、アングロサクソン民族の弔鐘となつた。

舊世界は去り、新世界が初まつたのだ。今日の日本は、昨日の日本人ではない。廣漠たる大東亞地域の鎭守に任じ、富饒全世界を賄ふに足る大資源の保護開發に當るべき巨人であるからだ。

申すまでもなく、「巨人」たる日本人の心は八紘爲宇の雄大なる氣もて養はれ、巨人たる日本人の肉體は赤手以つて鋼鐵を碎く鍛錬に堪へて來た。その日本人の進むところ、あらゆる舊世界的現象は打破され、日本人を表象する新らしいものが生れねばならぬ。

國民風俗はその一つである。

吾人、國民服運動を推進する者は、その重要題目の一つとして、歐米風俗、就中アングロサクソン風俗の一掃を取り上げて來た。これは、運動の當初にあつては、國民に理解され難い點無きにしもあらずであつた宜なり、明治初年以來、米、英兩國の巧みなる文化侵略の魔手に躍らされ、盲目的歐米崇拜をなす者、未だ風をなすの時であつた。

併しながら、吾人は、國民服が有する國防的大使命を突きつめて行けば、文化的には米、英色排擊の他無きを確信し、機會ある毎にアングロサクソン殖民地的風俗の一掃を叫びつゞけたのである。

吾人は單に街頭に呼號して英米風俗を追擊し、快哉を唱へるような單純な氣持ではない。風俗は單なる其の場限りの人爲的工作に依つて左右されるものではないからだ。

かゝる事は服裝史の一頁を開けば直ぐに會得される事である。たとへば、天保改革の酷烈を以てしても僅か數年間を糊塗したに過ぎなかつた幕末淫靡の風俗が、浦賀灣頭四隻の木造軍艦の砲門によつて、一新の機運に向つた事などが指摘されよう。

ある時代の風俗は大いなる時の力と國民の氣持によつて、次代風俗へと轉移するものである。これを推進した者は、時に王侯（註一）であり、時に庶民（註二）であり、時に指導者（註三）であつた。

畏くも　明治大帝の御聖斷により、裃から洋服へ移つた明治初年も、わが服裝史上劃期的な時代であつた。今や、われわれは風俗一新の時に際會してゐる。

昭和の御代の日本人は沿海一浬に米艦を迎へる代りに、茫々二千數百浬の彼方に米艦を擊滅した。品川沖に備へるため、あわてふためいて袖を短くしたり、袴のもゝ立ち取つた武士を見習ひ、戰時服裝に關心を持つに至つた幕末庶民の姿は全く他動的であつて、滑稽にすら見えるが、知つてか知らずか、時代を無視した歐米崇拜風俗をなす一部國民よりは、まだしもである。

吾人は今更服裝の理念などを說きたくはない、しかしながら、服裝は「精神を現はす物」である點に於て他の文化財と異なることだけは强調したいのである。電燈、ラヂオは外來品であつても精神はない。機能がすぐれてゐれば何國の創案であらうと取り入れてかまはない、むしろ大いに取り入れなければならない。一般世相はこれと異なり、服裝に限つて見ても、盲目的崇拜は精神的屈服を意味する。今や吾人は何ものにも屈服する事はない、逆に屈服せしめつゝあるのではないか。モーニングが禮服としてどれ程の效用があるかは別として、あれが前世界の征服者アングロサクソンの禮服でなかつたら、果して今日見るやうな地位を有したであらうか。

單に機能のみを見れば、支那服などは世界一とはいはざるまでも、一流中の堂々たるものであらう。もつと近いところで、和服は長所よりは缺點の方が多い位に非時代性に富んでゐながら、尙、今日見るような執着を持つてゐる。これは果して何を物語るものであらう。

申すまでもなく、民族傳統の生活感情はその根ざす所深く、生活の機械化とちぐはぐになつた古い衣すら脫ぎ捨てようとしないのである。時代のみならず、所を變へたとしても同じことで、海外萬里の地に於ても「浴衣」がけで步いたりする。

さて、そうであれば、アングロサクソン風俗に身をやつしたのは、一時の便法であつたのかも知れない。

傲慢なる米、英人と對するのに和服の着流しては具合が惡かつたであらう。鹿鳴館時代には大臣までも假裝舞踏會で「ヴェニスの商人」に扮裝したりした。それも、これも時の流れである。

洋裝はいけない、洋食もいけない、ラヂオ、キヤラメルも改名せよ、と云ふのは排外であつて、後進國に於ける民族奮起運動に利用するとなかなか便利であるが、大國民の取るべき道ではない。況んや新世界を打ち樹てんとする「巨人」日本のやる事ではない。たゞ、こゝに一つ吾人が強調したい事は、指導者にふさはしい、新らしい指導風俗を建設する事である。

比論を簡單にするため、またモーニングを借用に及ぶが、モーニングが發散する英、米、臭味を、わが國服裝界の第一線から退け、國民服を以て代ふる如く、ある一定の基準服裝を以てわが國を代表せしめる事である。どうしても英米風俗が好きであるなら、たまに着て歩くのもよいだらう、その場合の溺れ方は個人趣味の問題で、それすら戰爭遂行中は差し控へて貰ひたいが、敵國傳來の禮服並びにその流れを汲む男女風俗をして、現代日本風俗であるかの如き安易な考へをする事は嚴として排撃したいのである。

繰返して言ふが、單なる消極的排撃ではなく、積極的に風俗一新の氣魄を持つ事が肝要であつて、ある時にはアメリカ風のレストランで食事をするのもよいだらう、征服者の氣持としてなら。しかし、これまで、最も快適であつたアメリカレストランを凌ぐやうな、新時代のレストランを作らうとする氣持になりたいものである。こゝに吾人の云はんとする民族精神の興隆があるのである。

その前提として風俗に對するある種の整理作用は必然である。これを單なる排外、排撃と誤解する所に、國民服運動に對する無理解が生ずると思ふ。吾人は確信する、放つておいても世界風俗は一變する事を。

多くの人が溺愛する英、米風俗の以前には、イベリヤ半島中心のラテン風俗が世界を風靡したではないか。スペイン無敵艦隊が全滅して、アングロサクソンが横行するや、英國風のサックコートが赤道直下にまで蔓延した。しかも、スペイン風俗は未だに世界のところどころに殘つてゐる、われわれのなかにもスパニッシユ・スタイルとか云ふ南歐風住宅を營むものがある位であるが、それは狹い意味の文化趣味の一つとしては存在する。しかしながら、ヒツトラー總統がスパニツシユ・バンガロウの別莊に住まない如くに、日本人は自から建設し、世界の長を足り、傳統の流れを汲んだ新風俗を創り出そうではないか。

吾人は大東亞戰爭下に於て、戰鬪的服裝をすでに持つに至つた。戰ひはこれで大丈夫である。國內の活動も十分である。高度國防國家は經濟も文化も一切をあげて國家目的に向つて集結される、この事は度々言はれておりながら、その實踐の遲々たるのは嘆かはしい事と思ふ。

すべては國家と共に興り、國家と共に亡ぶ。米、英兩國の衰亡とともに米、英文化は滅盡するのである。

われらは國家と共に興りつゝある。然らば、日本民族永遠の文化的使命に鑑み、風俗の一新は今日に初まると確信するものである。

（註一）モーニングコートは產業革命前後英國自由主義の勃興期に、英國王室に依つて考案せられ、朝の訪問（と言つても午前十一時すぎ）に用ひられたことから、簡易な禮服として上流階級が着用したのが初まりである。

（註二）現代洋服の原型たる上衣、ヅボンの型式はフランス革命當時、パリ庶民が市街戰に用ひたダブダブのヅボンが初まり、それまでヨーロツパの基準服は長い上衣、脚にぴつたり合つた股引（タイツ）式ヅボンであつた。

（註三）ナチス並フアツシヨ指導者に依る黨服政策はいはゆるユダヤ風俗撃滅に與つて力があつた。

生活動員の徹底

大政翼贊會國民生活動員本部長
村松久義

國民個々の働きの總和が國家全體の盛り上る力となつて居ることは云ふまでもないことでありますが、國民生活動員の目標は、この盛り上る國民の總和力を高度に發揮いたし、これを國家目的に集中せんとするものであります。更に言葉を換へて申上げますならば、國民生活動員の目標はあらゆる部面の國民生活を動員し、その總てを戰時國家の目的の下に結集せしめ、以て强靱なる「國土防衞態勢」を整へると共に、これに依つて綜合的な國民生活力の昂揚を期するにあるのであります。

戰の長期化に連れ、近代戰が、交戰國間の國民生活力の戰と云ふ極めて深刻な形態をとりつゝある今日、國民の生活力に於て勝つと云ふ事が一億國民に課せられた共通の責務として要求せられることは論を俟たないところであります。銃後國民生活力の昂揚は、とりも直さず戰爭に捷ち得べき絕對的な推進力となるのでありまして、この難局突破のためには、何よりもこの國民生活力の昂揚が圖られなければならないのであります。

從つて、この目的を達成いたしますためには、從來の國民生活の全面に亘つて戰時國家に必要な一大刷新が斷行せられ、國民生活をして速やかに「國土防衞態勢」をとらしむることが急務であるのであります。國民生活動員本部にあつては、この目的に向つて强力なる運動を展開するにあたり、まづその根本理念を確立いたしたのであります。

卽ち臣道に基く生活觀がこれであります。この生活觀を基底とし、新たなる生活體制を日常生活活動の末端にまで浸透させ、これを日常生活の習性たらしめんとするにあるのでありますが、この運動を展開するにあたつては、生活個々の問題を採り上げるよりも、むしろ生活の全分野に於て基本的の生活訓練を實施すべきものと思はれ、この點に主力を集中して、國民の生活動員態勢の強化を計りつゝあるのであります。

　この基本的生活訓練に於てまづ採り上げらるべき問題は臣民道の確立であり、國民生活活動の一切が皇基を振起し奉る御奉公であると云ふ強固な信念に基き、國民が國家と共に生き抜くと云ふ堅き決意に於て生活せらるゝ如き指導が國民生活動員の根本となつてゐるのであります。戰時下の國民生活は、國民の總てがまづこの信念に徹して行はれなければならないものと思はれるのであります。

生活の協同化

　この國民的信念に基いて行はるべき新たなる生活態勢は生活の協同化であります。この生活の協同化は、新たな生活態勢を整へる上に於て最も基本的なものであり今後の國民生活力の昂揚は、この生活の協同化に依らなければならないのであります。從來生活の刷新合理化が、個人中心乃至は、自家本位の範圍を出なかつたものが、生活を協同化することに依つて從來不可能とせられた各種の問題を解決するのであります。

　「生活の協同化は、生活そのものを協同化すると云ふことではなくて、生活の働きそのものを協同化する」の意味であり、隣保が互に手を採つて協同の力に依つて生活の合理化を計り、その中より新たなる生活力を產み出さんとするものであります。各種生活物資の不足、不足に伴ふ消費規正の強化、勞力不足等に伴ひ、必然的に生活の切下げが行はれて參るのでありますが、この生活切下げの中より新たな生活力を產み出すためには、最早個人、各戶のバラバラの力をもつては不可能の域に達して居るのでありまして、この困難を打破するためには、どうしても個人本位、自家中心の態度を乘り越えた協同の力をもつてあらゆる問題を克服いたして參らなければならないのであります。從つて隣保が相扶け互に力を協はせて行はるべき生活態勢は今後益々強化せらるべきものと思はれるのであります。

　かく考へますならば協同化せらるべき事柄は極めて廣範圍に亙るものでありまして、銃後後援の協同援助、協同托兒、協同炊事、協同獻立、協同貯蓄、協同農園、協同生產等の事物を初めとし、隣保が互に工夫、創意の意見交換を行ふ等のことにより新たなる生活様式の設定もその地域の實情に依つて定め得るのであります。更に冠婚葬祭に要する儀禮用品什器等の協同購入に依る協同備へ付け等のことも可能となるのであります。要するに生活の協同化は、勞力、時間、物資を全面的に節約しながら、その節約の中からそこに新たな力を産み出すと共に協同の力に依つて生活精神と國民志氣の昂揚を圖らんとするものであります。

時局愈々重大化せんとするにあたりこの難局を打開し、速かに國家的の要請に應ずるためにはまづ生活の協同化に依らなければなりません。

生活の單純化と生産化

生活様式の單純化は衣、食、住の全面に亙つて强行せらるべきは云ふまでもないことであります。戰時國家の生活態度は飽くまで簡素化せられなければならないことは今更論ずる必要なきことと思はれるのであります。

例へば服裝問題にしても、男女國民服の着用が勵行せられることは、生活單純化の上に缺くべからざることでありますす。三度の食事にしても、今尙多數の料理が、多數の食器に盛られ、多くの勞力と、時と、物資を消費せられつゝ食卓を賑はして居ることは、その根本に於て、時局の深さそのものが身について居ないことであると思はれるのであります。それはともかく社交の儀禮、各種の會合等に於ても、總て戰時國家にふさはしい形式が打ち樹てられなければならないのであります。殊に生活の單純化は、一般國民の自覺に依つて協力せらるべきは勿論でありますが、各種生活上の流行の根源に對しても同時に一定の統制が行はれなければならないものと思はれるのであります。この兩面の指導强化に依つて、國民生活の全體が、形式主義を排して、眞に質實化、單純化せらることが最も大切であると思はれるのであります。一般生活物資の不足、不足に基く必然的生活の切詰め、その中より、貯蓄の强化、增税等の問題が國民各個の生活面に色々要求せられるのでありますが、この、生活緊縮の問題が、國民の心意を萎縮させ、もしも國民の氣力が退嬰化するが如きことがあれば、今後長期に亙つて益々重大なる戰を展開いたさなければならない日本としこれは大きな問題であると思はれるのであります。

從つて生活の合理化乃至節約の問題は、そのことが單なる消極的な節約ではなく、この節約切詰の中から、積極的の生産化が考へられなければならないのであります。食糧の節約にあたつても、單に食事の量を節減すると云ふのではなくて、工夫と創意に依つて材料の節約を計りつゝそこに新たなる食事を創造することが考へられなければならないのであります。不自由な材料をもつて、從來以上の美味な食事が產み出されなければならないのであります。

其他時間、勞力の節約に依つて新たに生れ出た勞力と時は更に新たにこれを活用して、生產面に供出することが狙はるべきであり、又日常新たな用品を仕入れることを差控へ、廢品を活用することに依つて、自家製の足袋が作られるが如きは、生活そのものが、消極的な消費生活の觀念から日常の生活活動を通じて生產化すると云ふ積極的な經營となるのであつて、今後の生活は一切を擧げてこの不自由の中から生產化し、生產化することに依つて各種の不自由を克服することが刻下の急務であります。

時局の緊迫につれて國民心意の緊張と志氣の昂揚は必勝の絕對的要件でありますがその志氣の昂揚は飽くまで緊張の中に明朗性を失つてはならぬと思はれるのであります。

この明朗なる志氣は、艱苦の中に在つて艱苦に敗れることなく、苦難の中に在つて尙その苦難に追ひつめられることなく、むしろその環境の中に在つて明朗なる意氣を失はない生活態度となるのでありましてこの態度を備へるためには國民生活の全面に亙つて行屆いた厚生施設を完備しなければならないと思ふのであります。獨逸があの慘敗の窮地から起ち上つた力は實に國民厚生施設の完備にあつたと云ひ得るのであります。ヒツトラー總統は「あらゆる國家の政策は、國民厚生の上に」と云ふ標語を持ち、各種の國家政策を進めるにあたつてまづ國民に對し與へる面の厚生施設の完備に對し、あらゆる努力をして居るのであります。

獨逸勞働美化局の厚生標語に「窓に花を」と云ふのがありますが、この情操味豐かな標語は、國民が火花を散らして活動して居るその生活の中に、一輪の花を導き入れよと云ふのでありますが、この心この情操を忘れぬところにあらゆる艱難と戰ひ得る明日の力が生れ出るのであります。

我國に於ても、この國民の緊迫感の中に各種の健全娛樂を導き入れ、生活そのものを心からたのしみ得る明朗性を與へることは、國民志氣の昂揚のため大いに考へられなければなりません。斯くて國民が力を協はせ、從來に倍する力を產み出すとき、一億の力は二億人力となり或は三億人の力が發揮せらるゝのであります。國民生活動員の强化は斯樣な面に向つて行はれなければならないのであります。

戰時下の人口國策

増田抱村

世間の人達が考へたり、談し合つたりしてゐる人口論は、人口問題についての輿論であると見てよい。これは、當面の問題として取上げられてゐる人口論であるから、重要性を持つものとして看過するわけに行かぬのである。

この世論を一まとめにして聞くことが出來るなら、それが最も便利な方法であるので、數年前から人口問題研究會が毎年晩秋に、全國的な人口會議を開催して、人口問題に關する識者の意見を聞くことになつてゐる。それに昨年は六月に仙臺市で、同研究會が公施設の後援の下に東北人口會議を開催した。

そこで、これらの會合で論議に上つたものの中から、大衆に理解され易いもので感興を惹くものを次に示しておきたいと思ふ。元より玆に示されないものの中にも、それは極めて有益にして貴重なものもあるのであるが、紙數に制限があるので割愛することにした。

無醫村は死亡率が低い

岩手病院の根本院長は、無醫村と有醫村の出生と死亡の關係についてはなされた。玆では、死亡關係についてしるすことにする。岩手郡では、醫者の居る村の方が死亡率が高い。醫者のない方が少いといふのである。それから東磐井郡、西磐井郡、氣仙郡、上閉伊郡では、醫者のある方の村では死亡率が高くて、醫者の居ない村の方では死亡率が低い。この事變に依つて、常識的な考では、例へば醫者の居る村では死ぬ人も少いだらうと思はれるのであるが、それは違ふといふのである。日本國中全部の醫者の居ない村を無くしようと厚生省でも計畫を立てゝ、それを實行しようと努めてゐるのであるが、この調査の發表では、或地方では有醫村の方では死ぬものの割合が無醫村よりも高いといふことになる。これは何ういふわけであるかといふと、生活程度の高い所は病氣も多く、患者が多い。患者の多い地方に醫者が居ることになる。病人の出ない地方に醫者が居ても、醫者は生活が出來なくなるから、患者の多い地方に自然に醫者も集る。醫者の居る地方には患者も多いのでこれは患者――病人の多い所に醫者がゐるので、從つてさういふ所には死亡率が高いといふ風に解したら何うかといふことになつた。

それから、此の調査に關する意見として、もう一つ注意しておくべきことがある。醫者の居ない所に行くと醫者に見て貰へないから、お互に注意しなければならぬといふので、家庭衛生の心持が相當に働いてゐる。醫者の居ない農村に行くと、さういふ氣持が割合によく働いて互に氣を付け合つてゐることが見受けられるので、つまり醫者に頼らないといふ用心をしてゐる。それが自然病氣に罹ることを少くしてゐるので死亡率も少くなつて來るのである。これに反して人口の多い、從つて生活標準の高い地方、醫者の居る地方では、すぐ醫者に頼ることになる。いつでも醫者にかゝることが出來るといふ安心があるので、無醫村にくらべて氣のゆるみも出て不衛生なこともする。さういつたことが罹病率を多くし、從つて死亡率が高くなるといふことにならう。これは單に地方の有醫村と無醫村とについての問題ばかりでないのであるから、戰時下の國民としてお互に注意せねばならぬことと思ふ。

粗食と健康

岩手醫學專門學校の工藤祐三教授が、岩手縣の稗食地方の榮養狀態や資質について述べられた。これは、岩手山村の僻地籔川村入海部落についての調査である。此の村落は稗を主食としてゐるが、一年中稗ばかり食つてゐるといふわけではない。割合に蕎麥を澤山食べる。一體東北地方で稗を主として常食としてゐる地方では、蕎麥を非常に多く食べる。これは蕎麥を餅のやうにして味噌汁などにしてたべてゐるのである。主食は稗であるが、これは蛋白質について云へば白米よりも優つてゐるし、ヴイタミンBも白米よりも多い。蕎麥も殆んど同樣である。稗主食の地方について、もう一つ注意すべきことは、村民は魚類や肉類を食べないといふことである。

この村落では、最近十年間といふもの、病氣らしい病氣に罹つたことがない。そこの分教場の校長さんの話によつても、このあたりでは病氣といふものはないそうである。しかし、病氣が全然ないわけではない。たまにあるのであるが、そんなら何んな種類のものかといふに、胃腸病がある。これは過食の結果だらうと見られてゐる。野菜食をやつてゐるから、どうしても子供の時から蛋白質を必要とする關係から、澤山たべなければならぬ。それが習慣になつて一生の間過食するといふことになつて、それで胃腸病に罹り易い。それが病氣らしい病氣であるといふのである。猶この地方は、冬は零下三十度近い寒さに襲はれるので、乳幼兒の死亡は、主として氣管支肺炎に因るものであるといはれてゐる。

そこで、榮養狀態を主とした素質の問題であるが、稗食をやつてゐる村落では、壯丁檢査の場合での成績が非常によい。等しく稗食をやつてゐる地方でも、山間僻村よりも海岸地帶の村落の方が甲種合格率が一番よいといふのである。ただし、稗食や麥を併用してゐる海岸地帶たる九戸や二戸地方は甲種合格率が非常によいのであるが、北海道や樺太等北方への出稼するものが多いので、それらのものが歸村すると結核をバラ撒くので、それに罹るものは忽ちのうちに死ぬものが多い。稗常食の地方として、海岸地帶は山村のものよりも甲種合格者が遙かに多いのであるが、出稼があるために結核もある。而もそれが惡質だといふ。それに比ぶれば、山村のものには病人が極めて少い。

小學校兒童の體格は 稗食の山村では、身長においてやゝ劣るのであるが、しかし胸圍が最も優れてゐるし、體格が非常によい。たゞ玆に注意して見るべきものがある。それは稗食地方は肉食をやらぬのであるから、都會のものに多く見受けられる高血壓症、動脈硬化症、胃潰瘍、膽石、腎臟結石といつた病氣が少い。その代り九戸郡や二戸郡の例に見る如く一旦肺結核に侵されると非常に脆い。玆に動物性食物の攝取といふことが、結核の抵抗力をつけるために極めて必要であることを知るのである。

戰時下だから食物が何んでもよい。粗食で通せといふものもあるが、稗食は白米よりも榮養に優れてゐるからとて、稗や麥や野菜ばかりでは通せない。之に動物性蛋白質の攝取も極めて必要である。特に都會のものに對しては、稗や粟や麥が手に入らないのであるから、都會のものに山村の常食の如きものを强ひるわけに行かぬ。それにしても食物は人口の資質を强化する上に極めて必要なものであるから、榮養に關する智識を一般國民に與へ、國民もまた食物に關する榮養の智識を養ふことが大切である。榮養上具つてゐるものであるなら、粗食と思はれるものでも大いに結構であるわけで國民はそれに不平を云つてはならぬ。殊に戰時下、その覺悟が必要なわけであるが、しかし、榮養指導を行つた所で、食料の配給がそれに伴ふのでなければ、繪に畫いた餅と同様で、何等身につかぬわけである。

此の調査に關聯して、筆者がもう一つ許言をつけ加へ度いことは、稗食地方には文化人病、特に貴族病と云はれてゐる腎臓病の尠いことである。上流階級や富裕階級のものが、精力をつけるために攝る肉類の過食は、却つて死を早める原因を作るやうなものだ。

人口增殖にも程度

石川縣の河北郡森本村の部落常會では、人口增殖の方法について、一つの發見をした。だが、それは何の變哲もないことであつて、この部落では夜遲くまで「夜なべ」（夜業）をしたものであつた。それからといふものは、主婦たちには妊娠するものが無くなつた。子寶が無いわけではあるまいし、だが、夜遲くまで作業に精出しては根も盡きるので、男女間の慾望もあつたものでない。そうしたことが此の部落で子供が生れなくなつた原因だつたのかと彼等は思ひついた。過勞から子寶が減少したことを知つたので、またそういふことのないことを慮り、夜業禁止の申合せをした。部落常會でこの申合せをしてから、これが勵行のために監視人を設け、監視人が毎晩八時過ぎから部落內を巡視して、申合せの八時以後に仕事をしてゐるものを見つけると、夜業を中止するやうに督勵してゐる。勤勞部落で子寶の少いのは、過勞から妊娠する婦人が少くなつたせいだといふことが解つて、それでこうした申合せの勵行となつたといふこと、何んでもないが考ふべきことだ。

勞務婦人が既婚者でも、妊孕力が低下してゐるのは、作業から來る過勞に依るものである。これは就職後、月經障碍が著しく現はれてゐることが、研究者によつてしばしば例示されてゐる。婦人勞働者の就職後の月經量の減少、月經困難、月經期間の變化、不規則等が著しく生じてゐるが、それだけ妊孕力を低下してゐるのである。東大醫學部の佐藤美實氏が、東京市内軍需工場勞務婦人についての調査によると、我國一般の婦人に比し妊孕力において一五%だけ妊孕率が低下してゐることが擧げられてゐる。勞働の過勞といふことが、人口增殖の上に惡い影響を與へてゐることが指摘された。

しかし、こゝで問題となることがある。それなら婦人がからだを樂にしてゐると妊孕力を高めるといふ點である。けれども、そうは言はれない。飽食暖衣の家庭には、子寶が少い。この點について、朝倉氏は次の如く云はれた。

「生物は子孫繁殖の本能を持つてゐる。自己の滅せんとするときは子をつくるは、その本能である。家畜の繁殖をはかるとき、肥滿を避けることは受胎率を多くしてゐる。人間も同樣であつて、人口增殖には、母體の肥滿も過勞も避けねばならぬ。所謂簡素にして健康な生活はよく子寶に惠まれるのである」と。

同樣の見地において、岐阜縣の五十嵐喜廣氏が意見を述べた。氏がいふには、自分が長い間の經驗によれば、肥つた奧さんは子供を生まぬ。また賢母も子供を多く生まぬ。良妻や愚妻が子供を多く生むといふのである。

私は、これらの說を聞いて、非常に面白く感じた。私はこれを聞いて、ダブルデーの所謂人口の法則を想起した。如何なる生物の種屬でも、之を增加せんとする自然力の生育範圍では、過剩の狀態は、その力を常に制限せんとするものであるし、また過少の狀態は、常にこれを發展せしめんとするものであるといつたダブルデーといふ人の說がそれに當るのである。富裕の人達は、榮養が過剩で肥滿してゐる。こういふ生活狀態にあるものは、人口の增殖を制限せんとする作用が働く。從つて富裕階級の多くは、不姙の婦人や子供を多く產まない婦人を出してゐるのである。カウツキーといふ人は、この說を容れて、富裕の婦人は妊娠したがらない。働くことよりも樂しむことの方が多いので、肉體的運動が不足し、子供を生む力が衰へて行く。これらの婦人が人口の增加を阻害してゐるといつてゐるが、これは贅澤や享樂生活が、勞働による過勞な生活と同樣に人口の增殖を阻害するものであることを說いてゐるのである。不足してもいけないが、過度になつてもいけない。貝原益軒のいつたやうに、何事によらず程のよい生活が養生の第一原則であつて、それがまた一國の人口を增加し、一家の子孫を繁榮せしむる上に、最も大切な敎へであるのである。

根本の問題は何か

政府は、生めよ、殖やせよといつて、この國策に力を入れてゐる。この聲に對して、意見をいふものは、子供を產んでも、產んだ後に育てるといふ大役が親の双肩に擔はれてゐるのであるから、子供も扶養力の程度に應じて認めて貰ひ度いといつてゐる。この聲も、全國人口會議の論議に上つたのである。

そこで、扶養力に應ずるといふとになると、少額所得階級のものでは、子供を多く生めない經濟狀態にある。夫婦二人に子供三人では、現在物價情勢に從ふなら、一體何れだけの賃銀若くは給料が必要であるか。最低生活を維持するに必要な所得は、この五人家族に對して、それは一體何れ位の金額であるかといふに、勞研の安藤政吉氏に依れば、一ケ月百四十八圓を要する。これは、最低賃銀として認めてやらねばならぬものだといふのである。一億人口の增强を强調するには、此の金額を最低賃銀として支給するのでなければ、庶民階級に三人以上の子供を生ませることが出來まい。否、それ以上の子供の增加を望むのは無理だといふのである。

之に對して、異論を唱へるものは、然らば所得がますます增加した所で、それが果して多くの子供を生む結果になるか。現に貧乏人の子澤山といふではないか。細民階級のものは、生活が苦しいと云ひながら子供を多く生んでゐるのである。これに反して富裕の階級では、その生活力から云へば澤山の子供を生みそうなものであるに拘らず、實際は子供が少い。この事實からみると、所得を多く支給さることは子供を多く生ませる方法にはならないと反對してゐるのである。この反對論を持しつつ、生活が苦しくとも我慢して國民よ、多く生め。それが國家のためだといふのである。しかし、この說に對して、人口增殖を奬勵するには單に生めよ殖えよと掛け聲だけではだめだ。國民生活を確保せしむるのでなければ、人口增殖の政策上の效果を擧げることが出來ぬものであるといふ說が起つてゐるのである。この對立的な意見の相違は、人口問題として根本的に重要な論點となつてゐるのである。

この意見の相違が、何ういふ所から來てゐるかといふに現在事變で國策を遂行するために、兵力と勞働力を要するので、之に充用するために資質の優れてゐる人間を多く要することになつてゐる。これには、人口の增强といふことが必要となつて來るのである。殊に最近に至つて出生率がだん〳〵低下して來るので、これを放任しておくわけに行かぬ。國策遂行上將來とも優秀な人間を要するので、それで人口增加を圖るために、生めよ殖やせよの政策を採るに至つた次第である。しかし、異議を唱へる側では、此の政策をして單に掛け聲だけに終らせ度くない。政策としての有效な結果を擧げねばならぬといふので、そこで有力な意見が現はれたのである。

南洋制覇は人口上の要求から

その有力な意見といふのは、事變の影響に依つて出生率が低下して來たのは昭和十三年からであるが、これは一時的のもので、事變が終局を告げるとそれが恢復しやうが、出生率の低減はそれ以前から現はれた。この出生率の低降の原因は、狹小の國土に人口がだん〳〵增加すると國民の生活は人口の重壓を受けて苦しくなる。これが出生率の增加の速度をにぶらせて、却つて低降の傾向を招來せしめたものではあるまいか。そうなると、この人口重壓を緩和するのでなければ、どんなに生めよ殖えよと國民に呼びかけた所で、人口は著しく增殖しまい。國內の人口を大いに增殖させるためには國外に日本內地の人口を移動させることゝ、東亞共榮圈を日本の勢力下に確乎抑へることが必要である。殊に南方諸領を制覇することは、日本現下の人口事情の上から絕對に必要であるといふ意見である

この意見は、かく申す筆者も之を主張してゐるものであ

るが、東大農學部の野間海造氏が全國人口會議でこのことを主張された。野間氏の意見はこうである。人口政策を實施すれば、わが國の內地人口は二十年後に一億に達するといふ計算になる由であるが、しかし、わが國の人口收容力は、必ずしもその增加人口の全部を抱擁するとは言へない。

それは、人口の增加する可能性は、產業生產活動が上昇する場合に認められるのである。產業の生產力が活潑に增進することなくしては、人口の增殖が期待出來ない。人口の增加を望むなら、產業の生產力を增進せしめなければならぬ。そこで、產業の生產力を增進させるためには、東亞共榮圈內に於ける資源の開發と市場を培養せねばならぬ。このことに重點をおくのでなければ、國內の人口が思ふやうに增殖せぬ。それには農業の如きは、人口は絕對的に過剩の狀態にあることを知らねばならぬ。

わが國の人口が增加してそれが產業に收容されてこそ生活が出來るのであるが、今後何の產業に人口を收容する餘地あるかといふに、それは工業と公務自由業と家事に從事するものであつて、商業の將來も之に人口を收容し得ることは望めない。農業は人口があり餘つてゐる位である。さうなると、わが國の產業は何れだけの人口を收容し得るか。それを考へねばならぬ。

野間海造氏はこれについて、次の如く述べられた。わが國の有業人口の最大飽和點は、極めて樂觀的な計算をしても四千二百萬人、生活程度の向上を希望してやゝ內輪に見積つても四千萬人前後と考へられる。この數字は、勿論東亞共榮國の經濟ブロックが日本の指導下にあつて、それが極めて好調に自由に發展することを豫定して見積つたものである。有業人口が、日本內地で四千萬人になるためには每年五十萬人の有業人口が增加することを要する。

そこで、內地の有業人口が四千萬人になると、國內の產業が人口を收容する能力として、それがせい〴〵ぎり〳〵一ぱいであらう。有業人口が四千萬人に達する場合の內地の總人口は、一體どれだけになるかといふに、それは八千萬人から八千四百萬人の所で增加の頂點に達する。それが昭和二十五年頃に、その數字に達する。これは、經濟狀態が樂觀的に發展して行く場合のはなしである。それだからその間、卽ちもう十年たつ間に不景氣の狀態になると、數百萬人以上の失業人口が生ぜぬとも限らぬので、そういふ場合は、人口の增加が抑制されるであらう。この場合には有業人口が四千萬人に達せぬうちに、產業の人口收容力が停止して、早くも最大飽和點に達するわけになるといふのである。

×

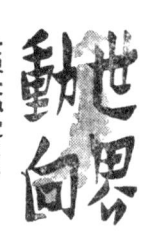

野間氏は、以上述べた所の理由から、人口政策の結論へと議論を進めた。今日の我が在外人口は、滿洲、關東州、南洋統治諸島の政治圏を除外すれば、僅々八十萬餘に過ぎない。右の除外にある在外人口を一括しても二百萬前後である。この貧弱な實數の現狀と、その推移を以てしては、東亞共榮圏を我が民族の指導に依つて經濟開發を遂げんとする計畫は心細く、樂觀を許さない。白人の民族流出の過去を顧みると、三百年の歷史を有する。その主要なる大量流出は、十九世紀中葉以後二十世紀の初頭第一次大戰に至る僅か八十餘年の間が、その最盛期であつた。この間は、白人人口に於ける人口壓力が大なる原動力となつたものである。しかし、今日では、白人人口はその增殖力が減退し彼等の海外發展は、もう力弱くなつた。これに反して我が民族の海外膨脹發展は、一方に國內の人口壓力に推進せられつゝ、他面生產活動の活潑化に伴ひ、人口疎なる大陸及び南洋を生產立地にして、その死藏資源の開發に向はなければならぬ。之がためには、年々三十萬人以上の內地人口が海外に流出せねばならぬと强調された。見よ東海の孤島より南洋を制覇することは、實に人口上の絕對的要求である。（完）

世界動向

世界大勢定まる

大東亞戰爭の勃發に依つて、歐洲大戰とともに世界はいま、東西兩球にわたる現實の世界大戰となり、樞軸勢力と反樞軸勢力とが世界を二つに別つて二大陣營の對立激鬪が行はれてゐるのである。

樞軸側といふのは日本、ドイツ、イタリアを中心と爲し、これに加擔してゐるのが滿洲國、中華民國、泰、ハンガリア、スロヴアキア、ブルガリア、クロアチア、ルマニア、フィンランドであり、米、英の敵國に參加した諸國は蘭印、イラン、イラク、エジプト、アラビア、メキシコ等の中南米諸國、カナダ、濠洲、重慶　及びドゴール政權、これに對し中立國として大東亞戰爭に對し態度を明にしたものはフランス、ペルー、チリ、アルゼンチン、ブラジル等の諸國であるが、ソ聯の態度は未だ明確でない。ソ聯は昨年わが國と不可侵條約を結んでゐるが、現在獨ソ戰爭をしてゐるし米英はソ聯をその陣營に引入れやうとしてゐる。兎に角、世界は好むと好まざるとを問はず、このやうにその勢力範圍がハッキリと分明して來たので、歐洲にありては獨逸がその勢力の中心となり、東亞にありてはわが日本が樞軸となつて自らの勢力と地位を今度の戰爭によつて確立することゝなつた。東亞諸邦は今や全くわが日本を指導的地位において之に從屬して行くのでなければ、その處を得ることが出來ないやうになつた。それにつけても、この大戰爭においてわが國が東亞の全領域にわたつて米英の勢力を徹底的に排擊一拭せねばならぬ。かくてこそわが日本が大東亞の盟主となり得るのである。

米の對亞野望全く畫餠

アメリカ海軍が世界第一を誇示し渡洋進攻作戰企圖の前進根據地ハワイを起點とし、ミッドウエー、ウエーク、グアム、フイリッピンの諸據點が、わが海空軍に依つて徹底的に壞滅され、その大部分が次々に皇軍に攻略されたので、敵空軍や海軍の基地を喪失し、かくて日本攻擊の據點も進攻の軍事的機能も全く失つて、米國の東洋に對する支配力の野望が全然畫餠に歸するに至つた。

米軍根據地の次々の喪失と、その海空陸軍の大損害が、如何に米國朝野を狼狽させたかは、それが經濟界に直に反映して株式暴落、商品市場の混亂を來し、早くも商品價格の惡性インフレの動向を辿つてゐる。歐洲におけるドル相場の大暴落やロンドン市場においても市況は大動搖を生じ、買物皆無大暴落、實に暗澹たる光景を呈してゐることが、早くも米、英の經濟界今後の如何に悲觀すべきものであるかを如實に示してゐることは看過してはならぬ。

濠洲恐怖に陷る

皇軍のフイリッピンやボルネオやマレー半島の驚異的攻略に濠洲は、身に火の付いたやうに恐怖にをのゝいて、全く爲す所を知らずといふ狀態にある。カーチン濠洲首相は、昨秋濠洲はＡＢＣＤ對日包圍陣に參加しその忠實なる役割を果すであらう。殊に濠洲の存在が蘭印と星港の背後的軍事勢力を强化せしむる上に如何に重大なる地位にあるかは、今後我等の支援を以てもそれを知るべきであらうと傲語したものであつたが、ハワイ海戰における日本海軍の古今未曾有の大戰果や、フイリツピンやボルネオ攻略、さてはセレベスの敵前上陸及びニユウギニア中間據點爆擊によつて、濠洲は今更のやうに身の危險を痛感するやうになつた。

カーチン濠洲首相は、去年の暮に國民に對し濠洲の重大危險に曝されてゐることを指摘し、國民は今後日本空軍の爆擊を覺悟せよと警告し、イギリス主力艦二隻の擊沈されたときも、濠洲將來の防衛に容易ならぬ影響を與へるに至つたと述べ、濠洲の恐怖のさまを告白してゐる。

それがマレーにおけるイギリス軍の次々の敗戰の報に、濠洲は更に異常の衝擊を受け、その恐怖を深刻化してゐる。濠洲首相はイギリス政府に對し急遽東洋へ英空軍、特に戰鬪機の增派方を要求したり、エヴアツト濠洲外相が十二月の議會においても濠洲の危機が著しく增大した旨を報告し、米國と英國の軍事力が東亞の基地において日本軍によつて壞滅攻略せられつゝあるのは、これまでＡＢＣＤ諸國が日本の實力を全く過小に評價してゐたことに重大なる誤謬があつたからだと自分等の認識不足の情を漏らし、それにしても濠洲のイギリス勢力としての地位を維持するためには、濠洲はあらゆる援助を必要とすると述べ、米英兩國政府に對し急速な軍事的援助方を泣訴した。しかし、これはすでに後の祭であつて、濠洲は東亞共榮圈内に地理的にもあるのであるから、本國の遠いイギリスに泣訴したところで英帝國はいま崩潰一歩手前にあるし、そんなものを賴みにしたつて泣事に過ぎないからう。米に對する泣訴だつて、米國は日本によつて徹底的に叩かれて東洋に最早手出し出來ぬ。濠洲の米英に泣訴するの愚を改めて、日本に叩頭し東亞共榮圈の陣營に降參して來ることも近きにあらう

米の武器貸與中止

スチムソン陸相は、アメリカは對日戰開始の結果として、アメリカ軍に使用し且その不足を補塡するため武器貸與法による英、ソ聯、重慶、その他への武器援助を中止する旨を宣言した。これによつてイギリスやソ聯や重慶などが今までのやうに武器の援助をアメリカから受けることが出來なくなつた。濠洲の泣訴も役に立たぬ。本家本元のアメリカそのものが武器に缺乏してゐるばかりでなく、南洋地方から得てゐた軍需物資が日本軍による攻略によつて手許に入らなくなるので、米國自ら身に火が付いたことを今更知つて大狼狽してゐるからだ。

英、アジヤから總退却

マレーの英軍大敗戰と日本軍の印度洋據點進出に依つてアメリー印度事務相は、印度洋地域は强力な日本軍の攻進に依つて防衛は不可能となり、印度を失ふことは英吉利を失ふことになつたと云ふ。

アジヤの春

長田恒雄

アジヤは　いま
新しい春をむかへた

酷烈な砲火と
鋼鐵の意志によつて
白牙の惡德から
彈け出で

沈湎の古い冬を擲ち
新しい世紀の春を
たぎる血のなかに迎へた

しづかな冬芽よ
謙遜と沈默のなかに
ひさしく霜雪に濡れてゐた
アジヤの冬芽よ
いまこそ伸びひらく
清澄な春を迎へたのだ

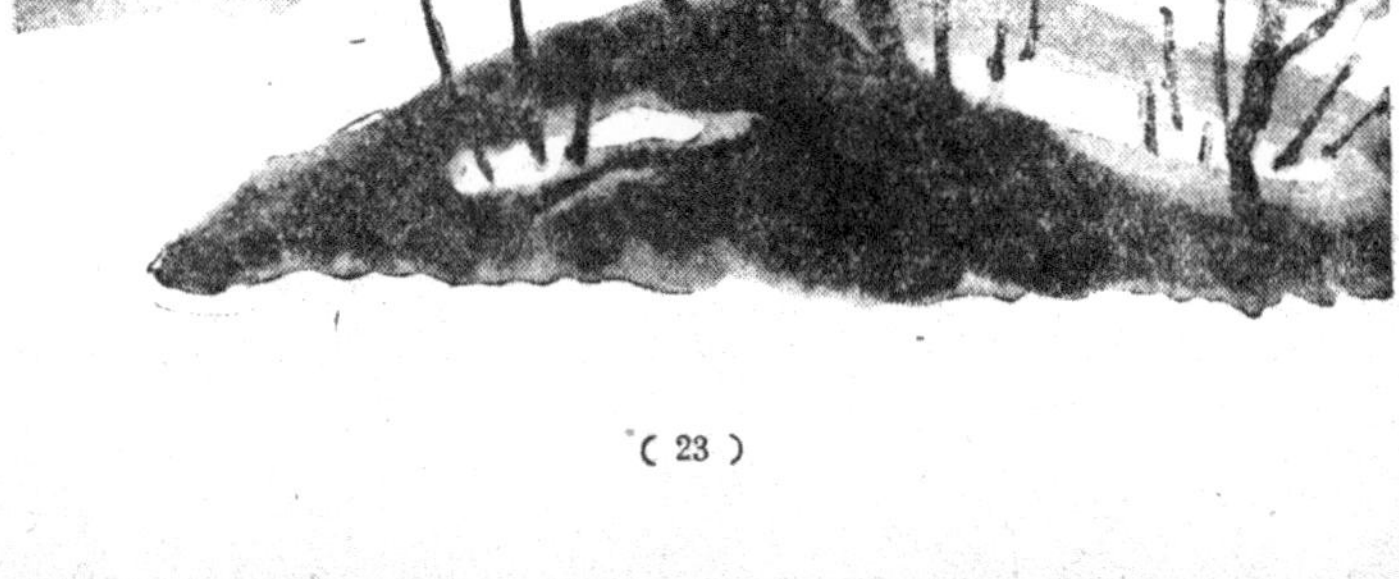

新しく裝ふタイ女性

パヌンを着けたタイ娘

東亞の獨立國タイは、大東亞的使命の下に立上らんとするに當り、劃期的な婦人服裝令を發布し、人心を新たにすると同時に、傳統に輝くタイ民族精神の昂揚を圖つた。

それには、一沫の歐米依存精神も見られない。見るのは純粹なタイの姿であつた。われらは、大東亞の指導者日本と手をたづさへて前進するタイ國民の生新な息吹を感得するのである。

泰國での婦人服裝改善運動はいよいよ活潑となり、昨年九月三日附で正式に婦人服裝條例が公布された。

條文は二十六條からなり、婦人大禮服、中禮服、通常服の三種が定められてゐるが、いづれもパシンを婦人の正規の服裝として規定し、大禮服は泰國產布地をもつて製した泰國風花紋織のパシン（スカート樣のもの）を着用し、パヌンの長さは踵まで達すべきこと、上衣はパシンの色と適合するものたるべきこと、白色または黑色に非ざる長靴下を着用すること、ハイヒールの靴を用ひ、靴は金色、銀色、緞子地バックスキンとすること、勳章所有者は、規定に從ひ佩用すること、と、なつてをり中禮服、通常服は、これを簡略化したもので、やはりパシンを正規の服裝としてゐるのは同じである。

載帽運動も盛んなだけに婦人帽に關する規定もあるが、何分今日まで婦人帽などを用ひなかつたところだけに海水浴式のものたらざること、男子用のものたらざること、兒童用のアゴ紐のあるものたらざること、などと規定し白、黑、深黄、淺黄などの色のものはどんなパシンにもうつるとて帽子の色からハンドバッグの色彩、形狀まで規定した法律である。

パヌンを語る

タイ人と云へばすぐパヌンを聯想する。パヌンはタイ人の最も主な最も板についた、そして最も特色のある服飾である。パヌンは長さ七呎幅二呎半ばかりの長布で、之を膝が隠れる程度に腰の周りに捲きつけて前方で結び、餘つた兩端を撚つて股間から背に廻して挾じ込んで居る。

これを前から眺めると、丁度下部の締つた寛い半ヅボンの様で、見た眼にもまことに上品で輕快であるが、本人にも極めて涼しくて輕くて寛いでゐて便利であるから、外人でも一度用ひて居るとその魅力が忘れ難いと云ふ。この穿き方は女も男も同様である。

之は、十六世紀の昔に、當時の首都アユチヤが敵軍の攻圍を受け危機に瀕した際、婦人連中も男裝して防禦に參加し、祖國の獨立を完うしたと云ふ、勇武を好む、タイ人らしい由緒を誇る慣習で、婦人の斷髪も亦この時から始まつた。一般に下層階級が用ひる、ふだんばきのパヌンは綿布であるが、上流社會では優美な模様入りの絹布又は上質の綿布のパヌンを用ひ、中にはタイ獨自の絢爛な模様を配したものもある。昔、我國で非常に珍重された優雅なタイ更紗は當時タイ人が用ひたパヌンであつたことを想ふと、パヌンに配される模様の優美さが偲ばれやう。

以前は日によりその色合を異にし、日曜は薄赤、月曜は銀鼠、火曜は赤、水曜は綠、木曜は雜色、金曜は薄青、土曜は濃青を選ぶ慣習である。

官吏は一様に紫色が指定されてゐたが今日ではこんな舊慣は廢たれて、各自好みの色合を用ひるやうになり、官吏は一般に洋服を用ひる様になつた。

上流の男子は一般にこのパヌンの上に洋式の詰襟の白服を着、靴下に白靴を穿き、粹なホムブルグ帽を被る。この取合せが亦さつぱりした熱帶にふさはしい魅惑を有つてゐる。婦人は大方輕く乳を被ふ寛い絹製スカーフパホムーが身に喰ひ付いたジヤケツを用ひるが、上流婦人は洋式にブラウス、薄い絹靴下、ハイヒールの靴、洋風斷髪をスカート風に穿いたパヌンに取り合せしつくり似合ふ、氣品の高い服裝をしてゐる者が多い。兎に角、青いパヌンに白靴、純白の詰襟上着にソフト帽の颯爽たる青年紳士が雨あがりの涼風を受けて、アメリカ合歡の鬱蒼たる街路樹の葉蔭を散策してゐる情景などは、見るからにすが／＼しく忘れ難い旅の印象を旅人に與へずには措かない。

（三井タイ室東京事務局松永彦雄氏談）

蘭印風俗の斷面

樹木と花、公園のやうなバタヴイヤの街は、オランダ東洋侵略の表象であり、今は戒嚴令下にある。夕方ともなれば、住民の男女は街の堀割に水浴を樂しむ。白シャツ、半ヅボン、黒ビロードのトルコ帽、サロンと白麻脊廣の對照がきはだつてゐる。インドネシア個有の服裝は、支那服などゝは異なり、海洋民族らしい寛やかな線を基調とし、時に勇壯な線を交へ、彼等の戰鬪的なある日の生活をしのばせる。たとへば、スマトラ島メナンカボー族の服裝は、男はゆつたりした袖を有する簡素な上衣、襟は三角形に切りこみ、ゆるやかな袴をうがち、頭に三角頭布に似た布製のかぶりものを載せる。女は支那服に似た長袖の上衣に、スカートをはく、そのスカートは和服のやうに右前合せになつてゐる。頭には基督舊敎の尼僧のかぶるやうな廣幅三角形のかぶりものをかぶり、全體のゆるやかな女性的線に鋭どい對照を見せるが、南方マレー系骨格のやさしいインドネシア婦人に、この頭布は一種の反對効果的魅力を生じてゐる。男、女ともに右肩から左へかけて、布を（いはゆるジャバ更紗）をかけてゐる、その形は、イギリス・スコツトランドのタータン（格子縞布）に酷似し、同樣な効果を見せてゐる。

以上のやうな、メナンカボー服裝の一例から見ても、インドネシアの基準住民の服は、服裝に見て、かなり高度の文化水準に達し、内南洋のカナカが男は褌一つ、女はスフのアツパツパ一枚でゐるやうなものとは比較にならぬ。同樣に一般ミクロネシヤ、及びメラネシヤの住民とインドネシア人とは、衣服文化的に見ても同一には語ることはできない。

赤色に白い斑點のある妖花ラフレシヤは、スマトラ高原に咲く。重い花弁を支へきれず、地上に咲く姿は、古い文化の花を持ちながら、オランダ人の脚下に踏みにじられるインドネシヤ人を現はしてゐる。彼等は他の東洋人と同じく、高雅な植物染料を愛する。たとへばタイム（綠草の一種）によつて日常衣類を青色に染めるスマトラのある民族などは、支那人のやうに無色の青衣を着てゐる。單色の上衣に縞のサロン、それがインドネシア共通の姿である。前述のメナンカボー服も、絕えざる蘭印政聽の虐政のため、貧窮に陷つた住民は、由緒ある水牛の角を型どつた頭布（女）も、今では禮裝だけになり、通常着は例の白シャツとサロンになつてゐる。

かくの如く、統治者の政策に依り、服裝が異變するのは、殖民地、特に白人種に强奪された東亞殖民地の各處に見られるのである。この外に宗敎的影響も見逃すことの出來ぬ要素である。蘭領東印度には回敎が廣まり、各地には宏壯な回敎寺院が今でもある.

位であり、必然的に白い回教帽が各地に見られる。一方、白人統治に隨伴——といふより、先行するキリスト教傳導の影響は、家に十字架をまつり、マリアなどの洗禮名稱を有すると同時に、背廣を無理して着用する住民の姿が見られるのである。

蘭印全領域は云ふまでもなく熱帶である。赤道はボルネオ島スマトラ島を中斷してゐる。こゝに注目すべきは、熱帶でありながら、住民のかぶりものが太陽光線の直射を防ぐやうなものでないことである。

ボルネオの住民（マレー族）の一部に女がまんぢゆう笠の巨大な型のものをかぶる外、熱帶地に入る外來者に必須と思はれるヘルメットの如き防暑帽を見出す事が少ない。太陽光線を除けるための廣縁帽すら殆んどなく、多くは無緣の帽（回教帽もこの一種である）が共通し、ターバンも見受られる。これは東亞熱帶地特有の現象である。日本人が南洋地方へ行けば、まづヘルメットをかぶるのは常識であり、事實、南洋の强烈な直射光線は、相當猛烈なものであるが、住民はその割に感じてゐないのであらう。この事實は、わが國で國民帽の夏帽子を問題とする時、ある示唆を與へるものである。日本の夏でも、必ずしもパナマ帽を必要としないとも云へる。

服裝美學的に見れば、西洋渡來のヘルメットよりも、インドネシア人達がかぶる緣無帽の方がはるかに優雅である。それは東亞の感情でゝもあらうか。インドネシアの帽子は布製または竹編みのもので、多く手製である。黒の布製トルコ帽は明らかに回教風俗の影響であり、中部ジャバ一圓に行きわたつてゐる。

上衣（カバヤ）と腰卷（サロン）の二部構成はインドネシヤ服裝の共通性であるが、これに歐米風俗が浸入すると、ある時にはワイシャツ、背廣上衣にサロンとなり、カバヤに西洋式ヅボンとなつたりする。かくの如き組合せは禮服の分野にも見られ、蘭印各地の王宮禮裝に、上衣は歐洲風の型式でモール飾りとし、下はサロンと云ふ獨特の風俗をなしてゐる。

かくの如き風俗的混亂は、政治的社會的影響が非常に强く働らくのであつて、文化的にいさゝかの優劣もない亞歐兩國の何れかゞ、一方的に國家實力に於て壓倒される時、この種の混亂が生ずる。事情は異なるが、わが國幕末風俗にもこの例が見られない事はない。蘭印の都市に於ては、洋風の服裝がかなり一般化されてゐる。これは政治的意味ばかりでなく、熱帶にあつて春夏秋冬の更衣の必要がない蘭印に於ては、白服上下、ワイシャツがあれば、一通り洋風服裝に轉化出來得るのである。

極端にいへばワイシャツ一枚にヅボンで足りるのであり、女の場合には、簡單なるワンピース一枚でもよいのである。これまで衣服らしい衣服を持つてゐなかつた住民なら、問題は至極簡單である。例へば、アフリカの住民の如きは、安價なるこれら衣服に無條件に適應する。蘭印、特にジャバの如き古き個有文化を有する國に於ては、問題はとかく簡單ではない。

ミナハサの生活

濠亞地中海の眞中に横たはるセレベス島は、同じ蘭領でも、ニユーギニヤと同じく、オランダの手があまり及んでゐない地域である。全島の大部分は未開發で、海岸地方が白人文明の洗禮を受けてゐるに過ぎない。

私は數年前、ある任務を帶びて南海を巡航中、乗船〇〇丸とともにメナドに入港したのであつた。

南洋群島地方（委任統治領）とは全く異なり、こゝは巨大な陸島の俤を見せ、海岸のマングローブ林が、赤道直下の臭ひを發散してゐる。

この港は日本郵船の南洋定期航路、南洋海運の日本―ジャバ航路の寄港地であつて、蘭印のなかでは、比較的に日本と交通が多い地方であるが、在留日本人は、私達を非常に歡迎してくれた。私は上陸して、自動車を走らせながら、道路や住宅を完備させる蘭人の殖民政策が、こゝにも及んでゐるのを見たが、それよりも、一般住民の生活樣式が他の外領各地よりも一層歐化されてゐるのに驚いた。

キリスト教の影響がかくせしめたのである。

淺黒い色、顏の輪廓など日本人そつくりの住民が多い。ミナハサ女はインドネシア切つての美人であるといふが、きれいな女が多い。倭寇の子孫であると云ふ傳說の眞否は別として、日本人に似てゐる彼等ミナハサが、きれいな事は、決して氣持の惡いものではない。

手にマンゴーをあふれるほど抱えたミナハサ美人が、自動車のドアにぶら下がるやうにやつて來た。

素朴な民族親和の感情が、急迫したあたりの情景と、あまりにもチグハグであるが、私はうれしかつた。

蘭人といへば、少數の稅務官吏、高級警察官吏などがゐるばかりのメナドの街は、日軍進攻に脅えて、いたずらに殺氣立つてゐるばかりである。

あの時、威張つてゐた蘭人官吏はどうしたであらう。口を開けば、和蘭の政策を罵倒してゐた在留邦人の誰彼のうち、踏み止つてゐる人は何人位ゐるだらう。

メナドはセレベスの樂園である。蘭領各島貿易に從事する華僑は、メナドの郊外に、瀟洒な邸宅を營み、生活の根據地としてゐた。

夜になると、どこからともなくユーカリの花の香りが漂つて來る。南方の芳香である。そして、これはアジアの香りであつて、數百年の虐政にたゆまざる芳香である。

表面ヨーロッパ化されたメナドの街と人、そしてミナハサの天地は、最早、蘭人の「野蠻な」手から離れてしまふ時が來た。征服した民族を、動物視し、己れのみ享樂する「野蠻な」殖民政策は、十八世紀には通用したかも知れない。

今日は、皇紀二千六百二年である事を、彼等が知る時が來たのだ。**本誌編輯部調査室**（南生記）

衣服資源

爭奪戰物語（二）

高村敦

印度攻略へ導きしもの

佛王フランソア一世と英王ヘンリー八世とのヴルドレ河畔に於ける千五百二十八年七月七日午前十一時、金衣野の會見は、世の驕奢や華美のたぐひを絕した劇的風景だつたこと、前に述べた通りである。そして佛蘭西人が此の會見で得たものは、政治收穫でなくして、英王の裝身具や衣服の東洋風の珍奇なりしものが佛蘭西に具はらざりし怨みだつた。

かくして、佛蘭西人の心は、東洋へと好奇の炎を胸に燃やすに至つたのである。

だが、佛蘭西人としては、それは無理ならぬことだつた。それは、此の金衣野の會合の行はれた年から、ずつと昔、二百七十六年も前に、佛王ルイ九世が千二百五十三年に使僧ルブルキーを東洋の唯一の王と見られてゐた蒙古王憲宗に使遣はしたことがあつたからだ。なぜそんなにむかし遙々と陸地傳ひにひんがし下りまで使僧を派遣したかといふにそれは宗教的政略に出たものであつて、基督教徒をなやましてゐるムハメツト教國を成吉思汗の威名で知られてゐる蒙古王族の勢力で以て仆して貰はうとしたからだ。が、それは一朝の夢物語でしか、あり得なかつた。

當時、西洋の人々に取つて、船でアフリカの南端を廻航して印度洋を經てそうして東洋の諸國に來るすべは未だ知られてゐなかつた。これは、葡萄牙國王と其探檢家數氏に負ふ所大なるものがあつた。

だが、これらの人々をして東洋への

好奇心を一層いらだたせたものは、何と云つても、千二百七十五年に元の世祖と會つた伊太利の放蕩兒マルコ・ポーロであつた。これは、金衣野の會合のあつた年から二百五十四年も前の古いことであつたが、彼が歸國後書いたでたらめの東洋紀行文が、何んなにか西洋人の東洋への關心を高めたことであつたか。

　されば、葡萄牙國王のヘンリ航海王が、ザグレス岬に天文臺を建てたり、海員學校を設けたり、羅針盤を改良したりして、いよ〳〵部下をして遠洋航海の船を出帆せしめた。それが千四百十八年以來、毎年のやうに暗黑アフリカの西海岸の島々や岬や河などを發見させたものだ。あの有名なアフリカのヴエルデ岬の如きも、千四百四十五年にチニズ・チヤズに依つて發見された。千四百七十四年に伊太利フロレンスの天文學者トスカネリが葡萄牙國王に、それは如何にも科學的推理に依る新說として、云つて聞かせたものは、そもそも印度に至る近路は東航するよりも西航するに限るといふことであつた。コロンブスは、この說を固く信じた。

　だが、バルトロメオ・ヂヤズやヴアスコ・ダ・ガマの實際家等は、チニズ・チヤズの方向を信じた。それはアフリカの海岸に沿つて船で行くなら、きつと、印度に至るであらうといふことであつた。

　ヘンリの次王ジヨン二世のとき、千四百八十六年バルトロメオ・ヂヤズがアフリカ南端岬を發見し、之をカボ・デ・トルメントゾー卽ち暴風崎と名づけたが、葡萄牙國王は、こんな名稱は國人の冒險的な航海心を萎靡させるものだからカボ・ダ・ボア・エスペランザ卽ち喜望峰と改めると命じて、今日もその名稱で通つてゐるといふわけで此の喜望峰の發見は、歐洲人の東洋遠征への第一步だつたのだ。

　彼等白人は、アフリカのこの南端を迂廻すれば、きつと印度に到達すべき新航路があるに違ひないと思つたし、それを發見せんとする熱情に驅られた。

　葡國王ジヨン二世の歿後卽位したエマヌエル王は、千四百九十七年七月十八日、ヴアスコ・ダ・ガマをして船三隻に水夫六十人を乘込ませ、リスボンの港を解纜して南航の途に就かせた。バスコは喜望峰の南方の沖を迂廻して、アフリカ大陸の東海岸に沿つて初めて北航し、印度洋を東北の針路に取り、千四百九十八年印度マラベル海岸のカリカツトに、それは白人として東洋への初めての投錨だつた。印度人の悲劇は、この時から始つたのだ。

佛蘭西人、印度へ來る

金衣野の會合で、佛蘭西人が衣服や寶石の資源を東洋に求めねばならぬと悟つたのは、フランス一世のときであつたが、內亂等で佛蘭西は次王のアンリ二世、フランソア二世、シヤルル九世、アンリ三世と時代が過ぎて、ヴアロア王朝が終つた。之に代つたのがブルボン家のアンリ四世、この王も偉かつたが賢臣のスユリ公が宰相の時代であつたが、二人とも不幸死を遂げた。幼帝ルイ十三世が之に代つたが、リシユリウ宰相が帝國主義の政策を實施したので、佛蘭西の國勢が此の時代よりマザリン宰相からルイ十四世のコルベール大臣の時代へと最盛期に向つた。そして佛蘭西人が東洋への野望を展ばし始めたのはアンリ四世の時代からであつた。

喜望峰廻航に依つて印度への航路が開けると、葡萄牙人や和蘭人が卒先して印度へ向つた。佛蘭西人も彼等に追從して、印度へ渡つた。佛蘭西人が目をつけて占據した地點は、印度の東海岸のポンジシエリであつた。

葡萄牙人は、印度の地點を一番先に占據したけれども、樂園の如き生活の享樂に人心がたゞれて、出先地點は植民地としての發展性を喪失した。そこに行くと、和蘭人は猶勇氣があつた。そこで、ポンジシエリは、和蘭人と佛蘭西人との鬪爭の舞臺と化し、次いで佛蘭西と英吉利との兩勢力の對立となつた。

佛蘭西の印度經略

佛蘭西は、夙にその占據せるポンジシエリを以て、印度征服の足場にしようとした。

百年戰爭以降といふもの、佛蘭西は歐洲大陸で英吉利や墺太利や獨逸と權勢を競つてゐた。ブルボン王朝になつてから、佛蘭西は帝國主義の政策を採り、歐洲ばかりではその國勢を伸張するに足らずと爲し、東洋へその雄志を展ばそうとした。その動機が、金衣野の會合にあつたことは述べた通りである。

それには、東洋の寶庫が印度であることを發見した。そこで、之が經略の雄圖であるが、その歷史は案外古いもので、對外政策に力を入れ出したのがアンリ四世の時からだつた。

アンリ四世は一六〇四年に王立東印度商會を設けた。が、事業の伸展は目覺しくなかつた。何うにか目鼻をつけたのがリシエリウであつて、彼はマダカスカルをブルボン島と命名して之を占領してしまつた。

彼は、一六六八年にカロンのスラトに商館を設けて、自國民の足場を爲し、一六七三年にフランソアマルタンが出張して、ビヂアプース王から土地を獲得してポンジエリに商館を設けた。それから十五年の後に、佛蘭西人はシアンデルナゴルにまで侵入した。

印度に於ける佛蘭西の勢力は、日を追ふて隆々たるものだつた。

英吉利人は、之を聞いて默然たり得なかつた。遂に英佛關係が尖鋭化した。この情報が傳へられ、十七世紀末葉には、印度が歐洲列國の注意の的となるに至つた。

佛蘭西の海外發展は、ルイ十四世時代に目覺しいものがあつた。アフリカにはセネガル商會を、アメリカには西印度商會を、支那には支那商會を設け印度には一七〇一年にマルタンを東印度總督に任命し、次王の時代には一七一九年に印度商會なる大會社を設けて愈々印度を併呑しようとした。

佛英の葛藤は必然的のものである。

巴里の夜は、靜なるなかにも天上は星がかゞやき、地上には淑女のきらびやかな衣裳が夜目にも白く浮び、靜寂のなかにもあわたゞしい氣はひがしてゐた。

こゝは、メヂチのマリア母后の宮殿廻廊である。侍女ゴンロツト夫人は、きらびやかな夜會服を着てコリント風の圓柱の蔭にたゝずんでゐた。誰かを彼女は待つてゐたのだ。

鈎の手になつてゐる廻廊の角から、突如現はれたものは宰相リシユリユ公であつた。吊燈の黄色の影にほの見ゆる彼は、アルマンド・ジーン・デユ・プレシーの本名にたがふことなく黑く長い髮、秀でし額、尖りし髯、高い鼻而も鋭い眼はその蒼白な面色をしてひときは凄味をたゞよはせてゐる。

ゴンロツト夫人は、宰相の來るのを待ち構へてゐたとはいへ、彼を一目見るとギヨつとしたやうに、しかも丁寧に頭を下げながら

「アノ、お願ひで御座ります。東洋のデユーマのことは何とかならぬもので御座いませうか」

リシユリユウは、傲然として答へた

「夫人、氣の毒だが、あんな者はわしの役に立たん。あの印度經營のざまは何だ」

（未完）

蘭印の生活を語る

われわれの眼は南方へ注ぐ。これは單なる好奇心であつてはならない。

海洋と大島とで形つくられた南方地域は、島國であるわが母國よりすべての點で異つてゐる。その廣さに於て、また民族的複雜さに於て。

われわれは大東亞的な大らかな感情と、冷靜な理性とで、その實體を知らなければならない。そしてわれわれのとる可き道を、己がじゝ考へる。まづ「蘭印の生活」を見ようではないか。

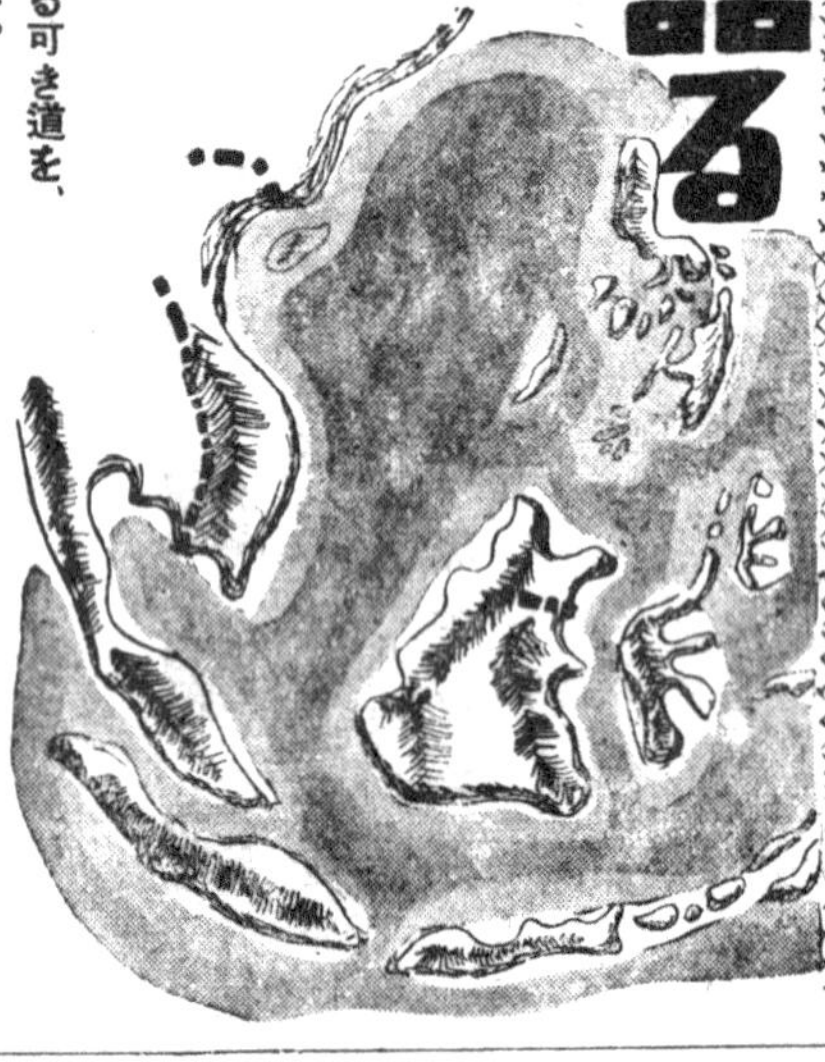

出席者

竹井十郎（南方圏研究會常務理事）

久保田博（蘭印引揚同胞日本連絡本部役員、實業家）

石原　本日は御多用中のところ誠にありがたう御座いました。御承知の通り本月八日大東亞戰爭開始以來皇軍の活躍は實に目覺ましいものでハワイ、マレー、フイリツピンの各方面で偉大なる戰果を揚げ威武を中外に宣揚し大東亞建設の機運を大いに促進しましたので此の際蘭領印度に於て

寫眞向つて右より倉田幹事、石原常務　二人おいて久保田氏　竹井氏　井澤幹事

永年活躍せられ彼地の狀況に通曉せられて居る皆樣方のお話を私共の經營して居る生活文化綜合雜誌「國民服」に載せますことは大いに意義あるばかりでなく多くの人の期待して居るところでありますので何卒生活に關係したお話を腹藏なくお聽かせ下されんことを切にお願ひします。

三雲祥之助（洋畫家）
石原通（本協會常務理事）
倉田、井澤兩幹事、本誌記者

石原　竹井先生は非常に長く蘭印の方で指導的なお仕事をなすつて居られたと承つて居りますが、まづ蘭印を中心に――と言ふとあまり漠として居りますから、政治的な話は後廻しに致しまして、向ふに居られる日本人の生活、竝にあちらの民族の生活狀態といふやうなものからお話を願ひたいと存じます。

竹井　日本人の生活と言つても、階級によつても違ひますが、別段變つたことはない。ただ氣候が日本と違ふために、日常のことは多少違ひます。それでこれから向ふに行く日本人が一番注意しなければならぬ點をお話致しませう。それは大體に於て在留民は二通りあるのです。所謂銀行會社員のグループと、それから個人の商店或は個人で粒々辛苦の上に築き上げた地盤の、所謂個人關係者のグループ、所謂月給取りは月給を取るが爲めに來て居るだけです。會社の連中などでも、ヨーロッパにやられると地位は低くても悅んで居る。ヨーロッパに行かぬと人間の部類に入らぬやうに心得て居る。從つて生活が地についてゐないのです。併し所謂個人部落の者は、そこで生活の途を立て、自分の運命を開拓して居るのですから、理解が地についてゐると同時に、關心も深い。さうしてその地を第二の故鄕として奮鬪して居るのですから、思想的にも生活上にもすべてに眞劍です。だがその上で一番顯著な傾向は、一般に獨り蘭印だけではないが、南洋の熱帶の氣候は日本人に合はない。殊に婦人子供には健康上合はないから、熱帶でかういふ病氣をした、さういふ病氣をした、或は子供が弱いといふやうなことが一般に言はれて居る。言はれて居るだけではない、事實さうです。所謂會社銀行方面の奧さん連中は弱い。またさういふ人たちの子供は、一概には言へないが、概して弱いのです。ところが、個人部落の日本人は女も子供も大體に於て強い、病氣も少いのです。その原因は何かといへば、個人部落の者は細君も子供も——まあ子供は別ですが、細君だつてその仕事の如何に拘らず朝から働くのです。早く言へば、働くから強いのです。しかし働くといふことは、肉體的精神上南方に關係がありますからね。ところが會社の細君連中は、第一仕事がない。それは下女も下男も豐富に使つて居るし、向ふでは主として合宿生活です。會社の社宅といふものがあるから、そこに日本人の料理人が來て居るか、或は來て居らなくても土地の者を料理人に置いて、洗濯や掃除は言ふに及ばず、その日の炊事も日本人の細君が仕事はおろか口を出すことも殆どその必要がない。從つて簡單に言ふと、遊んで居るから弱いのです。さうして親が弱いから、子供も弱いといふことになる。ですから、健康についても、さういふ方面の日本人の言ふことを聽けば、多くの人は南洋は不健康地だといふ觀念を抱くのですが、反對に、吾々からいへば、大體に於て南洋の方が健康に適するといふことを言ふのが普通です。さういふ生活だけではなく、精神上の問題が基礎となるからです。だが南洋も所によります。蘭印にしたところが所によるので、一様には言へませんが、大體に於て都會、少くとも開發されて文明の設備の出來て居る所は、日本よりも健康地であるといふことが全體的にハツキリ言へます。ペストが海岸地帶の所謂暑い所に流行りましても、これは二、三箇月乃至四、五箇月少くとも、一遍は撲滅されるのですが、山間の避暑地の氣候の溫和な地方にそれが入りますとなか〱撲滅が出來ないのです。だから氣候の好い所の方がペストが蔓延するのです。所謂氣候の惡い所の方はペストでも自然に撲滅されるといふやうな實際の實例もあるのです

竹井氏

記者　私たちが今まで聞きました範圍によりますと、所謂移民と言ひますか、さういふ人たちは、日本の生活をその儘向ふでやつて居る。ハワイなんかでもさういふことですが、さういふのと、いま先生の仰しやつたのとは別に關係はないわけですか

竹井　北米やハワイに行つて居る者と南洋に行つて居る者とは大分質が違ふのです。いつたい南米でも北米でもハワイでも、これは主として所謂移民勞働者です。移民といふやうな言葉は、もう現代の日本では捨てなくちやいかぬですが、少くともあそこは移民勞働者として開拓されたから今日まで大體さういふ系統を引いて居るのです。それが南洋の方は移民といふものが殆ど居らないのです。量の大小に拘らず自分の運命を獨力で開拓して居る者が主であつて、また今日まで開拓して來て居るのです。さうしてその結果初めて今

日の南洋に於ける日本人の勢力なり地盤なりを造つて居るのです。この頃向ふの會社や商店に雇はれる青年は、行かぬ前から支度金を貰つて、船からなにからみんな人にやつて貰つて居るが、今日向ふで地盤を築いて居る者は、みな徒手空拳で出掛けて行つて自分の運命を自分で開拓したのです。さうしてこれらの人たちが今日の南洋の日本人の地盤、本當の地についた勢力といふものを造つて居るのです。ところが、會社銀行なんといふものは、さういふものの或る程度發達した後に來て居るものであるし、またかういふ連中は、開拓したと云つても自分の商賣の上だけの開拓ですし、資本も内地から持つて來れば、その他凡ゆる機關も内地から持つて來て、また支店長であらうがなんであらうが月給を貰つて働いてゐるといふだけですから、その點に於て南洋は北米やハワイと根本的に差があります。

記者 從來南方に向つて、ブラジルの移民だとかさういふ保護を受けるやうな移植民的の進出の仕方で何處かへ出たものがあるでせうか。

竹井 南洋にはありません。ただフイリツピンのダヴアオの麻の栽培はこれは多少こつちから集團移民のやうな手續を履んで行つた者があるけれども、しかしこれにしても日本人がそこの土地を借りて麻の栽培をして居る。つまり日本人が麻畑を開いて、その開いた所に働いて居るのですが、北米なりハワイなり南米では外國人の作つて居た所に日本人が傭はれて行つて居るのです。この點に同じ傭はれて仕事をするにしても非常な差があるのです。ですから大體に於て南洋に發展して居る者は、量の如何に拘らず獨力で地盤を拵へたものです。

南洋は凌ぎよい

記者 これからは大分南洋の方に日本人も行かなければならぬと思ひますが、それがためには大いに體を鍛へなければならぬと思ひます。それでいま仰しやつたやうに、働くといふことが非常に體を鍛へる要素になるだらうと思ひますが、その外に南洋に行つて向ふの氣候風土に堪へるやうに體を鍛錬するためには、どういふ心構へが必要でございませうか。

竹井　精神的には勿論日本におけると同じことですが、まづ一番注意しなければならぬことは、行かない前から、南洋は熱帶だ、熱帶は暑い所だ、健康に惡いのだ、といふいろいろ見もしない恐怖に驅られた先入觀念を持つ。これが一番惡いです。かういふ先入觀念を持つて來た人は、暑さの感じから何からすべてが違ふのです。だからかういふ觀念を初めから入れないことが大事です。事實所にもよりますけれども、例へばジヤバや或はスマトラ、セレベスにしましても、大體に於て日本の夏よりか餘程凌ぎよいといふのが事實です。熱帶は暑い所に決まつて居るけれども、その熱帶と云つても、南洋の熱帶と大陸の熱帶或はアフリカの熱帶とかインドの熱帶或はアラビアの熱帶といふものは非常に違ふのです。これをみな一緒にして居るから赤道に行つたら燒け死ぬ位に思つて居る。赤道は赤い道と書いてあるから、學校の地理の先生までさういふことを言つて敎へて居りますが、赤道といふものは人間の造つた一つの境界にすぎないのですから、そんなもので暑さといふものは決まるものではないのです。人間の體内に感ずる暑さといふものは、その土地が條件になるのです。それで南洋はみな海洋中の島で、而もその島は平らな島でなく、多くは高い山や山脈がずつと中央に走つて居り、それには森林地帶がある。だから颱風、暴風雨が吹く。それからまたその周圍は日本などと違つて、例へば高原にしましても年中緑です。或は家の建て方も熱帶は熱帶を主とした暮しよいやうに出來て居る。これは丁度寒帶に行けば、外にさへ出なければ寒帶の方が防寒設備が良いためにむしろ暮しよいと同じことです。それで日常の生活に於て一番注意しなければならぬことは、汗を出すことです。出來るだけ汗を出すと同時に、汗が出たならば一日五回でも十回でも素裸になつて水をかぶることです。これは初めて熱帶に行つた人ほどその度數を多くやる必要があります。少くとも朝出來るだけ一つの運動をして汗を出す。午後はまた事務所がひけたならば、その後にはテニスだとかなんとかいふやうな、何でも宜いのですが、運動をやつて、汗を出すといふこと、それからもう一つは、通じをよくすることです。向ふでは普通の通じがあつても一箇月一回位はわざ〳〵下劑をかけて通じを良くする必要がある。これは日本に居つても必要ですが、向ふでは汗を出すといふことと通じを良くするといふことが日常最も注意しなければならぬことです。

石原　私は長く軍隊生活を致しまして、サガレン州の寒い所にも行きましたし、支那の少し南側の暑い方にも參りました。それで寒い方は相當寒いといふ考へを持つて行つたのでありますが、その割合に凌ぎよいやうに思ひました。さほど苦痛ではありませんでした。それに反して、支那なぞと思つて行つたところが支那が案外暑くて起居上に相當苦痛を感じたやうに思ひます。

竹井　それは南支那のどこか知りませんが、例へば海南島などは非常にひどいです。これは私も行つて體驗したのですが、海南島の暑さは非常にひどい。それで海南島さへあんなに暑いのだから、もつと赤道に近寄つたらもつと暑いだらうと考へるのは大變な間違ひです。

石原　却つて好いわけですね。

竹井　えゝ。例へば佛印のサイゴンの如きは大陸ですから、非常に暑い殊にサイゴン地方といふものは、平々坦々、一望千里のやうな所で、土地が非常に低い。あんな所だから暑いのは普通です。而も北緯十何度です。ジャバの如きは南緯五度ですから、あつちから歸つて來た當座は、僕も、非常に鋭敏に感じたが、寒暖計が同じでも、體に堪へる所は日本と十度違ひます。向ふの八十度と日本の九十度と大體同じと思へば宜い日本では朝八十度位ですと、盛んに油汗が出ますが、向ふの八十度ですと、浴衣一枚では一寸寒氣を感ずる位です。それは空氣がそれだけ乾燥して居るからです。

記者　その點は滿洲の寒さと同じやうになりますね。

竹井　さうです。また日本の夏は世界的に惡いのです。日本といふ國は良い惡いは兎も角も氣候は全然世界の大部分と反對です。といふのは、夏は世界のどこに行つても乾燥するのが普通です。冬は空氣が濕めるのが普通です。ところが日本は夏濕つて冬乾燥する。そこで夏は體內から蒸發しようとすると空氣が濕つて居るために外から抑へる。內と外から邀撃されるからひとり人間自體が苦しまなければならぬ。それで私共から言はせるならば、日本の夏は暑くはないけれども、苦しいのです。反對に冬は空氣が乾燥して居るから、體內から蒸氣が發散するとそれを餘計吸收する。それで日本では寒暖計の度以上に暑さ寒さを感ずるのです。だから海南島だけではない、廣東にも私は五、六年居つたことがあるが、あそこもあまり好くありません。大體さういふ譯ですが、しかしさういふことを考へなければならぬやうな人間は、南洋に發展するなんていふことはやめた方がよい。氣候が惡くてもそれを征服する位の意氣を持たなければならぬ。況んや行かぬ前から一種の恐怖に驅られるやうな人間は、行つたつて駄目です。

蘭印の衣服

石原　向ふでは主にどんな着物を着て居たらよいでせうか。

竹井　着物は普通白の服を着ます。それも吾々が行つた今から三、四十年前はみな詰襟でした。總督も知事も全部詰襟だつたが、歐洲戰爭の頃から詰襟ではなく、折襟が流行るやうになつて、今はたいがい折襟です。

記者　何枚位着ますか。

竹井　何枚と言つても、下にホワイト・シヤツを着て……やはり日本の夏と同じですよ。

記者　ネクタイを締めて居りますか

竹井　ネクタイもつけます。しかし例へばジャバと香港とでは、香港の夏の方が苦しいです。香港の夏は、事務所の中でフアン（扇風機）がなくては暮せない位暑いですが、ジャバではフアンなどなくてもよいのです。

記者　禮服は――

竹井　禮服なども着ます。

記者　南洋ではかういふやうな服裝をしなければいかぬ、かういふ服裝をしたのが活動に一番便利であるといふやうな服装は……
竹井　海軍などは向ふに居ると、袖の短かい、こつちのズボンの短かいやうなものを造つて居ります。
記者　島民の生活様式では衣服の部面はどんな風に行つて居るでせうかやはり裸ですか。
竹井　南洋は二千年前から裸ではありませんよ。二千年前から支那の書物の中に殘つて居るが、その當時からちやんと着物を着て居つたといふことがハツキリ文獻にも殘つて居る。尤も暑い所で裸になるのはむしろ自然です。吾々だつて夏になつたら家の中では裸で居る。裸で局部だけに物をつけて居るといふやうな者は、山の中の非常に邊鄙な所に居る純粋な原始的生活に近い、これこそ野蠻人です。普通の者はちやんと着物を着て居る。着物を着て居ればこそ南洋全體に對して一億數千萬圓の綿布が賣れるではありませんか。これが裸ン坊なら綿布など賣れる筈はない。
記者　さうすると、その被服はどういふ……
竹井　それは地方々々でみな違ひます。ジヤバだけでもいろ〳〵型が違ふのです。例へば婦人のものでも、上着の長い所もあるし、短かい所もあるし、要するに地方々々で違ふ。それは日本だつてやはり地方々々で多少づつ違ふのと同じです。
記者　全體に共通する所は……
竹井　共通するのは、上着を着て、上着の下に男のチヨツキみたいな小さなものを着て、その上に上着を締めて、さうして下に腰卷を穿いて、腰卷の下には所謂ズロースみたいなものを穿いて居ります。そのズロースなどは日本人のよりも餘程進歩して居ります。山の中に行つてもズロースを穿いて居らぬ者は一人も居らぬ位に普及して居る。さうしてその上に腰卷を穿いて、その腰卷をちやんと帶で締めるのです。これが大體に於て男女とも共通な所です。さうして男は、この頃上着はたいがい洋服です。
記者　それはマレー人種の服装に於ける共通性ですか。
竹井　マレー系統と言ふか……大體系統から云へば、殆どマレーですがね。

石原　食物などはどういふものを……

竹井　食物は、早く言へば日本と同じです。米が主食で、野菜、魚が副食物です。ただ料理法が違ふだけです。

石原　寒い所では非常に脂肪分の多いものを食べますが……

竹井　向ふでは脂肪分も攝らぬことはないが、脂肪分よりもどうしても攝らなければならぬものは、辛いものです。唐辛子のやうな辛いものは熱帶と寒帶とは兩々同じである筈です。例へば朝鮮の如きは漬物でもとても辛い、あゝいふ風にどうしても辛いものを攝らなくちやならぬ。これは自然が要求して居る。即ちそれで生理的にまづ發汗しますから、從つて新陳代謝をこれで促すわけです。だから日本でも夏は少し辛いものを食べると食慾が進むといふのはその關係です。

記者　社會的な習慣などで日本人と共通した所が相當ありますか。

竹井　全般的に言ふなら、大體共通して居ります。

記者　蘭印でしたらオランダですがオランダの政府などはさういふのに對してどういふ風な政策を執つて居りますか。

竹井　全然放任政策です。オランダの異民族統治の狡さがあるのです。

石原　では今度は久保田さんにお伺ひしたいのですが、いま日本あたりでは、將來南洋が確保出來ました際には、主に原料として獲得するやうに考へて居る人が大分多いやうでございますが、これを私たちはすつかり品物にして、生産仕上がつた物にしてこつちに持つて來る方が宜いやうに思ひますが、それは果して可能性があるでせうか。例へば、これは一寸濠洲と違ひますが、濠洲で言ひましたならば、羊毛などは羊毛そのもので持つて來ないで、すつかり羅紗にしてこつちに持つて來る、さうしてその作業をするためにこつちから多くの人が行くといふことを考へたのですが、その可能性はあるでせうか。

久保田　簡單に申上げますれば、最近オランダの政府も、日本からの輸入品が非常に殖えて來た。島内消費の生活物資といふものは大體海外に依存しなければならないやうな立場にあるから、これは非常に危險であるといふ建前で、島内工業を勃興させることに非常に力を注いで來たわけであります。それで今日では織物工業を初め、その他いろ／＼な輕工業が、家内工業的な立場からだんだん大規模の工業に發達しつつある過程にあるわけです

久保田氏

さうして實際にやつて見ますと、一般の住民は、從來は教育はないし無智であるが故に、良い勞働を提供する可能性が少いと言はれて居つたのでありますが、實際にやらして見ると、非常によいのです。例へば自動車の運轉をさせて見ましても、日本人の運轉手よりも上手なんです。これは或る程度氣が散らないからですね。だから仕事を分業にして極く狹い範圍の仕事に熟練させると、これに眞直ぐに進んで行くのです。さうすればこれは非常に良い勞働を提供することが分つたのです。それでいま一生懸命に工業を發展させて居る。さういふことから考へて見て、今日まで駄目であつたといふ輕工業はないのです。だから今後東亞共榮圈を賄ふについて、一々あそこの原料を持つて來て、こつちで生産して、また海外に出すといふよりも、少くとも輕工業は現地に移す。重工業は已むを得ないから日本でやる。重工業をこつちでやらなくちやいけないといふのは、動力の關係であります。水力電氣は、ジヤバでは發電所が約四十位と記憶して居りますが、落差が少いし水量が十分にないといふので、大きな發電所を持つてゐない。石炭は御承知のやうにスマトラ

の極く一部にほんの少量出るだけで、動力にならないと言つてゐるのです。石油は勿論ございますけれどもさういふやうな關係ですから、輕工業なら、あそこで發動機を使つてやつて行けるし、十分に可能性がある。重工業はやつて行けないのぢやないかと思つて居ります。

よき指導を與へよ

記者　ところで、オランダ人がやつたり外國人がやつて來た植民政策の中の學ぶべき點ですね。さういふ技術上の問題をどういふ風に變更して行つたらよいか。

久保田　それはまかり間違へば、必ずとんでもないことになりますよ。だから若しも向ふの官吏連中が全部逃げないものとしたら、少くとも縣知事級以下の人間は、殘つて居つたら引摑まへて彼等にやらせる。さういふ方法が過渡的な方法としては一番上手な方法ぢやないかと思ふのです。私はかういふことを話したことがあります。從來幾回となく日蘭會商が行はれて居るが、これの隨員として來る者の數は夥しいものである。軍人も來るし、外務省、拓務省遞信省、大藏省、農林省、凡ゆる省の官吏に、その他民間の人が仰山やつて來る。ところが、軍に於いては如何なる事態が生ずるやも量り難い場合をも考慮にいれて、種々の方面を調査研究された。それが今日ものを言ふわけです。これに反して、軍以外の人たちは、新しい秩序のもとに、この民族を如何に統治して行くか、この經濟機構を如何に動かして行くか、この經濟政策をどんな工合に變更させて行かなければならないかといふことについて、こつちから先に研究して居らなければならぬのに、割合に呑氣に構へて居つた。さういふ點で吾々は實に不滿に堪へなかつた。やがて、過剩物資の問題が起る。この剩つた物資を如何に捌くか、これを巧く捌かなければあそこの統治は出來ません。だから吾々はこの際すべての智能を集めて、大いに對策を建てろといふことを言ひたいのです。本當に眞面目にですよ。

竹井　僕が今やかましく言つて居るのは、兎に角南洋へただ單に金儲けを志して行く奴は、一人でもやることとは出來ぬといふことを原則としなくちやならぬ。向ふ見ずに金儲けなんといふことにばかり汲々としたら皇軍が如何に赫々たる戰果を擧げても駄目になります。まづその土地を肥やし、そこの住民の生活を向上させて經濟力を持たせるといふことが先決問題です。向ふの土地が肥えて向ふの住民が肥えるといふことは、卽ち日本が肥えることですからね。それから向ふに金が出來れば日本で造つたものが賣れる。金が出來なければ、いくら日本に立派なものが出來てもそれを賣ることは出來ない。だから向ふにまづ金を儲けさせに行かなければならぬ。金を儲けに行くといふやうな者は一人もやつてはいけない。

久保田　あなたは金儲けに行つたのぢやないですから。

石原　これからの日本は向ふの民族の個性を知ることが非常に必要だらうと思ひますが、向ふの個性について何か特異性を承りたいと思ひます

久保田　少し竹井さんの前に話させて戴きたいと思ひます。大體ジャバを中心にして申上げますが、南洋の所謂インドネシア民族といふのは、遊惰の民である。さうしてその日に稼いだ金は直ぐその日に使つてしまふ。宵越しの金は使はないといふやうな工合で、貯蓄心もない非常に遊惰な民であると言はれて居つたわけです。扨は、元々さういふ遊惰な民だつたのだらうかと思つて、いろいろ歴史を調べて見ますと、西暦一四〇〇年頃モジュハイ王國、マカラム王國といふのがジャバにありまして非常にこれが繁榮して居つた。その時分にはジャバを中心として、シンガポールは勿論、遠くタイ、佛印、フイリツピン方面まで大きな商船隊を造つて貿易に出掛けて居る。さうして彼等は船に載せる大きな大砲の鑄造の技術まで持つて居つた。一五〇〇年頃ポルトガルが一番初めにマラツカに來まして、いまのシンガポールですね、あそこに來た時に、ジヤバ人の大きな植民地を發見して驚いたといふやうな事實もあるわけであります。さういふ時代のインドネシア民族といふものは、活潑な進取的な民族であつたといふことが窺はれるのであります。然らば何故から

いふ遊惰な民と言はれるやうになつてしまつたかと言ふと、これは一にオランダの搾取主義による、歪曲された經濟發達の中に三百年の間生活させられたといふことに歸すると思ふのであります。その一例を申上げますれば、あの搾取會社である東印度會社は十七世紀に出來たのでありますが、この東印度會社が各インドネシア民族に對して强制栽培の制度を施行した。ヨーロツパで欲しい品物をあそこへ植ゑさせた。彼等民族が好むと好まざるとに拘らず、その物資を取らなくちやならぬといふので植ゑさせた。著しい一例を申上げますれば、コーヒーです。オランダ本國にコーヒーの需要があると、これを各地に强制栽培させた。ところがコーヒーよりも、今度は胡椒の方が非常に相場が出て來てヨーロツパの方で儲かるといふことになつたためにコーヒーを强制的に切り倒させて、今度は胡椒を植ゑさせた。ところが數年經たずしてまたコーヒーの需要がヨーロツパに非常に出て來たといふので、また胡椒を切り倒させてコーヒーを植ゑさせた。けれどもコーヒーといふやつは、御承知の通り最小限度六年位しないと役に立たない。それでその間彼等は仕事をせずに遊んで居らなければならないといふやうな狀態になつたわけであります。さういふ風に、あれがいゝと思つて一生懸命やつて居ると、それがすぽつとやめさせられるし、やめさせられるかと思ふと、今度はまた別の商品に變るといふやうな狀態で土地を酷使すると同時に、民族を非常に酷使した。かてて加へてコーヒーの船積目方は、一番初めに決められましたのは百二十六ポンドを以て一ピクルとするといふことで、百二十六ポンドを麻袋に詰めて、それを船が受取つて持つて行つたのです。これがシツピング・ウエイトであります。ところがデリヴァリー・ウエイトと云つて、田舍の農園から倉庫に渡すのに百六十ポンドを以て一ピクルとすると規定した。だからその差額の三十四ポンドは當該官吏のポケツトに入れてしまつた。甚だしい時にはこれが二百七十ポンドを以て一ピクルとするといふやうなことにしたのです。だから百姓は殆ど無報酬で働かなくちやならぬといふ狀態にまで立至つたわけであります。かういふやうな歪曲された經濟狀態の中に彼等はずつと生活して來た。これが所謂いくら働いてもしやうがないし、いくら働いても何にもならないといふ觀念を植付ける大きな動力になつて居るのではないかと思つて居るわけであります。

竹井　さう〳〵。それは久保田君の思ひだけではない。事實です。その一番好い例は、オランダ本國の各大學の教授で極めて公平な學者が七、八人ありますが、かういふ連中が東印度會社及びオランダ政府直轄の仕事に對して一八〇〇年頃だつたか、その時代に痛烈な批評をして居ります。自分の國の政府のやつた仕事に對して、而もこれには極端な字が使つてあります。例へば人間の道でない、獸だといふほどまでに、自分の政府の極惡を非難して居る。かういふものは日本で誰も紹介しないのです。オランダ人が嘘を言つた、つまり征服者として都合の好い、利益を擁護するやうな發表をしたものだけを日本人の方ではいくらか紹介されて居りますけれども、そのオランダの政策の根本といふものは、死なない程度に働かして、而も働いたものが十あれば、十の中七は生活に要ると假定すると、その七の中の三を與へて、あとの四と利益の三とを加へた七を政府が取るといふことが政策の根本方針になつて居る。だから殺しはせぬ、働かなければならぬ。しかし腹一ぱい食はせぬ。まづ半分食はせて働かして、さうしてその半分の食ひ賃が十錢とするとあとまだ十錢の利益がある、だからこの二十錢は政府が取るかういふ政策です。これではどんな人間だつて働いて金を貯める氣にはなりません。さういふ政策が今日まで極めて嚴格に行はれて居るのです。だから日本人でさういふことを見ずに、ただ遊惰だ、放蕩だ或は貯蓄心がないといふやうなことをいふのは、いつたい日本人か西洋人かと言ひたくなるのです。東亞共榮圈の建設はかういふところから考へて行かなくてはなりません。今のは主としてジャバ人の話ですが東印度の中にも、例へばロンボク島にササといふ人種があり、或はセレベスの山中にトラジヤといふ種族がある。かういふ連中は勤勉で貯蓄心に富んで居ること支那人も三舍を避ける位です。だからかういふ連中の居る所では、支那人も殆ど發展が出來ない。それは實に勤勉で、又經濟思想も相當發達して居るし、トラジヤ人の如きは主に山中生活をして居る種族ですから、從つて水の不便な所がある。だからその村には水を汲む苦力が居るのですが、さういふ一荷水を擔いで五錢とか十錢貰ふ仕事をして居る者でも、最低限度千五百ギルダー位の現金をちやんと石油の箱に入れて土の中に埋めて居ります。またその外に商賣の才能にたけた種族も居る。さういふやうに種族によつていろ／＼特徴があるのであつて、全體に日本人が言つて居るやうに、熱帶の住民には貯蓄心がないとか全部が遊惰放蕩だといふやうなことは、これは學者まで言つて居るが全く怪しからぬ話です。そんな學者は研究して言つて居るのぢやないただ想像して言つて居るか、或はただ一地方を見ただけで言つて居るのです。かういふやうな觀念も餘程根本的に日本人から排撃しないと、今後の南方發展に非常な害をなします

石原　私が滿洲に參りました時によく見たのですが、日本から相當勞働者が行つて居ります。その勞働者が自分は働かないで支那人を頤使ひするのです。私は、これは非常に惡い現象だと思つて見て居つたのですがやはり今度もあゝいふ所に行つてさういふことをやつては宜くないのぢやないかと思ひます。

竹井　どこへ行つても考へなければならん。

石原　その點は將來南に行く時は大いに考へなければならぬですね。

竹井　實際考へなければならぬです

久保田　インドネシヤ民族統治の問題で私はかういふことを考へて居ります。大體現在のジヤバを中心として言ひますれば、ジヤバは人口が一番多く、四千五、六百萬居ります。ですから自然これが政治の中心になつて居るのですが、ジヤバ人は日本人に對して非常な親しみを持つて居る。オランダ人に對しては敬遠主義を執つて居る。勿論表面は服從して居りますが……。日本人でさへも白

人の方が吾々黄色人種よりもなにか上のやうに極く最近まで思つて居つた。しかしこれは十二月八日から大體破壊されたやうに思ひます。毛唐などが電車に乗ると直ぐ立つてみな坐らうとして居る。ところが吾々も外國に行つたら毛唐です。その毛唐が電車に乗つたつて向ふでは誰一人席を譲つてくれません。吾々日本人だつてさうなんだから、勿論彼等はさうなる。日本人よりも偉い人種だと思つて居つた民族に支配されて居つた時に比べて、皮膚の色と云ひ何と云ひ、吾々に殆ど近い、吾々の兄弟分みたいな日本人が統治者になつた場合、果して從來の親日的な空氣といふものが持續されるであらうかといふことを私は非常に疑問に思ひます。さういふことを考へてみますと、今日幸ひなことに二十四、五萬三十萬近くのオランダ人が向ふに殘つて居りますが、この人間に對する日本の今後の政策といふものが、あそこのインドネシア民族を引摺つて行く上には非常に大きなものを言ふのではないか、さう思ふわけです。すべて、オランダ人を堂々と使へ、而もこれは安い賃銀で使ふ。役に立たたないのは女中や、男はみんなボーイにしろ、極端な表現ですが、その位にまでして吾々が白人を使ふ所を彼等に見せるといふことは、非常に大きな政治的な力になりはすまいかと思つて居りますが、どうでございますか、竹井先生、さういふことは……

竹井 さういふ必要も大いにあるでせう。けれども、いま居るオランダ人の半分はアメリカや濠洲に逃げるでせう。

久保田 逃げると言つても、船や飛行機もないし、逃げる場所もないでせう。

アジア中心に

竹井 後へ殘つたオランダ人が使つてくれといふのなら、これを使ふことは非常によいのです。また實際の經驗と知識を持つて居る彼等でなければならぬ所もある。これを使ふことはよいのですが、私が昭和九年の日蘭會商に行つた時に、かういふ問題があつたのです。日本の商品を彼等も賣る、日本人、支那人も賣る。

さうすると日本人、支那人は假令利益の掛け方が一割でも儲かる。ところがオランダ人は、損をするのです。なぜ損をするかといへば、生活程度が違ふために利益の掛け方が違ふ。日本人は假りに一割で算盤が採れるなら、彼等は三割か四割利益を掛けなければ算盤が採れない。日本人に蹤いて行けば損をするから、從つてオランダ人が商權を握らなければいかぬ。握つてしまへば、吾々が五割なら五割掛ければ支那人も日本人もそれに蹤いて來る。かういふことがあの時の會商の一つの原因であつたから、新聞記者などと僕は話をする時に、向ふでさういふことをいふから、それは根本的に間違つて居るといろいろの議論をしたけれども結論は、鄕に入つては鄕に從へ、此處はお前の方の領土には違ひないがアジアではないか。此處はアジア人を以て形成して居る社會だから、アジア人の生活といふものを基礎にお前どもは眞似をしなくちやならぬぢやないか、ただお前の方は生活が高い、高いといふことは贅澤ぢやないか、贅澤をするためには、不當な利益を取るだけではなくて、それを消費する一般の民族に對して、現在でさへ經濟力がないのにまだその上の加重を强ひなければならぬぢやないか、さういふことは駄目だから、兎に角アジアに來たら、アジアの社會を中心にしろ。但しそれが厭やならばお前どもは本國へ歸れ、君等は本國があるぢやないか、吾々アジア人はアジアから何處へ行くのだ、と言つて僕は新聞記者と議論をしたことがありますが、そこまで行かなければ駄目です。

石原　さうですね。

竹井　しかし一體に南方のインドネシアに拘らず、その他の者は日本を非常に崇拜して居るから、皇軍が行けば翕然として日本の傘下に集まり銃を持つて居る者は直ちに後ろを向いて進むであらうと簡單に言つて居る人があるが、この位危險なことはありません。成程さういふことは、市井の無責任な者が口にしては居ります。しかし大衆と指導者との關係が支那とは根本的に違つて居ります。支那では御承知の通り、大衆の心を掴めば所謂政治家を左右することとが出來るのです。だから支那ではどうしても大衆の心を摑むことが政治の根本になるのです。ところがあつちでは現在オランダの政府があるけれども、その下の官吏といふものはオランダ人の官吏ではない。インドネシア人の官吏が十九萬人居つてこの人たちが七千萬のインドネシア人を事實上統治して居るのです。併しながらこれはオランダの政府があるからで、政府といふものがなくなつた時にはどうなるかといふと、現在の指導者階級、卽ち非政府黨、民間人が七千萬の同胞の心を左右する力を持つことになるのです。だから大衆の心を假りに日本が摑んでも、この指導者階級がそれに蹤いて來なくて反對するならば、これはその場だけの力しかない。だから大衆よりもまづ指導者の人心を摑むことが先決問題です。指導者の人心を摑めば大衆といふものは、指導者からこれはかうしなければならぬと言はれゝば、その通り蹤いて來る。その指導者なるものが現在日本をどう見て居るかと云へば、これは僕の專門に硏究して居る所で、最近の情報まで入つて居りますが、あまり樂觀は許されません。

記者　なかなか難しい問題があるわけですね。

竹井　兎に角事實を先に示して行かなければならぬ。事實でもつて本當の日本人の肚といふものを示さなければならぬ。それで肚が良くてもすることが違ふといふことは、つまり對手を知らぬからです。例へば支那に例を取れば、支那人に對して物を只でやれば支那人が感謝するものと考へて居る。いはゆる宣撫の基礎はこゝにある。しかし支那人といふものは、物を只で貰つて感謝する民族ではありません。これが支那民族の經濟學の根本です。決してさういふことのあり得る筈がないといふのが彼等の經濟學の根本ですから、なにか物を貰へばその報酬を要求されるといふことが彼等の頭にある。それをどうも要求されずに只で物を呉れる。これは對手に弱點があるからであるといふ風に見る。御承知の通り支那の乞食は、乞食でも決して一文下さいといふことを言ひません。たとひ乞食であつても、自分の弱味といふものを見せません。だから、且那善根をなさいと言ふ。善根をなさいといふことは、どうせ人間は誰でも惡いことをして居るのだから、善根を積むために私に金を呉れ、かういふことです。これが支那人の通有性をはつきり表はして居る。だからかういふことを知らずにいくら日本人が善政をやつても、それが善政にならぬ。民族精神といふものを知らずにやれば、良いと思つてやつたことが逆になる。逆にならないまでもその効果は薄いのです。さういふ點が非常に大事です。これは南洋でも民族によつてそれ〴〵違ひますからね。

記者　一般に南洋全體に共通してですが、さういふ南洋の民族に對して占領後一番早くどういふことが大事でせうか。

みじめな住民

竹井　一番大事なことは、彼等の生活をまづ安定さしてやることです。その前提として、現在どういふ情勢かといふことを話さないと、唯生活が苦しいと言つただけでは意味を成さないのですが……

　蘭印政府の根本方針の一つに、彼等の經濟を殺ぐといふことがあります。これは三百年掛つて殺いで來たから、大部分殺いでしまつて居る。だから、今一番の資産家として七十五萬持つて居る者が一人居るだけです。その前までは百五十萬の資産家が一人居つたが、それがもう亡くなつた。だが、それだけならばまだいゝのです。有る者の財産を減らすのだから……。ところが、更に一歩行つて、その日暮しの農民でもその經濟力を絶對に殖やさせぬ、發生させぬといふことが根本方針です。詰りその日働いて、その働いた賃銀でその日の家族が食つて行かなければならぬやうな者に對しても、大體收入の約五割を色々な税金として取つてしまふ。その税金が取られなければ貧しいながらも、五十錢取る勞働者で五人なら五人の家族がどうかかうかその日を食つて行くことが出來る。ところが、その收入の約半分を税金に取られるのですから、食ふことが出來ない。食ふことが出來ないから——彼等は、日本で言へば粥を吸つて居るのですが、食ふだけではなく、税金が十分拂へない。だから税金を拂ふために、更にまた夫役に出て仕事をして、その仕事で税金の幾らかを拂ふ。それでも足りないところは、今度は差押を食ふ、それはあばら屋の者でも遠慮なく差押をする。差押をして拂はなければ、今度競賣にまで付する。これは、そんな貧乏人からその收入の五割を取つて見たところで、國庫收入の全體としては幾らになりますか。だから、國庫の收入を殖やすことが目的ではなく、何處までも經濟力を持たせないといふことが根本です。それ位の經濟的壓迫を大部分の農民は受けて居る。だから、例へばその税金を解放してやることだけでも、如何に彼等に取つて恩惠になるか分らない。ですから、まづ生活の安定と同時に、多少の向上をする――まあ向上は第二としても、まづ安定を圖り、この政府の税金を解放してやることだけでも、それが政治の根本になるのであつて、從つて彼等の民心を把握する基礎になるのです。

久保田　確かに同感ですナ。

竹井　現在多くの日本人は、彼等の一番下等な生活といふと、作つた米が自分で食へずに、玉蜀黍を食つたり、或は玉蜀黍に米を入れて、それに二錢か三錢の鹽魚と、鹽少しと、唐辛子……これで一日の生活をして居るが、これが彼等の普通の生活だと見て居る。だから、彼等の生活は簡易で、安く上がるのだから、勞働賃銀は安くていゝと、かう自分勝手な見方をして居るが、これでは眞相は分りはしませぬ。現に彼等は今日五錢入つたら二錢の魚を買ふ、明日十錢入つたら五錢の魚を買ふのです。だから、何のためにさういふ生活をして居るかといふその根本を探れば、どういふ風にしたら彼等に恩惠を與へることが出來るかといふことが分つて來る譯です。何といつても人間は食ふことが先決問題です。食ふこと位眞劍な問題はありませぬですから、外のものは、暑ければ、裸なら裸でよし、家も、何も立派な家でなくてもいゝ。しかし、食ふことに對しては、何處の民族でも、これ位鋭敏なものはありませぬ。だから、その一番鋭敏なものに對して善政を布くといふことです。

久保田　最近の國民參議會で彼等の政府が發表したのですが、或る部落の生活調査をやつた譯です。さうしたら、一日の生活費二錢五厘といふ數字が出て來た、と言つて、それを堂々と發表して居る。さういふ風なことが、先程竹井さんが言はれたやうに、勞働賃銀の決定、その他の基礎になるのです。向ふの田舍では、農園の草取なんかには苦力賃を八錢拂つて居るのでありまして、その八錢の苦力賃を拂ふのに、お晝の辨當まで持つて仕事に出て來る。そんな酷い狀態があるのです。

竹井　僕が昭和九年に行つた時に、政府の或る高官が、一般農民は二錢五厘で生活が出來ると言つたといふので、大分非難囂々の聲が起つて居りました。その時に、政府は監獄の囚人に對しては六錢の支給をして居るではないか。――事實その當時は監獄の囚人一人に對して、政府は食糧費として六錢拂つて居つたのですが、それを普通の者が二錢五厘でどうして食つて行けるかといふことを大分喧ましく言つて居つた。だが、その二錢五厘で生活が出來れば、まだいゝ方です。二錢五厘の生活すらも出來ない慘めな者が澤山居る。向ふには五厘の金があるが、その五厘の金を一厘にしなければ使へないやうな者もあるのです。

久保田　實際さうですナ。政府は食鹽の專賣をやつて居るのですが、一切れ五厘といふのを作つたら、それが慘めな生活をして居る人達の實情に合つて非常に喜ばれ、島民もそれで潤ほうたといふやうな工合で、それを盛んに宣傳して居る。かういふ事實は向ふの民族運動のリーダーなどといふ連中は非常に深刻に取扱つて話して居る譯です。

　これは、オランダ政府の政策を民族解放運動といふやうな立場から考へて見ると、批判すべきことは數限りなくあるのです。例へば、ベンジンの値段がスラバヤの市內では、一リツトル二十二錢です。これをベンジンスタンドなどでは、原價九錢に消費稅が十三錢、合計二十二錢と、堂々と書いて出して居る。このコスト九錢が既に高いのです。これはB・P・Mその他の油會社がまづうんと頭を刎ねた値段です。實際はこの半分以下であるのですが、それに消費税十三錢を加へた二十二錢で賣つて居るのです。

竹井　兎に角ベンジンを持たぬ國でしかも日本が一番安かつた譯です。そしてベンジンを持つた國ほど高かつたのです。

久保田　それから水道の水が一キユーピツクメートル三十錢ですが、その水道の水が彼處のインドネシア民族はよう使へないのです。それを使ふ金が無いから、川で洗濯をし、川で水浴をして居る。ところが、その水道は水が足らぬかといふと、足らぬのではない、剰つて居つてスラバヤ邊りではこれをどん／＼捨てて居るのです。捨てる程剰つて居るのに彼等には使はせない。それでジヤバの民族はあの汚ない、どろ／＼濁つた、色々のものが流れて來る所謂カリマス、黄金の川で水を浴びて居る。それを彼等はあゝいふ所で浴びるのが好きなのだ、だから、好きなやうにやらして彼等を喜ばせて居るのだといふやうなことを言つて居る。誰だつて、變なものが流れて來る汚ない川で口を嗽いだり、着物を洗つたりするのは好きぢやないのですが、それを平氣でやらして居る。

久保田　蘭印全體としては大きな輸出超過ですが、これを部分的に考へて見ますと、ジヤバはずつと最初から大きな輸入國です。そしてその外領が非常に莫大な輸出をやつて居るこの事實を知らない人が多いですがこれは一寸統計を見れば直ぐ分ることです。

石原　その輸入の主なる物は何です。

久保田　それは澤山ありますが、綿製品類が非常に大きいですネ。

竹井　それと食料品です。この食料品がまた問題です。食料品の中主なるものは、インドネシア人の食ふ食料品としては米と鹽魚です。鹽魚だけでも毎年三千萬ギルダーから入つて居る。これは實際の生活必需品ですが、この外に何があるかといふと罐詰がある。この罐詰はオランダ本國から取つて來るものであつて、オランダ人が食ふ。オランダ人位罐詰を食ふものは居らんです。罐詰を食はなければならぬやうな位ならば別だけれども、罐詰など食はなくてももつと新鮮なものが外にあるにも拘らず、罐詰を食ふ。この罐詰の贅澤だけでも非常なものです。これは一般民衆の食ふ鹽魚と米を除いたら、外の飲食物と言へばこの罐詰が一番大きな地位にあると思ふ。

石原 やらうと思へば、自給自足が出來る譯ですか。

竹井 彼等に自給自足は出來ますがオランダ人には出來ませぬ。

石原 日本人が向ふ〳〵行つたら出來ませう。

竹井 それは出來ます。

久保田 完全に出來ますナ。

竹井 彼處は現在無いものでも、植ゑたら直き出來るのです。野菜などは足りぬけれども、日本人が大掛りでバタ〳〵やれば、一週間もすると直き食へるやうなものが出來ます。

久保田 食糧をうんと輸入して居るから、米だとかいふものについて日本の爲政者は心配して居られるのですが、これは地域的に國土計畫といふか、さういふ風なことを考へて各島嶼々々でやれば、自給自足は出來ると思ふのでありまして、ちつとも心配は要らないと思ふ。しかし、蘭印の米だとか、泰の米だとか、あゝいふ所で剩つて仕樣のないものは何とか考へて行かなければならぬでせうが、さういふことはよく研究して居りませぬ。けれども自給自足をやるといふことになつたら直ちに出來るのです。米にしましても、植ゑて三月半經つたら出來るし、玉蜀黍などは種を播いてから三ヶ月で出來る。玉蜀黍は彼等は非常に好むのです。そんな狀態ですから、三ヶ月保ち堪へる方法があつたら、あとは種さへ持つて行つて播いたら直ぐ出來るのです。

記者 それからまた話は元へ還るのですけれども、これから日本人が澤山南方へ行きますと、其處で日本人の社會が出來る譯ですが、それとインドネシア人の社會との接觸はどういふ風になりませうか。

竹井 それは經濟的には大體に於て三つに分けなくてはいかぬでせう。それは日本人の畑と、インドネシア人の畑と、そして支那人の畑の三つに分けなくてはならぬ。ところが、今支那人はピンからキリまで商業には凡ゆる面に首を突込んで居る。これを或る程度インドネシア人の畑はインドネシアで取らなくてはならぬ。しかし支那人でなくてはならぬ點、或はまた支那人が最も適した商賣があるから、それは支那人の方に大體やる。これはまた支那人にさうしてやらなければ、日本人として發展は出來ませぬ。といふのは、唯政治的な地位が移つたところで、經濟的には支那人には勝てませぬから、發展は出來ない。現在はインドネシア人が發展し掛けて居る所でも支那人が潰しつゝあるから、これは寧ろインドネシア人は處理しなければならぬが、少くとも大體に於てその根本方針は今言ふ三つに分けなくてはならぬ。これを分けなかつたならば政治上の根本問題が起ります。

住民經濟の復興

記者　久保田さん、さういふ場合に日本人の實業界と言ひますか、産業界が今度、新しい見地から生れる譯ですネ、それとインドネシア人の經濟との關係はどうですか。

久保田　さうですネ、大變むづかしい問題になりました。十分に研究しなければ一寸意見を述べられない問題でせうが、私はまだ研究してもないのですけれども、結局先刻竹井さんの仰しやつたやうに、職業の分野を決めるのが大きな問題でせう。インドネシア民族にはそれに適當したこれ〳〵の仕事を與へる、かういふ方面には日本人は侵入しないといふやうな工合に決めて掛かることはやはり非常に大事だと思ふ。然らばどういふ方面に日本人を振向けるかといふやうなことは、それは所謂東亞共榮圏を賄はんがための産業再確立と言ひますか、さういふ問題から檢討して掛からなければならぬことでせうが、結局非常に大きな統制的な産業開發をやつて行かなくてはいけない。その統制をやるについて、日本人は何處へどう働いて行くか、一寸見當はつかないけれども、例へばエステート方面だけでも勿論收容し切れないし、鑛山方面だけに限る譯にも行かぬであらうし、概念的にかういふ方面といふことは甚だ危險になるぢやないか。從來向ふで行つた日本人の商賣といふのは、エステート方面は全體的に見たら極く一部分であつて、多くは貿易及び小賣商といふやうな狀態であつた譯です。かういふやうなものも今後同じやうな狀態に繼續せしめていゝものかどうかといふことは再檢討を要することと思ふ。過渡的な問題としては、結局從來通りのやうな形で營業を復興させる、復興をさして見た上で徐ろに變更を加へて行くといふやうなことになるのではないでせうか。よく分りませぬ。

竹井　大體インドネシア人には資本がないですから、彼等の手で出來る範圍の商賣で、また彼等が消費する商品の小賣は出來るだけ彼等にやらせる。第一インドネシア人には資本がないのですが、この頃は小さいながらも幾らか作つて居るし、彼等に出來るものは出來るだけ彼等にやらせるといふ方針を執ることが必要と思ふ。從つて日本人はやはり中以上の商賣の方でやつて行かなければいけないでせう。

久保田　しかし、一般インドネシア人に細かいながら、例へば小賣屋をやらせようと思つても、そこは中々手を付けられない問題で、先程仰しやるやうに、彼等には資本がないのだから、彼等をボツ〳〵裕福ならしめる政策を執つて行つて、その上でといふやうなことになるぢやないでせうか、從つてそれには非常な困難が伴ふと思ひます。

竹井　それはジャバなどでは困難が伴ふけれども、地方では……

生活の向上

記者　話は着物の方のことになりますけれども、インドネシア人の生活は非常に低いといふことですが、日本人で言へば、着物など、着た切り雀と言葉では言つても、本當の着た切り雀の人など居ないのですが、向ふではさういふ着た切り雀の人は居りますか。

竹井　それは極く下等の者には居るけれども、二枚や三枚の着替は皆持つて居ます。

記者　それは氣候の關係からですか

竹井　まあ一年中着るものは同じでいゝ譯です。極く最下級の者なら、夜寢る所がなければ、下に穿いて居る腰卷が相當長いので、それを下からずつと上に被つて寢れば、道端邊りでそれだけでも寢られるのです。ですから、さういふ下級な者は別だけれども、大體に於て二三枚の着替は持つて居ます。

記者　住宅は……

竹井　住宅なども洋風です。

記者　これから大東亞共榮圈になつて、アジアの新しい生活樣式が確立されると思ひますが、さういふ場合インドネシア人もやはりその新しい生活樣式を建設するだけの能力、頭がありますか。

竹井　頭はあります。だから今言ふやうに、此方から育成强化して經濟力を持たせなければならぬ。彼等は經濟力が一番殺がれて居るために、民族としても、人間としても發達をせずに居るのです。つまり、彼等が文化その他の方面で遲れてゐるのはさういふ政策をオランダからとられたためですから、それを解放してやれば、それだけの能力はあるのです三人の親から、一つ自分の息子の積りでこの子供を日本に連れて行つて教育をして呉れ、今後出來るだけ多くの留學生を送るから……といふことで、僕は三人連れて來た譯です。

石原　どうも色々なお話をお伺ひしまして有難うございました。

（於・東日會館）

二、國境通信

工場の方から、大きな鋸が廻轉して、木木を裂く音がしきりに聞えて來る。孝太郎と新太郎との叫び聲が、機械の音や、しゆうと材木の鳴る音にまじつて、ときどき聞える。材木置場にゐるかぶと蟲を見つけるたびに、歡聲をあげてゐるのであらう。

ここは恰度、鐵道線路と、急行電車の軌道との中間くらゐになつてゐるので、たえ間なく汽車と電車とが往復する。電車道のさきが田圃になつてゐて、そのさきに松原がつづき、光つてゐる海が見える。夏になると子供たちが、姉のたか江のゐる關野製材工場によく來たがるのは、この海邊で貝をとつたり、魚を釣つたり、泳いだりできるからだ。

工場は海風をぢかに受ける。潮の香が工場の屋根にも、塀にも、障子にも、しみついてゐる。

母屋の縁側で、孝之介とたか江とは、秋の陽をいつぱいに浴びて、むかひあつてゐる。孝之介は、さつき來た時に、入口ですれちがつた馬渡とみ子が、つんとして挨拶も

せずに行つてしまつたことが、なんとなく、心にひつかかつてゐるが、そんな様子を姉に見せるのも恥しいので、なに氣ない顔で、

「孝吉兄さんから、昨日、來たのよ」

といつて、姉のさしだした手紙を默讀してゐる。もつとも、最初は、その手紙を聲を出して朗讀してゐたのだが、途中から、聲を落してしまつたのだ。

「たか江どの。家はみんな元氣らしいので、戰地で、兄さんも安心をして居ることがでける。兄さんもますます元氣だ。といひたいが、この間は、實は、マラリヤで一ケ月ほど、兵站病院に入つてゐた。こちらはどうも、マラリヤが多い。兵隊はたいてい、一度か二度は、マラリヤにかかる。

なにしろ、冬といふ氣候がないので、蚊が一年中のさばつてゐる。蚊帳は一年中、つりぱなしだ。一度か二度はマラリヤにかかるといつたが、一度かかると、なほつたあとでも、なん度でも出るから、かなはんのだ。兄さんも、今は、元氣ぢやが、また、いつ出ることかと、いやな氣持だ。

この頃、さかんに討伐がある。支那兵はうるさい。蠅とおんなじ。討伐でいくらやつつけても、また暫くすると、もとのとほりの人數になつて、うるさく攻めて來る。無茶苦茶に、百姓の子や、町の子を徴發して、兵隊にしてしまふらしい。それにあきれたことに、兵器や彈藥をいくらでも持つとる。討伐戰のたびに、うんと、武器彈藥を鹵獲するんぢやが、やつぱり、どつからか、仕入れて來るらしい。山の中に逃げて居るばかりで、給與もわるく、そんなに武器もあるわけないのに、ちやんと持つとる。はがいたらしい話だ。

ところが、これが、みんな第三國から供給されとるのだ。香港から、どんどん運ばれとる。それに、この廣東の街にも、沙面といふ外國租界がある。それには、英國、米國、佛蘭西、伊太利などの第三國人がたくさん居る。ユダヤ人も居る。俺たちのやうな一等兵は、この租界の中にや入られん。沙面は島のやうになつとるが、英國租界の入口に、イギリス橋といふのがあつて、印度兵の歩哨が頑張つて居る。イギリス人の威張つとることは、癪にさわつてたまらん。その次に威張つとるのがアメリカ人。沙面では、

日本軍の金をまるで相手にせんさうぢや。ただ、一軒、ユダヤ人の店があつて、そこだけは軍票が通るといふことを聞いた。中に入つたことはないから、兄さんは詳しいことは知らん。

　こつちの支那町から沙面を見ると、堂々とした建物や、樹や、テニスコートが見える。奴等は、日本軍が入ることのでけん租界の中で、まるで、馬鹿にしたやうに、悠々と、テニスをやつたり、男と女とが手を組んで、ぶらぶら歩いたりしとる。その癖、まはりには鐵條網をはりめぐらし、いくつもあるトーチカは銃眼が、こつちをむいてゐる。のつぽの兵隊が鼻唄でもうたひながら、ぶらついとる。まるで、日本軍は俺たちには手出しをしきるまいと、なめてゐるのだ。俺たち兵隊は、何度、戰友と腕をたたいて、（畜生）と、齒がみをしたか知れん。

　租界の中は、支那人のスパイの巣窟だ。援蔣の穴だ。英米が、支那を助けて居るばつかりに、支那事變がいつまでも片づかん。俺たちみたやうな老兵までも、戰爭に行かにやならん。俺たちは戰地に來て、ほんとの敵が、支那のうしろに居るといふことがわかつた　こんなこと、あんまりいふと怒られる。上官から、第三國人に對しては鄭重にせよ、といはれとる。どうして、ほんとの敵に對して、鄭重にせにやならんのか。……」

「たか江姉さん、孝吉兄ちやんは、だいぶん、憤慨しとるねえ」

「さうね。孝兄さんは、小さいときから、氣短かの怒りんぼだつたわ」

「……この間、深圳攻擊のときは面白かつた。そのときに、お前の婿さんに會つたんだよ。關野君は北支の方に居るとばかり思つとつたんで、びつくりした。北支の張家口から手紙が來て、それを、討伐に出發の前の前の日に受けとつたばつかりだつたので、はじめは、人ちがひかと思つた。

　俺たちの部隊は寶山縣から敵前上陸をして、香港の英領の國境に添つて、山の中に入つた。そしたら、廣東の方から、陸路をやつて來た友軍部隊と、深圳から五里ほどのところで一緒になつた。一緒になつたといふが、敵を山中の谷間に追ひこんで、挾みうちにするといふ最初からの作戰だつたのぢや。あとでそれがわかつた。俺たち一兵卒は、大局の作戰なんて、さつぱりわからん。行けといふところへ行くだけの話だ。それがあとでわかると、大きな作戰の一部になつて居る。これはなかなか面白いもんだよ。

ところで、谷間に入らうとするところに、川があつて、その橋が落ちとる。敵が逃げるときに、油をかけて燒いたとみえて、まつくろ焦げになつて、けし炭になつて居る。その橋がないと進撃がでけん。歩兵はぢやぶぢやぶ渡るが、あとの自動車隊が困る。そこで、工兵隊が、その燒け落ちた橋の横に、丸太ん棒で、速製の假橋を作りよつた。みんな眞つ裸だ。（御苦勞さん、御苦勞さん。）といつて、まだ、架けかけの橋を俺たちは通つた。すると、川の中に膝まで入つて居つた一人の兵隊が眼についた。俺ははつとした。胸がどきどきした。その兵隊はシャツ一枚になつとつたが、シャツの折襟に、軍曹の襟章がついて居る。俺は眼を疑つた。こんなところに、關野君が居るわけがない。他人の空似ぢやらう。さう思つた。色はまつ黑で、たわしのやうな髭面だ。髭のなかに顏があるやうにある。しかし、俺が關野君を見ちがへる筈がない。

（關野君ぢやないか。）と呼んでみた。やつぱりさうだつた。

（あ、孝吉さんですか）と、ぢやぶぢやぶ、水の中をわたつて近づいて來た。俺はうれしうて涙が出さうになつた。

（關野君、君は北支に居ると思うとつたので、びつくりした。張家口からの君の手紙を十日ほど前に見たばつかりぢや。）

（そんなに手紙が遲れましたか。あの手紙を出して間もなく、僕等の部隊は南へ廻されたんです。工兵隊は浮草稼業ですからな。）

（なんでもええ。元氣でなにより。しかし、こんなところで會はうとは思はなんだな。）

（僕は、ひよつとしたら會へると思つてゐましたよ。）

そんな話をして居ると、ひとりの中尉の人がのこのこやつて來て、

（その一等兵は、どこの兵隊か。）とどなつた。

俺はびつくりして、（はい、向井部隊であります。）と

答へた。すると、その人は、

（さつきから見とると、なんちうことか。一等兵のくせに、敬禮もせん。關野は軍曹だぞ。なぜ、話を初める前に、軍曹に敬禮せんか。それに、話をきいとると、一等兵の方が言葉使ひがぞんざいだ。軍規をまもれ。）と、ぷんぷん怒つた。關野君の部隊長らしい。關野君は不動の姿勢になつて、

（中隊長どの。この方は關野の兄であります。）といつた。俺も、（關野君は私の弟であります。）といつた。すると、中隊長はちよつと默つたが、かういつた。

（軍隊では、兄も弟もない。親も子も、地方での目上も目下もない。階級が軍紀の根源だ。いくら兄でも、年上でも星の下のものは、星の上のものに、上長の禮を盡さにやいかん。關野君とはなんか。關野軍曹殿といへ。そこの一等兵は、あらためて、關野軍曹に敬禮をせよ。）

そこで、俺はあらためて、關野君に敬禮をした。中隊長は
（よし、關野軍曹に二十分間、その一等兵と談話することを許可す。）とさういつて笑ひだした。


恰度、俺の部隊もその附近で小休止をしたので、川ぷちに腰を下して、久しぶりで、關野君といろいろな話をした。話はなんぼでもある。二十分くらゐではどうもならんが、戰場ぢや、贅澤はいへん。話をしとるうちに、先遣隊がもう敵と衝突したとみえて、谷の向ふで、ぱんぱんと銃撃がした。敵が得意のチエツコ機銃の音もしだした。

友達のことも話に出たが、今どこに居るのか、關野君も知らなんだ。南支の何處かに居るとは思ふが、さつぱり消息がわからん。海南島に居るといふことも、ちらと聞いたが、あてにはならん。

俺は恰度、孝之介から來た手紙をポケツトに入れて居つたので、關野君に見せてやつた。この頃、孝之介は詩とかなんとかいふものを作りだしたとみえて、手紙のなかに、唱歌のやうなものを書いて來て居つた。はるかなる戰場の兄上へ、といふやうな題がつけてあつた。なかなか上手と思つて感心した。それはこんなものだ。俺が讀めんと思つたか、假名がつけてある。

君　聖戰に征き給ふ

轟ける戰の庭に
雄々しくも銃持て立てよ
この皇國の國の礎
大君の御楯の君よ

遙かなる大空仰ぎ
遙かなる君を偲ばむ
武夫の生命の限り
武夫の心の限り
戰へよ　戰ひて勝て

ちよつと、ええではないか。……」

兄の手紙を讀んでゐた孝之介は、ぽつぽつと顏が火照つて來た。このすこし前から、聲を立てて讀んでゐた孝之介は、默讀になつたのだ。彼はそつと姉の方を見たが、姉は、なにを考へてゐるのか、遠くを見る眼をして、ぼんやりと海岸の松林の方をながめてゐた。

孝之介はすこし胸がどきどきしはじめた。

「……ところが、孝之介の手紙を讀んでゐた關野君が、(おや)と、いふやうな妙な聲を立てた。どうしたのかと思つてみると、しきりに首をひねつてゐる。そして俺が、(孝之介もしやれたことをするやうになつたぢやないか。)といふと、(ちよつと待つてくれ。)といつて、しきりにポケットを探しはじめた。やつと一冊の黑い表紙の從軍手帳を取りだしたが、ばらばらと頁をめくりだした。どの頁にもいつぱい何か書いてある。そのなかには、きつと、お前のこともたくさん書いてあるにちがはんなどと、俺が考へてゐると、關野君は、(あ、これぢや。)といつて、俺に、ひらいた頁を見せた。なかに、平假名ばつかりで書いてある。なんぢやらうと思つて讀まうとすると、出發といふ聲がした。殘念ながら、關野君と別れた。……」

孝之介はぽつとした。

「……深圳占領の面白い話をしよう。英領と支那領との國境は、一本の川だ。廣いところもあるが、四五米くらゐ

(67)

の狹いところもある。深圳にゐた支那兵を追つ拂つて、その警備についた。

すると、川向ふは英領だから、イギリスの兵隊が居る。兵隊といふが、兵隊はみんな印度兵で、將校が英國人だ。この川から向ふが、日頃、癪にさわつてたまらんイギリスの領土かと思ふと、むかむかして來るが、つまらんことをして事を起しては大變なので、ただ、睨みつけてゐるだけだ。ところが、何日か經つうちに、俺たちは面白いことに氣づいて來た。それは、向ふの歩哨に立つてゐる印度兵の態度だ。兵舍がどこかにあるらしいのだが、それは丘や山のかげになつて見えん。

圖體の大きい印度兵が歩哨に立つてゐる。すると、ときどき、イギリス人の將校が巡察にまはつて來る。印度兵は直立不動の姿勢になつて、なにか報告してゐる。英語だから、珍文漢で俺たちにやわからん。イギリスの將校は威張りくさつて、傲慢な態度で、俺たちをぢろりと見て行つてしまふ。

すると、それまで、しやちこばつてゐた印度兵が、去つてゆくイギリス將校の後姿に、拳骨をかませる風をする。或ひは、銃をあげて、狙ひをつける恰好をする。そんな風を、俺たちに見せて居るのだ。初めは妙なことをすると考へてゐた俺たちも、やつと、印度兵のをかしな動作の意味がわかつた。つまり、印度兵は、表面では仕方なしにイギリス人のいふことを聞いてゐるが、内心では決して英國に服從はして居らん。さういふことを、俺たち日本の兵隊に示してゐるわけだ。

もつと後になると、印度人の兵隊は、俺たちに、一層好意を示すやうになつた。或る日、三人の印度兵が裸になつて、國境の川の中にぢやぶぢやぶと入つて來た。兩手にかかへきれぬほど、林檎、バナナ、サイダー、罐詰などを持つてゐる國境線は、恰度、川のまん中なのだ。そこを越えると、越境になる。腰の上まで浸つて、恰度、川のまん中あたりまで來た印度兵は、なにか奇妙な言葉でいつて、空手の方の印度兵が、隣りの印度兵の腕のなかから、林檎やバナナをとつて、こちらに投げる。俺たちは受けとる。サンキュ、サンキュ、と俺たちはいふ。それ位の英語は知つとる。持つて來たものをみんな投げあげてしまふと、手を振りながら歸つてゆく。あるときは、向ふの使者が、右手を口に持つてゆき、煙をふかすしぐさをするので、煙草が欲しいのだと思ひ、こつちもそんなにたくさんあつたわけではないが、今度は、こつちから日本の兵隊が裸になつて、川のまん中まで、入つてゆき、おもりの石をくくりつけた煙草を、向ふ岸に投げてやる。俺も一度、煙草をやつた。俺は投げてやりながら、妙に胸が切なくなつて來た弱つた。有色人種が手を握つて、腹の立つ英國人をやつつけねばならんと、そんなことが胸の底から、むらむらと起つた。」

國境の川の中に立ちはだつて、石をつけた煙草を投げながら、ぷりぷりと怒つてゐる兄の姿が、まざまざと孝之介の眼前に浮んで來た。

「……孝之介のことで思ひだしたが、成木の叔父から、孝之介のことでたびたび手紙が來る。お前にも話したいといつてゐたが、成木の叔父は、孝之介を欲しいのださうだ。家には兄弟がたくさんゐるのに、叔父さんのところには一人もない。それが淋しくてたまらんらしい。ところが、商賣の方が喧しやのやり手で、ガンガラ木魚といふやうな綽名まである人なのに、このことになると、どうも氣が弱くなつて、いひきらんといふ。

父にも愚痴はいふが、くれとはいひだしきらんらしい。父が察してくれさうなもんと考へて居るらしいが、父はのんきぢやし、殊に、子好きぢやから、自分の子をやらうとはいはんのだらう。しかも、成木の叔父は、どうしても孝之介が欲しいといふのだ。孝太郎や新太郎でもよいが、叔父の氣持としては、孝之介一點張りだ。それは孝之介が來年徴兵檢査で、とられるにきまつてゐるからだ。取られるにきまつてゐるのを、そして取られたら、すぐに戰爭にゆき、戰爭にゆけば、死ぬかも知れんものを、どうして欲しがるかといふと、叔父は自分の子に兵隊が欲しいのだ。よその家には男の子があつて、次々に兵隊が出てゆくのを見るのが、叔父は淋しうてたまらん。淋しいだけではなく、はがゆい。叔父は町内會町をしてゐるさうだが、自分の町内からは、たくさんの兵隊が出てゐる。その世話をしながら、肩身が狹い。そこで、どうしても孝之介が欲しい。孝之介を貰つて、自分の家から兵隊にして出したい。さうしないと、日本國民として、何のお役にも立てぬ自分が、道を通るのさへ、人にはばかられる思ひがするといふ。成木の叔父の氣持はようわかる。

　ところが、叔父が欲しいと思つてゐる肝心の孝之介が、どうも、叔父を好かんらしい。あの喧ましやのガンガラ木魚の叔父が、孝之介には、まるで腫れものにさわるやうにして機嫌をとるらしいが、孝之介の方は逃げまはつて居るさうな。日曜たんびに、活動寫眞につれて行つたり、いろんなものを買つてやつたりするさうなが、孝之介の方はそれがまた嫌とみえて、てんで、成木の叔父に寄りつかんらしい。孝之介はまだ若いから、叔父の氣持はわからんのだらう。俺は孝之介を叔父のところにやつたらよいと思ふ。いやなものを無理矢理はいかんが、成木の叔父のことを思ふと氣の毒だ。お前からも、孝之介に會つたら、叔父のところへ行くことをすすめてくれ。

　それから叔父は、なにか孝之介が、どこかの不良少女を好きになつて居るらしいので、それが苦になるといふことも書いて來てゐたが、そんなことがあるのか。そんな馬鹿なことがあつたら、しつかり、とりしまつてくれ。あれは、まじめだが、すこし、突飛なところもある子供だから、ねぢれると、どうなるかわからん。

　長い手紙書いて、くたびれた。お前への手紙書いたら、あちらこちらへも手紙書くつもりだつたが、もうくたびれた。思ひがけず關野君に會つたので、お前に手紙書く氣になつた。この手紙、廻覽しておくれ。

　あとになつたが、慰問袋ありがたう。物價が高いときに、あまり無理をせんでよい。便りを忘れずにくれるとありがたい。部隊がかはつた。次から、表記のところへたのむ。」

　海岸の松の上をながれてゆく雲を、ぼんやりと眺めてゐた姉のたか江は、やはり、孝之介が手紙を讀んでゐるのを氣をつけてゐたものか、讀み終ると、ふりむいて、

「どう？」

といつた。

　どうといふのは、孝之介に、成木の叔父のことをどう思ふと聞いたわけであらう。手紙のなかで、さまざまの感想をうけた孝之介は、すぐに姉の言葉の意味を理解すること

ができなかつた。姉の言葉には答へず、

「この手紙、あづかつて歸つてよいですか」

ときいた。

「いいんだけど、これ、みんなに見せなくてはならんでせう。廻覽するのも大變だし、タイプで打つて配るつもりなのよ」

「タイプで？」

「ええ、うちにはとみ子さんがゐるから、とみ子さんに打つて貰ふの」

孝之介は、また、胸がどきどきしだした。戰地で會つた兄孝吉と關野との會見時間が短かかつたために、その報告は、姉のたか江に、なんの疑念も生ぜしめなかつたが、この手紙を馬渡とみ子がタイプに打つとすれば、たちまち、自分の地位が失墜することは明らかである。關野軍曹が出征する時に、馬渡とみ子が作つた詩を、そんなことに無頓着な姉は見へてゐなかつたのであらう。孝之介が、とみ子の作つた詩を剽窃したのは、別段、惡氣があつたわけではない。戰地の兄へなにか慰問の言葉を考へてゐた時に、ひよつくり、とみ子の作つた詩のことが頭に浮んだので、なに氣なく、讀みにくい平假名を漢字まじりにして、書き送つたにすぎない。しかし、そのことの書いてある手紙を、とみ子が讀むことは、すこし困るのである。また、孝之介が、どこかの不良少女を好きになつて居ると書いてあるのを讀まれるのも、困るのである。叔父は、兄孝吉に、その不良少女の名を書いてやつてゐないらしいが、その、叔父のいふ不良少女といふのは、とりもなほさず、馬渡とみ子に外ならぬ。しかし、そのことを明瞭にすることはできない。とにかく、この手紙は馬渡とみに見せることは絶對にできない。

「姉さん、この手紙、はやく、お父さんやお母さんに見せたいから、借りてゆくよ」

孝之介は必死であつた。

「でも、家だけでなくて、方々に見せなきやならんでしよ。孝吉兄さんもそのつもりだし、タイプで打つて配るのが一等よ」

「そんなことしてたら、いつのことかわからんぢやないか」

「そんなことはないわよ。もう、今朝から、だいぶん、打つて貰つてあるんだし、すぐよ。もう、とみ子さんも歸つて來る筈だし、續けて貰つたら、孝ちやんたちが歸る頃にはできあがるわ」

孝之介はまた顏がほてりはじめた。馬渡とみ子は、もはや、この手紙を讀んでゐた。だが、どこまで讀んでゐたらう。どこまでタイプに打つてゐるのか。しかし、タイピストは、打ちはじめる前に、たいてい、ひと通り讀むのが通例だ。自分の勤務さきにゐるタイピストは、いつもさうしてゐる。孝之介はもう駄目だと思つた。

彼の頭のなかに、工場へ來るとき、自轉車に乘つた馬渡とみ子が、孝之介が言葉をかけたにもかかはらず、返事もせず、素知らぬ顏で走り去つてしまつた姿が浮んで來た。その冷淡な態度が、はじめて理解できた。彼女はすつかり、手紙を讀んでゐたのだ。そして、人のつくつた詩を麗々しく書き送つたり、氣の毒な叔父の氣持も知らず逃げまはつたり、そのうへ、不良少女を愛したりしてゐるやうな孝之介を、輕蔑したのだ。もう、どうでもよいと孝之介は思つた。彼は、手紙を姉の手に投げるやうに置くと、裏の道に出た。

冷たい風が熱い頬をなでる。

孝之介は、電車軌道の踏切を越え、砂を蹴りながら、海岸への道を歩いていつた。波の音が、彼の胸のなかを洗ひたてるやうに、前方から聞えて來た。つまらぬことに心を勞されるのを忘れろ。孝之介は青年の誇を失ふまいと、唇を嚙んだ。自分は國鐵の從業員である。勤務には熱心であるし、何度も賞狀を貰つた模範從業員だ。誰からも後指をさされはしない。さうして、來年は兵隊になる。兄たちのゐる戰場に銃をもつて立つのだ。自分は祖國を守る立派な青年ではないか。自分の心の中には、國があるばかりだ。國のために一切を犧牲にする熱情がある。――そのやうな思惟は、孝之介のくさりきつてゐた心をすこしづつ明るくした。彼の頭のなかに、ふたたび、國境の川のなかに立ちはだかつて、ぷりぷりと怒つてゐる兄孝吉の姿が、まざまざと浮んで來た。

（兄さん）

孝之介は聲に出して呼んでみた。胸の底から、つきあげて來るものがあつた。

「兄ちやあん」

うしろから呼ばれる聲に、孝之介はふりかへつた。砂の道を、昆蟲箱をかついだ孝太郎が手をふりながら、駈けて來た。そのあとから、新太郎が採集袋をかついで、つづいた。そのうしろに、成木太三の頭が見えた。太三は禿げ上つて平べたい頭の形ですぐわかる。橙色に光つてゐる。叔父は、孝之介が弟たちといつしよに古賀に行つたときいて、後おつかけて來たものであらう。今日も、孝之介の休日であることを知つて、洋食たべか、映畫見物につれてゆくつもりで、やつて來たのだ。

孝之介は、萬歳、と、自分でもわからぬことを叫ぶと、海邊にむかつて走りだした。この海と空との向ふに兄たちのゐる戰場がある。そこへ、一足飛びに飛んでゆくやうな氣持であつた。足の下で砂がさくさくと鳴つて散つた。風が冷たく、防風林の松が、波と同じ音を立てて鳴つた。

孝之介は、波うち際を走りだした。爽快なよい氣持だつた。

すると、ふと、ちりんちりんといふ鈴の音を聞いた。それは海の方から聞えたやうに思はれた。孝之介は立ちどまつた。海の方を見た。耳をすました。はるかな水平線のかなたから寄せて來る波が、まつ青なうねりをたたえて、渚を洗ふ。漁船が四五隻浮いてゐる。また、鈴の音がした。どうも、海のなかからのやうに聞える。しかし、それは錯覺であつた。氣がつくと、波打ち際を、一臺の自轉車が走つて來るのが見えた。そのベルの音だつた。その自轉車に乘つてゐるのが、馬渡とみ子であることは、すぐわかつた。砂にくひこむ車輪のあとが、黑い線のやうに、通るあとに引かれる。地と海の境のところを、しきりに鈴を鳴らしながら、自轉車は、當惑して佇立してゐる青年の方へ、だんだんに近づいて來た。（つづく）

大東亞と婦人國民服

高良富子

婦人の使命

大東亞戰爭に突入して行く皇國の輝かしい新春を迎へて祖國百年の明日のため、眞に肉躍り血の湧くを覺えるものでございます。ことに婦人の受持ちます物資の經濟面とその指導原理となる文化戰爭に於きまして、今後の私共の使命は彌々重大となりました事は、一度東南太平洋の廣大な地域と、東は米國、西はスエズ運河迄を眺めても、これら大東亞領域の文化指導者は日本であり、その實踐者は婦人である事を思ふや切であります。

我國の食衣住の文化を此の大捷の際こそ根本的に革新すべきであります。

婦人の司る服裝生活に於ても、永い皇國の歴史は常にそれが發展的であり、指導性のあつた事を證明するのです。

徳川三百年の封建鎖國と明治以來の保守姑息な英米追從の資本主義の夢とは、日本婦人の思想と生活樣式とを支配し來つたのであります。爲めに婦人の服裝文化を概觀して直ちに氣付く事は左の諸點であります。

（1）科學生に乏しい。氣候風土の變化に對して單に被服の量を以て、之を防がんとし、質の工夫少く紡織技術も最近に到る迄、傳統を固持する計りであつて、近代科學の粹たる化學及び物理學の衣服に對する應用を見なかつた。從つてかくして生産された纖維品の消費方法も科學的處置法よりも、單なる技巧と傳統の下に屈從し、裁斷裁縫の技術も、その所要時間や運針速度等の研究と機械化の段階が科學研究の對稱となり難かつた憾がある。今後に於ける大東亞共榮圈内の被服生活はその氣候風土生活樣式文化の諸段階と共に、餘程科學性を發揮し、量よりも質の研究に重きを置き、東洋文化意識を充分に持して指導しないと、東亞の弟妹達をして歐化の繰返しの愚を許すことになるのでありませう。

(2) 保健衞生的考慮に乏し。これも科學性の一端ながら、一面支那服や印度服の如き、風土と保健に適して生れた樣式の現存する今日、日本婦人の服裝は往古肇國時代の雄壯活潑な樣式から幾變遷して、明治以後、今日のやうな不健全な發達をした事を思はねばならない。長袖、廣帶、裾の如きは、四疊半に座つてゐた時とは異る今日の大東亞生活には、堪ゆべくもない樣式である事は、冷靜に考へても明かに分明するでせう。

(3) 靜的美にして動的美に未だし。和服の美を認めるに決して吝かなものではなく、振袖姿の美、高島田の端麗さは確かに、世界文化史的に見ても一種の藝術品である。ロココ文化時代のフランス婦人の髮飾り、シエークスピア時代の長袖長裳裾と比しても劣らぬであらう。けれどもその美は人形的美であり、着せつけて固め上げた非活動の美であり從つて、生々活氣ある活動の美には遠い。爲めに今日の交通機關、作業や活動形態には、遂に再組織される必要のある感覺であり、進化し、社會化すべき美であります。

(4) 經濟的觀點から、新組織を要す。

產業革命は、織機の機械化から始まり我國の紡織纖維工業も亦、改革された織機と婦人の指先とを世界に誇つて來た。マンチエスタアやリバプール、リヨンを理想として、日本が輕工業や絹絲で食つて來た昨日を思ふと、その消費者としての婦人服の一役は大きかつた。けれどもそれはどこ迄も個人主義的自由經濟の殘物であり、流行と共に資本利潤の波の上に飜弄された過去の形態でありました。美しい衣裳を澤山數持つて誇つて居るやうな經濟生活は、今後の大東亞生活には覇道であり、邪道である。上海や香港、ハワイで米英國民達が繰り擴げた搾取生活を日本人は斷乎として排擊せねばならない運命にある。

被服生活の合理化

從つて日本人の今後指導する被服生活は簡素の美を愛しおどりを去つて、慈悲仁愛の八紘一宇の大理想へ向つてのものでなければなりますまい。用布に於ても、樣式に於ても、量よりも質に力點の入つた新經濟の立場に立つものでありたいものです。私經濟を主とせず、公經濟、國家經濟、人類經濟の上から見て合理的な能率效率の高いものであるべきでせう。裁縫にも洗濯にも運搬にも。

之らの數點を考へて見ただけでも、この際飛躍的進歩が聖戰の一端としても遂げらるべきであります。

國民服の全國的要望

婦人國民服の要望は澎湃として全國婦人特に地方婦人の間に起つて來ました。その要望の原因として手近に擧げられるものに、

(一) 婦人は從來着物の様子によつて、貧富階級敎養の別を識別する風習が、傳統的にあつたため、今事變以來、種々な奉仕公共の事業に集合する場合に於ても、兎角衣替への事を氣にし、着物がないから出られぬとは云はぬ迄も、兎角それが婦人の集團活動を妨げて居るから何とか一様に制定してもらひたい。

(二) 七、七禁令以來精動を中心とした種々な衣服様式や、色柄の抑制があつたが、若い婦人達の戸惑ひしてゐる間に、業者の手に作られる品物は、次第に粗惡下劣で高價になり、最近は特にひどく、家庭婦人の家計にもずいぶん響いて來て居る。

(三) 保健衞生上からも風儀上からも、長袖の重ね着に廣巾帶を結び上げて、胸を壓し、多數の紐で緊迫し、裾は開けつ放しであるといふ服裝は、東亞新秩序の指導者として尊敬を獲得する所以でない。其他種々雜多な被服關係の不足不自由は、厚生省が婦人國民服の選定に乘り出したといふ一事に大きな希望をかけ一應音をひそめて、ひたすら一日も早い制定を待ち望む聲と變つて來たのであります。

時局下に於ける食生活、住生活の今日の不便不自由にもまして、被服生活は、そのほとんど凡てが婦人の手を通るため、婦人生活者の理解と協力なくしては被服生活の合理化は出來ない。その上被服は一度作ると五年十年、或は一生殘つてゆくために、保守的傾向が強く、特に婦人に在つては、強靱な感情的要素を多分に含んでゐる爲めに、一層改善は困難を伴ふのであります。個人の利便は勿論あるにしても、大局から見た國家經濟、能率、保健の立場から見る時に初めて、斷乎たる變革の必要が、確信を以て唱へられ得るのでありますが、その意味でも軍と深い關係のある防衞司令部、大日本國民服協會被服協會等から、時局下に

婦人國民服の要望のある事を心強く思ふ次第です。商工行政はとかく商工業（特に織元、卸賣等）者の利害や織物の技術にひかれ勝ちであり、保建體育方面からは、衛生方面に傾いて美觀の點が危くなり、美に囚れれば經濟面が立たなくなるといふ矛盾が多く、その上和裁洋裁の技術家方面からも亦文化聯業としての要求がある問題なので、婦人國民服の制定は、餘程の革新的國家的決意を以てしないならば、暗礁に乘り上げ、政治的困難さへ伴ひ得る事柄なのであります。それが今日迄かくも滑らかに各方面の協力を得て推進され來つた事は、國家將來の爲め、慶賀すべき事と申すべきです。

扨て十月十四日最後の審査によつて一先づ入選決定を見た懸賞募集にかゝる婦人標準服は、今後の婦人國民服選定に幾多の示唆を含むものと信じますが、度々の會議の結果決定された婦人服要項とも稱すべき標準に從つて、全國各地から應募された數が六百四十八點、下審査の上提示された入選候補實物が四五點に及び、長時間を費して尙ほ不充分の感深かつたのも尤もな事です。

今回の審査中終始私の頭の中を去來した聲は、「婦人標準服はこれでいゝのか。歷史的な責任は之で果せるのか？」といふ疑問でした。私の立場からは、どうか裁縫技術に囚れないやう、奇拔な趣向でなく、興亞時代の津々浦々迄の婦人に愛用されるやうな剛健にして質實なものを選び、ひいては日滿支の東洋婦人にも敬愛されるやうなものがほしいものだと考へて選定に當りました。その意味から今後の應募は材料に於ても範圍の廣範な事に於ても、不足とは申せません。然し東亞婦人全體に用ひさせる點については改めて考へ直さないと、氣候風土の差異の甚だしい事故、新しい構想を必要とする事を考へます。現下の婦人國民服に要望が大きく高いだけあつて、今回の材料だけで充分であつたとは決して申されません。今後とも本氣な研究工夫が必要です。今回の應募で特に進步の著しかつたのは和服洋服の區別が凡んど徹廢されて、一元化された考案の多かつた事です。次には和服の上下二部式が徹底して來たため、袴と上衣式がスカートとブラウスと歩み寄つて來たことも、和洋服の一元化に近よらしめたのだと信じます。それに加へて帶は次第に細く短くなり、袖丈は短くなり袖巾は長くなつた事が、全體としての婦人の服裝を奴凧式から、堂々とした、腕の長い脚の長い保健形にもち來つたことは、特筆すべき收穫であつたと信ずるものです。

婦人平常着として入選した物も、大體に於て、右のやうな標準にかなつた物が多く、純和服樣式はその特色として直線型をたどり、洋服式から入つた物は體にぴつたり合つた曲線型の傾向が強い。洋服型の方には從來のものから進歩の度が少く和服型の方に改良の度合大きいものは、それだけ、改善の餘地が多く又努力と歩みよりが大きかつたからでもありませうか。從來の和服は直線の集合に仕立てゝ置いて着こなしで體の曲線に合せたのに對し、今回の入選品の多くは仕立ての際に既にそれを考慮に入れ、背縫ひを縮ひだにして、後腰の擴がりを自然にし、同時に衽を付けずに、前衽をたつぷり廣くして居るなどは、傳統を脫脚した進歩で、それが同時に前後の繰りまはしにも便利であり、古い物を直す時も便利であるのは經濟的にも好ましい事でありました。

經濟的に最短線を行き、最少の資材で、效果を充分ならしめることとは、戰時經濟の、國家的必要であると同時に、家庭經濟からも、裁縫と洗濯經濟からも、特に私共のやうに、旅行の多い者には、その重量と携帶の便からも望ましい事です。その同じ意味から 裏をつけることとは、今後の服裝からは、免除されたい事であると思ひます。保溫上といふ事は、他に樣式や下着や地質等補ふ方法が幾多あり、それを計算に入れても尙ほ餘りある裁縫技術や能率上の又資材上の經濟がある事を忘れたくないと思ひます。世界の被服が簡單化の道をたどる樣に思ひます。

平常着を主としたとは云ひ乍ら、今回の平常は戰時下の平常なのでありますから、何時豫想外の時と場所で活潑な活動を必要とするかわからず、非常時服裝に何時でも轉化し得る用意はいづれの品にも考慮されて居た事は當然でありました。その用意の全然なく、裾は開けつ放しで、從來の腰卷式で行かうとするのも二、三在りましたが、裾の衞生化を無視した點で好ましくないと考へます。

非常時服裝は、云ふ迄もなく、身體保護と各氣候下の活動の敏活を目的とするので、パンツとシャツ一枚づゝになつて、中衣、上衣をぬいだまゝで、直ちに防空活動に適するなどとは到底思はれません。どうしても平常着をスツポりと包んで了ふやうな長ヅボン式かモンペイ式の方に却つて勝味がある位で、男袴式のものでよいものがありましたが、今一段裾のヒラ〳〵しない物が望ましいと思ひます。

下穿きと腰布とを一元化した一等入選品の下部については、非常な名案であるとした人々もあつたやうですが、太もゝや足を包むといふ目的は一應果したやうながら、私の感じでは、洋服を着けた者は試みやうとはせず、シミーズに取付けたら、腰がつれてさぞ背中が痛くなるだらうし、ゆる〳〵にすれば足だけしか包めず、もう一つズロースを穿きたくなるでせう。和服に馴れた人も如何かと案じられない事もない。もう一歩徹底した下穿きことに腰部の保溫と屈曲に滑かなものになれてよいのでありませう。モンペイの腰のあらはさを包む腰布として充分下穿きをはいた上にはくとしたら、用便はもゝひきよりも他ないであらうか等と考へ乍ら歩いてゐると、折柄の防空演習に、從來になく緊張してゐる隣組防火群の婦人達は、火消し頭巾に手甲脚絆穿きで、思ひ切りよく、スキーヅボンや黒モンペイに脚腰をしつかり固めて活動して居る。「結局はこゝへ來なくては」とうなづき乍らさうした颯爽たる婦人の活動姿態といふものは凜々しくて却つて美しいと見たのは、女同志計りではないと信じます。近頃信州の農村婦人が、誰も彼も黒モンペイで、臺所仕事も野良仕事も、當り前の事としてやつてゐる美しさを見馴れたためか、又は買出し群の御手傳ひの人々もモンペイで自轉車乘りの多いのに見馴れたせいかも知れません。モンペイの缺點を充分に取除けば、ヅボンと共に戰時下の實用は大きいと思ふが、所謂美を感ずるに敏だと稱する若い婦人方の平常着としての利用率に疑問が殘ります。空爆下には自らヅボン式になるでせう。

こゝに至つて、服裝――ことに婦人の服裝は――その形態や流行よりも、それを着る「婦人の心構へ」の反映であること、「時局認識と、時局活動のバロメーターである」ことが明かに知られると考へます。一番問題になる若い婦人達が、今回の國民徵用令へ向つて女學生も妙齡婦女も勤勞に加はり、本氣に活動を開始したら、長袖廣帶も自然消滅して、キリリと身構へをして立働くやうになる事は、目前に見えてゐるやうな氣がします。いざとなればさうした覺悟の活動に、日本婦人は決して、人後に落ちるものでないから、旣に或方面で實行されてゐるやうに、ヅボン式菜つ葉服を着、カーキー色勞働服を着けて、着物の事など考へる隙もなく生産に汗みどろになり得るのであります。その中に生々潑剌たる美が溢れて行くのであつて、歴史的にも尊い事であると私はこの米英戰爭下に、婦人の殘す文化史として立派なものだと信じてゐます。

期待される標準服の制定

さて、それならば、いよ／＼決定される婦人國民服の行く道は、今回選定された國民服協會の標準服から、更にその粹をぬき、その長を選び短を補つて行くべきでせう。被服の新樣式の創造といふ事は、殆んど天才的獨創を要するもので、衆知を集めて寄り合ひ世帶で生み出せるものかどうかに疑問を持ちます。然しこの時代は今としての最上の方途を取る事故、今後の生活の實際に即して、保守退嬰をやめて、大いに工夫改良進歩させる事が擔當者の任務だと思ひます。それはどんな服裝をする人にも常になくてならぬ生活工夫であります。

顧れば支那事變以來、婦人の服裝事情は激動の中を難航して來たやうな氣がします。冬二月に浴衣の大賣出しがあつてから、純綿純毛に別れ、粗惡なスフの登場に主婦は泣かされ、裏地が無い帶芯が出ない、足袋が切れる鼻緒が染まる等申し乍ら、たう／＼六、七圓の銘仙が三十圓にもはね上り、大豆纖維のシルクールやガラス纖維が默つて、店頭に竝ぶやうになり、遂に大東亞戰爭へ突入して行きました。けれども婦人の頭を支配してゐる纖維事情は未だ／＼未解決のまゝにあるやうであります。平常着の十八圓からの織物にも消費稅がかゝるといふので十一月末に、反物を奪ひ合つた婦人達の頭には、舊態依然たる和服が何時迄もこびりついてゐるのです。今後北支から毛が入り中支棉が來り、まだ／＼混亂に陷るでせう。生絲は輸出品でなくなり、米英依存の農園は大東亞の食糧增産地となるでせう。

この際婦人國民服の制定がいそがれて、第一に切望される事は、女學校や女子青年學校の裁縫の要目とその時間の簡單化される事です。又主婦達を被服の囚はれから解放して、廣い大きな心持をもつて國民としての自尊心と平等感に立つて明朗に活動出來るやうにして頂きたい事です。これこそ婦人生活の根底を高める文化運動であると大いに期待して居ります。勿論豪華な織物や藝術品又は裁縫技術の發達又別途に於て、今後大いに伸びる事を信じて居ります。

婦人標準服解説

大東亞戰のよき門途に、われらの婦人標準服は出來上つた。

前月號に發表したやうに、甲、乙二型の委員會試作が、これまでの結論として、提供された。あとは大方の批評を仰ぎ、公的なものとして決定するのを待つばかりである。發表された試案は傳統的な和服と洋裝との調和した二系統であるが、新らしい世紀の日本にふさはしい婦人服裝と云つてよく、婦人服裝史上大きな影響を與へるものであらう。

われらは、これが徹底的普及に努力するつもりであるが、一般婦人もかゝる婦人服裝が生ずるに至つた原因よく考へ、進 でこれを理解すべきである。

戰時下にふさはしくない異形の洋裝や、派手な和服は過去の衣服としての存在價値しかないのに拘らず、未だにこれを一掃し得ないのは、大東亞的見地から見ても、嘆かはしい事である。

婦人標準服へ進んで協力し、その特長を知らうではないか。

「婦人標準服」の包容性

齋藤佳三

隣邦支那大國との間に事實五ケ年間戰鬪を交えて來たものゝ、それは「戰爭」ではなくて「事變」であり、「事變」即「戰鬪」ではあつたが、本舞臺に登場しない戰爭期間、之を「非常時」と名づけられて、國民は永い間薄暗い曇天下の生活を續けて來たものである。國民の性格は常に明るい日本晴の下の生活によつて作られてゐるのだから、陰鬱極まりない北歐の様な重苦しい生活に押し込まれると、實際堪え切れるものではなかつた。「どつちかはつきりして呉れえ」と叫ぶのが國民の性格であつた。處が暮れの八日、雞鳴の如く「對米英宣戰布告」と云ふ世界無比の大看板が掲げられた。すると國民は「それつ」とばかりに各々が得物を採らうとする其隙も與えられず、電光石火の我精鋭は逸早くも世界第一と誇る敵、米英太平洋主力艦隊全滅の鬨の聲を送つて來るのであつた。國民の悉くは己が耳を疑ひ目を疑ひながらも心の中で「でかした〳〵、よくやつて呉れた」と聲の限りを盡し「萬歳」を唱えたのであつたが、然し永い間曇天下に屈龍の忍びと手ぐすね引いてゐた力は、この叫び聲位で伸び切るものではなかつた。

もう空は晴れたのだ。

目標もはつきりした。

「大東亞戰爭」

そして次から次へと擴大されて行く戰果の快報に、之をやり抜いて呉れた同胞戰士の格闘實況や華と散つてゆかれた精鋭に思ひを致せば、感謝の合掌から自づと熱涙に身を震はせるものがあつた。

だが此處に銃後の國民に遺こされてゐる屈龍の「壓縮された　力のある事を夢忘れてはならないのである。然もそれは陰鬱な力ではなく最早すつかり明朗に變質されて了つた積極的な力の事である。之を無爲に放電させてはならない。十年でも二十年でも頼母しく注ぎ得る力、又限りなく忍び得る力である。兵站への活動にも建設への活動にも眞實に伸びて行く忠誠な力の事である。

指導者は此力をじつくりと考へ、母國の備へには元より、大陸の教化にも、我大和民族の大本量である「惟神の大精神」が徹底する様にふり注がれなければならないのである。即新秩序の建設にも、又萬邦には其處を、萬民には其心を得せしむるためにも又八紘一宇の實現にも凡て此停き全國民の頼母しき屈龍の力を善用しなければならない事である。とりわけ其活用は、内外に忌まはしく植えつけられた英米の個人主義的觀念の一掃にである。似而非人道の假面的英米教化技術の一掃にである。何よりも先づ南方各民族をば一度民族本然の姿に戻し、其立場、其境涯、其程度の段階から、まつしぐらに「まこと」の生活に、敎化に、勤勞に生産に、防衞に秩序に進めなければならない、如何なる困難があらうとも、我等が大祖の忍從を以て「遠き國は八十紘うちかけて引き寄する如く」一切に立派に堂々と共存共榮の理想が叶ふ樣指導にいそしまなければならないのである。

婦人服の問題にしても同然な事である。

永い非常時の間を通じて左顧右眄の檢討が行はれた、そして今日漸く其骨子が定められたのであるが、國民の一部では、非常時の間にこそ國民服の必要もあつたらうに、最早情勢が一變して希望に輝く生活に入つたのだ、男子服と違つて婦人服の資源に事困つてゐるではなし、非常時の間でさへ此のまゝ立派にやり貫いて來たものを、何を今更、好きこのんで洋裝和裝、わけのわからぬものを着なければならないのかと大言する向きもある樣だ。又事實に於て「私や「標準服」なんか出來たつて着るのは厭だ」と、未だ其本格的な形も意味もわからぬ內から、喰はず嫌いに、はつきりと獨善固執の放言をなすものもあると云ふ。

然し我國が今、開闢以來の大戰を遂行し、然も赫々たる戰果と、洋々たる前途を目前に眺めて、之れに有終の美を現はさなければならい全國民の大任を思ふ時、――胸に手をあて深く考へて見た時、――果して現在のまゝの着物姿で今婦人に課せられてゐる重任が果せるものであらうか。第二國民の原動力を生み出す偉大なる生産的家庭、其健兒の完全な哺育、全家明日の活動に備える立派な休養場としての整頓、そして緊密なる隣組との奉公活動。又主人と共に愈々進出しなければならない海外での活動 他民族に對する師表と信服などに、身を以て打ち込んで行き立派な奉公活動の成績を擧げなければならない新日本婦人が、寢卷に等しい、人形に等しい衣裳を纏つてその大任が成就されるものと考へられるのであらうか。

又洋裝にして見た處で同然である。

洋装は現在世界衣服の文化的代表物であると信じ恬然としてゐるものがある様であるが、此處でも一つ胸に手をあて〻深く考へて見る必要がある。

洋装の模倣は其行衛をどこに置いてあるであらう。其標準をどこに置いてゐるのであらうか。

日本精神さへしつかりして居れば何を着たとて差し支へないではないかと立派な事を云ふ人もあるが、事實洋服を作る時、着る時、歩く時又化粧をする時、帽子を被ぶる時、ハンドバツクを持つ時靴を穿く時、一體何を見、何をとり、何を眞似、何を標準としたいために心の奥底では眞剣な利鎌を磨いでゐるかを客観すれば、私の云はんとする事は自づと領けると思ふ。

洋服は讀んで字の如く西洋人の服装である。それを標準とし眞似る事は、西洋人の様に見せたい、西洋人の様になりたいと進んで行くより外に運命はないのである。

日本婦人が西洋人の様になりたいとする念願は、日本國民としてあらゆる危険思想よりももつと恐る可き思想であると云はなければならない。名は體を表はし體は名を表はす即形式は内容を決定して來る事の將來の危険性を知らなければならないからである。

精神はしつかりしてゐるからと云つて見た處で、形式は西洋婦人の代用品である事以外に何ものでもない己の姿を鏡に見た時、大和魂は何んと叫ぶであらう。

處が眞理は一律であるから、ジョンブルやヤンキイ流に育つた洋装婦人は「男子でも洋服を着てゐるではないか」と反撃の手を打たうとするが、然し遺憾ながら男子は女性ではない。男女同權運動は過去のかりそめなる自由主義的観念であつて男女同性運動ではない。男女同性でない事それ自體こそ眞理一律であつて、其お互に浸すべからざる權限については、性別の原始と同時に神祖、伊弉諾、伊弉冊御二柱の神によつて、日本は明瞭に教へられてゐるのである。男性は能動其物であつて受け身ではない、從つて懐中鏡などの必要が無いと同時にお化粧などをする生物ではないのである。然しながら男性は如何に粧立ちを試みても女性のもつ偉大なる生む力は有つてゐないのである。其處に整然と天地の如き分野があるわけで、其本分を辨えない一方的所見を以て輕卒にも所斷する事は許されない。

日本男子の洋服、之は西歐文化吸收時代、卽盲目滅法な吸收時代に取り入れた產物に過ぎないので、男性に於ける能動其物の本質から羽織袴などの封建服よりはずつと活動的であつたが故に——明治以來の歐米心醉癖や、ジョンブル政策に乘ぜられた關係も無いとは云はないが——進んで着用したわけであるが、然し今日に於ては婦人服より一足先きに、此遺物の存在性が日本意識によつて詳さに清算され、一昨年の十一月から我國民性と風土と其生活に最も合理的なるものとして新らしく

「大日本帝國男子の國民服」

が勅令によつて制定されてゐるわけであるから、之に對する不審や反撃は無用のものである。

然し顧れば羊毛資源の不均衡から又は纖維技術の相違から、どれ丈け我が國民の風俗が、アングロサクソンの支配を受けたかわからないのである。英語は國民敎育の正科となるし、鐵道の驛には各々横文字が使はれるし、凡そ衣食住に關する新らしき物品は凡て英語の名詞でなければ幅が利かないかの如く觀念づけられてゐた此大やまとの豐秋津嶋は、一見英米の殖民地の如き風景と變じつゝあつたのである。彼等英米人は口に「人道」を說きながらズボンの後ろ隱しには常にピストルを忍ばせてゐる樣な姦漢である。彼等の唱える「正義」は常に一方的なものであつて之を糺せば傲岸不遜、ギャングの形相となつて「邪惡」の文字を「正義」と讀めと强迫する。如斯き手相は元より我國の如き純正其もの〻國家にとつては憐む可き存在に過ぎないのであるが、之を放置すると增々增長し、果ては我國の自存權をも脅すと云ふが如き天地に容れぬ策動を恣まゝにしたのであるから、此處に斷乎不拔の劍を拂つて征魔の師が進められたのである。

人道破産の憐むべき英米人。

實に我が正義大日本民族にとつては正に不倶戴天の邪敵である。

それにも拘はらず若き日本の女性は、未だに此似而非欺瞞の英米人姿を見て文化姿と心得、ファッションブックが無ければ如何はしき其代用品を漁つてまでも咽を潤さんとす。

私は遺憾ながら、さうした女性に對し「日本精神」の深みとさうした文化力に一大疑問をもたなければならないのである。支那人でさへ「渇しても盗泉の水を飲まず」とする純潔性があつたではないか。

元より我民族の大度量に於ては、「良いものは良い」正しく立派なものは何處の國のどんなものでも包容し得る大消化力を有つてゐるのである。然しながら肇國の精神に悖り、國民の性格に反噬し、我が善風良俗を破滅に導くが如きものに對しては斷乎排撃の斧を振はなければならないのである。明治大帝の服制に關する詔書に「國體なるもの不抜以て其勢（悪風）を制す」と仰せられた御趣旨、即ち此間の趨勢を戒め給はつた事と拜察するのである。増して我國には良いものがあり、良く育つたものがあり、最早國民性とは切り離し得ないものがあり、更に時代の進運と共に展開して國粹を表現し得る創造力があるのである。之を省見ず之を忘却して英米の如き似而非文明人の習俗に媚び、安すつぽくも頭を下げて其糟粕を舐めんとするが如きは、日本人としての襟持に於ても又大和撫子の氣魄に於ても寒心に堪えないものを覺ゆるのである。

「螢の光」は良いメロデイである。讃美歌に迄取り上げられた程純情なものである。スコットランドの民謡ではあるが確に人間性をやさしく摑んだ節である。之によつて見れば、エングランド人とは違つて餘程根性が素直で朴訥で人情味がたつぷりの様だ。スコットランド兵は英獨の大戰にも機械化部隊を向ふに廻はして昔ながらのタータンのキルト（格子縞の腰布）を卷かなければ出陣しないと頑張つたあたりは面白い。然しながらスコットランド人も今は我國の敵國なのである。不倶戴天の敵なのである。それだから潔癖な日本人は、敵國製の歌などを子供に歌はせるのは不都合だと氣のつく心情は清々しくも嬉しい事である。だが其事を提案する前に「螢の光」は完全な日本語であつて立派な内容を有つてゐるのだから、此歌詞を髣髴せしめる旋律を日本的性格によつて創作してから、何故情報局あたりの批判を乞はないのであつたらう。私などは數十年前から我が國歌「〇〇〇」のハーモニーを日本人の手で改善したいものだと山田（耕作君）などにもらしてゐた位だ。あのハーモニーではどうも日本人の心耳にしつくり來ない處がある。今ならば必ずあのハーモニー以上に、おほどかにして忝けなき心を日本人の手によつて奉讃し上げ得るものと思はれる。異邦人などはどうしやうと此日本的性格など解からう筈はないからである。理解や想像などでは達し得ない。質を享有してゐる者からでなければ絶體に生れては來ないものだからである。

従つてあくまで洋裝を固持し、心に何等のひけ目を感じない樣なものは、日本婦人として心のメロデーを有たない女性か、左もなければ、開けゆく此大御代の重大な新體制に卽して已れの生活表現には何等創作力をもたないものであると云ふ事になる。

此度厚生省から發表された「婦人標準服」は、同省生活局に設けられた「婦人標準服研究會」の研究によつて纒められたものである。

それは、日本本土內に居住する婦人は申すに及ばず海外にうち出でて働く人々も、凡そ日本婦人である限りは斯うした服裝に進む可きであると云ふ其原則原理を示されたものである。凡そ婦人の服裝には、禮服あり職業服あり制服あり常服あり國防服あり作業服あり又私服があるわけであるが、此處には其最も重要な家庭の日常着を發表したものである。又自ら此日常着の工風によつてそれぞれの服裝へも發展し得る根幹服だからである。根幹服にしても其形式は色々に考へられるのであるが、左記に擧げた要件を網羅せしむる形式の標準をなすものとして其歸趣を示したものである。

一、日常の生活々動に在來のものより一層便利なものとした事。

二、女性の保健に適合し、體位の向上を計つた事。

三、資材の經濟を圖り、在來の所持

衣服を活用せしめ得る事に遺憾のない様にした事。
四、質實簡素を旨とするが優美性を失はず、且つ被服文化の向上に資する様にした事。
五、元より國民の住居に適應せしむる様にした事。
六、南北に渉る氣候風土への節調及び大陸生活者にも適應する様に考へた事。
七、家庭にて容易に仕立て得る様又其手入や保存にも便利にした事。
八、新らしく作る場合は制限されてゐる資材を用ひなくとも立派に作り得る様にした事。
九、地合、色合、柄合は随意だが、簡素を忘れてはならない事を條件とした事。
一〇、非常の場合に於ては徹底的に活動し得る様補充着を加へる事を條件とした事。
一一、更に下着關係品の標準をも示して之の實行を條件とした事。

以上の要件を含めて出來上つたのであるが、服裝の改新には、何時の時代、何處の國でも之れ迄の習慣を輕視して、一足飛びに理想へ突進する時は必ず成功は期し難い其慣例を知つて居るが故に、今迄和服に親しんでゐた者へは其方面から、又洋服に習慣をもつてゐたものへは其角度から素直に踏み出せる様にと、此處にも民族の大いなる襟度を以て二面發足の形式を示し、之を甲型乙型としたものである。然しながら之は、在來通りの無反省な二重生活を意味するものではなく、理想の本格的一元形式へ直進せしむる事は、即飛躍の意味となる。元より此飛躍は全く望ましき事ではあるが、前述の通り風俗に關する限り其過程を通らねば成功は至難な事となるから、此處に、急がば廻はれの戰法を執り、一元とするには、たゞ時間の問題であるとし、即和服を基調としてゐるものには一度左向けをさせ、更に頃合を見計らつてもう一度左向けをさせて百八十度の飛躍に至らしめ、洋裝の方面には最初右向けをさせ、更に頃合を見計らつてもう一度右向けをさせる事によつて同じく百八十度の轉換となり左右一元化となる可き「文化」を指してゐるものである。であるから直ちに其處へ到達し得るものは文字通り服装道の先達者として稱ふ可きものとなる。

猶又此同じ日常着であつても、朝から晩までそれを着て働いてゐる事もあれば、働いてはゐるが其のまゝ買物や訪問に出掛ける場合もある。更に若い者には結構だが、其まゝの形では老人には相應しくない事もある、又都會には調和するが、地方には調和しないと考へられる人もある。更に又、仕立て下しの時には便利だが、どんな布をも利用せんとする場合には構成法によつて不自由な場合もある。

斯うした關係に於て、右の甲型を二つに分け、更にそれ〳〵が一部式でも二部式でもよいとする自由自在さを容れ、甲型に於て標準となる可き原版を四種示したものである。

更に乙型に於ても一部式のものと二部式のものとに分け、其内の二部式のもの丈けを二種とし、其外下衣の活用に於ては甲型の何れの下衣を用ひてもよいとする云はゞ一元化の暗示を與ふものとして規制されたものである。

以上を圖式にして見れば

婦人標準服
- 甲型
  - 一部式
    - 一號
    - 二號
  - 二部式
    - 一號（下衣は二號にてもよろし）
    - 二號（下衣は一號にてもよろし）
- 乙型
  - 一部式
    - 一號
  - 二部式
    - 一號（下衣は二號又は甲型のものにてもよろし）
    - 二號（下衣は一號又は甲型のものにてもよろし）

以上の七種となるわけであるが、婦人服に關する限り、前述十一ヶ條を包含せしめて且つ以上七種の構成（表現）をなす場合、右十一ヶ條の内第七項を除けば其縫綴裁斷には無限の方法があるわけであるが、研究會に於ては、全國一般の家庭技術を考慮し、其技術に於て裁縫し得る様最も簡易な製作様式を示したものである。

従つて日本婦人服の「原則」と「構成」と「原型」と其最少限度の「製作法」を示して以て「標準服」としたものであるから此「原則」や「標準服精神」に悖らぬ限り、資材の關係や色合柄合の關係、或は年齢、趣味の關係に於て日本的文化を發揚せんとするならば、其表現技術、例へば裁斷、切替え、襞、摘み、縫ひ方等あらゆる世界的技法を消化して乘り超え行く可きは勿論である。即要項第四にある「質實簡素を旨とすれども優美性を失はず且つ被服文化の向上に資すべきものとした。」との千古不易の健全服装觀に於て、あくまでも世界衣服文化の水準を拔く可き使命をもつたものである。

擱て終りにたゞ私見として述べて置きたい事は、「婦人標準服」のもつ日本的性格の事である。

之は當然どこの國にも其國土と、生きた歴史に特質があるのであつて、更に又其特質を無窮に發展せしむべき使命を有つものであるから、我國に於ては我國の本質の上に發展しゆく可きは論をまたない。

此本質を稱して日本的性格と云ふのである。然らば我國の服装に於ける本質とは何を云ふのかと云へば、

一、坐つても働き腰かけても仕事をし得る我等が自然の動作と、さうした室内裝置即其樣に進展して來た生活様式と合致して矛盾がない形式たる可き事。

二、我が國のもつ「文」即天の 文 地の「文」國民の「文」、即あるがまゝに進んで來た、又あらねばならぬ樣に進んで行く處の絶體性から生れて來る形象、及具現された表現物、それを今其意味の眼で探り求めた時、其處に燦然として輝いてゐるものは凡て我國の本質的なものである。「天つ國」と云ひ「靈峰」と云ひ「惟神の道」と云ひ、御稜威と云ひ、それは凡て我國不易の姿である。「姿」とは「文」の事であり、「文」とは「表現」の事であり實在力の事である。從つて「文化」とは人間の爲す「表現化」の事で實在化の事である。が、眞の「文化」は民族それ自身のさうした自覺により其民族を中心として發展する處に始めて一つの中心をもつものとなり、民族の力として表はれ、權威を有ち價値あるものとなる。

民族の表現力が幼稚な間、更に其表現力の源をなす民族自覺力の足らない間は、すぐ他民族の文化に滋を誠す、そして模倣をやる。之は何處

の民族も同じ事であるから不思議はない。譬へば我國に於ては欽明天皇時代に佛教が這入つて來た 又漢字が這入つて來た。そして說く處、說明する仕方が悉く我國の當時の言葉よりも優秀だと考へられた。卽「ことあげせぬ國」であつたからである。從つて當時の知識階級又は指導者達は競うて之に盡瘁した。其勢と云ふものは、偶々民族自覺の眞意あるものからは苦々しい事だと考へられてもゐた、更に又其上に大いなる民族自覺を享有してゐる者には「何大丈夫だ、いくら積極的に奬勵しても民族の魂が歪められるものではない。」と我民族精神の本格的な大度量を示してゐるものもあつた。斯うして二百年が間は、佛敎、漢學萬能で進んだものである。然しながら平城朝の末となり、有識者又憂國者は我慢し切れず、遂に「和魂漢才」思想を稱へ、「本地垂迹說」を主張したのである。恁うした說を叫ばねばならぬ頃合となると、自然に、適當に叫ばせ之を本質の「姿」に還へして進ませるのが卽神國の神國たる所以であり、日本的性格の根元である。其後平安朝以降から今日に至るまでの歷史は凡て、之を反復して來て然も危くなつては必ず喰ひ止めて來てゐるのである。其危くなつては必ず喰ひ止める處に水火を貫く素晴らしい試練の實蹟が行はれて來るのである。此實蹟が卽突破であり飛躍なのである。其突破を何がさせるかと云へば、それこそ大御稜威あるが故に外ならない。「誠」あるが故に外ならない。肇國の精神とは卽此皇道であり神道であり、誠の道である以外の何ものでもない 從つて「正しい」と云ふ事程强いものはない事となる。「淸濁合はせ吞む」などゝ云ふ事は一見大度量に見える間には成り立つが、愈々となつた場合にも云へた話ではない。最早斷乎として其「不淸」を其正しからざるものをうち亡ぼさねばならぬのである。之を稱して「不拔の精神」と云ふ。昨年七月七日に政府は「御前會議に於て毅然たる帝國最高方針を決定した」と發表されたけれども、國民は其何なるかを測り知る事が出來なかつた。然し私は、必ずやせつぱつまつた愈々の事を決定されたのだな、「不拔」の態度となつたのだなと思つたのである。

思はず話が長くなつたが、服飾に關する日本的性格と云ふ事も其流れの根元は之と少しも相違してゐるのではない。太古の形式が朝鮮風となり、次に支那風となり次に歐風となつたが、其間には和魂漢才風の服裝ともなり、又和魂洋才風のものともなり色々轉々遷移したけれども最後には和魂和才卽ち「報本尊祖」の心「報本反始の誠」卽日本精神によつて決定されなければ止む可きものではないのである。

左衽が右衽と改正されたのは今より一三〇〇年前の事であつた。然し建國二六〇〇年の其前半は左衽であつたから其本にかへるのが當然かも知れないと、單なる皮相な饒舌をする人があるが之は愼しむ可き事である。何も支那で隋の煬帝が左衽は胡服であるから文化服は須く右衽たる可しと云つて改正された其文化を其まゝ日本が模倣したものとは云へないのである。よしんば當時隋唐文化の移入が盛んで、それにかぶれて取り入れたとしても右衽が二六〇〇年の更に遙か幾千年前に於て右が正しい、右を守れ、右に習へと云ふ神觀伊弉諾、伊弉册の命の序列の意識によつて右衽が正しきものとして改新されたものを思ふ可きである。然もそれは推古帝更に元正帝の御努力によつて悉く其儀式に改められ今日となつたものを世界的文化國の西洋では女性が左衽であるが故に日本の女性も左衽が世界的だとするが如きは、實に言語同斷、文化の本質をしらざる戯言と云ふ可きである。第一日本の序列と男女の席次は全然西洋とは違ふ。例へば道を歩くに西洋は右側を進むのに、日本は左側を進むのと同斷である。從つて太古の由緒と又現在に至る一三〇〇年が間正しく傳つて來たものを僅少な西洋知識などを以て此太古換元と、又長い傳統を破る事は第一勅令にそむく事となる事を知らなければならない。

形式の主要點としての日本的性格は、絶體に右衽で無ければならない事。更に前述の意義に於ける民族文化（即表現）として、國民の性格に親しまれ、其性格によつて創作され絶體的た我風土に調和を保つ樣に進んで來たものに日本固有の色調と模樣、組織及技術がある。（もとより之にも日本的性格を踏み脱して來たもののもあろか）樣として輝き我日本的性格を十分に發輝し、又其方向に於て無限に發展して行けるものがあるのである。

三、唯一獨自の「日本語」との調和を保つ可きもの。

大體右の三項によつて日本的性格服が構成されるものであつて、更に明治大帝の服裝に關する詔書「風俗なるもの時のよろしきに從ひ」を奉戴し發展せしむ可きものと考へるのである。

新しき日本服

——婦人標準服解説——

清水登美

米英の物質文化をもつて世界を蔽はうとし東亞を侮蔑しながら壓迫してゐた舊勢力は覆された。米英に宣戰を布告した日から連勝して米の基地マニラ、英の基地香港は陷落した。御稜威はその後に赫々と輝いて、東亞の民族に喜びと希望をもたらしてゐる。

ハワイに於て濠に於て、また既に大陸に於て、日本に向つて伸ばされゐる親睦を求め指導を請ふ手を、私達はしつかりと取つて進まねばならない。男の人達はなほ前線に立つて報復を企む敵性國を抑へる重大な使命に戰ふ時、東亞共榮の實を着々と進めるのは女性でなければならない。

この時に婦人標準服が制定されたのは何と意義深いことであらうか。婦人の國民服要望の聲は早くから高かつたが、それは生活改善から出發したのが多かつた。標準服として廣く融通性のあるものが指示され、時恰も大陸から西南方へかけてわが國の發展すべき運命の日であつたのは、深い因縁が感じられ、服裝を通しての報國の念が更に強く湧くのである。

「日本が何故このやうに強いのか」が米國で眞劍に考察され始めてゐるといふ。衣食住の簡素といふことが研究題目になつてゐるさうである。今までは野蠻とか非文化とか考へて、自分達の物質文明をもつて指導し汚濁させようとしてゐたものを、戰ひ敗れて見直してゐるのである。

どこからどう研究されても、弱點を突かれたり甘く見られることのないやうに、衣食住を司る婦人が十分に注意すべきである。

その點から、直ちに人目につき、

美醜の感覺を刺戟し、好惡感情を惹起す衣が第一に問題になつてくる。

今までの和服について米人達は極めて讃美してゐたやうである。しかし日本キモノの美しさを讃める心理には、藝者を愛玩する氣持と通じる、ものがあつた。日本女性を有能な人間としては見ず、男性の目を樂しませれば足るとしたのである。その證據には、大陸で、和服の裾を烈風に吹きとばされてゐる樣には侮辱的な笑をもらしてゐたのである。

これは敵性國に對してのことであるが、共榮圈の新しき友に對しては、まづ心安く親しませることが大事なのである。南方人はとてもよく日本人に似てゐるに驚く、心の持ち方や習慣にも相通じるものがあるやうに、體型も相似してゐる。といつて長尺を要し手足に引き絡まる和服を暑い地方にそのまゝ奬めることは出來ぬ。夏期は内地でさへも簡單な裁縫の改良服を着てゐるし、勞働や非常の際にも上張りが用ひられてゐる。新しき日本服としての標準服がどうしても必要であつたのである。

標準服の型に於て、殊に乙號の場合、袖の短さ、帶の細く短さ、裾の輪式になつてびらびら開かぬことが、從來のものからの一進歩と見得る。從來の和服は女性が家庭にあつて平和に守られてゐた時なので、勤勞のためや非常の折の考慮は不必要であつたが、今日はその點をはるかに拔いて、守られてゐた態勢から、進んで建設する態勢へ進んでゐるので、生活活動に便利なこと、非常の際の活動といふ點に重きをおいたのである。空襲下にこの必要を痛いほど感じてゐるだらう共榮圈の人々に贈物となし得るものである。防火防水の生地を用ひれば、第一線を行くともひけをとることはなく、下着によつていろいろな調節が出來る。

次には體位に於て東亞婦人は米英婦人に勝たなければならぬ。帶が細く胸を壓迫することなく、甲號乙號共に袖下脇明きがあり、なほ襟が廣やかなので通氣が十分である。汗線の多い民族、蒸暑い地方に最適である。これら保健に適つてゐるので自然に體位向上を期し得るであらう。

從來の和服は誰が着ても似あふ、おかしくはないといふのは、一つは見慣れたこと、もう一つはあらゆる缺點を隱してゐたわけになる。美醜すべてを包みこなす和服に甘へて、裸にしては目を背けたい姿勢をも作つた。前に突き出て頭のはづれた姿勢、猫背、脚の彎曲等いろいろある。これがみな曝されるから和服と訣別出來ないといふのは逃避である。

　標準服も作り方によつて、和服の長所に近づき、體型の缺點を蔽うて見よくすることが出來る。例へば後の胴に襞をとること、襟のカラーをやゝ巾廣く後へ折りかへることで猫背を目立たなくする。胸がだぶつくほど乳房の大きい場合も、ギヤザをとつてふつくりさせることで見易くなるし、肩は入れ綿で高く出來、これは背の低さを幾分救つて高く見せるのである。下衣にも、ギヤザやフレヤーをとることで腰や脚の無恰好さがかくせる。和服地を用ひるので模樣でも幾分の變化を出し得るし、質實簡素にして優美性を喪はず、被服文化を向上する餘地があるやう、應用型が許されてゐる。かつて裾の徒らな長さや裾廻し布に使はれた布地は、和服を初めて見る人には無用の贅澤と感じられるであらうが、標準服ではそれが緩和され、洋服の裾の短かすぎるアメリカ型の弊をも救つてゐる。これは疊の住居との適應を考慮してゐるのである。

　更に氣候風土との適應が今後非常に大事になつて來た。灼熱の南方と極寒の北方とに渡つて共榮圈が樹立される。進取的な日本人は到る處に靑山を築く時、男性に對する婦人の協力も大でなければならない。まづ形から整へて颯爽と立ち、自然の酷寒暑を克服することである。標準服は單衣、袷の何れにも仕立得る。複雜なデザインがないので袷仕立も簡單である。寒い方の場合は襟を立てること、なほ下着の襟もマフラー風に立てるやう應用出來れば何よりである。そして中穿胴着中着を用ひればよい。裾の長さは自由にして。

　暑い方は垂襟或は襟なしにして胸から通氣し得るやうにし、袖脇の明きとも通じるので涼しい。袖と裾を短くすることは、寒い方と反對である。南方は一部式が便で北方は二部式が便と思はれる。

　標準服は甲號乙號と二種になつて

ゐるが、さかのぼれば一元化し得るものである。洋裝といふ名を揚棄し歐米模倣から脱却したからである。和服は右前合せである。左前といへば沒落を意味する縁起の悪い言葉であるが、婦人洋裝は左前合せである。右前合せは、懐に處しくものを入れてハンドバックを不必要にした時代の必然である。標準服は甲乙とも右前合せである。だから甲の上衣に乙の襟衣を用ひても着こなせる。なほ右前合せに統一したと共に、名稱も上衣襟衣、帶等の日本名で押し通すのがよいと思ふ。それにはまづ日本婦人が標準服を愛用することである。

これまで決定されるにどれだけの苦心が積まれたであらうか。難儀を知る女性は、まづこの點を思ひ見て、難癖をつけて自分の文化水準の高さを現さうとする虚榮をやめて欲しい。着こなして見ることで、更に活動的で優美なもの、日本女性美を現し東亞民族を指導し得るものに進歩改善出來れば何よりである。その餘地を殘して、國民服と規定せず、標準服としたのである。

服裝といへばハンドバックがつきもので、これには税金もついてゐる有様である。奢侈限度の三十圓をこれに用ふる必要があらうか。ふろしきのこと、ポケットのことになほ考察の部分がある。ふろしきが帽子をかねることも思ひつかれるし、標準服の前途は、今日の婦人生活の前途と用じく明朗に進展すべきである。

新婦人服にのぞむ

新しい日本の婦人服は、活動服であり簡易服であらうと思ふ。日本の着物の美を示すものは特別の場合に在來のものをきればよい。新しい服裝はやはり洋服や大陸服を參考にして、日本的な色彩を出したものであらせたい。美感も大切ではあるが、最も生地が手に入り易く、しかも活動的のものでなければ實用性がない。極端に婦人國防服までゆく必要はないが、ともかく活動に便利でしかも日用つかへるものであつてほしい。それに女がよろこんで着るやうな色彩が大切だ。いや〳〵ながら着るのでは駄目である。だからこれは男ばかりが考へず、女も參加して協力して新しいものをつくり出して貰ひたい。男のものよりも一層難しいとは思ふが　新作は不可能ではない。すでにいくつかの試作ができてゐるやうが、それにぼつ〳〵手を入れて完成するとよい。

式場隆三郎

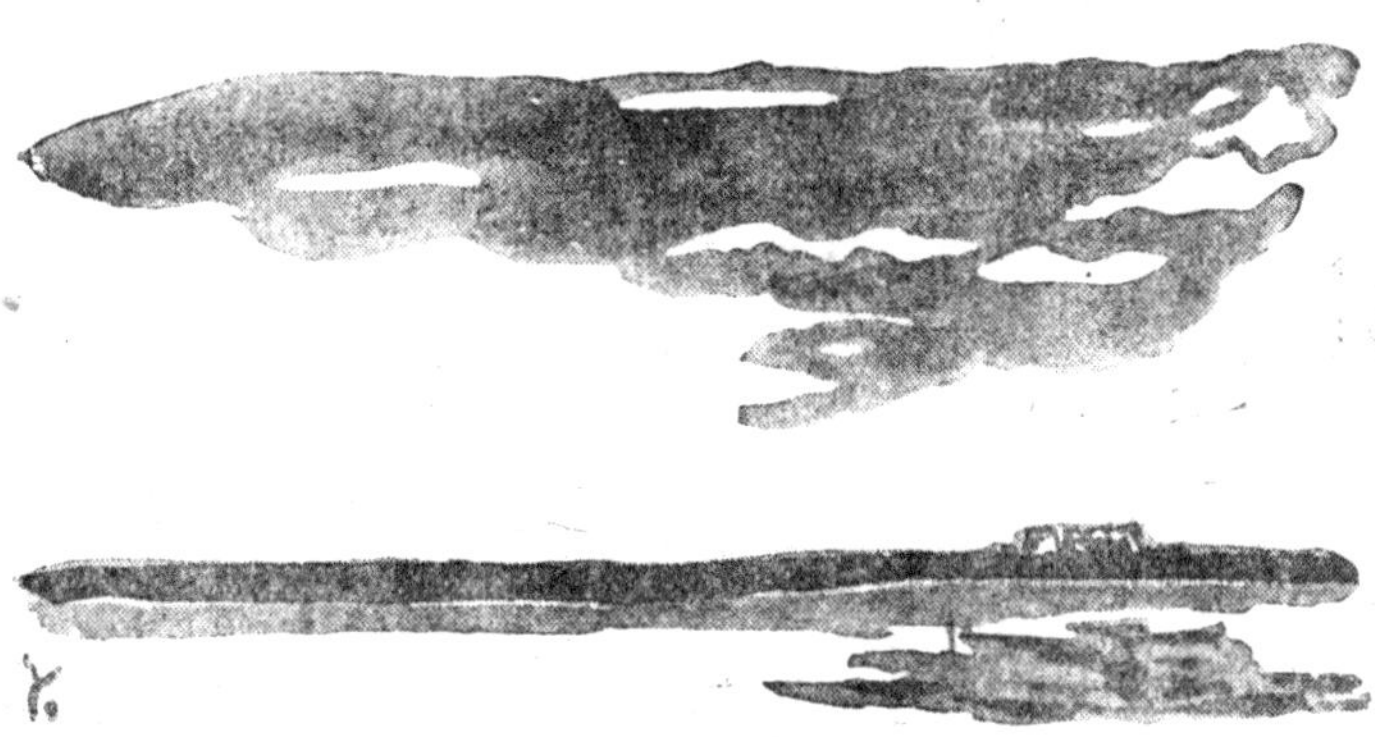

ノモンハンの記（一）

中川　芳男

七月十六日

〇〇を進發してから、四晝夜の列車行軍は、窓外を走る「北滿」の景色のそれの様に、私達の身も心も共に索漠たるものにして了つた。

だから、午後六時かつきり、列車が「〇〇」に着いて、下車を命ぜられると、皆イナゴの様に、車外へ飛出したものだ。

「さあ着いたぞッ／＼」と皆久しぶりで大地へ足踏みし兩腕を天へ突上げて、ハシヤイで居る。

其の故か砲車や車輛、機材等を車下するにも「ハリキッテ」、想つたよりずつと速く作業を終へて了つた。

もうずつと以前から第一線に出て居るのだらう、空屋になつて居る〇〇部隊の營庭に各中隊毎に整列を終り、部隊長　梅田少佐殿に敬禮を終ると、皆早速持場々々に飛付いて一生懸命手入點檢を始める。

私は日直士官から明日の命令を受領し、給與係の下士官から分隊の夕食を受取つた。

氣がつくと、四圍はもう何時の間にか眞暗になつて居る。時計を見ると二十三時

（午後十一時）だ。先刻日直士官から命令を受領した時、「當地の薄暮は二十二時五十分午後十時半で有る」と附加へられた時も、東京で生れて東京で育つた私達は、何だか不思議な所へでも來て了つた樣な氣がしたが、ずい分日の永い處も有れば有るもので有る。

各分隊毎に示された空兵舍に、ゴロ寢の夢を結べば明日は愈々戰場だッ。

七月十七日

日本男兒として最も輝かしき此の戰陣の門出に、もう一つ特に私達が終生の名譽と感激が有る。それは、畏れ多くも、東久邇宮盛厚王殿下を中隊長に奉戴する事で有る。嗚呼、何たる光榮ぞ。私達は應召したその日、此の光輝有る「東隊」へ入隊するの光榮に浴してから、若き中隊長宮殿下の颯爽たる御英姿を仰ぎ奉る度毎に、心に誓つた忠誠の念を益々强固にするのだつた。

六時少し前、嚴重な上にも嚴密な最後の「軍裝檢査」も終つた。出發準備完了、中隊長宮殿下の「前へッ」の御號令、紫電一閃、颯と御打振り遊される御軍刀の下、今や前進は開始されたので有る。

「滅私奉公」の誓を一分の隙も無い軍裝　固く包んだ部隊は、今人も砲車も全軍火となつて前線を目差す。一瞬言ひ知れぬ興奮と緊張とが鋭い眼光となつて前方を睨んだ。

私は第一分隊の彈藥車長で有る。運轉手は現役兵の原嶋一等兵、助手は町田一等兵、砲手は一緒に應召した駒田、吉越、沼上、鈴木の一等兵諸氏で有る。

中隊長宮殿下の御指揮によつて、觀測小隊の輕車輛群が全速力で先行して了ふと、山崎中尉殿の指揮に依つて「戰砲隊」が大地を蹴つた。

轟々と天地に轟く牽引車の無限軌道の響は、出陣、既に敵を呑む堂々の進軍譜で有る。

第一分隊の砲車が動き出した。私は小隊長から命令通りの距離を取ると、「前へッ」と叫んで「指揮旗」を打振つて車長席へ飛乘つた。

町の「中央大街」の四ッ辻の一角に、映畫の「小公子」で觀た樣な可愛らしい白系露人の六七歲位の男の兒が、其の弟で有らう五歲位の兒と二人、眞面目に顏を輝かし、シャッチョコ張つて「シッケイ」をして部隊の通過を見送つて居る。私も思はず此の可愛らしい兄弟に、「有難う」と言ひ乍ら、車長席から髭面をほころばせて擧手の禮を返した。街を出はずれると　見渡す限り渺々たる「大海原」の樣な果し無い原つぱに出た。

名にし負ふ　ホロンバイル　の大草原で有る。ラマ敎の寺院が有る。それを圍んで、僅かな村をなして居る蒙古人の部落「南屯」を過ぎる頃になると、「ジリ〳〵と頭上に照り付ける眞夏の大陸の太陽と、足下から燒上つて來るエンヂンのホテリとで、車上の暑さはものすごいばかりで有る。少時征くと、前方から一群のトラック隊がやつて來た。近づくと、赤十字のマークを付けた病院車で有る。すれ違ふ時覗ると、どの車にも皆負傷兵がギッシリと乘つて居る。前線はかなりの激戰らしい。

香病院車を睨んだ横目が、無言の内に．「戰友よ，君等のかたきはキット俺達がッ」と叫んで居る。前線へ、前線へ、と響くエンヂンの唸りも、愈々好調で有る。

征けども進めども、唯廣漠たる大草原の中に，羊や牛の大群が彼方に一隊、此方に一群、我等の進擊を珍らしそうに横目で覗乍ら呑氣そうに草を喰つて居る。

圓い蒙古人の包屋が、紺碧の空と對蹠して、目を射る程眞白に光つて、處々に點在して居る。程近い國境の紛爭等は全で他所の世界での出來事の樣にノンビリとした大陸風景で有る。

七月十九日

目もクラミそうな灼熱の太陽が、地平線の彼方に草原を眞紅に染めて沈み始める頃、中軍橋一の掛け渡されて有る小川の邊りに着いた。

海拉爾を出てから、二日目の夕方で有る。

久しぶりで、味噌汁の香りがプーンと鼻を突いて、氣が附いた樣に空腹がグウーと鳴つた。炊事班が有るなッと想つて、それらしい白煙の上つて居る方を見ると、

「オーイッ、中川上等兵　ッ」と、手を擧げて、呼んで居る兵が有る。返事をして近よると、現役當時、仲の好かつた寺田上等兵で有る。

「オー寺田か、久しぶりだなあ」と、お互に髭面をほころばせて手を握り合つた。

「御苦勞々々」と言ふ口の下から

「どうだ彈藥屋、少しは馴れたか、オタ〱すんなよ」相不變口の惡いやつだ。

「何だ貴樣辨當屋か、危ねー飯炊だなあ」

此方も負けて居ない。

「何オッ貴樣達缺食兒童のくせに能書は後にして速く喰らへッ、美味いぞッ」と、釜の味噌汁をかきまはしてニヤリと笑つた。

炊事班の努力の飯と味噌汁が、炎天下の强行軍に疲れ切つた私達をどんなに悅ばせ慰勞つて與れた事だらう。

皆心では感謝し乍ら、物も言はずに「ウーン」と唸る程詰込んだ。

幾日ぶりかで、小川の水で顏を洗つて體を拭いた。何とも云へ無い。全く生返つた樣な好い氣持で有る。

然し愚圖々々しては居られ無い。二十二日の總攻擊に間に合ふ樣にと、急行軍の最中だ。

山崎中尉から、夜行軍に關しての命令と注意事項を受領をして車輛と積載品の點検、燃料の補給が終つて、「出發準備完了」となると一食分の飯を貰つて出發だ。

さあ眞暗な夜行軍だ。何時襲るか知れない「虻」(敵機イ十六型)に備へて前照燈は勿論煙草の火さえも嚴禁されて居るのだから、包まれた布から、ほんの僅かに赤く見える前車の尾燈と無限軌道

の音に、しつかりついて行かなければはぐれて了つては大變だ。「乘車運轉始めッ」と號令を掛けて車長席へ乘ると、エンヂンが鳴り出した。するとそこへ寺田が飛んで來て、無言のまゝ牽引車上の私の足下へ「ドサリッ」と紙包を投り込んで默つて駈け出して行つて了つた。開けて見ると、

想ひもよらぬ羊羹だッ、然も五本ッ、煙草が三箇ッ。

分隊の皆に分けてやると、大喜で有る。

「ワーッスゲー〳〵、ヨーカンだ〳〵」

皆目を白黑させ、喉を鳴らして呑み込んだ。そうして喰つて了つてから、

「ウンそうだ〳〵中川上等兵ッ、どうも有難う、有難う。」と禮を言つて居る。私も氣が附いた樣に、何時の間にか眞暗で何も見え無くなつて居る車外に向つて、「寺田よ、有難うッ」と大きな聲で叫んで、彼の友情に感謝した。

七月二十日

眞黑な、漆の樣な世界が濃い灰色に成りかけると、音ばかりだつた前車が黑く微かに見えて來た。間も無く夜明けらしい、日も永いが、ずい分短い夜で有る。

前方から乘用車が一臺、此方へ飛んで來た。近ずくと中隊段列の平野軍曹で有る。私達を誘導する爲にやつて來たらしい。

「イヨーウ皆元氣だな」と懷かしさうに笑つて居る。

「異狀無し」、「イヤー御苦勞々々々」。

「目黑」の方で、少さな鐵工場を經營して居たと言ふ此の軍曹殿、「召集○○」が傳達された丁度その朝たつた一人の愛兒に逝かれたさうで、全く氣の毒な人だ。私は此の軍曹が案外元氣なのに何かホッとするものを感ずると共に、最大な悲しみも、小さな一私事と笑つて、軍務に精勵して居るのを見て敬虔な氣持に打たれた。

十時少し過ぎた頃「將軍廟」に到着した。平野軍曹の誘導に依つて、罐詰の箱、味噌樽や、米、乾パンの箱、ドラム罐等が所々に山を成して、いかにも兵站基地らしく、ゴタ〳〵して居る中を縫ふ樣にして定められた場所に車輛を停めて「大休止」だ。一時間の休止中、中食に空腹を滿し、燃料の補給を受けて出發。

兵站部員で有らう、應召者らしい小柄な准尉殿が一人、「地下足袋」をヒタ〳〵と鳴らし乍ら、動き出した牽引車の側に駈けよつて來て、車上の私達を見上げ乍ら、

「ヤー皆元氣で行つて下さいよッ氣をつけてなッ」と言つて、私達を勵ましてくれた。私は、

「ハイッ、しつかりやつて來ます」と言つて、此の老准尉に擧手をして禮を言つた。

「將軍廟」を出發して一時間。眞青に澄んで居た大空から「ボッリッ」と落ちて來た「雨だッ」空が灰色に變るか變ら無い内に物凄い土砂降りになつた。恐ろしい急變で有る。

百度を越える灼熱の太陽の下、頭も目もボーッとなる程暑かつたあの五分間前にくらべて、此の寒さはどうだ。

文字通り、細引大の大雨に風を交へて、此の世の終りかと想ふ様な、蒙古嵐で有る。

茹つて居た兵隊は、全身濡鼠となつて、今度は震へ上つて居る。

牽引車のエンヂンの響き丈けが、相不變好調だ。熱し切つたエンヂンの、機關室蓋を濡した雨が水蒸氣となつて、モウ〳〵と眞白な煙が車を包んで、まるで煙幕を張つた樣で有る。

十七時（午後五時）ノモンハンの集合所へ到着した。

鉛色の空から小降になつた雨がシト〳〵と降り續いて居る。「寒いッ」皆多外套を着た。

第二分隊長で有る由井上等兵が、三人の初年兵を連れてやつて來た。

「第一分隊、携帶天幕を出して吳れッ」

私は皆の背嚢から天幕を外させた。

「今夜は此處で露營ださうですよ」。丸々と肥つたハチキレそうな童顏に、目鏡を掛けた元氣な現役兵で有る。

「御苦勞々々」と言ひ乍ら渡してやると

「大至急張りますから」と言つて、隣の分隊の方へ集めに行つた。

皆各自の持場々々で、「手入點檢」に一生懸命だ。私は燃料の補給について、分隊長の片桐軍曹の所へ連絡を取りに行つた。

片桐軍曹は、私が應召した時、彼の居室へ行つて、分隊の彈藥車長を命ぜられた旨報告して、「どうぞ宜しく御願します」と挨拶すると、

一やあ御苦勞樣です。まあ宜しく御願しますよ、君も本郷だそうですね。僕も本郷ですよ。まあお互にしつかりやりませう」と、法政を出たと言ふ此の軍曹殿、私に至極親しみを以て私の挨拶に答へて吳れた。

其れ以來、分隊長と彈藥車長との關係ばかりで無く、「問が合ふ」とでも云ふのか、二人は輸送船の中、〇〇の宿舍と、何時も一緒だつた故も有つてか無二の戰友となつて了つた。

燃料の補給を終つて一服やつて居ると、砲車の間から

「オイ中川上等兵、どうだ元氣かッ」振り返へつて見るとオーッ私はハッと不動の姿勢を取つた。

中隊長宮殿下が、ニコ〳〵と御笑ひになつて、御立遊ばされて居られるので有る。

觀測小隊を御指揮になり、先行遊ばされてから、三日目で御目に掛かるのだ。私は畏れ多い事乍ら御懷しい想ひで、

「ハイッ元氣で有ります。彈藥車異狀有りません」と御答へ申上げると

「ウン御苦勞ッ」と仰せられて、私の擧手の禮に御答禮を賜はつて、向ふ側の分隊の方へ御出で遊ばされた。

微々たる一兵の名前迄、一々御記憶遊ばされるのみか、現役當時挽馬部隊で有つた私等は、此の近代科學の粹を集めた〇〇部隊に變つて居る今の原隊へ應召した當時等は、勝手が分らずずい分まごついたものだが、中隊長宮殿下には、出發前の御準備に御多

忙な御軍務中も、折々御親切に御說明を賜ひ、軍裝檢査の御時等はワザ〱私に「中川上等兵、編制の一箇分隊は何人か」とか、又牽引車の運轉臺の部分品を御指し遊ばされて「此れは何と言ふか、キロ計器はどれか」等々御査問遊ばされて、御敎へ下されるし、出發してからも、〇〇で陸揚げ中、甲板から船倉の中をのぞき込む様にして、大聲で命令を傳達して居る私を、船橋の上から御覽遊ばされた殿下には、

「オイ中川上等兵、此れを貸そうッ」と仰せられて、御手づから傳聲筒を賜つた。そして車廠に於て手入點檢中も

「中川上等兵ッ、牽引車の燃料の補給は特に注意せよ。こいつは恐ろしくガソリンを喰ふやつなんだから、ウッカリして居ると直に無くなつて了ふぞ」

と御注意下される等々、有難しとも有難し、實に部下を慈み遊される事、想へば畏れ多い事のみで有る。

私は、中隊長宮殿下の御後姿を御見送り申上つゝ、心に重ねて忠誠を誓ひ奉つたもので有る。手隙兵を集めて夕食の支度に取掛らうとして居ると、片桐軍曹が私の所へ來て、

「オイ中川上等兵、ガソリン少々的進上」

「何、燃料ならもう補給したよ」

「まあそう遠慮するなよ」と言ひ乍ら、私の外套のポケットへ小さなビンを突込む様にして、分隊の方へ行つて了つた。私は呆氣に取られて、取り出して見るとナール程ポケット用の小ビンに半分程入つて居るウヰスキーだ。結構なガソリンで有る。私は向ふへ駈けて行く此の戰友の後から大聲で

「大人謝々、」と叫んだ。

少時すると、集合の號令が掛けられた。

整列が終ると、中隊長宮殿下が

「只今から狀況を達するッ」と仰せられて、御自ら「敵は此の方向――ッ」と御說明遊ばされた。

一體私達兵隊は、現役の時から何百回と無く、演習や敎練の度毎に、敎官から此の「只今から狀況を達するッ」を聞かされたものだ。其れは皆「想定」に依るものばかりで有る事は云ふ迄も無い事だが、今度は始めて體驗する本當の『狀況」で有る。皆緊張して、中隊長宮殿下の御說明を御一言でも聞きもらすまじと、御指し遊ばされる殿下の御指先を見つめ耳を澄して息を呑んだ。

中隊長宮殿下の御說明遊ばされる處に依ると、敵はハルハ河對岸の砲兵陣地より、毎日午前午後數回に渡つて我が砲兵の各陣地へ盛んに重砲の長距離射擊をして來るさうで有る。

「我が中隊は、イリンギンブルードのバルシヤガル高地に陣地を占領し、前面の敵を一擧殲滅す可くもう觀測所は其の準備を完了した」と力强く仰せられた。

尙細部に渡つて、御注意事項等を御示達遊ばされた。

雨の爲敵陣の方は鉛色に閉されて望む可くも無いが皆一齊に明日にせまつた總攻擊を想ひ、胸を躍らせ武者振ひして敵の空を睨んだ。

七月二十一日

雨は止んで居たが今朝も雲が低く垂込めて、どんよりとした鉛色の世界だ。莫迦々々しく寒い。幕舍の側に戰友達の墓が澤山並んで居る。野草がサイダビンの泥水に差して供へて有る。私達は心から戰友達の墓標に最敬禮して、車輛の整備に取掛つた。九時豫定通り中隊は放列の陣地構築に出發した。

私は中隊命令に依つて、放列の〇粁程後方の凹地に、各分隊の彈藥車を集結して待機して居た。

午後一時、各車輛の車長軍轉手等と話をし乍ら中食を喰つて居ると、突然、ビューシュル〳〵ッと嵐の樣な音がした。と想ふと直ぐ側の稜線にダダーングワン〳〵と真黑に烟と一緒に土砂を中空迄ハネ飛ばして、敵彈が落下した。

二十四榴らしい。二十八榴かな。私達はハット顏を見合せた。息繼ぐ閑も無く、第二彈、第三彈と、遠く近く、前後左右、そこら中に轟然と大穴を開ける。―着彈が、益々近くなつて來た。―私は突嗟に、各自の間隔を取つて、伏せの姿勢を取る樣に叫んで皆を散らせた。此れが私の敵彈に見舞はれた最初の經驗で有るが後から〳〵ゴーゴーッと、鉛色の空をツン裂く樣な彈道の唸り、チカッと眞紅な火がキラめく〳〵と同時に、地軸を震はせて「ガガアン、ダダーン」と、土砂を天へ突上げ吹飛ばし、ヒュルーン、ピッーンシュルシュルーンと、破片が渦を卷いて飛散る。パッと白烟が見える。ピュル〳〵ンと、ヒステリー女のわめき散らす樣な稍高い信菅の飛ぶ音、大地震と大嵐が一度に襲た樣な騷ぎで有る。大地にシッカリとしがみ着く樣に伏して、私は彈藥の積載してる各車輛を横目で見守り乍ら、どうか車に被害の無い樣に念じた。全く、彈藥の積んで有る車輛に命中でもされたら、それこそ飛んでも無い事になつて了ふ。私は第一分隊の彈藥車長としてばかりで無く、各分隊の車長の中で、一番年かさな丈け、いつでも其の指揮を命ぜられる責任を想ひ、そして放列に陣地構築中の戰砲隊の分隊長や戰友達を想ふと、必死になつて、どうか彈藥の無事な事を神に祈つた。少時すると、いや我々にとつては隨分「永い時間」で有つたが、彈着が急に彼方へ遠ざかつた。敵は射程を延ばしたらしいずつと後方の何にも無い草ッ原の稜線に盛んな土烟が上つて居る。

「ホッ」として立上つて、各車輛共異狀無いかッ」と、どなると、「異狀無し〳〵」と口々に叫び乍ら、皆私の方へかけ出して來た。

「ロスの奴等、一體何を目標にこんな莫迦々々しい射方をしやがんだらう」

第二分隊の新海上等兵が、側の彈痕の大穴を呆れた樣に見入り乍ら言つた。

「大方原つぱの野鼠でも退治するつもりでせうよ」

道化者の原島一等兵が答へた。

「畜生ッ、おかげで折角の食堂が目茶々々だ」と言ひ乍ら、土砂を被つてひつくりかへつて居る飯盒をぶらさげて、砂を拂ひ落し乍ら、

「それでも蓋をしといて好かつたよ」と第三分隊運轉手が叫んだ。

私は、遠ざかつて行く彈幕を目で追ひ乍ら、「昨日中隊長宮殿下の御説明中に「敵は毎日午前午後數回に渉つて長距離射擊をして來る」と仰せられたがえつと其れだらう。とにかく異狀が無くて好かつたよ」

「すつかり御初を戴いちまつたよ、アッハッハッ。」と想ひ出した樣に、大聲で笑ひ乍ら又元通り車座に座つて、飯の續きを喰ひ初めた。

今度は構築中の放列陣地と、ホルステン河の方向に彈着して居るらしく、盛んに雷鳴の樣な響きが轟き初めた。

三時少し過ぎ、段列の酒井上等兵がトラックを持つてやつて來た。

「オーイ彈藥車長ッ、放列へ行つて呉れーッ」

「承知ッ」、私は皆を指揮して、早速各彈藥車に積載して有る彈丸を、大急ぎで酒井上等兵の車へ積換へた。

貨車の上には、忽ち〇〇〇發の榴彈と藥夾が山を成した。

皆車上を見上げて、

「少し許りですが「ロスケ」さん、御土産ですよ」と、此の赤軍への贈り物にシートを被せた。

私は、後の監視を第二分隊の車長に頼んで、運轉臺へ乘込んだ。

「先刻俺達の所へずいい分彈が來たが、段列でも擊たれたかい」

「えー段列へも相當に來ましたが、別に異狀は有りませんでしたよ。でも何しろ御初に御目にかゝつたので一寸驚きましたがね。」

轉把を取り乍ら、酒井上等兵が元氣な聲で答へる。車輛置場の凹地を出て稜線を越えると、パッと視野が急に開けて、同時にハルハ河の方から夕陽が殘雲を縫つて輝き出した。敵の陣地が並んで居るで有らうハルハ對岸の高地が、黑々とうねつて居る。右前方に當つて、盛んな黑煙が天を突く樣に上つて居る。

行く道々の兩側には、各部隊の砲車が待機して居る。ホルステン河への別れ道を左に見て、少し行くと高射砲兵が一生懸命陣地を構築して居る。其の先に「⦿重」だらうか、巨砲が待機して居る。輜重隊の貨車群が、前方から飛んで來る。步兵の一隊が、道の右側を進んで行く。

「ずゐ分にぎやかですね。」助手が感心した樣に眞面目くさつて言つたので、二人共想はず吹出して了つた。

又道の三ヶ路に出た。急に車が止つた。

「サアー何方だつたかな。」酒井上等兵が困つた樣な顏附で考へて居る。

「オイ〳〵冗談じやあ無いぜッ、此んな所でマゴ〳〵しては「處置」無いよ、分らないかあ」。

私は想はず急き立てる樣に言つた。

助手が飛降りて、三ッ又の所で何か探して居る。「いや先刻飯を持つて行つた時「目印」を付けて置いたんですがね。何しろ目標が無いもんで、馴れ無いと道が中々覺えられませんよ」と申譯無さそうに、助手の居る方へ目をやつた。無理も無い全く何方を見ても同じ様な砂つ原と草原だからなあーと、思つて居ると「アッ來たッ」「バアーン」突然車の右前の僅か十米餘りの所へ敵の野砲彈が炸裂した、と思ふ間も無く其所いら中に地震を起し、土をハネ飛ばして黒い煙幕を張つて居る。ドガーアーン、バリバリン、ヒュル／＼ーン、「さあ大變だ。」私は車上の彈藥をふりかへつて、一瞬息がつまる様な緊張に體中がシビレる様に覺へた。

「分ら無いかあー。」と二人共思はず大聲を揃へて、助手の方へ向つて怒鳴つた。

「あー有つた／＼」助手が右端の道路へ飛んだ。助手が飛乗るのを待ちかねて、全速力でブッ飛ばした。氣が附いて見ると、冷汗でビッショリだ。「ホッ」とすると、フーッとため息が出て、想はず心から、

「あー神様どうも有難う御座いました。」と感謝の言葉が出た。

　凸凹の道を、全速力でブッ飛ばしたので三人共ドシン／＼と飛上る度に、鐵兜を被つたまゝの頭で、天井を突上るので運轉臺の天井板が、目茶々々に壊れて了つて居る。

　其れを見上げ乍ら酒井上等兵が、

「何だ自動車の天井板なんて、ずい分華奢なもんだなあ」と助手と二人で感心して居る。

「何が華奢なもんか」と私は吹出して了つた。

　少さな稜線を一つ越えて「○○野砲」の陣地の脇を通り抜けて凹地を迂回すると、放列へ出た。掩體構築の眞最中で有る。

　第一小隊長の石川準尉が立つて居る。

　車を降りると飛んで行つて報告をした。

「彈藥を持つて參りました。○○○發で有りますッ。」

「いや御苦勞々々々。」

　各分隊の砲手が飛んで來て、彈藥を車下して各分隊の側に既に出來上つて居る彈藥壕の中へ、どん／＼運び込み始めた。

　第一分隊の陣地へ行つて見た。片桐分隊長以下
　皆半身裸で、一生懸命圓匙や十字鍬を動かして居る。土を被ると見えて、流れる汗が顔も胸も眞黒だ。掩帯は、もう七分通り出來上つて居る。半日も會はずに居ると、皆懐しい。

「オイ皆御苦勞々々々」と言ひ乍ら、有りッ丈の煙草とマッチを落し込んで聲を掛けた。

　皆一齊に上を見て、

「やあー有難う、どうしたい。」

「途中ずい分、撃たれたらう。さあ皆小休止、々々々、」と言ひ乍ら片桐軍曹は煙草に火をつけ、戰闘帽で顔を拭いた。

「ウン、彈を積んで居たので若干アワテタヨ。」

「ワッハッ、、。」皆美味そうに紫煙を吐いた。

「此處もずい分來たぞッ。今朝から三度も御見舞を戴イちまつたよ。まあウンと御返しをしなくちあアッハッ、、。」と吉越一等兵が水筒を抱へて腰を下した。

「彈藥ッ車下終りッ。」第二分隊長の由井上等兵の聲だ。「承知ッ」と其の方へ向つて
　大聲で答へた。と同時に、ダヾンダアーンと、目の前の砂丘が

吹飛んだ。

「來たッ」私は思はづ壕の中へ飛込んだ。續いてヒユーン、シユルーン、ズヾン、ガアーン、バリバリーンと彈着の近いのを知らせる様に、彈體が裂ける音迄が耳をツン裂く様だ。ダヾアーン、ピユルーンと信管の飛音。今度のは十二糎位かも知れない。一體ロスの奴等、撃出すと中々シツコイ。全でものに怯えた狂人が暴れ廻つて居る様に、夢中になつて目茶々々に撃つて來る。彈もずい分勿體無い話だ。

彈着が遠ざかつて、皆作業を始めた。

「じあ皆頼むぞ」と、私は壕を飛出した。

「途中氣をつけて行けよ」「あゝ有難う」

酒井上等兵も助手も、第二分隊の壕から飛出して、自動車の方へ驅け出した。

觀測所へ行つて見ると、此所ではもう出來上つて通信兵が架線をして居る。

「オーイ峰岸上等兵はどうしたッ。」車上から聲を掛けると、想ひ掛けない直ぐそばの壕から
「オイ誰だッ」と言ひ乍ら、峰岸が飛出して來た。

「やあー」と言ひ乍ら車のステプに足をかけて、

「しばらくですね、どうですか」。

「うん、まあ御互にしつかりやろうぜ」と、手を握り合つて笑つた。

「さあ歸りましよう。」酒井上等兵がグルッと車を廻した。


歸途、觀測所へ御出遊ばされるらしい中隊長宮殿下の御車と擦れ違つた。と殿下の御車が止つたので、私は直ぐ飛降りて殿下に、「彈藥輸送異狀無く終りました」と御報告申上ると、殿下には、「御苦勞〇〇時陣地進入を開始するが、中川上等兵は、各分隊の彈藥車を集結して、段列へ行つて待機せよ。」と仰せられて前線へ御向ひ遊ばされた。嗚呼、貴い御身を以て、敵彈雨下、榴彈炸裂する眞只中へッ!!

私は謹んで中隊長宮殿下の御武運を、御祈申上げた。車輛を集結して段列へ來ると、もう四圍は薄暗くなり始めた。

炊事班が、一生懸命で飯を炊き、味噌汁を作り、芋の皮をむいて居る。「あー腹が空つた」。自動車手達は、今日の敵彈の集中射擊の最初の經驗を面白をかしく誇張して、大聲で語り合ひ乍ら、車軸の手入れ點檢をして居る。

「アー疲れたッ」。腰を下すと、蚊の大軍がワーンと襲擊して來た。(未完)

聖戰日誌

十二月十二日今次對米英戰を「大東亞戰爭」と呼ぶ旨情報局發表あり。

○長くも海鷲の偉功を御嘉尙山本長官に再度勅語を賜ふ

○日佛印軍事協定成立

○グアム島完全占領

○九龍市街一帶の地區を占領香港攻擊の大勢なる

○皇軍ルソン島レガスピーに上陸、比島の猛攻つゞく

十三日　陸鷲ビルマを初爆擊す。飛行場、輸送船を襲擊

○わが驅逐艦比島近海にて敵潜水艦を擊沈した

○ハワイ海戰の追加發表、戰艦アリゾナ確實に沈む、米主力艦の擊沈合計三隻。わが發表愼重なり。敵新聞すらわが大本營發表を記載せざるを得なくなつた。情報戰でもわが方が勝ちつゝあり

○マレーの英軍後退、前線に印度兵部隊を殘してスタコラ

十四日　マレー半島の制空權われに歸す。敵の新鋭戰鬪機スピットファイヤー、バッファロ、エアコブラなどもわが陸の新鋭機には手も足もでず、重爆機ブレンハイムなどは活躍しないうちにたちまち擊墜

十六日　英領北ボルネオ北部に敵前上陸す

十七日　提督ニミツ米太平洋敗殘艦隊司令長官に任命目下坐乘すべき旗艦の修理中

十八日　香港島敵前上陸、壯烈なり

十九日　ペナン島攻略成る

十二月廿日　ミンダナオ島に上陸、主邑ダヴアオを占領邦人一萬歡喜して皇軍を迎ふ

廿一日　日泰攻守同盟條約調印、泰國アングロサクソンに對し徹底的に戰ふ決意を示す

廿二日　皇軍ルソン島リンガエン灣上陸

○反樞軸會議開く、稱して泣き寄り會議

廿三日　ウエーキ島完全占領、太平洋飛石を一つづつ頂戴する

○ラングーン空襲、蔣軍用物資、輸送設備とともに燃ゆ

蔣介石よ、無益の抗戰をいつまでするつもりか

廿四日　ルソン島ラモン灣上陸、比島攻略の態勢成り、敵の本據マニラへマニラへ

廿五日　香港陷落、意義大なり

廿八日　マレー西部の要衝イポー攻略、シンガポールへの戰略地點を押ふ

卅一日　英領ボルネオ、ブルネイ占領、まづ石油田を占據、十七年度五十萬トンの產出可能、昨日の持たざる國、今日の持てる國、戰力の增大圖り知る可からず

十七年一月二日　マニラ完全占領、比島、米國の施政空し

○南米チリー中立を聲明、ラテンアメリカの空氣、必ずしも親米ならず

○英のウエーヴエル反樞軸西南太平洋聯合軍總司令官と云ふ長たらしい職に就任、そんな司令部も何時まで現狀にあることやら

三日　比島バタアン半島パラック攻略、バラック、バラック、小屋に逃げる米比軍敗殘兵を掃討

○マニラ灣の離れ小島コレヒドール要塞を猛攻

七日　マレー東岸クアンタン南方に進出、東西呼應してシンガポールへ迫る

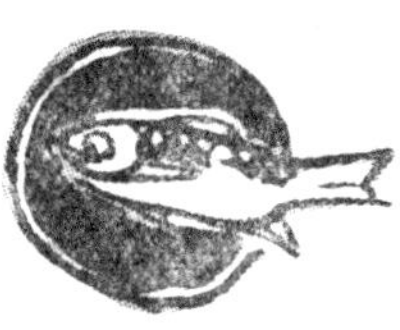

闇から明るい生活へ

北條清一

『生活の窓』から、このごろの世相を覗いて、近頃、一般にやかましく叫ばれてゐる臨戦生活が、どう動いてゐるか、そんなことを思ひつくまゝ記してみる。

× × ×　× × ×

○銃後は明るく

戦時下の銃後生活で、まことに不愉快な響をもつた言葉に『闇に流す』といふのがある。大體、闇なんて言葉は、甚だ暗い言葉で、平時にあつても、喜ばれない言葉であるが、今日の如く、一億一心で銃後をしつかりとかためて、新東亞建設に邁進する時、かうした暗い言葉の横行するのは、まことに、寒心に堪へないことである。戦争をやつてゐる時であるから、銃後の國民生活は、平時より一層明るいものでなければならないと思ふ。それなのに、都會にも農山漁村にも『闇』といふ言葉が流行し、幼い子供達の口から『お母あさん、これ闇？』なんて、お菓子をつまんだ可愛いゝお手々と、つぶらな眼が、母にむかつて、質問するに至つては、まことに困つたことである。童心に暗い心を植つけることをおそれる。

生産、配給、消費の三つが、それ〲異つた立場にゐるのであるが、一つの物を中心として、異つた立場の三者が一體となつて、滅死奉公、われらは戦つてゐるのだといふ氣持になつたなら、闇も買溜も行はれず、戦時下の物資は、不自由ながらも、われ〱の家庭に圓滑に行き渡るであらう。不自由を常と思へば、不平も不満も起るものではない。近頃街にメータクが著しく少くなつたが、東京市民の多くは『ガソリンの足』に左様ならをする覺悟をきめたので、混雑する電車、バスに、もみくちやにされるほど詰めこまれて乗ることにも馴れ、不平も云はなくなつた。國民が不自由を常と思ふ心の修養を積んできたのである。

○歡迎された切符制

米が切符制になり、マッチも砂糖も切符である。切符が生れた頃は、誰しも驚き、この先、何年も戦争が續いたら、どうなることだろうと、取越苦勞の心配をしたものもあつたやうだが、切符制になつてみると、必要量だけが、心配なしに配給され、國民は安心して戦時下の生産擴充に、働くことを樂しんで生活して行ける。東京市内の町會方面に、切符制の成績を問合してみたところ、どこの町會からも、切符制まことに結構、切符制で圓滑に配給されてゐますといふ回答に接してゐる。お互の家庭生活において、必要量以上には絶對に買はない主義をとつたなら、物資はまだ〳〵餘裕がつくと思ふ。一時、煙草がなくて困つた。あの頃は、煙草の顔さへ見れば、ポケットに二つも三つもあつても、買溜したものであるが、近頃は一個賣となり、煙草ならなんでもよいと云へば手に入らないことはないので、煙草に對する不平はまづ解消した。

砂糖が配給では、とても足りない、といふ話は、よく耳にするが、與へられた配給の砂糖も、臺所をあづかる主婦の頭一つで、充分に間に合つてゐる事實がある。生活改善運動を、もう長いことつゞけてゐる「友の會」の篠遠よし枝さん（篠遠理博夫人）は、配給される砂糖を、一日一人當りは匙に何杯とちやんときめておき、毎日の料理にはその砂糖を節約して、一週間一回は、節約した砂糖でおいしい甘いお菓子をつくつてゐるといふ話である。一事が萬事、家庭を守る主婦が生活の科學化といふことに頭をおいて、日常の生活を一步、一步、科學化の方向にひつぱつて行つたなら、隨分、無駄が省け合理的な樂しい生活が出來るのでないかと思ふ。

○最低の被服生活

生活の科學化といふ言葉の出たついでに、もう少ししやべつてみたい。

日本人が一年に一人で、どれだけの纖維を消費するかといふと、大體、七ポンドから八ポンド、反物にして六反見當といふ話である。ドイツ、イギリスは十五ポンド位を消費するといはれてゐる。ある女學校で生徒の衣類數を調査したところ、六十點位になつたといふ話である。洋服と着物と被服の上で二重の生活をしてゐるわれ〳〵の生活には、かなりの無駄がある。家庭婦人のうちには、必要以上に多くの着物を簞笥の底にしまひこんで、年一度の虫ぼしに、ひろげ出して、樂しんでゐる人も隨分多い。今の時局にぴつたり來ない人達である。これからは死藏する着物をどん〳〵生かして、新らしいものを買はずにすませるやうにしたいものである。外出着と家庭内の作業着と、この二つ位で最低の被服生活に滿足の出來るやうな氣持になつてもらひたいと思ふ。男の場合でも、執務、作業服として、國民服はまことによろしい。その國民服がもう一步流行しないのは、どういふ譯であろうか。どうしても洋服を新調しなければならぬ場合は、國民服にするやうにしたいものである。それから、膝がぬけたり肱がぬけたり、衿がすりきれたりした「着られない洋服」を持合せてゐる人も相當にあると思ふ。かういふ「着られぬ洋服」一着なり二着なり持つて行けば、純毛の國民服一着が安く手に入るやうにしたら、まことに結構である。純毛がいけなければ、純毛に近いもの――つまり、しわにならず丈夫な生地の國民服を希望するものが多い。國民服もいゝが生地が悪いので着る氣にならないといふ人が少なくない。これらの點も考慮に入れて、國民服の普及をはかつて貰ひたい。

×　×　×　×　×

○(公)の惱み解消

料理に(公)が出來て、夜が五圓、晝が二圓五十錢ときめられた。いまゝで十五圓、二十圓の料理を出してゐたものも五圓で縛られ、それと反對に三圓四圓の料理を出してゐたものが、逆に五圓に早變りしたものもある。知らない料理屋にうつかり飛び込んで行つて、隨分まづい料理を喰はされて五圓とられることもあるし、座敷といひ、器といひ、サーヴィスといひ、すべてが行きとゞいてゐて、しかも勘定は五圓、こんなのは、ちよつと氣の毒な感じもする。そこで、ある奥さんの話であるが、近頃、料理は五圓にきめられたので、今まで、そんな料理屋へ出入したことのないやうな人達までが、押すな〳〵で出かけ、隨分無作法に振舞つてゐる。別に階級意識を持つとか、自由主義的な考で云ふのではないが、さうした料理屋には、傳統の格式があり、そこの料理を喰べるのには、喰べるだけの教養を持つた人達が、食事を樂しみに行つてゐた場所であるから、なんとか考へていたゞけないものでせうかと、農林省筋のお役人に質問したことがある。私はこの質問に對して、農林省のお役人さんが、どう返事をするか、頗る興味をもつて、耳をそばだてゝゐたら、お役人さんは、簡單に『それは、とてもむづかしい御相談ですね』と、あつさり片づけた。

しかし、農林省でも商品に格付けをすることについては研究してゐるやうだし、商工省も、公定價格のお目付役として、物價査定委員の官制をきめ、中央、地方に委員をおいて、(公)の蔭にかくれて、不都合を働く商賣人に監視の眼を光らせることになつた。

臨戰經濟がいよ〳〵進むにつれて、公定價格の設定といふことも、その範圍が次第に廣くなつてくる。そこで、商人は公定價格の設定をいゝことにして、品質を落したり、ひどく惡い品を(公)の最高價格で、これは公定價格でございますと、涼しい顔で賣る。だから、巷では、公定價格の設定が品質を低下させると、(公)に對して、非難の聲を立てゝゐるものもある。こんど生れる物價査定委員會は、この惡評を一掃し、公定價格設定の意義を國民に徹底せしめるために活躍するもので、例へば、公定價格商品に、嚴格な規格と等級を定め、規格にふるひ落された品物は、一切賣らせないやうにする。そこで、物價査定委員は、自ら街頭に出て店頭に並べてある(公)商品を手にとつて見て、品質その他の檢査をして、粗惡品の一掃と、公正なお値段での販賣を監督することになる。

從來も、織物や陶器などには、規格、等級別に(公)のつけてあるものもあるけれど、お茶、お菓子、鹽干物、瓶罐詰、佃煮、その他の食料品、磁器、蚊取線香のやうなものは、規格、等級が復雜で、その一つ、一つに(公)を設けることが非常に困難なので、これらの商品は、各商品別に價格査定委員を置いて、お菓子ならば砂糖や玉子、メリケン粉などの原料によつて一級品、二級品、三級品といつた風に製造店ごとに格付けをして、一級品は㊣の最高販賣價格で賣れるけれど、三級品はそれより一割引とか、三級品は更に二割引といふ風に、品質に應じた適正な價格をつけて賣るやうになる。かうすれば、㊣に對する從來の非難も解消されやう。

料理の場合にしても、一流料理店、二、三流の店といふ風にして、最高の五圓から、四圓、三圓といふ風にすることが出來やう。東京府で、この前提とも見るべき、西洋料理に對する格付が研究されてゐるとのことである。

× × ×
× × ×

○臺所に福音

お魚や、お野菜が思ふやうに、手に入らなくて、とても困りますわ——といふ聲が一時あつた。

戰時景氣と、生産資材が窮屈になつて、野菜や魚などの出廻りが、一時、惡くなつたことは爭へない。これらの生活必需物資と、大衆の生活に深い關係のあるビール、酒なども、家庭へは行き渡らず、料理屋や飲食店などへ流れこんで、家じや酒やビールは飲めないが、こゝへ來ると、いくらでもあるね、と云つたり、こんな魚や野菜は、我々の家庭には廻つて來ない、どうしたわけかね、と不審の眼をみはつたものである。家庭の手に入らなくて、料理、飲食店にだけあるものには、闇から闇を流れて『闇代』のついたものが少くない。

で、去年の八月八日、國家總動員法に基いて「青果物配給統制規則」が制定公布され、各府縣に青物需給統制委員會による出荷配給統制、六大都市のやうな大きな消費地には、荷受組合（青果會社）をつくつた。一方、小賣商人を一とまとめにした商業組合をつくり、出荷から配給までのルートを一元的に統制して、小賣商人や料理屋などが從來やつてゐた「産地直接買付」の手を封じて、料理屋だからあるといふ不思議を抑へた。東京では、築地、神田、江東、豊島、荏原、淀橋、足立、北多摩の八市以內の青果會社を合同して「東京青果荷受組合」をつくり、新らしい組織としての活動をはじめてゐる。

お魚は、鮮魚類配給統制規則によつて漁場方面の出荷統制をすると同時に、市場から家庭への配給ルートの合理化を目指して、東京では、市內六千五百軒の魚屋のあんちやん達をひとまとめにした、「魚商業組合」をつくり、その一方では、魚介類青果物などについての仲買人制度を全廢して、市場から家庭への中間物存在を一掃し、市場からスラ〳〵とわれ〳〵のお臺所へ來るやうに機構を整備した。

お酒の場合は、新たに「大日本酒類販賣會社」が生れ、勞務者、農山漁村民その他一般家庭への配給を確保して、奢侈的消費部面への流れを抑へることになつて、去る十一月一日から活動をはじめた。上戸黨にはこれによつて、酒の飲めない歎きが幾分でも解消することにならう。

医療

一酸化炭素の中毒

一酸化炭素の中毒は血液の酸素缺乏症だといはれてゐる。一酸化炭素の吸入によつて、血色素を汚染し、肺から酸素を取り入れることを阻止するからである。この過度の呼吸は無論窒息するが、毎日少量づゝ吸入してゐた場合はどうなるか、即ち慢性中毒の場合であるが、最近、これについての研究結果が衛生學者から報告されてゐるが、それによると少量の場合では赤血球の增殖を來し、このため貧血に好影響を與へるといふこれは動物實驗についての話で、人間についての研究はまだ行はれてゐないが、同じ研究者によつて 輕い中毒を繰りかへしてゐると抵抗力が增し、そのため、なれない場合には直ぐ中毒を起す位の濃度でも、なれて來ると一向中毒症狀を起さないで平氣でゐられるといふことが報告されてゐる。しかし、だからといつて過度の吸入は、なれてゐる人でも急性症狀を呈するので安心は禁物だ。殊に、急性症狀が激しくて仆れた場合は恢復してから數日或は數ケ月も經過してから後遺症が出て來ることがあるからなので、この點は大いに注意を要するといましめてゐる。いづれにしても、非常に怖れられてゐる一酸化炭素が適量の場合は貧血に治療的の効果を來すといふ點は大いに注目されていゝ事だ。そのうち臨床方面からの報告が期待される。

肺炎の血清療法

肺炎は乳幼兒にもつとも多く、つぎは六十歲以上の老人である。どれ位のものがこの病氣のために貴重な生命を奪はれてゐるかといふと、近年のわが國では十萬乃至十二萬人でこの數字は一ケ年總死亡數の一〇%に達してゐる。この治療法としては化學療法としてのズルフアミッド製劑中でのピリジンの入つたものが推奬され、事實またその効果を認められてゐるが、一方、この血清療法がまた唱導されてゐる。肺炎菌は莢膜を持つてをり、細菌學者の研究によるとこれが肺炎の病因として重要な役割りをつとめてゐるのだが、これに對し血清の注射をすると莢膜の有毒物質を中和して、肺炎菌は殺さないが病氣を停滯させることが出來る。これが肺炎ワクチンの特徵である。したがつて、化學療法と併用して大いにその効力を發揮出來るが、こまつた問題がこゝに一つある。それは、肺炎菌には非常に種類が多くて、アメリカの細菌學者がニューヨークで採取した菌型だけでも三十二種に及び、わが國での調べでも三十三種に達してをり、その血清は各菌型に應じたものでないと効果が薄い。したがつて本當にこの血清の治療効果を期待するためには菌型の存する限りのものをつくり、患者の菌型を決定してこれに適應する血清を注射する必要があるといふことだ。だが、實際には比較的多く流行する菌型と、あまり流行しない菌型があるので、その多い方のものだけを對象としてつくつて置けば、まづ間に合ふことゝなる。この困難を克服して、わが國でも最近これがつくられるやうになつたことは大いに氣強い次第だ。

結婚の適齢

結婚の適齢はいつか。まづ、初産がもつとも容易で、母子ともに障害の少ない年齢は十九歳といふことになつてをり、また、結婚後もつとも早く妊娠する年齢はといへば、結婚年齢の遅れるほど早く妊娠する。つぎに胎兒の發育も良好で死産や流早産の少ない初産年齢はといふと二十三歳といふことが、婦人科學界の定説であるが、では全出産期間を通じて、一番澤山子を生む結婚年齢はいつかといふと從來あまり研究調査されたものがなかつたが、最近、一婦人科醫によつてこれが行はれ、これに決定を與へた。それによると、二十二歳半といふことになつてゐる。この年齢で結婚したものが一番生産能率をあげてゐるといふのだ。しかし、出産に對する婦人の能力は滿十七歳で完熟する。これも婦人科學界での定説である。

結核の新化學療法

結核は生産力の増强に大きな障碍である。農村結核、工場結核がこのところ大きな問題となつてゐるのはこのためといつてよい。結核は早期に發見して生活の新體制を實施すると容易に治る病氣だが、一たん、その時期を失してしまふと、まづ治癒の望みなしといつてよい。最近この結核に對して化學療法が行はれてをり、効果については相當高く買はれてゐるが、なほ且つ相當の死亡者を出してゐる程だ。結局早期治療の一點張りとなるが、これについてはB・C・Gによる豫防免疫の方法が、日本でも廣く採用され出したことは注目に値する。

B・C・Gはフランスのパストール研究所の發見で、幾百、幾千代の人工培養によつて結核菌を弱體化せしめ、これをツベルクリン反應の陰性なものに注射するのだが、今までの成績では日本でも相當の好結果を示し、未接種者の結核發病率を百とすれば、接種者の發病率は三〇%乃至四〇%といふことになつてゐる。かつ、その死亡割合も一例をあげると非常接種者の五六・三%に對し、接種者は六・八%で、接種の有効さを語つてゐる。この數字は看護婦についてゞ、一般のものになると接種者の死亡率はもつと減つて來る。その効果は集團生活に非常に有効であり、かつ、家庭的には結核患者を發生した場合、未感染の家族に對して行ふ場合、大いに意義がある、といふのは、家庭の構成人員中から一名の結核患者を出した場合、普通には遲かれ早かれ全家族は結核の洗禮を受けなければならぬ運命に置かれてをり、事實、この場合は必ずといつてい丶位に家庭傳染があるからである。

このB・C・Gを接種すると從來とかく接種部位に潰瘍が出來て、なか〳〵治らなかつたものであるが、この點についても最近わが國で菌の培養生産に改善が行はれた結果、除かれることゝなつたのはこの使用奬勵に一層拍車をかけるものと思はれる。

× × ×

生活

「わがアメリカ軍隊も早く日本の首都重慶を攻撃せよ」といかにも勿體ぶつていふアメリカ人がゐるといふ。事ほど左様に、彼等は東洋の事情に暗く、従つて、日本軍の價値や力量を極度に過小評價してゐたといはれる。それにつけても筆者は二三年前に、車中で乘合せたアメリカ歸りの婦人の話を思ひおこすのである。

「もう米國へ参りましてから廿年近くにもなりますの。太平洋沿岸の町で、初めは雜貨商などをやつて居りましたけれど、今では花屋になりましてね。大ていお得意と申せば米國人なのですけれど、もうお互ひに少しの隔てもなくなりましたのです。氣候のいゝ所で、一年中、こちらの春の時分の服装でもよい位で、お米とかお魚とかも、一寸も不自由はいたしません。お米もこちらのと比べますと、ずつと長目で、味も大變おいしいのです。お魚も鯛やら何やら相當においしいものもあるのです。町の人たちはどこの家にもミシン(自動車)がありまして、それはそれはこちらの自轉車以上ですの。誰かが四人に一臺の割とかいひましたつけ。月給が七十弗か八十弗くらゐの人でも半年もすれば、もう手に入れてゐる位です。ギヤソリンも安いものですから、一寸お使ひに行く位で、もうミシンに乘つて行くのです。本當は、そんなことでは人間が惰弱になつていけないと思ひますけれどもね。それに飛行機がたくさんある。子供などは日本の子供が汽車に乘るのと同じやうに考へてゐる位です。と申しますと、まことに申分がないのですけれど、私たちやつぱり自分の子供を米國人のやうに育てる氣持はございませんの。氣性がのびのびとしてゐるのは大變いいやうでゐてどうも自分の子となると満足してゐる譯には行かないのです。先だつては近くで陸軍の兵隊が演習してるのを見ましたけれど、キヤンデイだのガムだのをしやぶりながら、まるで遊びでしたね。米國人は假令どんな兵隊になつても、命をすてる覺悟など微塵もございませんわ。いつかハイスクールの先生がうちへ遊びに來て日本人が戰爭に行く時は、どうしたらいい死方が出來るか考へてから行くさうだが、その話を詳しくしてくれと申しました。生きられる時に生きられても、それが少しでも見苦しかつたら、もう日本人は生きてなどゐないといふ話を主人がいたしましたが先生にはどうしても合點が行かないとのことでした。米國人はたとひ戰爭になつても、それこそ周章るか、暢氣にかまへるか、そのいづれだかと思ひますことです。あの、話は別のことになりますけれど、あなた樣は御存じないでせうね、日露戰爭の頃、こんな唄がありましたのですよ、

　進めや進めいざ進め
　敵に會ふまで進むべし
　もしや敵に出會ひなば
　何はともあれ逃げるべし
　進むは國のためならず
　なほさら己れのためならず

そのあとは忘れましたけれど、無論これは露西亞兵のことを笑つた唄です。うちの主人などは米國の兵隊も、戰爭になつたら、きつとこんなだらうなどと、よく笑つてゐるのですよ。米國人には結局、戰爭などは本當には出來ないのですね。それでゐて、まるでスポーツみたいに直ぐにでも勝てるやうなつもりで居るのですからね」

　年老いた婦人は微笑まじりに語つては、わが兒の教育に惱んでゐる風を見せた。いま筆者はハワイの或るアメリカ人の家に雇はれてゐた日本人の女中が「トヨ、お前はアメリカが日本と戰爭になつたら、どうするね」ときかれた時、はつきりと「お宅の人達を毒殺してしまひます」と答へて、センセーションを起したといふ話と共に、この老婦人の話を追想するのである。そこには爛熟せる物質文明に喘ぐアメリカ人の氣質とそれに對する在留邦人の心意氣といふやうなものがうかがはれる。

○

　皇軍の赫々たる戰果を知るにつけて、忘れ難いのはその勞苦である。南方には資源が豐富に東洋で消費しきれないほどあるといふやうな話を鵜呑にして、兵隊が到る所で物に困らないかのやうな錯覺を起してはならない。

　從來の興亞奉公日の廢止に伴ひ、大詔奉戴日の設定によつて生れる新しい部落常會や町內會常會では、戰歿、出征軍人遺家族、傷痍軍人に對する援護と共に、戰地に在る將兵に對する慰問方法を考究さるべきである。たとひ一枚の葉書であらうとも銃後の溫い心づくしを知る時、將兵の勇氣は百倍するのである。實行に手數のかかることを念ずるからこそ億劫になり、遂には怠ることになるのである。これは葉書で直ぐに濟むところを手紙で長く書かうと考へてゐるうちに、やらずじまひになるのと同じである。

×　×　×

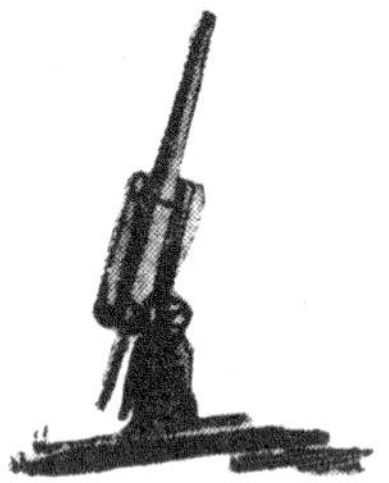

街頭國防色雜談

吉田謙吉

過般、私は銀座街頭で國防色を身につけた服装を拾つて見ました。玆にお目にかける圖がそれですが、時恰も宣戰布告二日前のことであつて見れば、決戰體制下の今日となりましては、僅か三十分弱の時間内でのこの一片の採集圖も、些か戰時服飾資料としての意義を齎す光榮を得たのではないかと思はれます。事實、宣戰が布告された翌九日、某工場の厚生部長の職にある友人某君の話によりますと、國民服を着たいといふ希望者がめつきり殖えたといふ報告を齎してくれました。この事實が何を物語るかは、あらためて云ふまでもない事でありませう。

扨て、この採集圖中、制定國民服は圖番號2 4 21 28ですが、その他の場合に於て、國防色は御覽の通り或は戰鬪帽として或は、工員服として或は教練服として上衣だけのものやヅボンだけのもの、上衣の下からのぞいてゐるジャンパー樣のものもあり、或は手にぶらさげた風呂敷包の國防色として見られます。國防色のかうした今日のひろがりについて考へて見ますと、從來の婦人服飾の變遷にあつての所謂流行色と雖も、今日の男の服飾に於ける國防色のやうなひろがり方を見たものは全く無かつたのです。これは、勿論國防色といふ色彩そのものが、從來の服飾に於ける流行色とは全く異つた意義を持つてゐる爲めに、そのひろがり方も、流行色とは異つた筋道をとつたものでありまして、服飾變遷史上からも未曾有の事だと考へられます。

いつたい國防色が今日のやうな有意義のひろがり方をする前には、即ち、國防色が青年團服として初めて登場した頃には、世上一般的にあまり快適なものを感じさせずのみならずたはいもなく一部では毛嫌ひされてさへ居たやうでした。これは一つには當初の青年團服の型そのものが今日の國民服に及ばずして極めて快適ならざるものであつたといふ事實もあつた爲ではなかつたかと思はれます。勿論、今日の國民服の普及には、さうしたたはいもない色彩感覺と云つたやうなものは、消し飛んでしまつてゐますし、國民服に限らず、國防色そのものが、この採集圖の語る如きひろがり方をしてゐる譯であります。ひろがり方ばかりでなく、服飾に於ける一つの色彩としての扱はれ方も、この小採集圖に見られる範圍內だけでも、御覽の通り態々で、これは國防色そのものが從來の流行色のやうな生やさしい扱はれ方でないといふ事實が示されてゐる事でもあり、從來の服飾の中に扱はれて來た色彩が、何等かのかたちでの優しい美しさとして扱はれて來たのに異り、必勝の精神のあらはれとして扱はれてゐる點が、全く異る譯でありまして、そうした精神的な意味で一つの色彩が扱はれるところに今日この時代の逞しい美しさが齎されて來てゐる譯であります。ですから、これは決して、單に服飾上の色彩感の問題に止らず、今日以後の日本文化と

いふものが當然さういふありかたをすべきであつて從來の優しい文化にとつて代つて逞しい文化としてゆく事でありまして、國防文化への、まつしぐらの道である譯です。

ですから國防色といふ一つの色彩が日本人の皮膚の色との調和に於て芳しくないと云ふ事も云はれてゐるやうですが、それは、所謂優しい文化優しい美しさの方の見方であつて、これからはます／＼逞しい美しさといふものをつくつてゆくとしますと從來考へられて來た調和感と云つたものは極端に云へば役に立たない所までゆかなければならないのではないでせうか。尤も從來の色調感からしましても、國防色と云つても、帶綠色系のものと帶黃色系のものとは、非常に違つて居りますし、一概に國防色が、日本人の皮膚の色との調和を持たないといふ事は云ひ切れない點もあると思ひますが、さういふ事よりも、前述のやうに美しさの觀念

の相違をハッキリさせるといふ事が、今日の眼となり今日のこゝろとなつてゆくのでなければいけないのではないかと考へられます。事實その氣で立ちむかつてゆくとしますと、從來の調和、不調和感といつたものは、非常にせまくるしく感じられて來て今日この時代の逞ましい息吹きのかゝつたものはすべて大東亜的だと感じられて來ます。國防色にしましても、從來の生やさしい調和不調和といふ事でなしに、國防文化的な大きい調和の中の一つの色彩として扱つてゆくといふ事が、この色彩を積極的に生かしてゆく道であり、即ち國防色の美しさを發揮させるには、さうした考へ方によつてゆくよりないでありませう。この事は國防色に限らず國民服そのものに就ても考へられる事でありまして、ひいては今日以後のわれ〳〵國民の服飾としても考へられてゆかなければならない事でありませう。即ち今日以後の服飾は、何等かの點で積極的に倫理性を持つてゆくべきであり從つてその中に扱はれる色彩も、調和不調和ばかりでなしに、一つの色彩そのものが積極的に倫理性を齎してゆくといふ事が考へられます。そこで例へば國防色と云つた色彩は、さういふ、これからの新しい逞しい文化のためには、服飾の中で調和不調和感を乘り越えて扱はれてゆくと云ふ事にもなりませうし、事實、既にさうなりつゝある事はこの斷片的な採集圖でさへもが語つてゐる所であります。ですから、青年團服として國防色が登場して來た當初にあたつては、他の色彩の服飾の中に國防色をとり入れる。例へば上衣やヅボンだけ國防色のものを着けるといふ事は、服飾として調和しないといふ事だけで身につけられなかつた事もあつた譯でありますが、今日この決戰體制下にありましては、服飾の中に國防色が一つは必ずあるといふ事さへもが何等かの今日の意義を身につける事ともなりそれこそ、逞しくも新しい調和をつくつてゆく事になる譯でありませう。かういふ風に一つの色彩に於ても、そこに倫理性がある限り、新しい調和をつくつてゆくといふ事は、今日この時代でこそ、大切な事でありまして、國防文化をつくつてゆく骨組の一つとさへなつてゆくものでありませう。

元來、われわれ日本國民は、文化的な消化力がまことに旺盛である事は、古來の文化を顧みても、わかるところであります。僅かな期間の瞥見ではありますが、南支文化を見て來ての私の感懷としまして、何よりも最近支那文化が米英文化を鵜呑みにしての不消化文化となつてゐる事實をありありと見て來た事でありまして、それに比べて日本文化は古來消化力そのものが旺んであつたといふ事は、ハッキリとした事實でありまして大東亜共榮圏ともなれば益々その威力が發揮されて然るべきでありませう例へば國防色を今日の服飾の一色彩として扱つてゆくに際しましても、無理にも調和させてゆくといふ强さが必要とされる事でありませう。況んや、戰線銃後といふ言葉の上の相異こそあれそれ以外心構へに寸毫の相異があつてはならない時にあたりまして、國防色といふ一つの色彩が、戰線銃後を結ぶ文化的なつながりとまでなつてゆくものとしますと、國防色の意義はまことに重く、これを巧に快適に扱ふといふその事には、更に重ねての重い意義が出來て來ませう。そこで例へば服飾のデザイナーの立場からも、さうした、新しい考へ方の上に立つて、従來の優しい調和とは異つたものをつくつてゆく事が出來る譯でありますし現在既にその適例をこの採集圖ばかりでなく見る事が出來て居ります。例へば、銀座の資生堂喫茶部のボーイさん達のユニホームなど見ますと、（同店意匠部の山本武夫氏案ださうですが）白服の詰襟の襟の部分とヅボンとに國防色を扱ひ、ヅボンの國防色には白線を一本入れて、新しい調和をつくつてゐます。つまり白色と國防色とを快適に調和させた例として擧げる事が出來ませう。即ち國防色の初登場の時から考へますと、こゝでも格段に消化力の旺盛を見る事が出來た譯であります。

　そこで省みて今日の國民服が、例へば今日の如き國防色でなしにもつとわれわれの皮膚の色などとも所謂よき調和を持つた別の色彩の生地でつくられたとして見ませうさうした場合に、例へばその一般普及狀態は、當初の國防色の靑年團服の快過ならざりし印象も手傳つて、今日の國防色のものよりも或はさうした別の色彩の國民服はその普及が速かであつたかも知れません。しかし、例へ如何によき調和あるにせよ、國防色ならざる國民服は、國民服本意義からへだたり、たとひ、その普及が速かであつたにせよ、速かである事よりも、根強く普及してゆく事に、國民服の意義があるとしますと、假令よりよき調和がなくとも、新しい心構へを以て着られるといふ所に、國民服の意義は更に強化されてゆく事でありませう

　これからの逞しくも美しい國防文化を築いてゆく爲めには、例へば一つの國防色といふ色彩に對しても、それに倫理性を裏附けさせ新しい考へ方の上に立つて、今日この時代の爲めの、新しい扱ひ方をつくつてゆく事、然かもさういふものがますます推積して、新しい文化財となつてゆくでありませう。

漫畫机上訪問

國民服着せかへ（一）

（文壇の巻）

近藤日出造（繪と文）

昭和聖代、思想の自由は許されないが、思考の自由は許されて居る。これほど有難きしあはせはない。たとへば、一着の國民服を心の手に持ち、あの人にあてがひ、この方にあてがひして見る面白さ。

やつて見ろ、やつて見ろ、とそゝのかされて、私の身内のおつちよこちよいめが、フラフラと先づ文壇へ飛び込む。

飛び込んでぶつかつたのが島崎藤村先生。

島崎藤村氏

前垂れみたいな袴を付けて、現れ出でたる藤村先生。端座して、太い眉一つ動かさず、私の口上を聞いて居たが、言葉の切れ目にツと立上り、袴を除り、着物を脱ぎ、アレヨ、アレヨ、とたまげる私の手から國民服を受取り、默々とそれを着用に及び、白髪の上にちよこなんと帽子を乗つけ、又端然と坐り直し、キチンと膝に両手を突いて、「御苦勞様で、ございました」

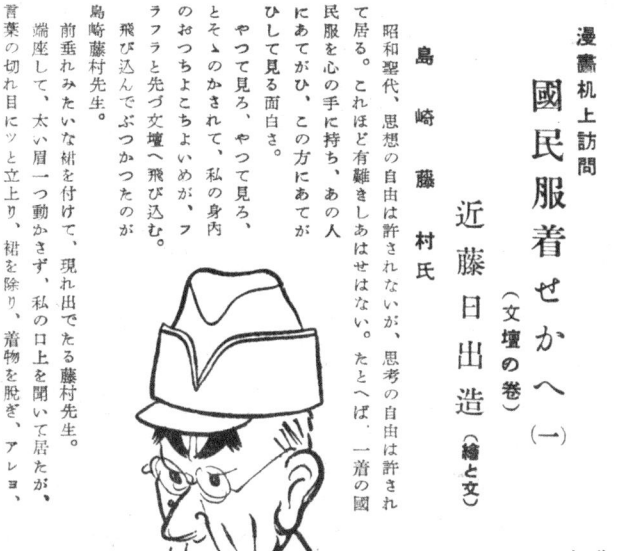

服が泣く
南義郎作
敵前上陸
YOSIRO

婦人標準服の裁方と縫方

こゝに掲げる婦人標準服の裁方と縫方は、厚生省婦人標準服研究會の發表に依るものです。型式と併行して、最も大切な裁方縫方の合理化は、同研究會の苦心したところで、和洋裁縫の長所をとり、出來るだけ簡易明確な方法をとり、家庭で縫へると云ふ點を强調してあります。誌面の都合で、まづ甲型から掲載し次號に乙型を掲げます。

縫方

二部式一號

○上　衣

袖

1、袖口より八糎を袖口明のため殘して接目を縫ひ合はせる
2、袖下を縫ひ合はせる
3、袖口明の見返し持出しを作る
4、袖口三つ折りまつり
5、袖口に釦通しをかゞり、釦をつける

身頃

1、背を縫ひ合はせ、つまみを縫ひ置く
2、ポケット附け
3、切り替を縫ひ合はせる
4、肩及脇縫
5、衿下及裾を三つ折にしてまつる
6、衿附及び掛衿かけ
7、袖附、袖下を脇縫から四糎づゝ縫ひ殘して置く
8、脇開に持出しをつける
9、衿先に釦通しをかゞり釦をつける
10、中紐附
11、帶を縫ひ身頃に帶通しをかゞる

○下　衣

1、接ぎ目及び兩脇を縫ひ合はせる
2、裾及び胴廻りを三つ折にしてまつる
3、つまみをとり、襞を折る
4、紐を縫ひ、胴廻りに紐通しをかゞる
5、中紐をつけ、こはぜをつける

二部式二號

○上　衣（裏附の例）

袖

1、袖口の縦のつまみを縫ふ
2、袖下縫袖下を四糎明ける（脇開の爲）袖口明は八糎とし、見返しにヒしてまつる
3、袖口をまつる

身頃

1、肩のつまみを縫ふ
2、背縫
3、前後の胴のつまみを縫ふ
4、ポケットを付ける
5、衿下を三つ折にしてまつる
6、脇を縫ふ、其の上部を四糎あける（脇明の爲）
7、裾を三つ折にしてまつる
8、肩當をつける

9、肩を縫合はせる
10、衿附及掛衿かけ
11、袖附
12、中紐附
13、脇明の當布をつける
14、帶を縫ひ、身頃に帶通しをつける
15、袖口明にこはぜ、又は釦を附け、其のかけ紐を附ける。前身の衿先にも同樣につける

○下　衣

1、後の中央布と脇布とを縫合はせ、縫目を割る
2、前の中央布と脇布とを縫合はせ、右の縫目の上部を二十糎明けて持出しと見返しにする
3、脇縫、右脇縫目に内ポケットを附ける
4、裾を三つ折にしてまつる
5、胴廻りに裏帶を附ける
6、明にこはぜ又は釦を附ける

一部式一號

袖

二部式に同じ

身頃

1、背を縫ひ合はせ、つまみを縫ひおく
2、上衣の切替を縫ひ合はせ、つまみを縫ふ
3、衿下を三つ折にしてまつる
4、下衣のつまみを縫ふ。この時、かくしをはさむ
5、下衣の切替を縫ひ合はせる
6、上衣と下衣を接ぎ合はせ襞を折り脇及び肩を縫ふ
7、裾を三つ折にしてまつる
8、衿附及掛衿かけ
9、袖附、袖下を脇縫から四糎づゝ縫ひ殘しておく
10、脇開に持出しをつける
11、前あきに釦通しをかゞり、釦及こはぜをつける
12、帶を縫ひ、帶通しをかゞる

一部式二號（總裏附の例）

袖

1、二部式二號に準じて表裏夫々に縫ひ袖下で中とぢをする
2、袖口、袖口明、脇開は夫々表裏まつり合はす

身頃

1、表と裏の背縫をする
2、表と裏の身頃の肩を縫合はせる
3、表と裏の身頃の脇縫をする。夫々其の上部を四糎明ける
4、表裏の脇とぢをする、脇開をまつり合はせる
5、衿附及び掛衿かけ
6、袖附、表袖をつけ裏袖をまつる
7、脇開のあて布をつける

○下　衣

1、表は二部式二號の下衣に同じ
2、裏は表同樣縫合はせて、輪にする
3、裏を表より三糎短くしてまつる
4、表裏の脇とぢをする
5、明を表裏合はせてまつる

胴接

1、下衣の胴廻りに合はせて上身頃の餘分を前後のつまみとする
2、上身頃と表下衣とを縫合はせる
3、裏、下衣をまつる
帶、中紐、明の始末等前記に同じ

備考

縫方はいづれの方法をとるも可

活動衣

○下　衣（ズボン式）

1、前後の胯上縫
2、裾及び後腰のつまみを縫ふ
3、脇縫及び脇明（二十糎）裾口明（十糎）の始末明は前に持出し後に見返しをつける
4、胯下縫
5、裾の始末
6、紐附、前のつまみはこの時つまむ
7、ポケット附
8、裾紐附、紐丈四十五糎

甲　型

型紙の裁方

1 二部式一號

假定寸法	身長　一五五糎
	胸圍　八〇糎

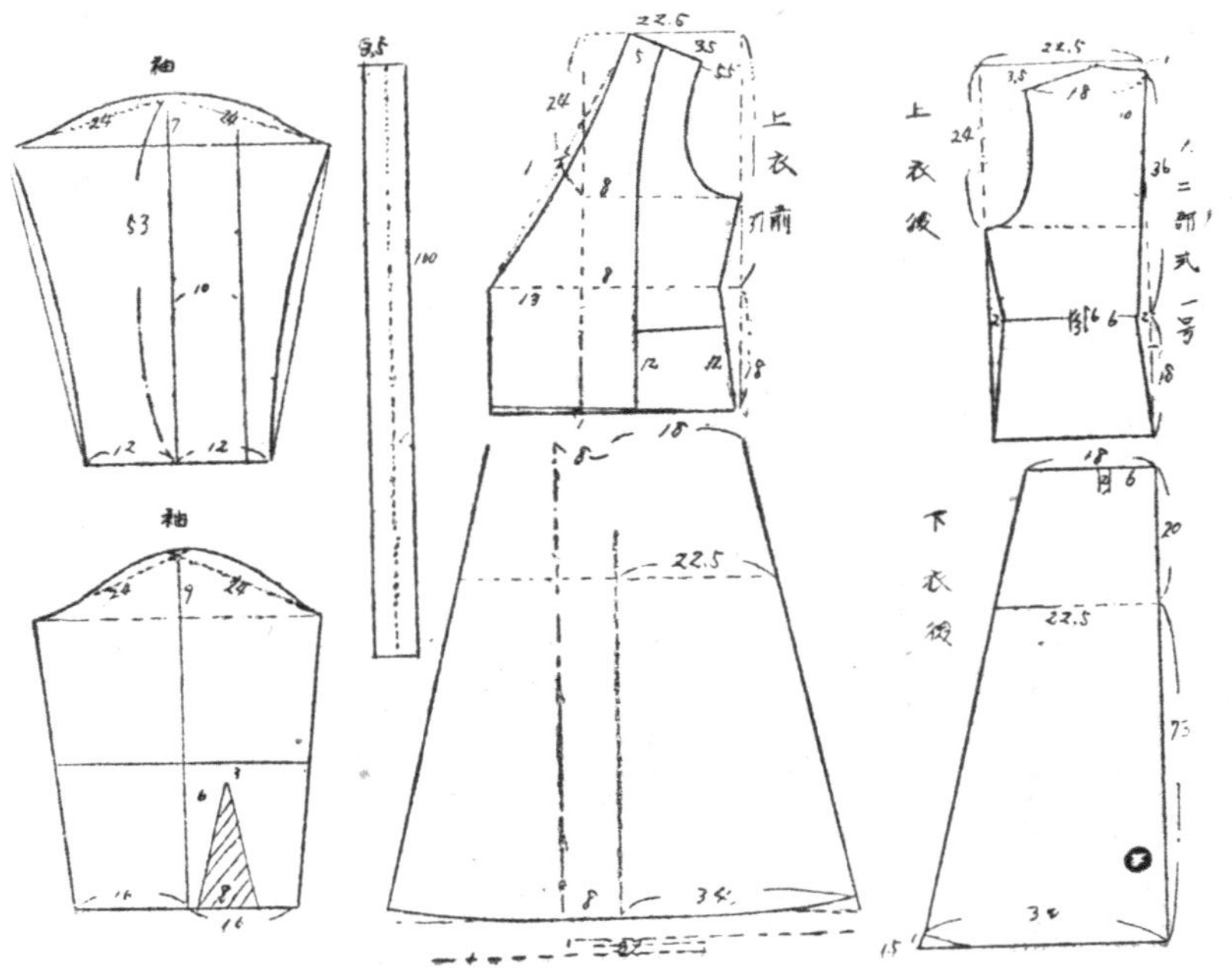

備考　袖は何れの型式にても可

2 二部式二號

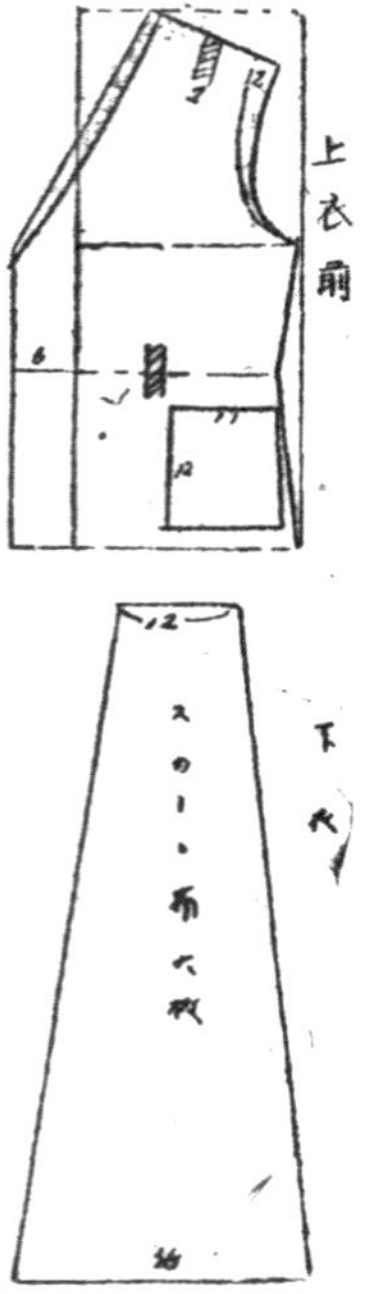

備考 上衣襟は二部式一號に同じ
袴は一部式一號に同じ

3 一部式一號

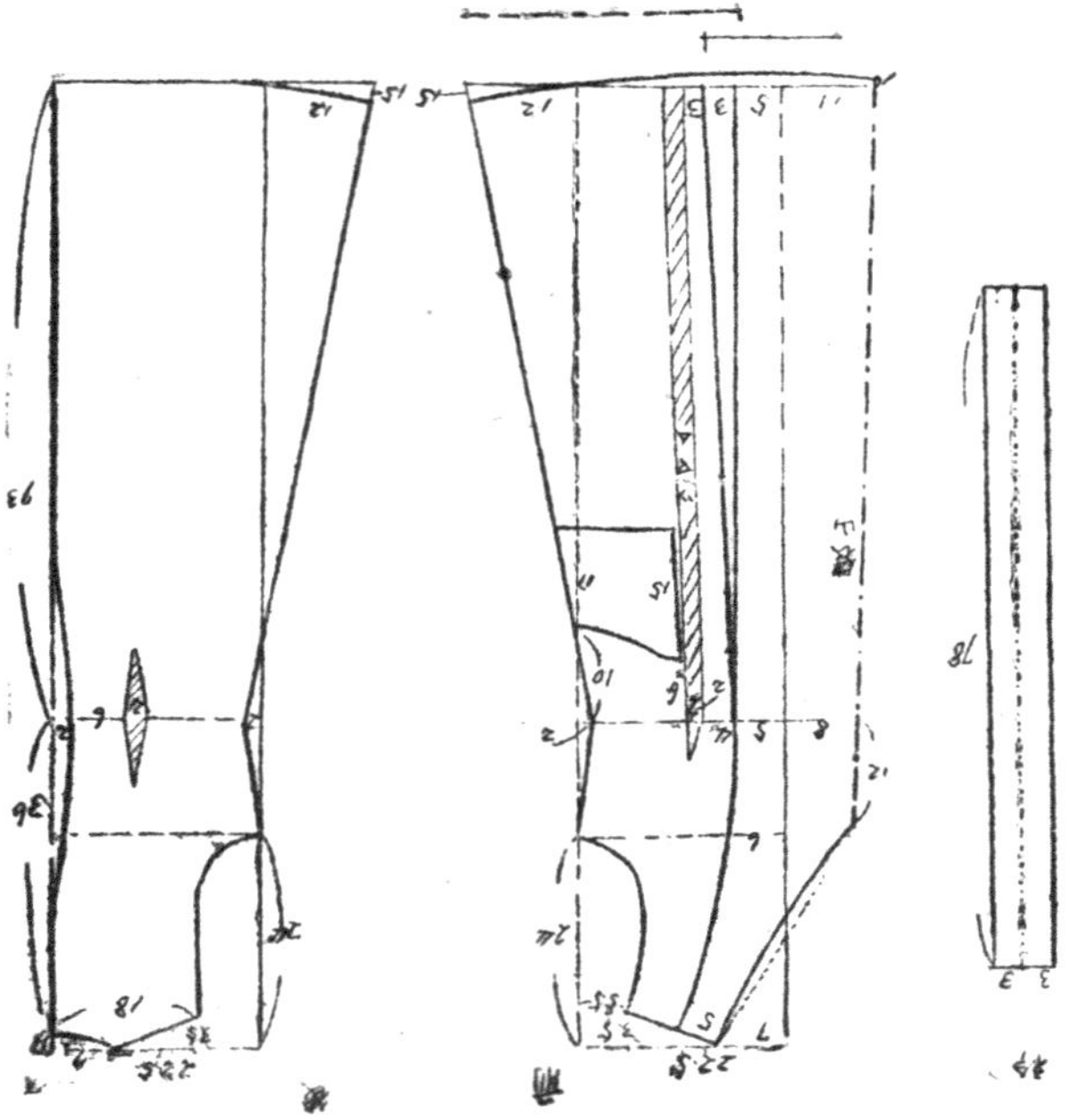

4 活動衣

下衣

假定寸法	身長 一五五糎
	胴圍（ユルメニ）七二糎
	臀圍 九〇糎

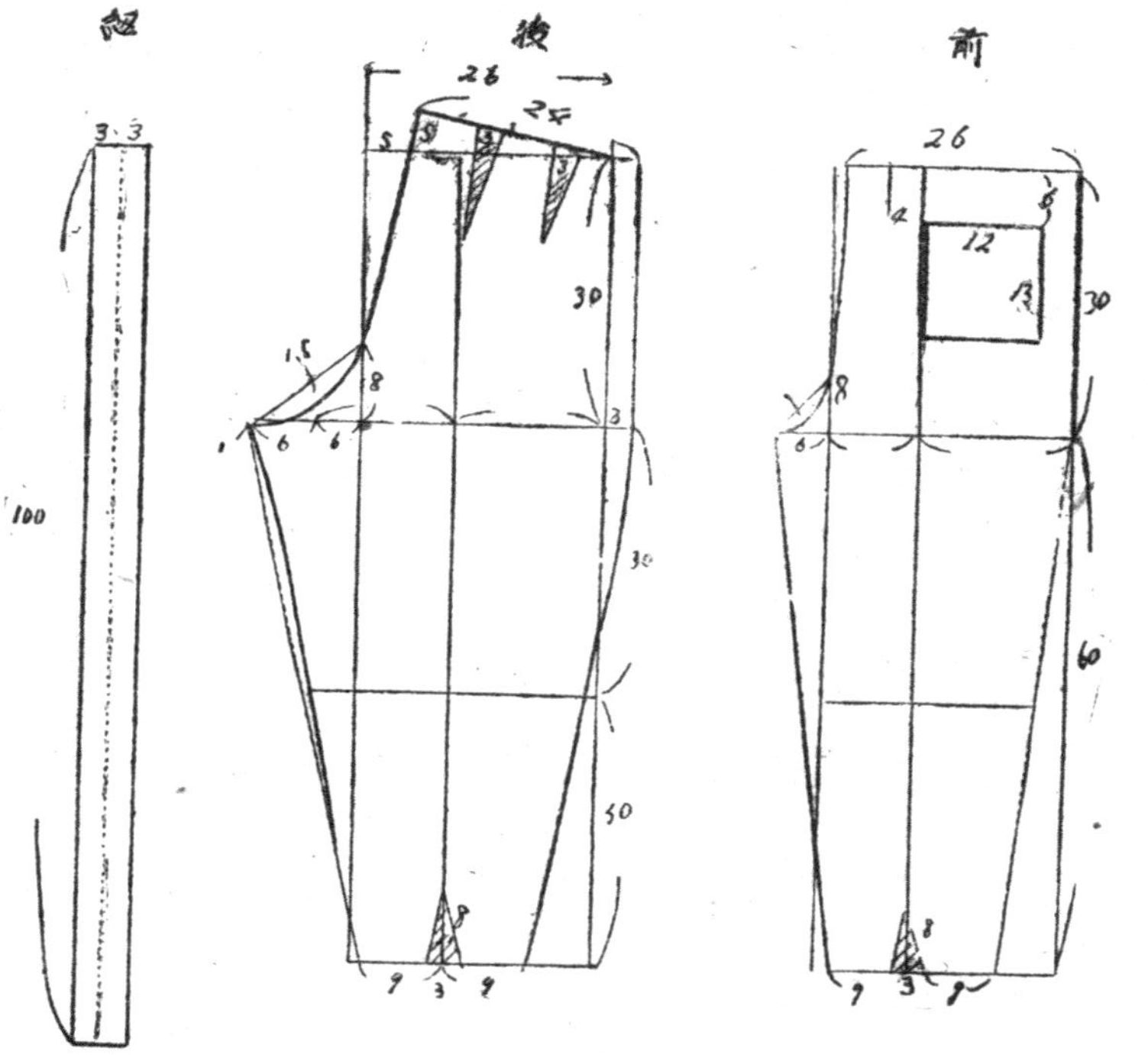

裁合はせ圖

1 二部式一號（和服更生の場合）

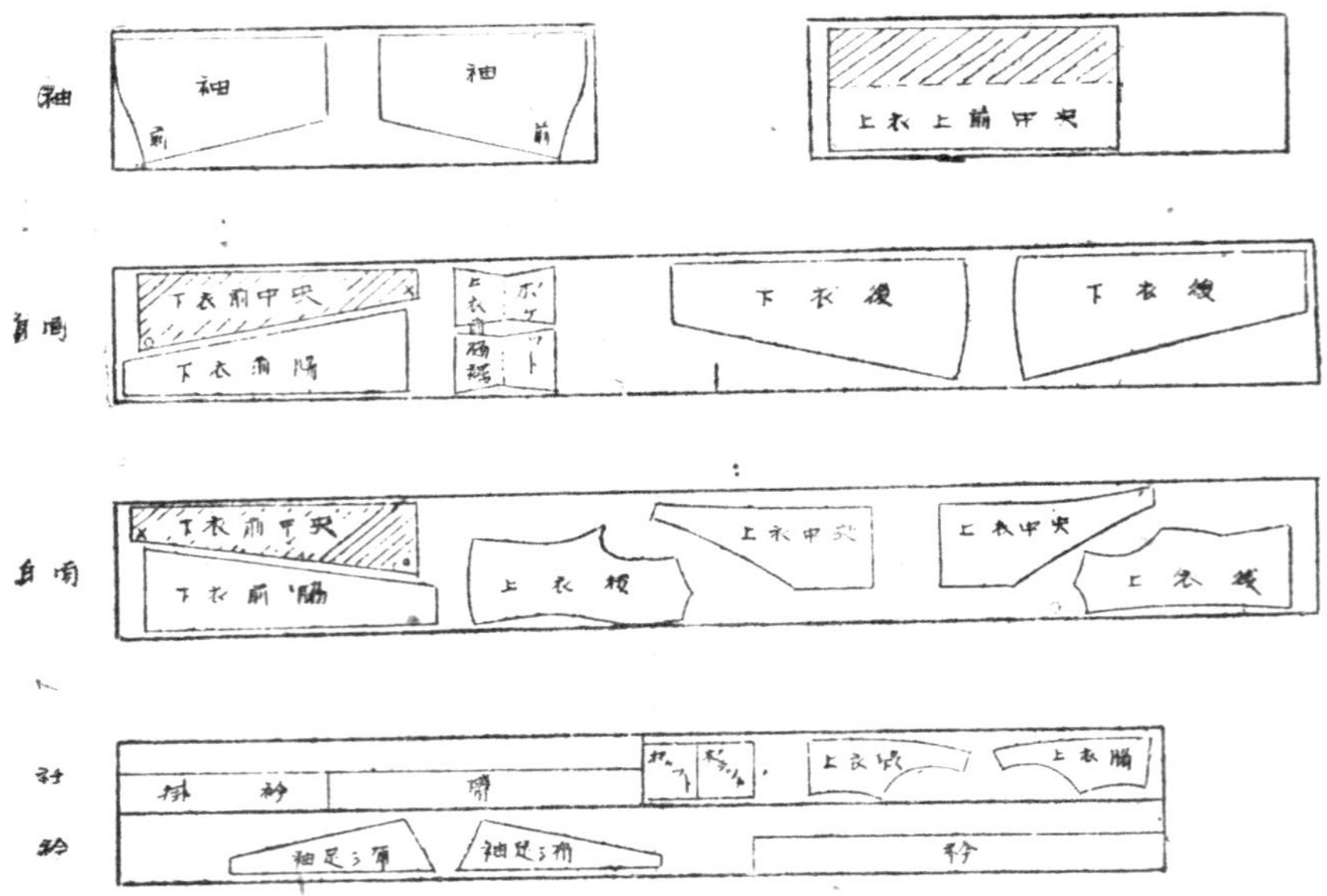

備考 1. 斜線は蔭襞となる部分を示す。

2. 下衣前中央二枚は斜線を縫合はせて一枚の布と下衣前の蔭襞として裁ふ。

2 二部式一號　　（新しい和服生地使用の場合）　　用布　10米

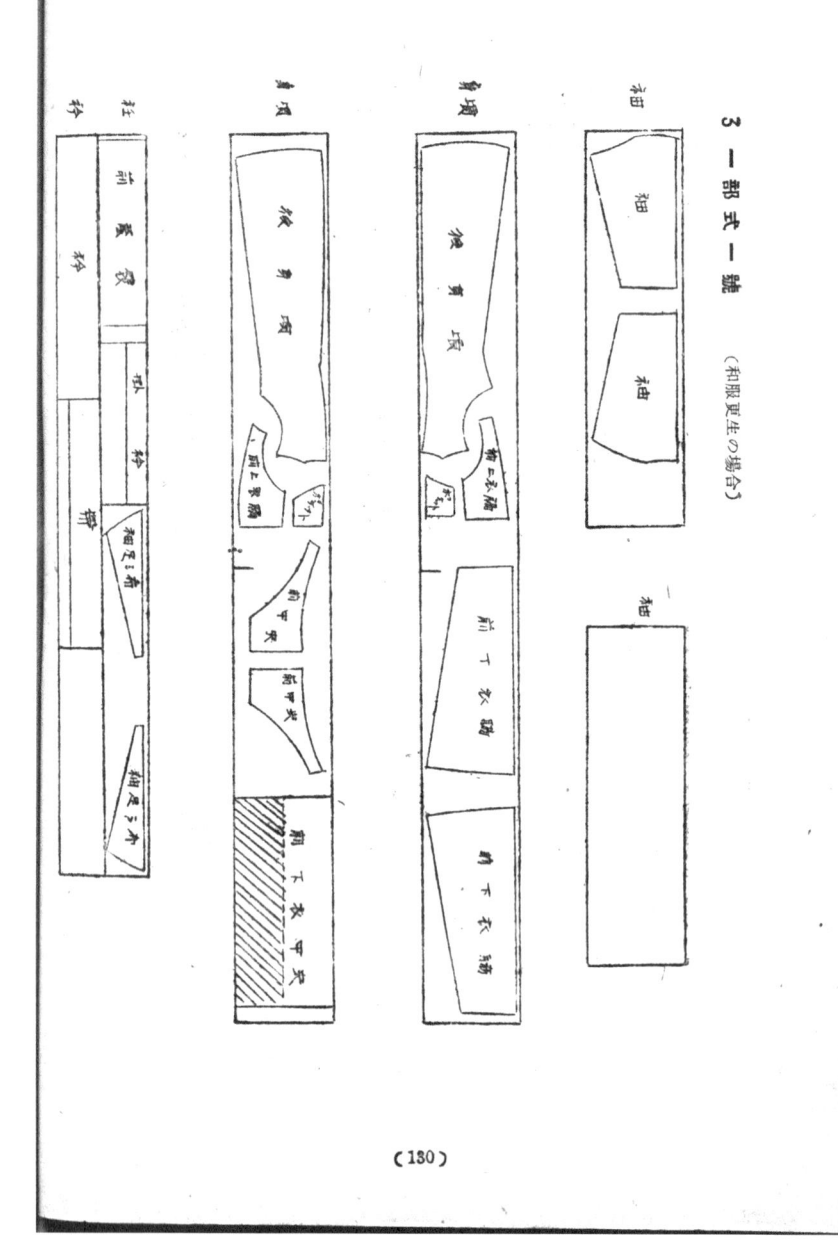

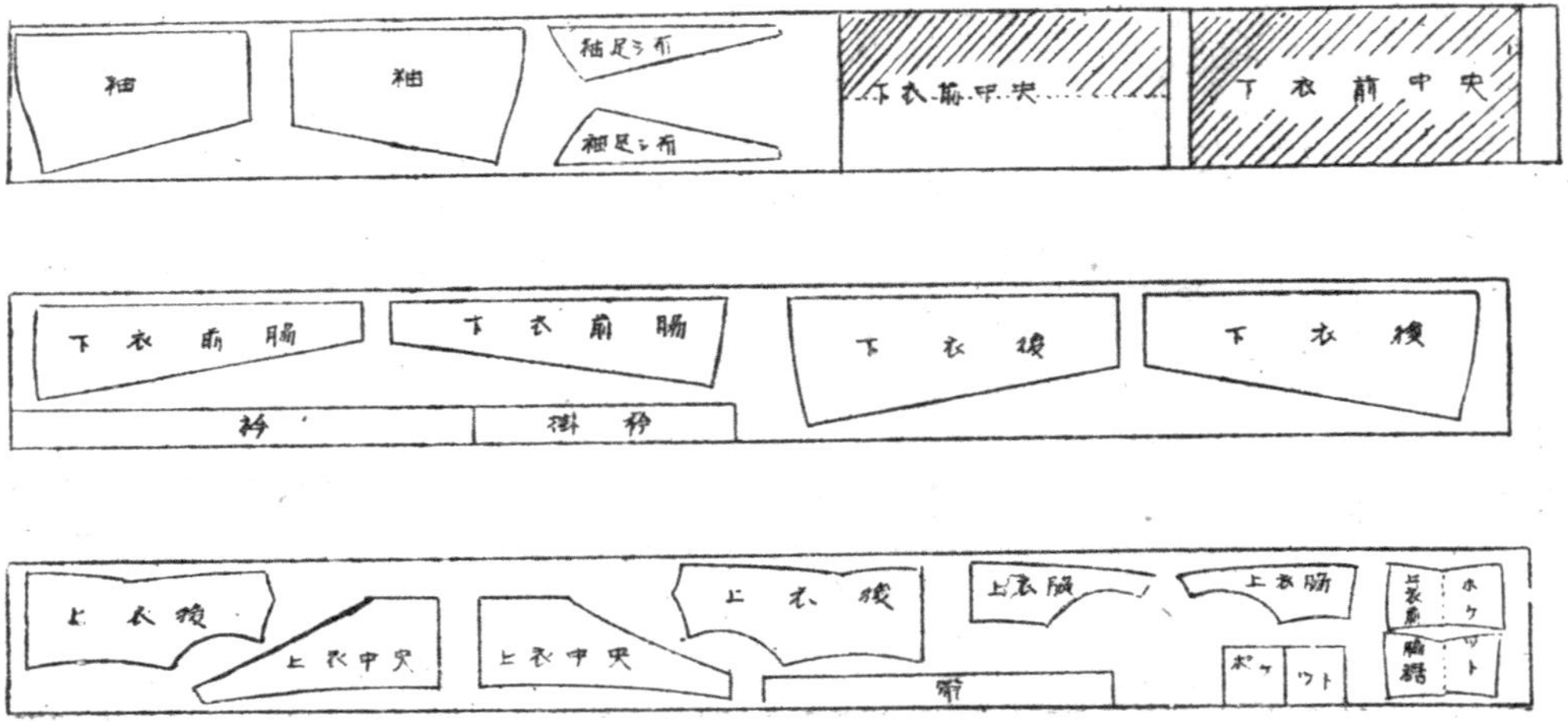

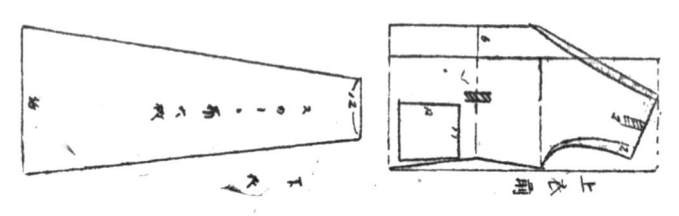

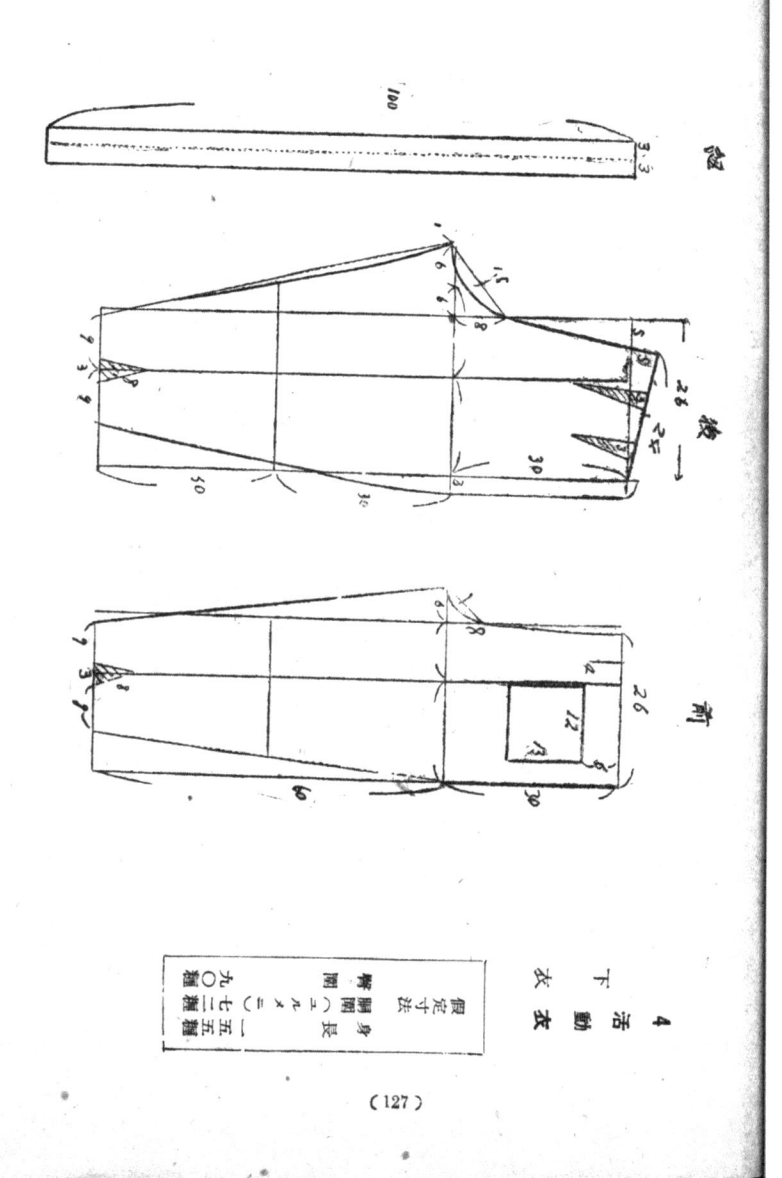

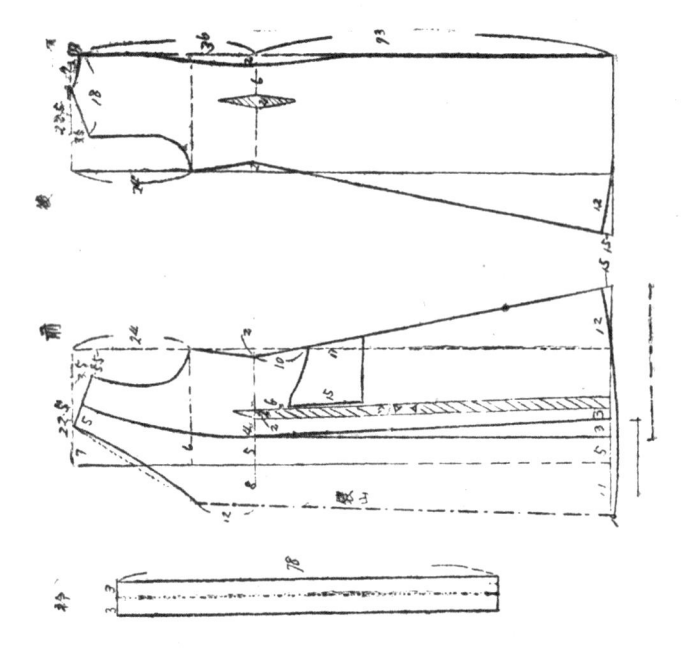

3　一部式一號　（和服更生の場合）

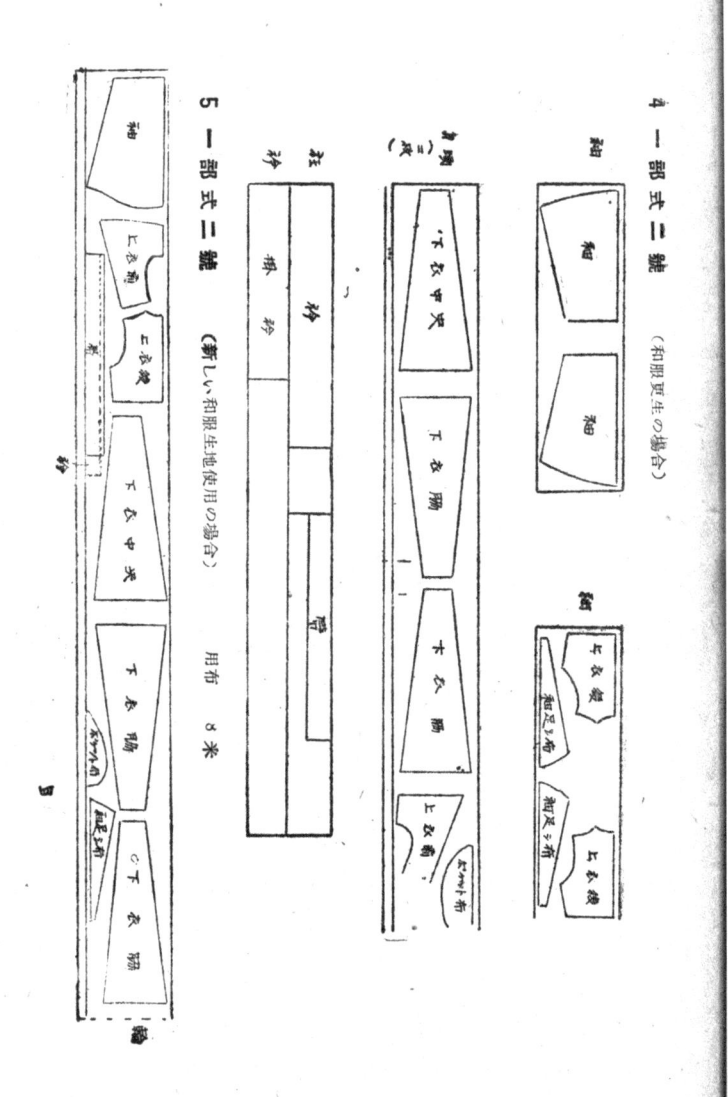

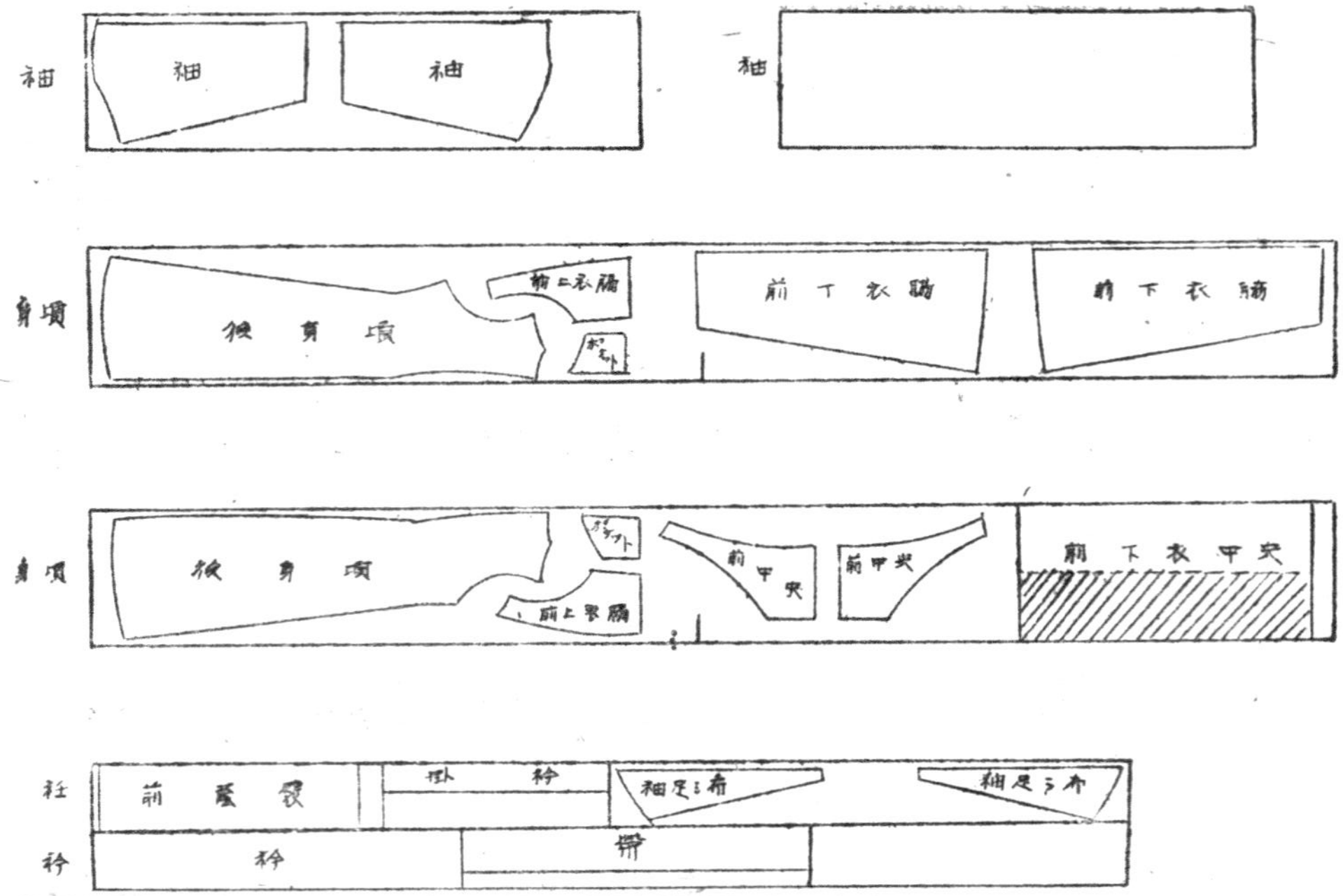

4　一部式二號　（和服更生の場合）

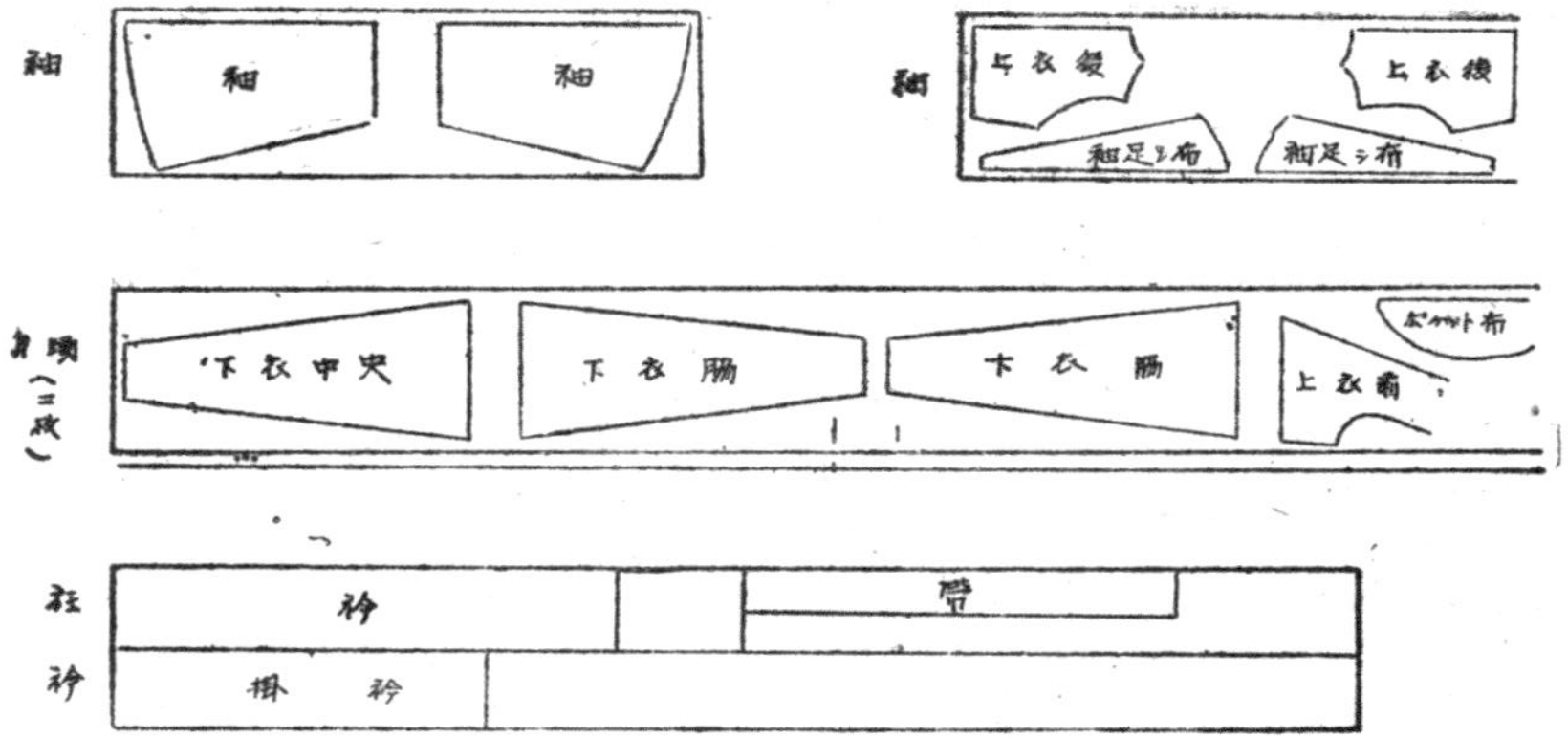

5　一部式二號　（新しい和服生地使用の場合）　　用布　8米

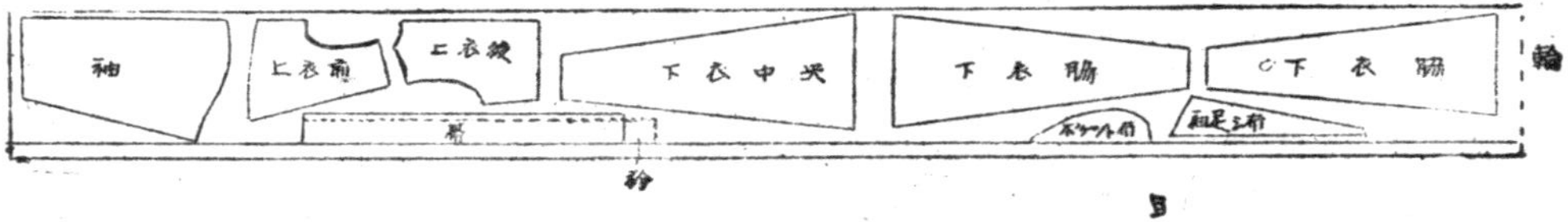

6 活動衣　下衣

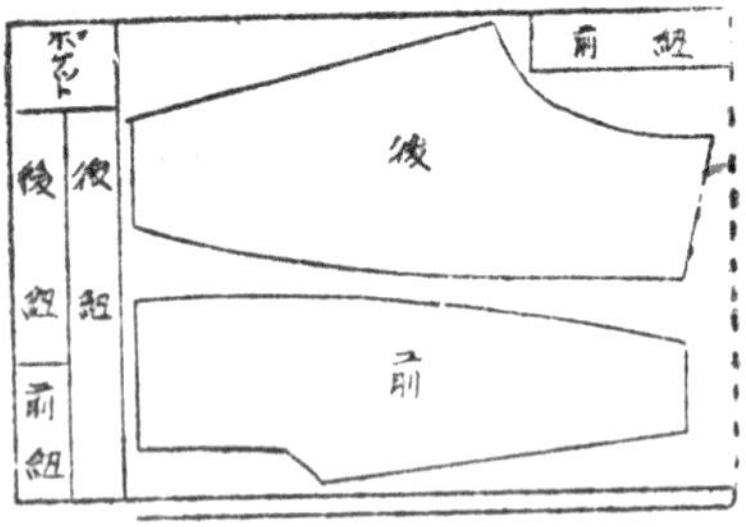

甲型附屬參考

中穿

一、紙型の裁方

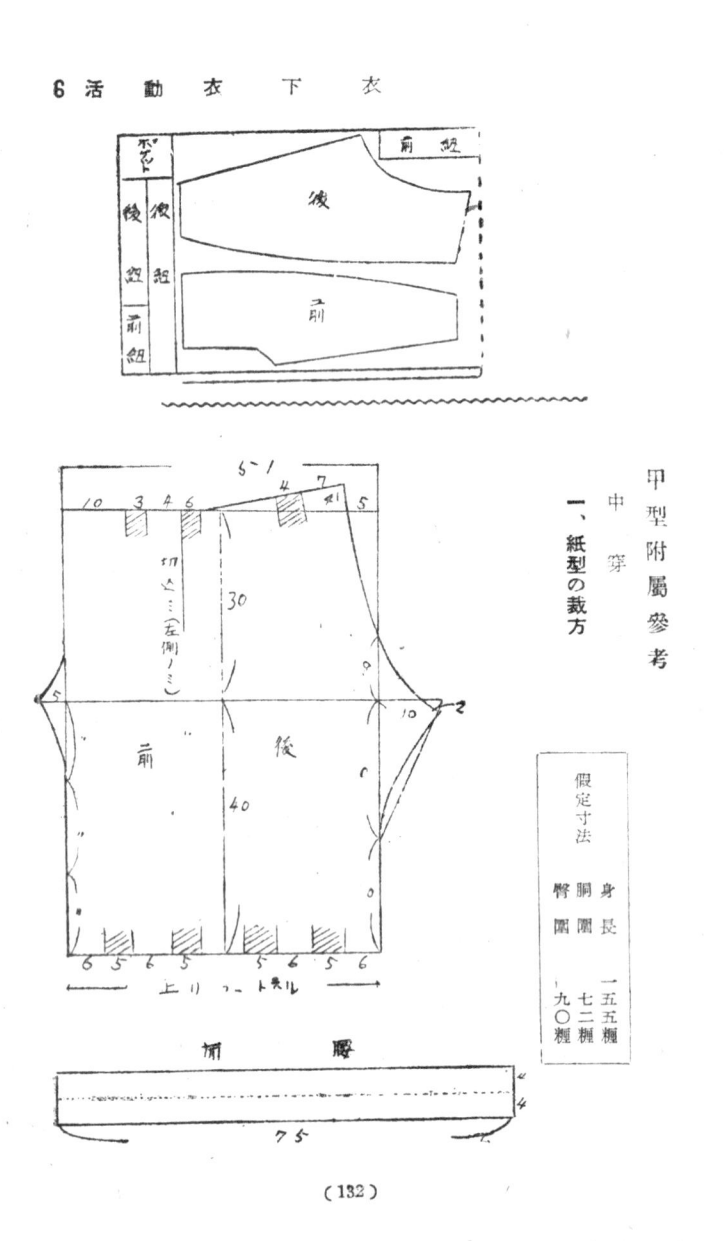

假定寸法	身長　一五五糎 胴圍　七二糎 臀圍　九〇糎

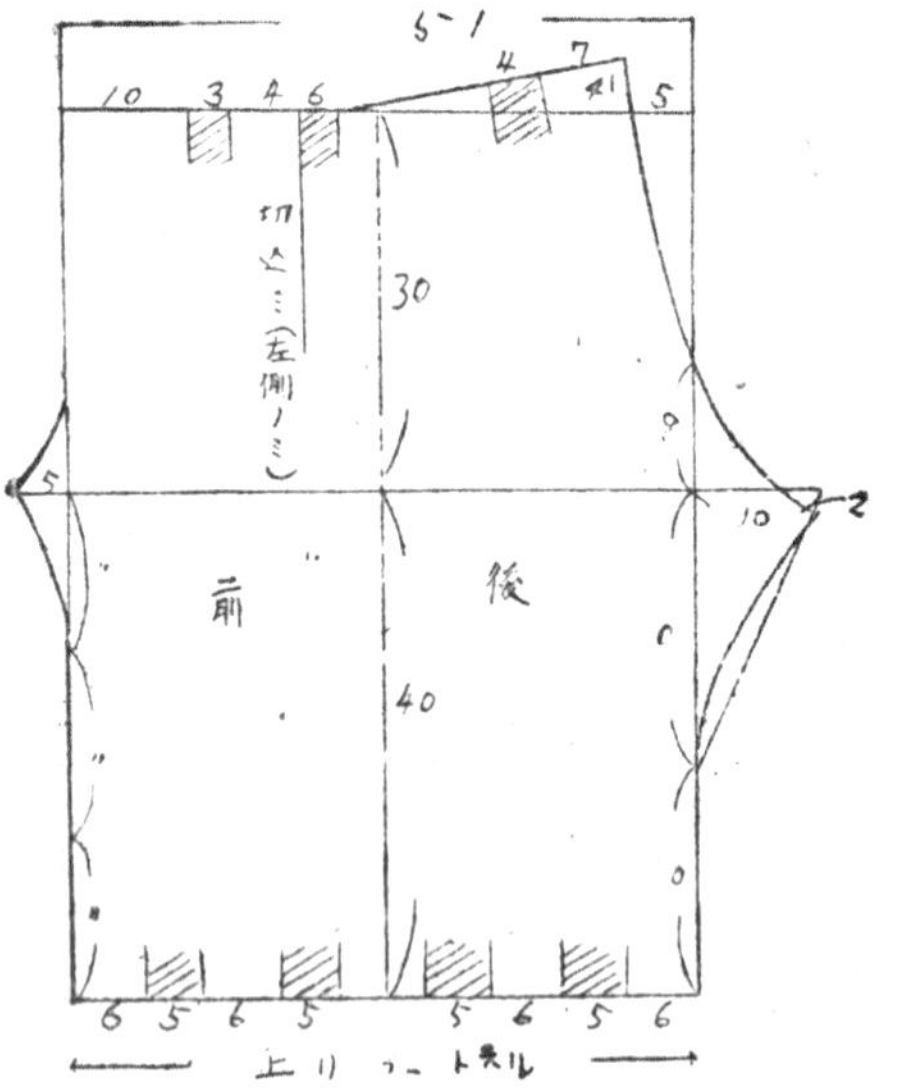

補腰

裁合はせ圖

用布 2.9米（巾35Cm）

三、縫方

1、胯上縫

2、前左の明きを作る

3、脇縫、裾口明（十糎）は前後とも見返しにする

4、胯下縫

5、腰布附、前後のつまみをこの時とる

6、穴かがり　釦附

7、裾紐附紐丈五十糎

婦人標準服協賛

洋裁專問　入學四月、五月

舊稱コロムビア

院長　松崎こと

公認

東都女子服裝學院

△本科　△速成科　△研究科

（寄宿設備　學則送呈）

東京市澁谷區神宮通
澁谷區役所前
電話青山七〇二三番

生徒募集

毎年四月入學
目下願書受付中

戸田實踐女學校

洋裁專攻科（一ケ年）

横濱市鶴見區鶴見町二六八
電鶴見二五九三

昭和十七年四月生徒募集

願書目下受付中

△本　科　一ケ年卒業
△速成科　半ケ年卒業
△師範科　一ケ年卒業

就職紹介　夜間部特設
寄宿舍完備（學則要郵劵）

參觀歡迎

公認

音羽洋裁女學院

東京市小石川區大塚坂下町二一
護國寺境內（電大塚五六三三）

特色

本會院は大本山護國寺が社會奉仕として設立した洋裁專門の學校で校舍、寄宿舍の完備、講師の權威ある事、環境の自然の美に惠まれた事は洋裁研究者にとりて一大福音であります。

婦人標準服の普及

（關西座談會）

出席者

江馬　務（京都風俗研究所會長）
吉安喜一（日本國民被服株式會社　專務）
佐川　八（同　營業部長）
松崎榮吉（マツエー洋裁學院長）
町田愛二（町田商會主）
矢木洋裁學院長
高井安太郎
双葉洋裁學院長
龜飼章介
小倉榮三
小山一彌（協會側）

松崎　本日は御多忙中を皆様御出席下さいまして感謝致します。今夕は東京の協會から小山さんが協會雜誌の普及宣傳のため來阪せられたのを機會に、色々と婦人標準服に就いて御質問が皆様におありのことゝ存じまして、懇談會を開いた譯であります。それに就きましては、今回の婦人標準服の審査に當たられた江馬先生にも後で是非審査員としての御感想を承はりたいと存ずる次第であります。それでは先づ小山さんの方から

小山　先般厚生省に於きましては婦人標準服の創定を提唱されましたので、私共の協會並びに被服協會ではこの劃期的な服裝改新運動に協力するべく、試作品の募集を行つて先づ輿論の歸趨を知らうとしたのであります。この試作品の應募は九月廿七日に締切りましたが、應募作品は六百四十八點といふ多數でその後審査の結果四十五名の入賞者を見るに至りまして、この入選作品は厚生省の婦人標準服研究會に參考資料として提出されたのであります。研究會ではこれを參考として更に工夫を重ねて理想に近いものが今回發表をみた婦人標準服であります。私は大阪に來て直ちに感じたのでありますが男子國民服の普及は東京より大阪の方が徹底してゐるやうに思ひました。これは蓋し大阪人の持つ實質的な生活意欲からして直ちに無批判的に國民服の有する實質的な價値に飛びついたものであると信じ、大いに喜んでゐる次第であります。そこで婦人標準服も東京より大阪の方が好成績をあげるのではないかと思はれます。

松崎　どうも有難うございました。では江馬さんに審査員としての御感想を。

江馬　私は以前からこのやうな婦人標準服が生れゝば、良いと思つて居りました。それがいよ〳〵今日の緊迫した狀勢になつたので大日本國民服協會、被服協會等が御協力になつて厚生省で急速度に試案が發表にまで進められたことは非常に喜ばしいと存じて居ります。京都の國民服の座談會にも「今日は女子國民服を作る場合ではない。有り合せのものでよろしい」と云ふことを云はれましたけれども私はこれには

反對意見を持つて居りました。その點規定された服裝が必要であります。今日の狀勢に適應する服裝は色々の角度から考へ出されベストを盡したものが必要と思ひます。今度の審査になりましたのは六百四十八點、その中拜見しましたのは百拾點でありましたが、疊んで置いてあるのを見るのです。一々點檢する暇が無く充分な審査が出來ませんでした。あらかた審査されてゐるのでありますから、かれこれ言ふ事は出來ないで良いのを押し附けられた形にて、我々は承つただけです。佳作にも良いのがありました。私等が選んだのではこの邊に落ちるのではないかと直觀されました。洋服の方は落膽しました。それは我々が平生目についてゐるのと差が無いのです。乳が出る樣になつてゐる。之は從來の洋服には見られない氣の利いた事でした。當選の榮に力となつたのでせう。私は洋服の方は素人でありますから觀察力はありませんが和服は見劣りの無いものが選ばれて居ました。新聞で見た時は割に良く見へません。それは寫眞では下着が見へませんから、下着に非常に良い所がありました。下手な仕立てと思ひましたが非常に趣向と言ふ點から言つて貞操を守ると言ふ事が施され、實に婦人の着物としては今までに無い股までが着いて居ました。下着が選に當るに力があつたのだと思ひます。あゝ言ふ場合目先の變つた物を出すのが良いと思はれました。之からは普及が大事と思ひます。普及するには廣範圍に渡つて上流も中流も下流も等しく標準服を召すのが望ましいので、それには宣傳が必要でその機關が必要と思ひます。その方では國民服協會等にて行屆くと思ひますが業者が普及に大いに努力する事も必要です。大阪は大阪、神戸は神戸、と言ふ樣に委員が任命されてその人が地方的に働くのが必要と思ひます。又學生が着る樣にせねばなりません。それには敎師からさうなれば徹底的になります。それから家庭に渡ると言ふ樣になります。被服協會、國民服協會、兩協會からせい〴〵早くしかも大多數が標準服を召す樣に呼びかけて頂き度いと思ひます。流行は餘り現代の和服から遠ざかつてゐるものはおそい、女は變つたものを着る事を好まないものです。はづかしいと言ふ事が先に立つて手が出ない樣です。流行さすには個人の和服に近いものが早く流行します。甲型の二號のツーピースになつてゐた方が早いと思はれます。第一號の筒袖は娘さんはすぐには着ないと思ひます。第一號は修正を施し普及性のある樣にするのです。躊躇する時ではないのです。皆さんも普及し宣傳する會等を何回も開くと言ふ樣にして、その任に當つたものは着る事が必要であります。始めに上流が着てくれると良いのです。上流が着れば自然下は見習ふ、上に立つてゐられる方、宮樣方、華族さんとか、政治家或ひは金持ちが着れば必ず流行するものです。下の方が着ますと中流、上流に及んで來なくなります。上流から着てゆくのが流行の一大條件であります。

松崎　二千年來の傳統を持つた和服はそ

の間の努力に努力を重ねて作られたもので、之に變るべきものがそんなに短期間に普及するとは思はれませんが、江馬先生のお說のやうに上流から着てゆく、半島人は內地に居る方から着てゆくと言ふ樣にする事です。それには簡單な製圖裁縫が必要となつてくるでせう。生地の點は今の生地は惡いから自然と死藏物を出してゆくといふ觀念を與へる事が必要と思ひます。

高井　上流から始まるのが理想でありますが、私には餘り服裝の歷史は分りませんけれども、社會の狀勢から見ますならば、服裝の煩らはしさをひしひしと感じて居る者は、その月に食べる物はその月に稼ぐ人々だと思ひます。我々は勞働者街に住んでゐます關係上さういふ事を感じます。私は工廠へ働く人達の服を作つて居ますが、その人達の氣持を考へますと決定とともにすぐに作るといふ氣持があります。半島人が洋裝といふ樣なものを作りつゝありますが、きまればすぐに着るのではないかと思ひます。決戰體制の時代はふたを開けばすぐに普及出來ます。

佐川　半島人の服裝問題については共和會等で非常に力を入れて居ります。共和服を制定して强制的に着せて居る程ですから國民服が決定されゝば强制的に着せるでせう。その點普及に技術を要すると思ひます。決定すれば半島人はすぐにも着る樣になります。それは東洋化の指導原理に依つてゞなくさしせまつた經濟觀念からさうなるのです。さういふ點關東と關西は或ひは行き方が違ふのではないかと思はれます。小學校教員の服裝も自然と浪に乘つてゆくでせう。

町田　昨年の二月男子國民服が制定されました。國民服が制定されたのであるから國民服を作ると言ふ狀態になつたのでありますが、女子にも國民服が制定されたならば女學校の先生、小學校の先生に制定されたものを着て頂くのです。ねらひ所は、女學校を出た人は職業につく婦人である。それ等の婦人に着られるデザインが必要であつて、職業戰線に出る婦人を標準にする。決定されたものを先生に着てもらふ、さうして一方に個人を目的とせず團體を目的としますと、あの人も着てゐるから、この人も着てゐるから、あの會社もこの會社もと言ふ樣になつて來ます。國民服を一人着ては心齋橋を步かれないけれどもお友達が着てゐれば平氣で步く事が出來る。會社、團體として着てゐれば强氣になるものです。要は團體に呼びかけるのが良ろしい。國民學校女學校を出て職業につく場合、何を着ようかと迷ふものです、だから國民學校、女學校を出た人を標準とする中心として流れてゆく樣にするのです。四十五十の人は簞笥の底に色々の物を持つて居ます。京都の女子國民服を我々は團體的に注文を受けてやつて居ます。まだ決定されてゐないので先方のデザインに應じてやつてゐますが、がつちりとした物が制定された場合は積極的にやつてゆかうとそれを待つて居ます。

江馬　昔から流行にはまねをするのと、一つは强制的にするのと二つがあります。今は強制的です。勞働者だけでは中流は着ないでせう。國防婦人會、愛國婦人會等が一番有力ではないでせうか、會員が着るのが一番良ろしいと思ひます。

鷄飼　男子國民服は銀行、會社の課長級が着ますと下の者は模倣するものです婦人服は婦人會が中心でせう。

小山　大日本婦人會が一番有力となりませう。

江馬　大多數を占めてゐる婦人團體に宣傳してもらふ事がよろしいです。

佐川　家庭着となれば、婦人服の技術まで轉換させる所までゆかねばならないでせう。

町田　まさに社會に出やうとする娘さんが中心となります。

佐川　資源の問題も生じてくるでせう。

町田　理想としては、死藏品を使ふ事です。

鷄飼　普及する上に必然的に色と言ふ事が考へられるのではないかと思ひます之は國家的資源の問題となります。そして團體業者から手をつけなければならないでせう。色と言ふ事が煩雑になりはしないかと思ひます。やはり日本女性の標準になる色が必要でせう。結局箪笥の底にあるものは、改良となり家庭着になるでせう。

松崎　私は「服飾」の二月號にも書いたのですが、子供は實に模倣性に富んでゐまして、近所の誰かゞ着て居るとすぐに自分も良かれ惡しかれ着たくなるものです。友達と同じ服裝をする事を望むものです。だから先づ子供服から制定して頂きたかつたと思ひます。

鷄飼　各地に委員をおいて普及する事です。洋服の恰好に就いて大日本婦人會等ではどんなにお考へになるか疑問に思つて居ますが、女子青年團あゝいふ方向を一番考へてもらひたいと思ひます。この頃は國民學校等で婦人の集りがよくありますが、あゝ言ふ場所へ着て出るのです。婦人團體には上から下までありますので、一番有力と思はれます。

吉安　婦人服の決定を見た後に於て一番に講習會を開いて宣傳する計畫で居ります。色は二色か三色に決定されると思ひますが、男子は國防色で良いとしまして、女性はさうはゆかないでせうその人〳〵の趣味に合さなければならないのでなか〳〵むづかしいと思ひます。

佐川　型が四種出來たならば、色も四種位は出來ると思ひます。服裝文化の要求を滿足させる爲には、柄を自分の趣味に合せると言ふ文化運動も必要となつて來るでせう。

小山　さうです。佐川さんのおつしやるやうに、今までの消費的な末梢的な享樂的な文化をかなぐり捨てゝ、建設的な生產的な質實剛健な文化運動は當然社會の各層から勃然として擡頭して來るでせう。吾々は服裝を中心としてこの迫力ある文化運動に挺身致す覺悟であります。

松崎　どうも色々と有難うございました。

（大阪堂ビル淸交社にて）

×　×　×

一つの課題

小出喬

地方に於ける文化運動の困難さは、矢張り文化そのものの理念に關する問題であらう。それは中央に於ける文化運動の理念が、政治的な制約や過渡期的な現象の下に、不安定な混迷感を與へて、それに依つて影響されて居ると云ふばかりでなく、地方に在つては、文化運動そのものが一つの障害であるかのやうな相貌を呈して居るのである。云ひ換へれば、文化と云ふ言葉自體が、一つの困難な課題を提示して居る。實際問題として、文化運動を地方の人々に理解させ浸透させてゆくと云ふことは容易な業ではない。

火野葦平氏は「文化人の奮起」と云ふ文章の中で、地方に於ける文化運動の旺盛さを述べ、文化と文化人の在り方について説かれて居る。洵にその通りであつて、地方の文化運動が今日ほどに逞しく、異常な情熱をもつて押しすゝめられて居る時代はない。それに携はる人々の眞劍さ、その獻身的な努力も曾て見られなかつたものである。これらの運動が「郷土を愛することは即ち國を愛する所以である」とする理念の上に打樹てられ、結ばれてゐることは云ふまでもない。

しかもその運動は、文化と云ふ言葉自體を、そのひろがりに於て、その深さに於て理解させるだけでも、幾多の障害を經驗せねばならない。このことに就いて火野氏は「文化運動が藝術運動と解された時代は過ぎた」と云ふ意味のことを述べられて居るが、これは是非さうあつて欲しいと思ふ。けれども、現實の問題として、「文化運動が藝術運動と解された時代」は未だ過ぎては居ない。寧ろそれが、地方の文化運動を停滯させ、足ぶみさせて居る一つの大きな原因でもある。地方の文化運動にとり差當つて是非とも解決せねばならぬ一つの問題が、此處にもあるのではないかと私は思ふ。

地方に於ける文化運動に携はる者の多くは、依然としてこの種の運動を藝術運動と解する人々の間に白眼視され、異端視されて居る。勿論、この文化運動者の多くは曾て藝術運動に携つた人々であり、そこに問題の種子の一つは播かれて居るのであるが、更に文化運動者の間にも、曾ての藝術運動に對する觀念を斷ち切れず、その足掻きの中から正しい文化運動の方向を見喪はふとする者も皆無ではない。さうした動きの中では、文化運動が新體制下の翼賛運動として認められては居ても大衆の步調は遲れがちで、寧ろ敬遠した步み方をし、文化運動者はまたさうした空氣に敏感な特性から、何とはなく上すべりのした焦燥を自分達の運動の上にも感ぜずにはゐられない。かう云つた狀態が現在の地方に於ける文化運動の、僞りのない姿であると私は考へて居る。

これらのすべてを「過渡期的現象」として見過すことはた易い。けれども文化運動の本來の在り方が、その地方の土にじつくり根を下して、生長してゆかねばならないものであるとすれば、「文化とは一體何であらうか」と云ふやうな稚い疑問に對しても、又文化運動を藝術運動と決めてかゝるやうな人々のためにも一つ一つ解明の鍵を與へてゆかねばならないのである。只いゝ加減に華々しく、逞しく突進するだけではいけない。解決すべき課題は愼重に綿密に解きほぐしてゆかねばならぬ。

例へ話の一つとして、私は

こゝに或る文化協會の發足について語りたいと思ふ。それは東北の或る一小都市に於ける文化協會についてであるが記錄的には、この文化協會の發足は去る四月二十九日の第一回準備委員會にはじまり、縣支部の打合せや創立懇談會其の他を經て、六月八日には創立總會を擧げて居る。それから直ぐと移動演劇や音樂や映畵で活潑な運動を展開し、郡支部の組織などもその間に滑りなく了つて、九月末には會報を發行すると云ふ段取りにまでなつた。

かう書いて來ると、この文化協會の發足は、いかにもスラ〳〵とスムースに運んだやうに受とれるかも知れないが、それは必ずしもさうではない。生れ出るものにとつて胎動の苦悶は當然のことかも知れないが、それらの色々な困難さは、矢張り地方の文化運動にとつて、免かれることのできない約束のやうなものを提示して居るのである。

たとへば、私が前に述べた文化と云ふ言葉に對する歪められた概念や、文化運動の形式と內容、方法論的な苦悶と云つたやうなものもその一つであり、これはこの文化協會にとつても未だに解決されない問題の一つとなつて居る樣である。それから發足に際しての、同志的結合と云ふこともこゝでは一つの困難な課題であつた。既成の藝術團體から右翼の國粹團體まで、その中には醫師や教育者や新聞記者や左翼の轉向者をも含むと云ふやうな人的機構では、一口に同志的結合と云つて見ても多少の摩擦や對立は避け難いのである。しかしそれは運動の健やかな生長の爲めには一切を抹殺し滅私しなければならない。

兎にも角にも、さう云つた多くの障害をのり超えて、この文化協會は目覺ましい發展を遂げた。それはまるで、前にも云つたやうに表面的には一瀉千里の如き發展ぶりを示し、現在に於てもまたそれは發展しつゝあるのであるが、內實的にはまた一つのより大きな障壁にぶつからねばならなかつた。それはその筋の達しに依つて機關誌の發行が停止されたことである。「機關誌は支部で發行するから」と云ふのがその理由であるが、要するに縣としては色々な事情に依つて、「文化運動に關する刊行物は支部に限つて許可する」ことに方針を決したと云ふ。その色々の事情が何であるかは、知る由もない。或は中央の指令に依るものかも知れないし、また縣獨自の見解に依るものかも知れない。その何れであつたとしてもこの場合問題ではないが、只、さう云つた口吻の間には依然として、中央集權と云ふ官僚的な惡癖が仄見えないこともないのである。この「機關誌の發行停止」がこの協會の運動にどの樣な影響を與へたかは、改めて述べる必要もないと思ふ。それは一口に云へば、協會の運動機能を一步乃至數步後退させるものであつた。

こゝで私は、この文化協會のもつ環境について一應說明することにしたい。それは機關誌の問題と直接に關係のあることでもあり、また地方の文化運動と云ふものが、あり來りの行政機構や政治の組立の上ばかりでは律し切れないと云ふことに對する一つの證左でもある。

云つて見れば、この小都市は、行政區劃の上では同じF縣下に屬して居るのだが、文化的乃至地方的には全然別個の立場にあると云ふことである。たとへば地理的にはA盆地として縣下の他の土地とは隔絕した地形をなして居るし、また歷史的にはA市を中心に舊藩以來何百年かの傳統ある文化を藏して居る。それらの要素の上に置かれた文化運動が、必然的に獨自な形式と內容とをもつて展開して行つたとしても不思議ではなく、その母體である文化協會が獨自の機關誌をもつことも何等の不合理はないと思はれる。

しかもその文化運動は、縣下にも比類のない逞しい發足を見せ、先頃の東北文化協議會には、會員三千名を擁する東北一の文化團體として報告された位である。三千名と云ふ數は間違ひないとしても、一つの郡の廣さが四國の一縣にも匹敵すると云ふやうな、山深い農山村の間にその運動を浸透させて行つた努力は、決して安價ではないのである。

機關誌が何故いけないのであらうか。かうした環境に置かれた文化團體が、その運動の據り所として機關誌を發行し、運動の推進力とすることは單に方便ではなく、立派な自給自足的な、また文化的な賢明な方法ではないかと思はれる。何故いけないのか、と反問したくなるのはその點にあるのである。

臨戰體制下の目まぐるしく慌しい動きは、凡ゆるものの上に色々な影響を與へずには置かない。一つの革新が、一つの思ひつきが行はれる毎にそれは海嘯のやうな氾濫を見せて巷を蔽つてゆく。正しい理由があるとしても、それはそのやうな波濤の間に呑まれ消え失せてしまふことであらう。しかしそれは常に國家としても正しい姿で在るとは云へない。統制は、誤つた過去の自由を是正する上には正しいとしても、それを眞の正しいものとするためには、統制のための統制であつたり、單に官僚の技術的な滿足などであつたりしてはならないのである。

私が、地方に於ける文化運動の困難さを物語るために、特に一つの文化協會の發足に就いて述べたのは、實を云へば、この文化協會を持つ地方が私の郷里であり、その運動の中心者が私の友人でもあるからだが、彼は、文字通り運動に挺身して、そのために職場を逐はれるやうな憂目を見て居る。私はそれが文化運動の結果だとは云はない。またそのやうな個人的な事柄を擧げて、地方に於ける文化運動の困難さを裏付けやうとも思はない。けれどもこのやうな事實は、現在の地方に於ける文化運動の困難さを知る上に多少の參考とはならうと思はれるのである。

併し、私が玆に特筆したいのは、地方に於ける文化運動者が、これらの多くの困難にも拘らず、更に屈することなく熾烈な熱情を以てひたすら運動に挺身して居ると云ふ事實である。職を賭しても、と云ふやうなことは、誰にでも求めてよいものではない。けれども、さう云つた犧牲心の在り方は、地方の文化運動にとつても、貴重な捨石となるものであることを、私は信じたい。この犧牲心、この精神こそは、火野葦平氏の所謂「國家非常の際に柱となり、壁となる決意」に他ならないものであらう。

最近、彼は宿痾の喘息に仆れたが、その床中から「機關誌停止」に關する報告書を私に寄せ、「機關誌は潰された、だが運動はつゞけなければならない、何かよい方法はないものだらうか」と云ふ意味の悲痛な愬へを叫んで來た。私は適當な返答に窮したが、結局「活字に拘泥するな、必要とあらばガリ版でも、或は木版でもよいではないか、元氣を出せ」さう答へる以外になかつた。

地方に於ける文化運動の苦悶は、豫想以上に深刻である。彼の惱みはまた同じ惱みを惱む幾多の同志のあることを物語り、地方文化運動全般に亘る苦悶であることをも示して居る。また、この惱みこそは、世代の日本が惱み拔く切實な惱みでもあり、またその苦悶の上にこそ、文化運動の輝かしい金字塔は打樹てられねばならない、と私は考へて居る。（完）

讀者の頁

「專務さんの國民服」

東京・荻原生寄

　小生は某工業會社の第一線をあづかつてゐるものである。

　頃日來、多年着馴れた背廣服をやめて、國民服乙號を着用し始めた。そして感じた事を本誌を通じて報告したい。

　着用まもなく、事務所の連中が小生を見る眼が違つて來た。よい方を先に言ふと、夜學に通ふ給仕が、自分と同じ型の服を着た小生に、何だか親しげな視線を向けるやうになつた。そして元氣がよくなつたのが目に見えて來た。地方から出て來たばかりの給仕は、都會の華やかさに眼を奪はれ、ビル街の近代感覺にいさゝか壓倒されてゐたやうだつた。それが尤じて來ると、都會の惡風に染まる原因となるのであるが、小生のスフ七割の國民服は大いに見えざる感化力を發輝したらしい。

　「專務さんの國民服」に恐慌を起したのは若い社員連中であつた。派手なネクタイ、大柄の背廣に粋を競ふのはよいが、朝の訓示の時などは、どうも格好がつかなくなつたやうである。私自身、服裝がかくまで人心を支配するのをこの齡になるまで知らなかつた。

　小なりと雖も、事務所の指導者として日常生活を送る小生の一擧一動が、部下に影響を與へることは知つてゐたが、小生の服裝の如何が、これほど周圍に響くとは思はなかつた。

　小生自身の着用感は大いによろしい。生地はサージであるから、今日この頃は下にうんと着こんでゐる、出來ることならオーバーなしで歩いて見ようと思ふ。

　ネクタイ、ワイシャツをつける必要がなく、朝の仕度が簡單なのは大いに助かる。

　會合があつても、ネクタイの曲がりなどを氣にする事なく、仕事そのものに精神を集中出來るのは有難い。

　今更、身の廻りを氣にする齡でもないが、背廣時代にはネクタイの柄位、タマには變へたいと思ふことがあつた。

　さて、自分の身について、考へなくなると、妙に人が氣になつて來た、若い社員に「縞馬」のあだ名をつけたのも小生だ。他人が變なおしやれをしてゐるのが、妙に氣になるやうになり、つい、おせつかいも言つて見たくなつた。

　この頃では、だん／＼氣になる事が多くなり、婦人服についても、いろ／＼考へさせられる樣になつた。和服の非時代性について、一家言（？）を有するやうになつたことは、吾ながら驚き入つた事である。

　小生は服裝專門家ではないが、全く、このごろの婦人の服裝は氣になる。あれでは、とても大東亞共榮圏の指導國民としてふさはしくない。

　國民服協會あたりで、新婦人標準服の普及が大いになされるであらうが、婦人に對しては、男以上に强力にやつて貰はないと、容易に現狀を飛躍出來まい。

　男子國民服もいろ／＼資源關係もあらうが、今少し强力に普及していたゞきたい。

　小生は別に國民服の宣傳をして歩いてはいないが、小生の知人などは、小生の額を見るより早く、國民服のことを問題にする。そこで、同じやうな說明をくりかへしてゐるが、小生自身、もう背廣を着ようとは思はない。

後記

太平洋、亞濠地中海、印度洋を引つくるめて「新日本海」と呼ぶ日近からん。

まさに新世界の誕生でなくして何ぞや。

來る可き國民服運動は、須らく大東亞的發展をすべきであらう。

國内の一部で、今更の如く國民服再認識の聲がある。再認識とは滑稽だが、曾つて「時局便乘」と罵つた連中にこの聲がある。

われらはその人達にも感謝しなければならない。

反對論打破の爲めに努力をつゞけて來たとも云へる。

今は、ともにともに手をたづさへて大いなる建設に進むの時である。

婦人標準服の決定に依つて、わが國被服文化運動は一劃期點に達した。

これを大東亞的に發展せしめるのが、われらの使命である。男子國民服の普及運動も、大東亞戰前と、今日とでは大いに趣を異にする。

資源問題のみを見ても戰前の如き八方塞がり狀態とは變つて來てゐる。

こゝに新らたなる考慮が施されなければならない。

もちろん、着用普及運動は強力にやらなければならないが、國民服に皆が贊成して貫へる現在、われらは次の段階に備へなければならない。

國民諸君の御協力を切にお願ひする次第である。

われらはまづ戰時生活の徹底化を圖る一方、八紘爲宇の雄大なる氣魄に添ふだけの「修養」をしなければならぬ。

單にどこそこからゴムが來る、などと字頂天になつて、戰時生活をゆるませるようでは、どうして、明日の新世界に處する事が出來よう。

「氣は雄大に、生活は嚴肅に」、それでこそ、熱帶ジャングルの中に戰ふ皇軍將兵の魂に應へると云ふものである。

われらは、これまで生活刷新を叫びつゞけて來た。これからの生活刷新は、たゞの生活刷新ではない。舊い考への間に合せ的生活刷新では絶對にいけない。

店の前に行列して不平言ひながら、生活經濟を說くようなケチな考へでは困るのである。

生活の科學化も根本的に出發すべきであらう。

それには、まづ、國民の考へを正しく指導する事である。

× ×

本號では閑印問題と婦人服を特輯とした。婦人服についてはいろいろの企畫もあるが、それは後にゆずり、本號では委員會試作品の詳細に及んだ。

それから、讀者票を入れてあるから、どうか御感想を一枚でも多くいたゞきたい。

投書も建設的なものは、いくらでも採用するから、どしどし送られたい。（眞）

「國民服」毎月一回十五日發行 第二卷第二號

㊢定價一册四十錢（送料一錢九厘）

「國民服」はなる可く豫約して下さい。御希望の方は書店へ御申込下さい。定期御購讀の方は左記の前金を添へて本協會へ御申込下さい。

半年分（六册）金二圓四十錢（郵税とも）

一年分（十二册）金四圓八十錢（郵税とも）

● 御註文は總て前金で願ひます。

● 御送金は振替が便利です。

廣告料は本協會編輯部廣告係へ御照會下さい。

昭和十七年一月廿五日印刷納本
昭和十七年二月十五日發行

發行人 石原通
編輯人 井澤眞太郎
東京市芝區櫻川町一
印刷人 淺野剛
印刷所 株式會社 金羊社

東京市芝區西久保廣町十八
發行所 財團法人 大日本國民服協會
電話芝（43）四五〇五番
振替口座東京一四四、六七五番

文協會員番號第二一六〇四三號

配給元 東京市神田區淡路町二ノ九 日本出版配給株式會社

國民服用
日の出國民襟と袖口
天地兩用の經濟で便利なものもあります
商標
本品の使用で中衣は不要
衿元にきつちり馴染んで
絶對にづれたり、抜け出
たりしません。
一本で 甲.乙号兼用
新案特許番號
1863 9726
3589 10819
6720 14535
7265 18071
取付簡單 体裁優美
元東京被服工業所
元東京被服商事
東京市城東區龜戸町五丁目四一番地
電・墨田(37)〇〇九四番
振替東京一四九六四九番
絹交織 甲乙兼用 一・二〇
甲號用二枚襟 一・七〇
國防色付 一・一〇
外多數
特約店募集
發賣元に御照會を乞ふ

昭和十六年十一月十五日第三種郵便物認可
昭和十七年一月二十五日印刷納本（毎月一回十五日發行）

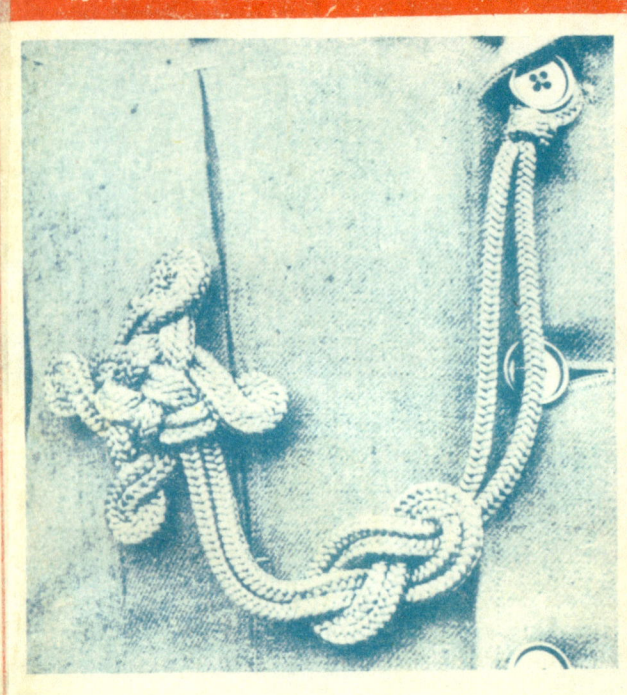

定價金四十錢

『国民服』第二巻第三号　三月号

昭和十七年三月十五日発行　財団法人大日本国民服協会

生活文化綜合雜誌
國民服
昭和十七年三月十五日發行
贈呈
特輯・衣料切符と新生活
三月號
成田文庫

教育参考資料に

理想的型紙

國民服關係型紙頒布

印刷部數に制限あり
卽刻申込まれたし

素人にも出來る——
親切明快な説明書附き

★各型共縫製解説書を附す

甲號上衣型紙	五十錢
乙號上衣型紙	五十錢
甲號中衣型紙	三十五錢
乙號中衣型紙	三十五錢
袴型紙	五十錢
外套型紙	七十錢

（送料各六錢）

財團法人 大日本國民服協會發行

振替・東京・一四四六七五番

勅令（昭和十五年十一月二日）

朕國民服令ヲ裁可シ茲ニ之ヲ公布セシム

御名　御璽

昭和十五年十一月一日

内閣總理大臣公爵　近衛文麿
厚生大臣　金光庸夫
拓務大臣　秋田清

勅令第七百二十五號

國民服令

第一條　大日本帝國男子ノ國民服（以下國民服ト稱ス）ノ制式ハ別表第一ニ依ル

第二條　國民服ハ從來背廣服其ノ他ノ平常服ヲ著用シタル場合ニ著用スルヲ例トス

第三條　國民服禮裝ハ國民服ヲ著用シ國民服儀禮章ヲ佩ブルモノトス

國民服儀禮章ノ制式ハ別表第二ニ依ル

第四條　國民服禮裝ハ從來燕尾服フロックコート、モーニングコート其ノ他之ニ相當スル禮服ヲ著用シタル場合ニ著用スルヲ例トス

第五條　國民服禮裝ニハ佩用ニ關スル規程ニ從ヒ勳章、記章及褒章ヲ佩用スルコトヲ得

第六條　本令ノ制式ニ依ラザル服又ハ徽章若ハ飾章ハ其ノ名稱中ニ國民服又ハ國民服儀禮章ノ文字ヲ用フルコトヲ得ズ

附則

本令ハ公布ノ日ヨリ之ヲ施行ス

（別表第一）

國民服制式表

甲號

		上衣	中衣
地質		茶褐絨又ハ茶褐布	適宜
製式	襟	立折襟式開襟（小開キ）トス	日本襟トス上襟及附襟ヲ用フルコトヲ得但シ禮裝ノ場合ニ於テハ附襟ヲ用フルモノトス
	前面	袵形ヲ附シ釦五箇ヲ一行ニ附ス	上衣ニ同ジ
	袖	筒袖型トシ脇開及端袖ヲ附シ釦各一箇ニテ開閉シ得ル如クス	上衣ニ同ジ附袖ヲ用フルコトヲ得
	帶	帶形ヲ附ス	分離式トシ前面二箇ノ釦ヲ以テ留ム
	裾	左右兩裾ヲ開ク	上衣ニ同ジ
	物入	胸部物入ハ左右各一箇トシ袵線ニ沿ヒ縱型ト爲シ釦各一箇ヲ附ス腰部物入ハ左右各一箇トシ横型蓋附ト爲シ蓋及釦各一箇ヲ附ス但シ釦ハ附セザルコトヲ得	上衣ニ同ジ但シ腰部物入ハ附セザルコトヲ得

品目	區分	細目	規定
袴	地質		茶褐絨又ハ茶褐布
袴	製式	裾	釦ヲ以テ緊收開閉スル如ク爲スコトヲ得
袴	製式	物入	左右ニ各一箇ヲ附ス
帽	地質		適宜但シ禮裝ノ場合ニ於テハ茶褐絨又ハ茶褐布
帽	製式		適宜但シ禮裝ノ場合ニ於テハ烏帽子型トシ折返及前庇ヲ附スルモノトス
外套	地質		適宜但シ禮裝ノ場合ニ於テハ茶褐絨又ハ茶褐布
外套	製式		適宜但シ禮裝ノ場合ニ於テハ左ニ依ルモノトス
外套	製式	襟	開襟式立折襟（小開キ）トス
外套	製式	前面	釦三箇ヲ一行ニ附シ比翼仕立トス
外套	製式	袖	筒袖型トシ端袖ヲ附シ釦一箇ヲ附ス
外套	製式	裾	後開ヲ附シ比翼仕立トス
外套	製式	物入	腰部左右ニ各一箇ヲ附シ釦一箇ヲ附ス
手套			適宜但シ禮裝ノ場合ニ於テハ白色トス
靴			適宜但シ禮裝ノ場合ニ於テハ黒革短靴トシ雨雪又ハ乘馬ノトキハ黒革長靴ヲ用フルコトヲ得

乙號

品目	區分	細目	規定
上衣	地質		茶褐絨又ハ茶褐布
上衣	製式	襟	立折襟トス但シ開襟式立折襟（小開キ）ト爲スコトヲ得
上衣	製式	前面	釦五箇ヲ一行ニ附ス
上衣	製式	袖	筒袖型トシ脇開ヲ附シ釦一箇ニテ開閉シ得ル如クス端袖ヲ附スルコトヲ得
上衣	製式	裾	左右兩裾ヲ開ク
上衣	製式	物入	胸部物入ハ左右各一箇トシ横型ト爲シ蓋及釦各一箇ヲ附ス　腰部物入ハ左右各一箇トシ横型ト爲シ蓋ヲ附ス
中衣	地質		適宜
中衣	製式	襟	日本襟トス附襟ヲ用フルコトヲ得但シ禮裝ノ場合ニ於テハ附襟ヲ用フルモノトス
中衣	製式	前面	釦四箇ヲ一行ニ附ス
中衣	製式	袖	筒袖型トス附袖ヲ用フルコトヲ得
中衣	製式	物入	胸部物入ハ左一箇トシ腰部物入ハ左右各一箇トス但シ腰部物入ハ附セザルコトヲ得
中衣	製式	其ノ他	背帶、背縫筥襞又ハ下脇襞ヲ附スルコトヲ得
袴			甲號ニ同ジ
帽			甲號ニ同ジ但シ禮裝ノ場合ニ於テハ製式ハ陸軍略帽型ニ依ルコトヲ得
外套			甲號ニ同ジ
手套			甲號ニ同ジ
靴			甲號ニ同ジ

備考

一　上衣、中衣、袴、帽（陸軍略帽型ヲ除ク）及外套ノ製式ノ形状ハ圖ノ如シ

二　甲號禮裝ノ場合及開襟式立折襟（小開キ）ノ上衣ヲ用フル乙號禮裝ノ場合ニ於テハ立折襟ト爲スモノトス

三　甲號禮裝ノ場合及開襟式立折襟（小開キ）ノ上衣ヲ用フル乙號禮裝ノ場合竝ニ開襟（小開キ）ノ場合ニ於テハ中衣ヲ著用スルモノトス但シ暑熱ノ時期又ハ地方ニ在リテ上衣ニ副襟（副襟ニハ附襟ヲ附スルモノトス）及附袖ヲ附シタルトキハ中衣ヲ著用セザルコトヲ得但シ禮裝ノ場合ニ於テハ附襟ヲ附スルコトヲ得

四　禮裝ノ場合ニ於テハ附襟及附袖ハ白色トス

五　禮裝ノ場合ヲ除クノ外暑熱ノ時期又ハ地方ニ在リテハ中衣ヲ以テ上衣ニ代ヘ（此ノ場合ニ於テ中衣ハ半袖ト爲シ、襟開ヲ大ト爲シ及帶ヲ附セザルコトヲ得）又ハ袴ハ半袴ト爲スコトヲ得

六　禮裝ノ場合ニ於テハ茶褐絨又ハ茶褐布ノ長マントヲ以テ制式ニ依ル外套ニ代フルコトヲ得

七　外套ハ用ヒザルコトヲ得禮裝ノ場合ヲ除クノ外帽、手套及靴ハ用ヒザルコトヲ得

八　乙號立折襟上依ノ物入ハ當分ノ内外物入ト爲スコトヲ得

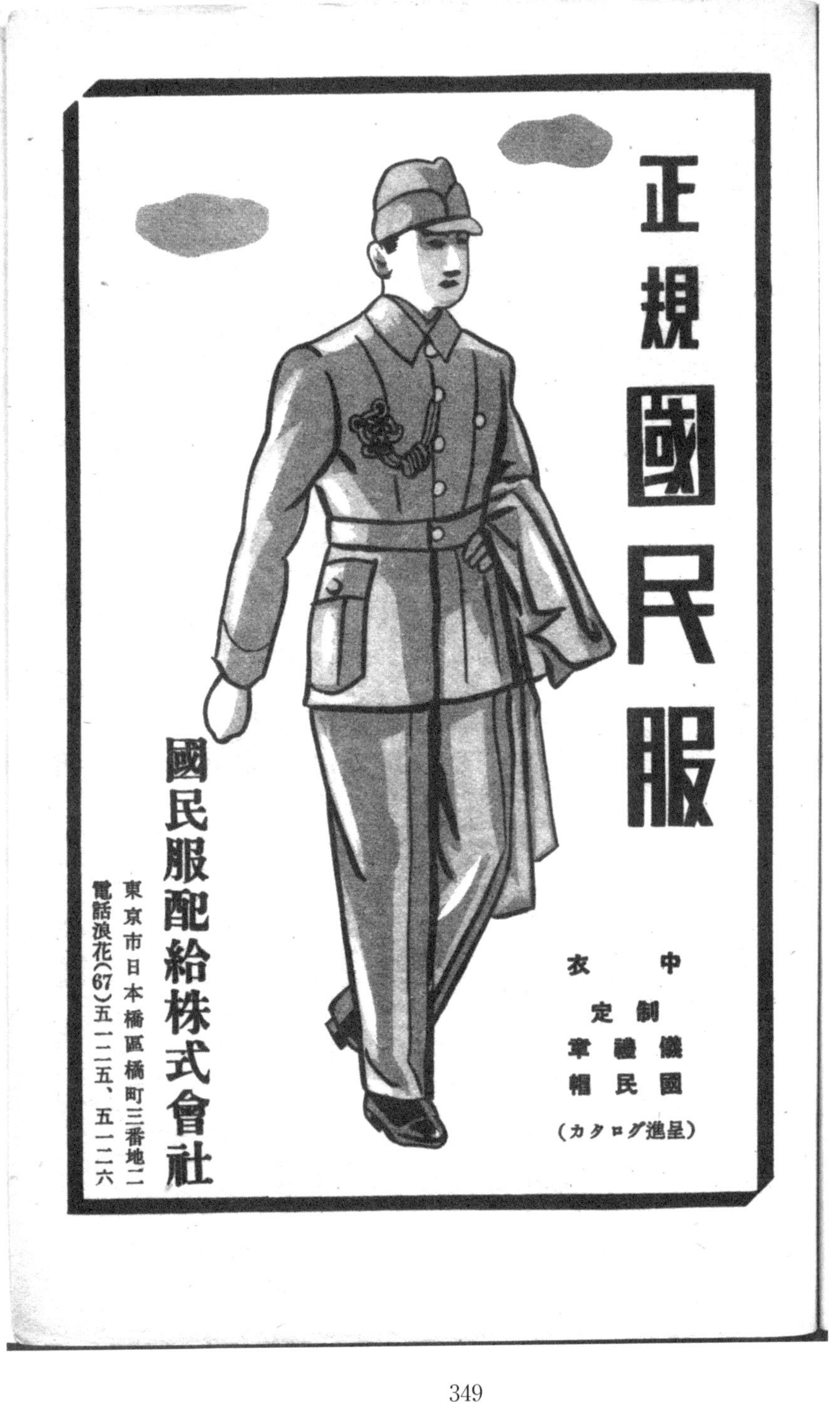

正規國民服
中衣
制定
儀禮章
國民帽
（カタログ進呈）
國民服配給株式會社
東京市日本橋區橘町三番地二
電話浪花(67)五一二五、五一二六

國民服・三月號目次

Kohei

竹

山本丘人

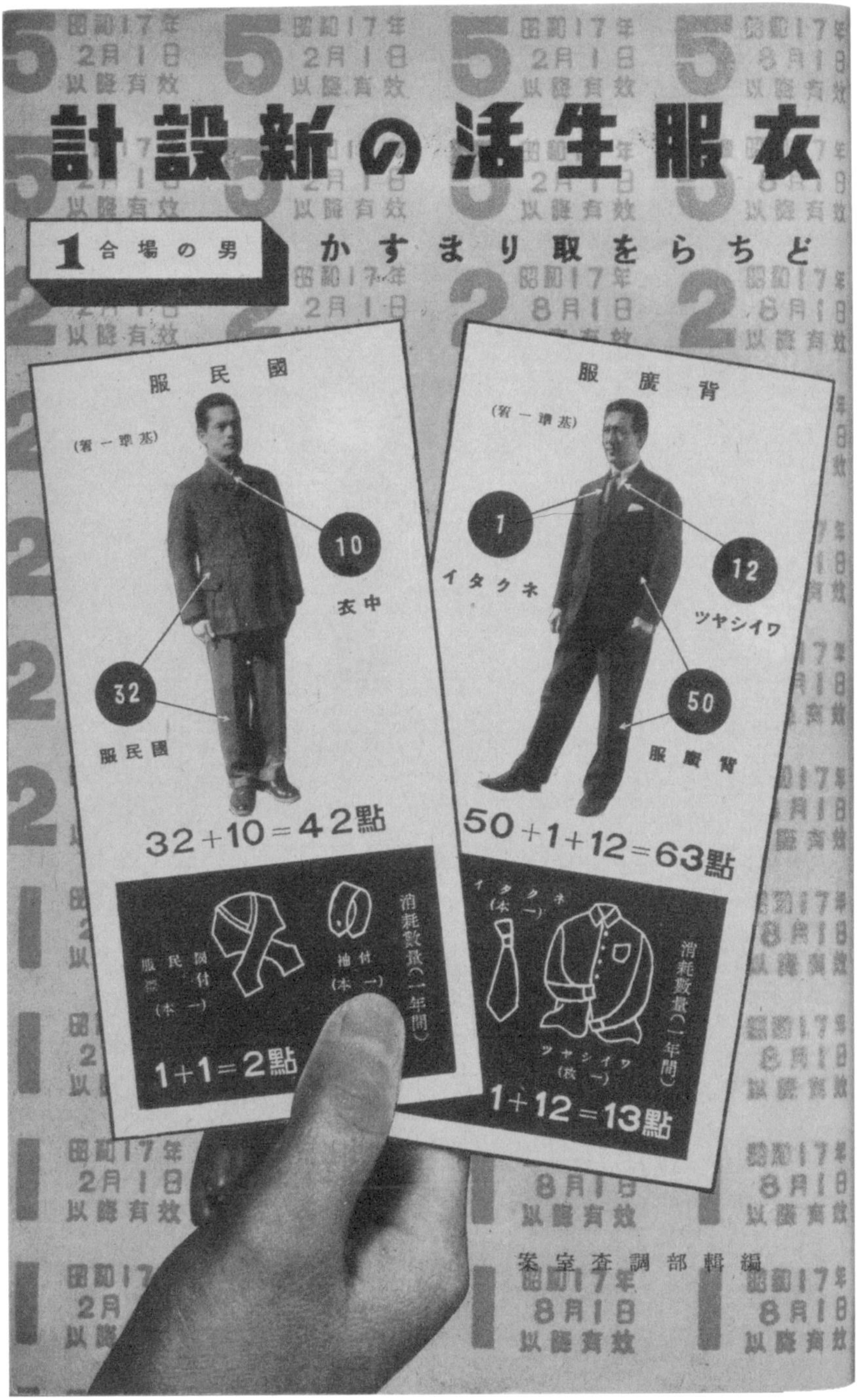

衣服生活の新設計
男の場合 1
どちらを取りますか
國民服
(基準一着)
中衣
10
國民服
32
32+10=42點
消耗數量(一年間)
付袖(一本)
國民服付襟(一本)
1+1=2點
背廣服
(基準一着)
ネクタイ
1
ワイシヤツ
12
背廣服
50
50+1+12=63點
消耗數量(一年間)
ネクタイ(一本)
ワイシヤツ(一枚)
1+12=13點
昭和17年2月1日以降有效
昭和17年8月1日以降有效
編輯部調査室案

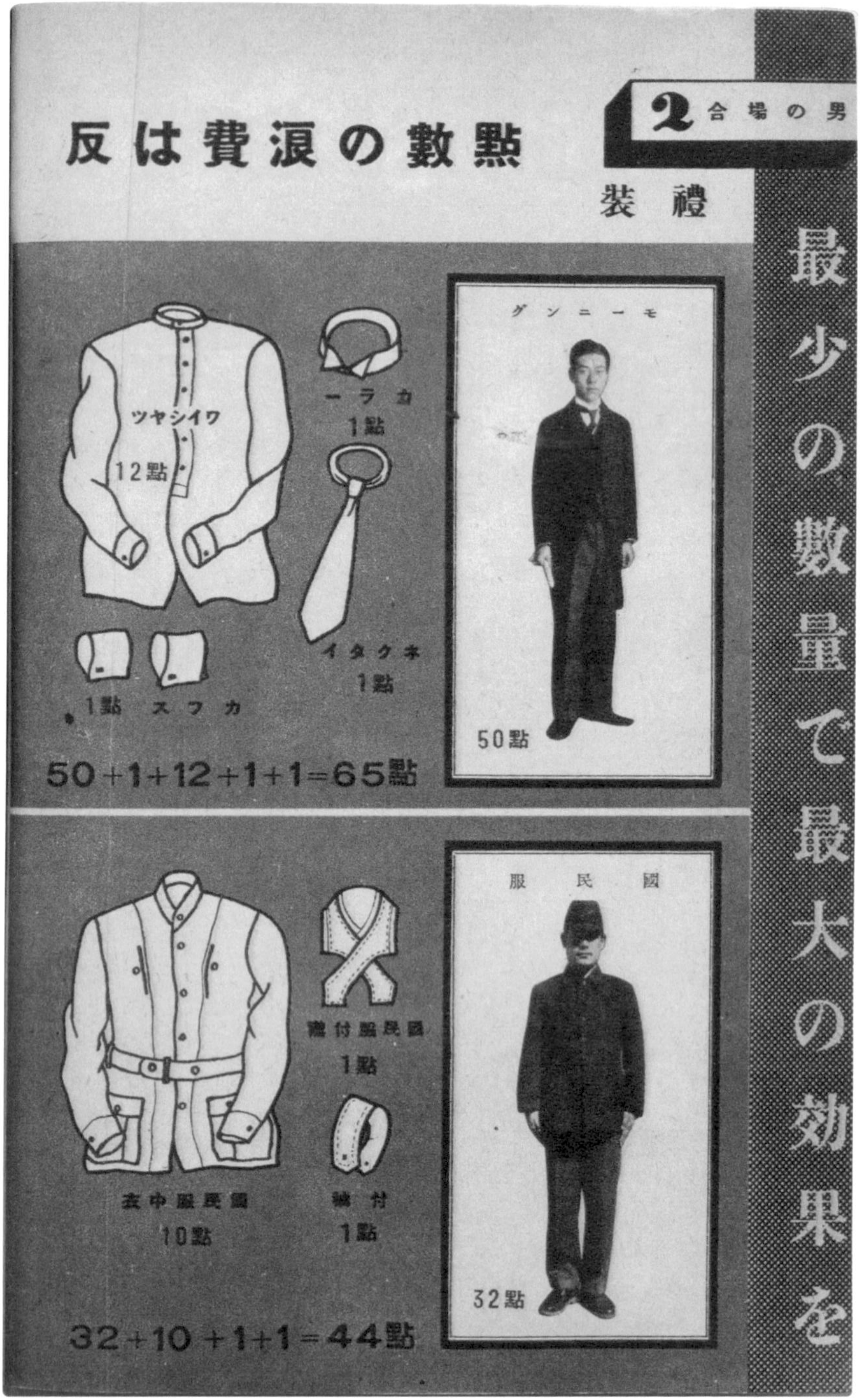
男の場合 2
點數の浪費は反
禮裝
最少の數量で最大の効果を
モーニング
50點
ワイシャツ
12點
カラー
1點
ネクタイ
1點
カフス 1點
50+1+12+1+1=65點
國民服
32點
國民服中衣
10點
國民服付襟
1點
付袖
1點
32+10+1+1=44點

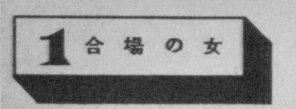

國策的行爲です

1 女の場合

和裝

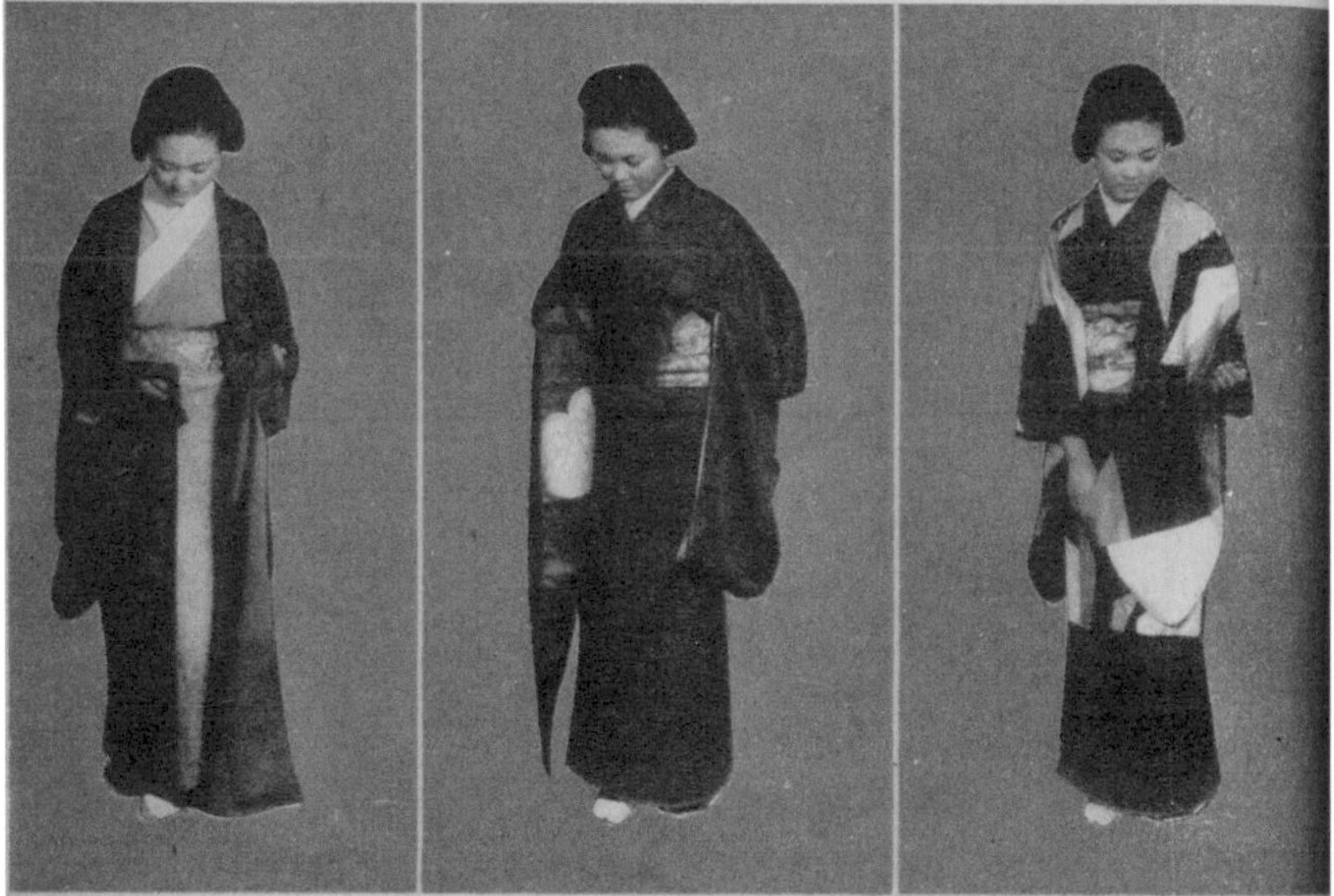

基準一揃

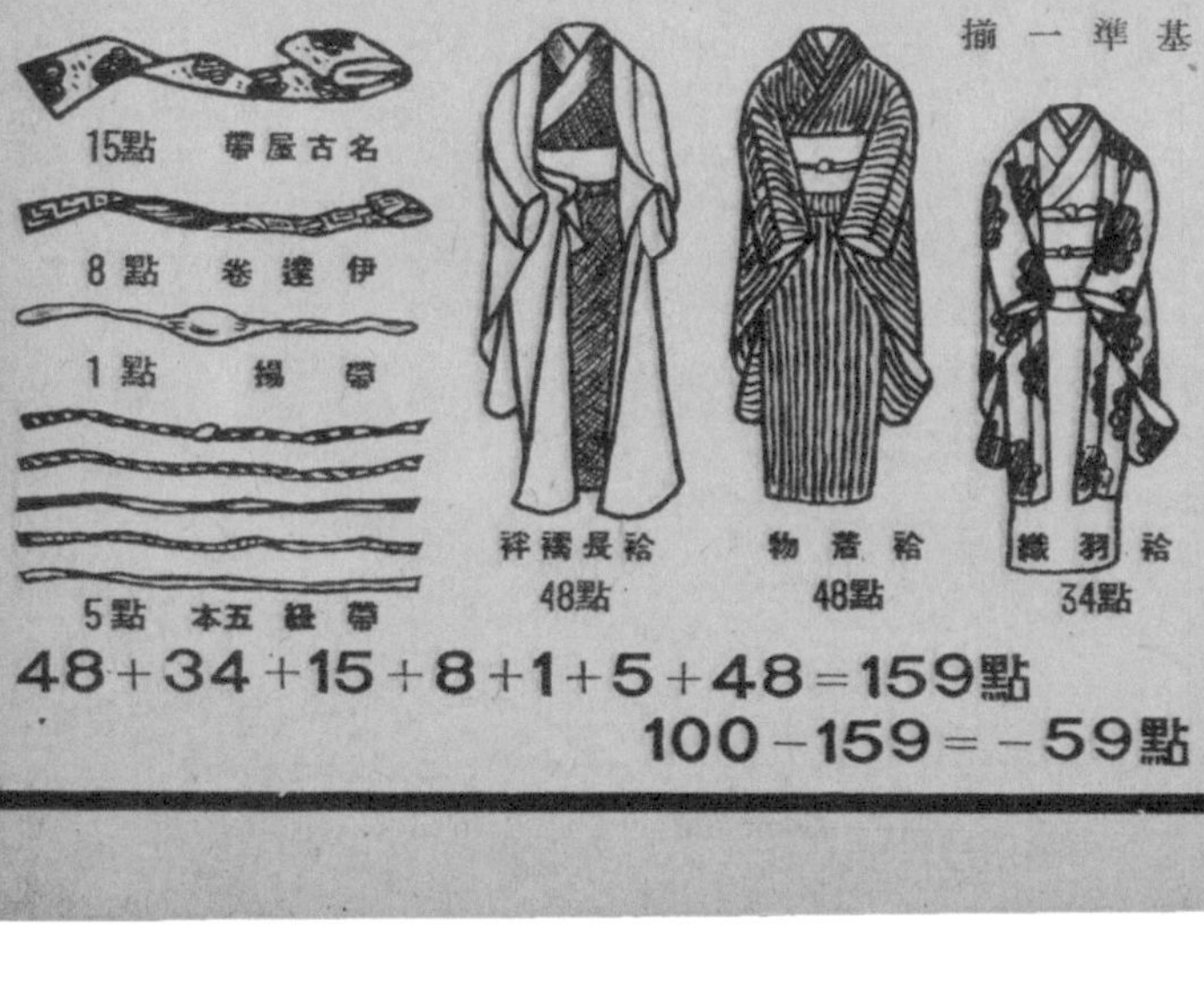

48＋34＋15＋8＋1＋5＋48＝159點

100－159＝－59點

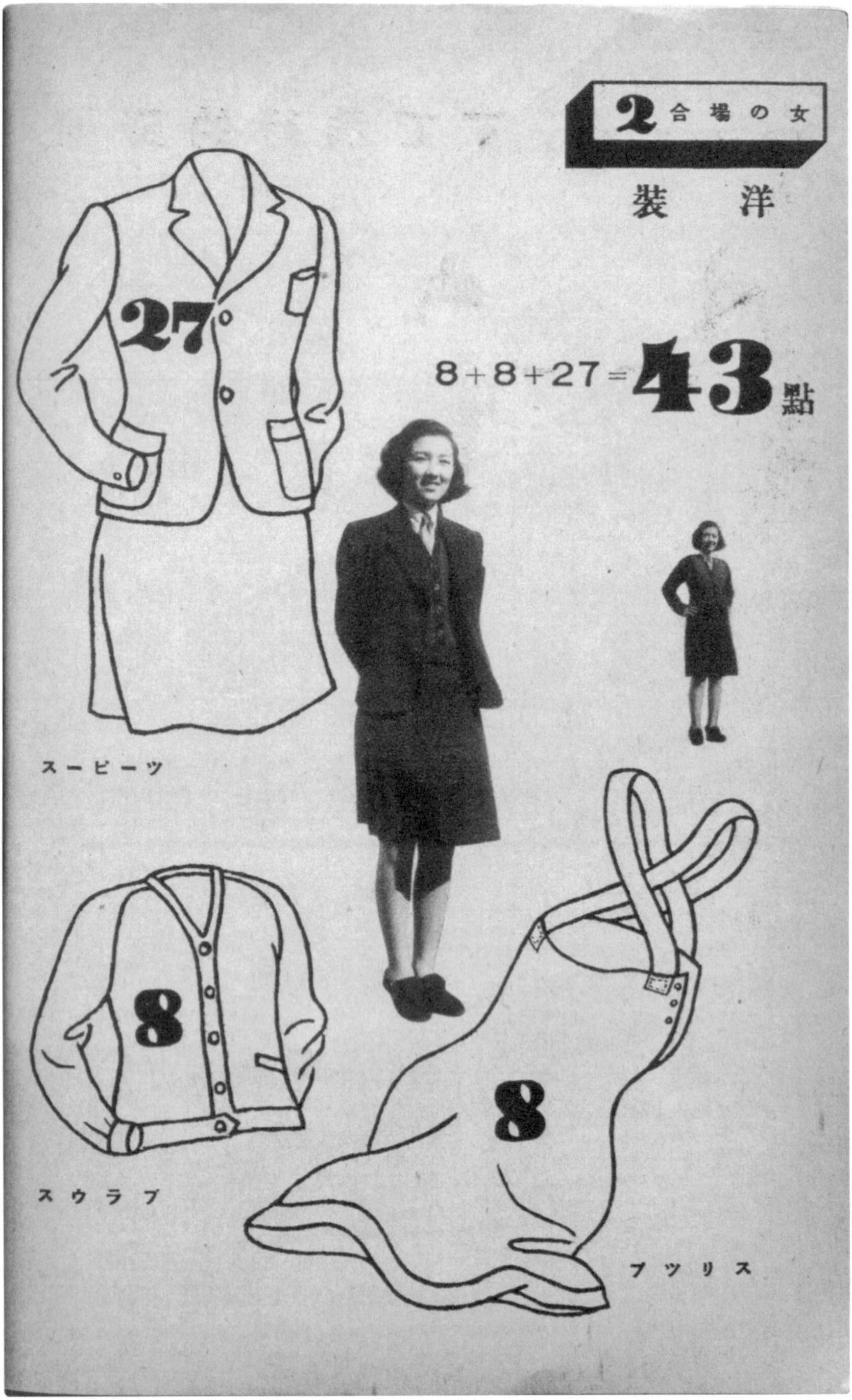
女の場合 2
洋装
8+8+27=43點
27
ツーピース
8
ブラウス
8
スリツプ

3 女の場合

婦人標準服は

うちの古着て作りませう

外出着と室内着
和服と洋装
との合理化へ

背廣服
國民服
消耗數量（一年間）
ワイシヤツの命數を一年とし
ワイシヤツ
一枚
12點
國民服中衣の命數を二年とし
國民服付襟
一本
1點

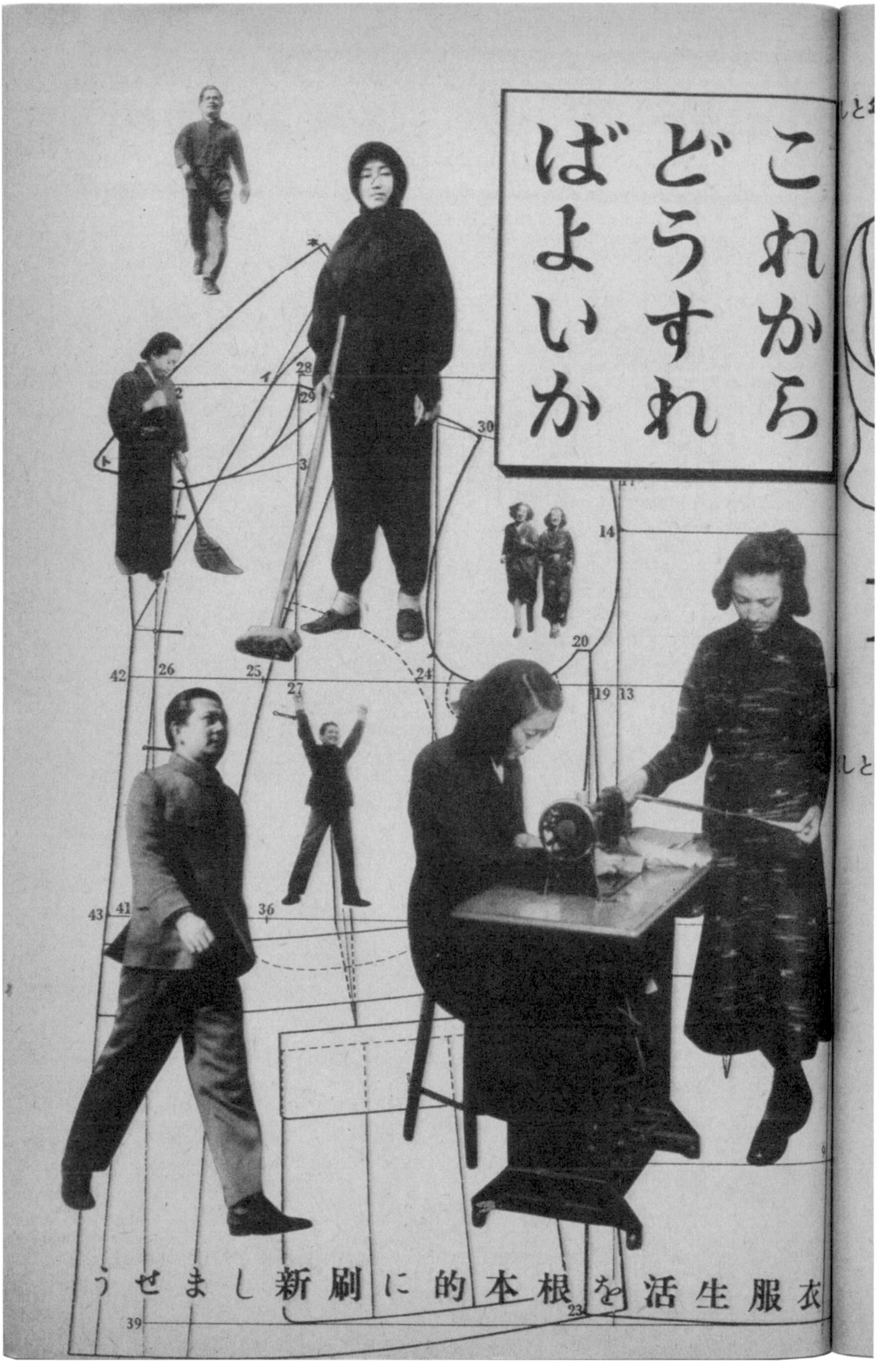
これからどうすればよいか
衣服生活を根本的に刷新しませう

衣服の單純化　制服を例にとれば

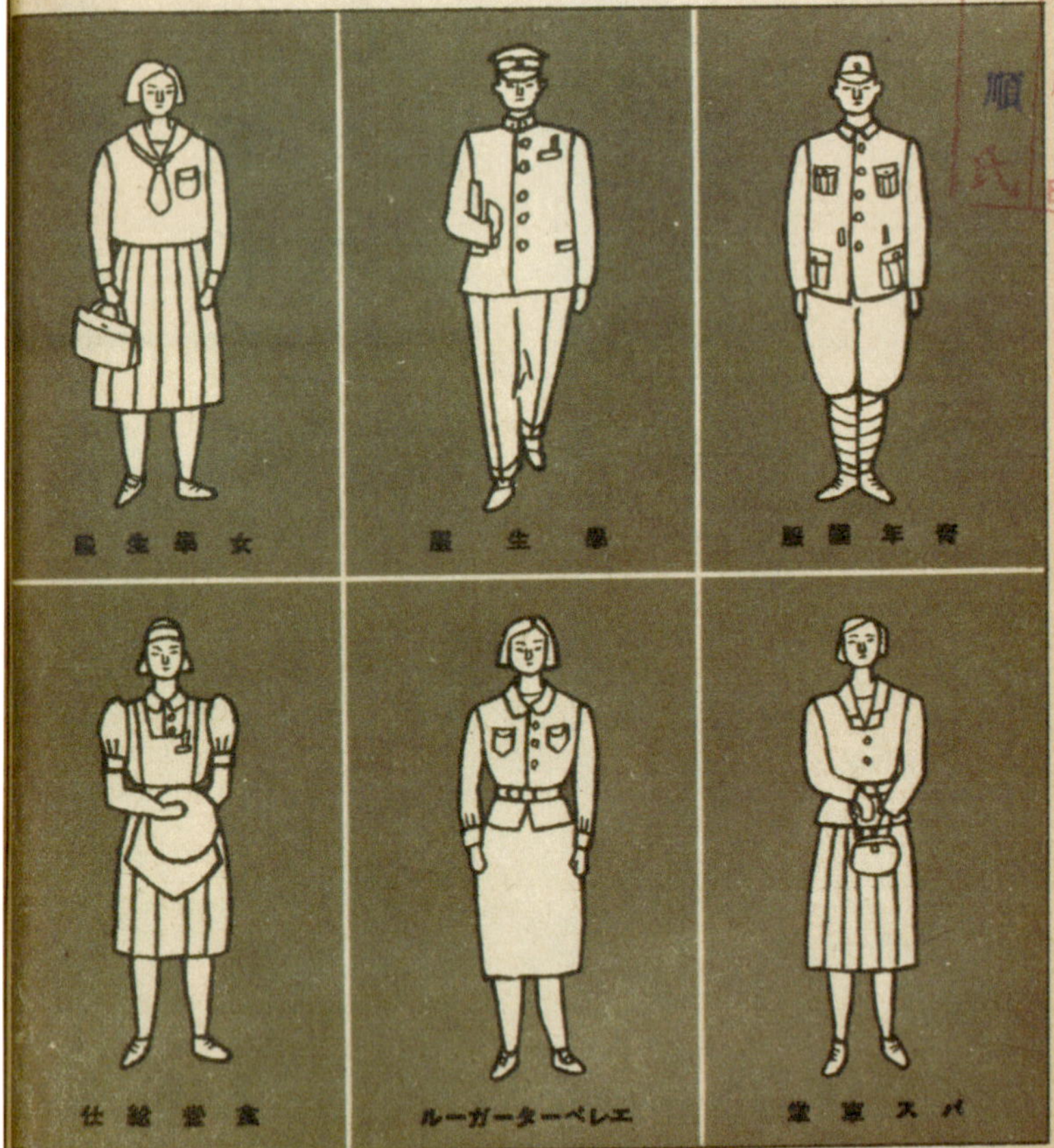

制服着用者はこれを常用するところに
よつて衣服の點數を節約できる

國民服の理念にはこの事も含まれてゐます

國民服

第二巻　第三號

巻頭言

日本人の新生活圏は寒、温、熱帶を抱擁する。南方生活圏の新設計は當面の急務である。その資源、その經濟、そして高度國防國家たる可き日本に相應はしい衣服の設計が初まらなければならぬ。

國民服とその精神はこれが中核となるのである。

吾人は百年後の生活を目標とし、今日の現實に臨む。

若き國民服運動も今や戰ひつゝ建設しつゝあるのである。

戰爭と產業

石原通

戰爭は產業を破壞するものであると考へる人もある樣であるが、今日の戰爭は寧ろ反對で自國を經濟的有利の地位に置かんが爲の意味も多分に含まれて居る。即ち自國を經濟的に有利の地位に置き、資源を確保しなかつたならば、眞に國防を完うすることは出來ないのである。彼の歐洲大戰が、其の源を經濟的原因にも出發して居ると云ふ事は、何人も否定することは出來ない。今回の大東亞戰爭も、其の發生の原因中には經濟的の點が多分に含まれて居ることは、何人も容易に推察し得るのである。なるほど戰爭を局部の一時的現象から見れば、戰鬪行爲に依り產業は一時阻止せられ又產業設備を破壞せらるゝばかりでなく、敗戰國は拭ふ事の出來ない經濟上の打擊を蒙むるのである。然し前述の樣に、戰爭行爲が經濟建設をも大なる目標として居る以上、戰勝國は戰地の一時阻止せられ又破壞せられたる產業設備を速かに復興して、經濟建設に資さなければならないのである。今回の大東亞戰爭に於て、精銳にして忠勇無比なる皇軍の電擊的作戰に依り、相次いで偉大なる戰果を迅速に獲得しつゝあるも、產業が之に伴なはなければ、大東亞共榮圈の建設はそれだけ遲れるのである。なるほど戰爭の初期に於ては、產業どころではないだらうが、皇軍が占領した土地は速かに治安を回復し、避難民を呼び戾し、又勞力が不足する場合は他より補つて、一時休止したり破壞された產業を速かに復舊し、生產の追及を行はなくてはなないと思ふ。自分は、支那事變勃發當初から約一年間、中支方面の作戰に參しつゝ、戰地に於ける產業の狀況を直視したのであるが、事變が勃發した年に作られた莫大な米、棉花、麻、其の他物資が立ち腐れたのを見て、洵に惜しいことをしたと思つた。戰鬪中又は治安が維持せられない內は已むを得ないとしても、我が軍が占據した後永い間誰も之を管理しない爲、重要資源を烏有に歸せしめた事は、返すぐ〳〵も殘念な樣な氣がした。戰鬪が一段落着いた土地へは、內地からどし〳〵經濟視察等で來る人は多いが、直ぐに仕事をする人がないのは洵に遺憾に思つた。序に輸送のことに就ても述べて見ようと思ふが、戰時事變等では御用船として軍部に借上げらるゝ船舶が多い爲、一致物資輸送用の船腹は著しく不足を告げるので、輸送上少しの無駄もない樣に各方面の連絡を密にし手順を善く定めて置かなければならないと思ふ。然るに支那事變の當初、內地から軍隊や軍需品を積載して戰地に行つた船が、歸りには殆んど空の樣な狀態で航行して居るのを見て洵に遺憾に思つた。陸軍で傭つた船だから民間の品物を積むことは出來ないと云ふ見解もあつたらうが、空船を返さない樣に內地に送るべき品物を集積して置くと云ふ手順も盡されて居なかつたと思ふ。前に述べた樣に、產業にも容易に着手されないし輸送上にも無駄があつた樣に思つたので、當局の意見を述べたところ、いろ〳〵手續上に面倒なところがあつて、さう簡單には行かないと云ふことであつたが、經濟上莫大な損失を見逃すことは返すぐ〳〵も殘念で、こゝあたりが官民眞に協力すべき點であるまいかと思ふ。今回の大東亞戰爭に於ては、政府は戰爭と併行し、周到なる計畫と準備を以て占領地物資開發に銳意努力せられ、既に一部は業者をして着々實行せしめつゝある由、經濟上將又國防上慶賀に堪へざる次第であると共に、直接戰鬪に關係なき資源に對しても、爲し得る限り產業の促進を圖られ、銃後に於ける推進力培養其の他に資せられんことを希望して已まないのである。之が爲民間當業者にして、新占領地方面の事業の經驗を有するものは、積極的に政府の指示を承け、皇國占領後も引續き行ふを有利とする産業は、速かに着手しなければならない。調査研究に名を藉り、荏苒時を空しうするは許されないのである。彼地に永住した人もあり、既に調査濟で直に實行するを有利とする事業も尠くないと思ふ。軍隊は生地に於て、熟地の敵に對し多大の戰果を擧げて居る事業家も軍隊が生地で作戰する樣な意氣組で、初めから所要の勞力や器械を準備して行つて、出來るだけ速かに生産に着手することが望ましいのである。そして生産せられた品物は速かに必要の方面に輸送せられなくてはいけない。之が爲、軍部で傭上た御用船でも、空いて居るときは差支へない限り之を一般物資の輸送にも利用し以て輸送の圓滑を圖ることが肝要である。本議會に於ける政府側の說明に依れば、新作戰地方面の物資輸送は、國家に於て管理せらるゝ由さうなれば船舶輸送は一層圓滑に行くことと思ふが事業家も克く國家機關に協力して、努めなければならない。

尙南方が東亞共榮圈の中へ入れば、物資が豐富になり之を悉く我が國へ輸入することとなれば、需要の數倍又は十數倍となる物もあつて、却て物資過剩となり處置に困るだらうから、産業の助長等行はない方が良いといふ人もあるが、大東亞共榮圈内に在る他の獨立國の需要をも顧慮しなくてはならないし、又物資不足に苦しんで居る盟邦獨伊の事も考へ、作戰の進捗と相俟て、同方面へ供給する工夫を廻らさなくてはならない。之ぞ盟邦國たるの責務である。斯くして尙餘る物資は、初めから計畫的に生産を中止し、折角出來たものを途中で腐らして了ふやうな事は避けなければならない。殊に纖維類は濠洲、印度迄我が國の實力が發揮せらるゝ迄、占領地の開發を行ひ生産の助長を要するのである。又南方の資源を原料の儘運搬することは、經濟上甚だ不利益であるから、現地に於て實施するも不利とならない輕工業に依り、製品化し得るものは製品とし、輸出することが望ましい。殊に石油を燃料として動かす程度の機械に依る纖維工業等は、成功するものと思はれる。

以上の樣な方法で官民一致、戰爭と併行して占領地に於ける産業の助長を圖り、皇軍の擧げられた偉大なる戰果と犧牲に報ひ、大東亞戰爭の完遂に資したいと思ふ。

現代衣服史論

—點數制確立の意義—

田中俊雄

一

日本衣服史の時代を區分するにあたつて、おほくの史家は、いはゆる現代史を明治維新以後のものとなし、その名稱を「和洋混合時代」とか「和洋服時代」『歐米制模倣時代』などその他類似の意味内容をあたへてゐる。

　この時代區分の方法は、多分に明治維新といふわが國未曾有の一大政治の變改革期に步調を合せやうとする、政治史の時代區分にならつたものであつて、一般的にはこの方が便利であるが、衣服史といふ獨自の見地よりさらにこれを細別するならばむしろ江戸末期より明治初年はじめて維新政府が積極的に官服、軍服の制定に乘りだした頃までの約三十年ばかりの間を一時期とみなし、これを小袖（着物）中心生活の動搖期、あるひは新時代の胎動期としたはうが適切である。

　この時代の特徴としては、衣服文化そのものゝ自發的展開が行はれたのではなく、衣服外の外部的條件の強壓により、止むなく在來の衣服生活が崩壞され、また新生されねばならなかつた時代である。

　すなはち、江戸時代の經濟も漸く破綻をきたし、それまで通りの衣服生活を營むことができなくなつた。ことに當時の文化の中樞をなしてゐた武士階級の貧困は甚しく、あるひはその衣服類を賣却し、なかには武士の魂ともいふべき武具さへも質屋などに流す有様であつた。一例をあげれば、一幕臣の上書に『銘々、古具足、着用の具足等、所持の者一人も御座無き様子』云々と述べてゐるのをみても奈邊の事情は察し得られる。

　また大名などにおいても、とくに文久二年の幕政改革の折には、これまで江戸屋敷に人質のごとく留めて置いた諸大名の妻子を國元に歸國させられることになつたので、その衣裳、器具類を古着屋に賣却するものが數多かつた。これは勿論一に大名の妻子のみでなく、大多數の使用人奥女中をふくめた大量の奥向きの衣類が市中に投げだされたのである。

　こんな風に既成の着物中心の生活が動搖すると同時に、わが國周邊の情勢のまさに騒然たるものあり、一朝誤まれば傾國の憂さへなきにしもあらずであつた。こゝにどうしてもわが國軍備の本制を先進國の歐米のそれに倣つて、洋式のものに編成替へせざるを得なかつたのである。そこで幾多の反對に遭遇しながらも、洋風衣服の採用が行はれたのである。

　その當時の洋式調練の推進力であつた高島秋帆のごときも、反對派の策動により一時獄屋につながれた。しかし歴史の歩みは目下緊急な軍服としての洋服の輸入を阻止することはできなかつた。たとへ反對派のものから『蘭學者流は奇を好む病尤も深し』と罵られ、また洋服は『わが國禮儀の國の風俗と相容れず』とか『異態な風をして足並ばかり揃ひ、一齊射撃をなす等兒戯に等し』と評されても大砲、小砲を操作し、軍艦に乗り込んで洋式の調練をうけるには、どうしても在來の着物では具合がわるかつた。

　高島秋帆の天保十一年九月に、洋砲採用の建議を幕府に行つてゐる文書の内容をみても、當時支那廣東における英國との阿片戰爭の結果が秋帆をいたく刺戟してゐるのである。大國の支那が『土地褊少にて殊更其戰には十分之非理』にあつた英國に手もなくやられたのは、全く軍備の長短によるものとなし、さてわが國を省み、このまゝの封建的軍備に始終するならば、隣國支那の敗退と何等かわるところなき結果におちいるのは必然であることを痛憤してゐるのである。

實にかくのごとく洋服の移入にはきわめて切迫せる歴史的現實が裏打されてゐたのであつた。いいかへれば初期における洋服の移入に最も力のあつたのは、幕末における洋式軍備の編成にあつた。

かくして江戸時代の終る頃には、各藩の藩兵きそつて洋式の軍服をまとひ、その需要も多かつたのである。だから維新政府明治初年に新制度による種々なる洋式の制服を規定時するには、すでにわが國にその洋服をつくる技術が一應は準備されてゐたのである。すなはち、崩壞しつつあつた着物の仕立職とか足袋職人とか、あるひは具足屋、袋物屋などの分野から轉業して、横濱にすでにその業を營んでゐた外人の裁縫師に習つたりあるひは毛唐の古洋服を買つて解きほどし、その一まわり小さい寸法で作つたりして、洋服の技術を見様見まねで習得してゐたのである。ミシンもすでに使はれてゐた。そして洋服職人は舶來屋などと稱して東京、横濱、京都、大阪、金澤、岡山、長崎などその他有名な各城下にその業をはじめるものが多くなつたが、因みに東京だけの洋服の職人の數だけでも百數十餘に及んでゐたといふ。

この時代こそつぎに來るべき時代の母胎であつた。それは、古い衣服文化の崩れゆく最中に、あたかも不死鳥のごとく新しい衣服文化の基礎が準備されてゐたのである。

二

さて、かくして新しき日本の衣服文化は發足し、和洋混合時代とか歐米制模倣時代とよばれる時代になつた。

しかし、この模倣時代とは、はたしていつまでつゞくのであらうか。いまだにその時代は終つてゐないのであるか。あるひは、その模倣時代はすぎ去つたものとするならば、つぎに來る時代と、一體どこの一線をもつて劃するのであるか——。

明治三年末から四年にわたつて制定された軍服、官服などの洋式制服をはじめとして、さらに郵便夫服（三年十二月）當時の巡査の羅卒服（四年）鐵道員服（五年）大禮服（五年）法官服（八年）學生服（十五年）等々の洋風な制服がつぎ〳〵と定められ、それに從つて一般の民間においても、教員、醫者、實業家、はては都々逸に『絆纏股引着た勇より、チョキズボンの色男』などとうたはれた土方の親分、歌舞伎の俳優、僧侶などに至るまで着られさうな氣運であつたのである。京都の一住職が『佛事法要以外の事に僧侶が洋服を用ふること不苦哉』といふ伺書をだしたのに對して當時の知事は『勝手たるべし』といふ解答をあたへてゐるのである。

とにかく明治の前半における情勢はかの鹿鳴館時代を盛期として一時期をなしてゐる。

しかしこのやうな歐米追從の狂信的な情熱は、明治後半の日清、日露の國民意識の興隆による復古趣味の氣運にいさゝか冷やされた。宴會などでもフロツクコートより羽織袴が多くなり、洋服をきてゐた一部婦人のごときも大禮服以外にはあまり着なくなり、和服に靴などの風俗がなくなつて、駒下駄、雪駄がはやり、また元祿模樣が流行しだしたのは日露戰爭以後のことであつた。

かうして大正時代に移つたのであるが、この時代においては、もう『頭にチョンマゲ足に靴、胴はフランスの唐仕立』などと歌ひはやされたやうなチグハグさはなくなつたが、かへつて歐米文化の影響は質的にふかまつた。

たとへば、今度は女の着物の柄のなかに、西洋風な模樣なり色彩なりが自由につかはれるやうになつたのである。また洋服も婦人はまだ日常にはそれほど用ひなかつたが、男子においてはさらに普及して一般のサラリーマン服になつてきた。

かゝる大正時代を進展させ、つぎの昭和時代に移行させた最も大きな契機となつたものは、この大正も末期に近づいた十二年、突如として起つたかの關東大震災であつた。

これは地域的にいへば、關東地方の慘事であつたが、首都東京を中心としたものだけにわが國衣服文化にあたへた影響は甚大なものがあつた。大多數の衣料は燒失された。洋服が都會に限らず各地方の寒村にまで及び、それも下は一商店の小僧までも着るやうになり、また婦人が家庭生活に洋服を着るやうになつたのは、この關東大震災の後のことである。

この昭和時代における洋服と和服の關係は一層密接なるものを生じ、もはや國民の衣服生活は、かつての和服だけでは満足にその生活を營むことができなくなつたのである。すなはち、洋服と和服は、仕事着と晴着、家庭着と寢衣といふやうに、その一人の生活內の各々相異つた分野に配置されるやうになり、また一日の生活時間からいつても入浴時を境にして日中は洋服、夜間は和服といふやうにあたかも凸と凹が、二つに入り組まれはじめてこの時代の形の整つた衣服生活ができるかのやうな緊密なる觀を呈してきたのである。

かくのごとく洋風衣服の影響は、かの幕末においては洋式兵制建設の波にのり、明治時代においては維新官制の上に招來され、大正時代においては民間の資本主義機構の制度に及び、昭和時代においてはわが國民生活の內部に達するに到つたのである。

これまで、史家によつて、和洋服時代とか歐米制模倣時代、和洋混合時代などとよばれる條件となつた洋服の文化は、はじめは社會制度の外皮から漸次家庭生活の深層に及んで、まさにその時代の飽和點に落着したかの感がある。

三

歷史はいまやこれまでの時代とはつきり區分を告げる雄渾なる一線をひいてくれた。

いふまでもなく大東亞戰爭の勃發であり、日本衣服史上新しい時代を劃するその第一期なるものこそは、本一月二十日、總動員法重要物統制令による衣服點數制度の確立である將來において、日本の現代衣服史を編むものがあつたとしたら、史上にひかれたこの點數制度實施の一線が、いかに重大なる契機となつてゐるかに氣附くであらう。

これまでのわれわれの問題は、前述のごとく和洋混合時代とか、歐米制模倣時代とよばれてゐるごとく、かの歐米文化をどうするかといふ一點で動かされてきた。その採り入れ方、扱ひ方、こなし方、考へ方がわれわれの文化問題であり、その進展が現代衣服史の經路でもあつたのである。

歐米文化が、在來の日本文化といまだ融合せずに雜居してゐる間を、われわれは過渡期とよんでゐた。そしてその間におけるわれわれの文化的方向の一つはこの過渡期を克服することにあつた。この二つを充分に消化する同化時代なるものこそ、何か輝かしいものに考へ、現代文化の完成であると想つてゐた。

これまでの歴史は教へてくれた。われわれがかつて上代において隋唐の文化を輸入して、いはゆるその模倣期、過渡期を形成したが、やがてそれらはことごとく同化し去つて、わが國獨自の風俗をつくるにいたつた。そして再び明治維新において歐米の文化を輸入し、また模倣期、過渡期をつくりあげたとき、われわれの目標はやはりその同化にあると考へたのであつた。しかし——

先日、わたくしはウエーキ島から送られてきたアメリカ人浮虜が、善通寺の收容所で體操してゐるニュース映畫をみて、まことに歴史の歩みといふものに、しみじみ感慨深いものを感じた。かつて、わが國建軍の際、軍服の作りかたをわれわれに教へた彼等は、いまその軍服に身をかためた日本兵の監視のなかに、しどけない洋服姿のまゝ居ならんでラヂオ體操をしてゐる！

われわれはいまや二重生活の同化といふことにさへ、ひどく生ぬるいものを感ぜざるを得ない。

衣類綜合切符制實施の今日、國民は、今後その衣服の袖を短くしろとか、帶を細目にしろとかいはれなくとも、さういふ新しい形の衣服を自發的に創作することになるであらう明治以來われわれが洋服を得てから奄々としてその聲だけをきいてきた紙面上のみの改良服とか、和洋折衷服も、いまこそその現實的地盤を確保したのである。今後の街頭には現實にその着用者の姿を見る機會が多くなるであらう。

しかし、われわれの問題は、もう和服と洋服をどうするかといふやうな程度のものではないのだ。一體、二重生活の問題とは、すでに生活内に存在してゐる傳統的日本文化と外來的歐米文化を同等の重さのものに扱ひ、そのふたつの聯繫内で、平面的に問題の解決をもとめやうとしてゐるのではないか。

われわれはいま日本文化の未曾有の時代にたつてゐる。われわれはこれまで他人にむかつて、積極的に自分の文化をあたへたことがあつたらうか。われわれにいま要求されてゐるものは、單なる同化とか、ましてや兩文化財の折衷といふごとき月足らずのものでない。われわれはいまこそ、その自分の文化を外部に顯揚し、普及しなければならないのである。われわれの今後の仕事は既存文化の同化でなくて、新しい文化の創造にあるのだ。

これなくしてわれわれはどうして大東亞を支配し、世界文化に誇るに足るものをもつことができるであらうか。われわれはもし今後とも歐米制模倣時代を繼承し、その態度を改めるものがないならば、大東亞の諸民族は、おそらく彼等の前支配者であつた米英文化の豪華な姿を思ひおこし、借物のわれわれに眞實からの心服をはらはないであらう。われわれは文化においても米英に負けてなれらないのだ。

われわれは現在ほど、日本文化の獨自な創造性が要求されてゐるときはないと思ふ。

四

日本の衣服はまさに絶好の機會に達した。日本の衣服はこの機を境として新しい形の衣服を生みださねばならぬ。過日、婦人標準服がつくられたが、しかし、あの程度のもので満足し終つてはならない。第二次、第三次のよりよい標準服を續々發表して貰らはなければならぬ。標準服は制服ではないのだ。一旦定めた以上は變へられないといふものではない。標準服自體に創造的な躍進が行はれなければならぬものでないか。

今度の切符の點數を定めるにあたつて、當局においては、主として織物の生産量、ストツク量を見込し、それを全國民の衣料切符の總點數で割算し、それによつてそれぞれの品物の點數をだしたものらしいが、單に物資の消費統制といふのではなくて、それはもつと風俗統制といふ條件を入れて立案されなければならないものであらう。この切符制の點數が、この風俗といふことを考慮するとしないにかゝわらず、とにかくその點數に制限された結果が、一國の風俗となつてあらはれるのである。今度の點數ではすでに考慮されてゐるやうに、背廣と國民服の點數の開きが十八點あれば、自然國民服をつくるものが多くなるであらうが、しかし、ネクタイはその布地の消費量だけの見地からわづか一本一點で制限なしといふことになれば、依然として、國民服にネクタイをつける人は減少してはこない。切符の點數は今後の衣服文化の基礎となるものを見通して文化的創造の重點主義によつてそれは定められねばならない。

ともかく、今度の點數制ができて纖維關係の統制の齒車は全部そろつた。生産者は規格によつて織物をつくり、それを配給會社を通して公定價格で賣り、そして國民は切符で買ひ、その切符はリンクして結局生産者のところまでかへつてゆく。纖維物資のリンク制は完成した。しかし、そのリンク制のなかの一體どこに文化の齒車が入るのであらうか。

もはや國民は『贅澤は敵だ』などといはれなくとも、かの自由主義的な刹那的流行品など買はなくなるであらう。そして、その品質においてもその美しさにおいても恒久的な本質的なものを要求するにちがひない。現在の規格品のやうに公定價格以前の品物に比して著しく粗惡な品物が、今後とも生産されるのだとしたら、今度は國民の名において公然と排斥されるにちがひない。當局はそのリンク制のなかにもひとつ強力な文化的指導の齒車を組織せねばならないではないか。

國民にとつてはこの點數制の實施はたしかに生活上不自由にはちがひない。しかし、この苦しさのなかにこそ新しい時代の胎動があることをわすれてはならぬ――。

われわれが洋服を一般にこのやうに家庭生活において着るやうになつたのは、前述したごとく、かの關東大震災に遭つた後であつた。そして、その洋服がわが國にとり入られるためには、幕末における着物中心の生活を崩さなければならなかつたのである。さらにさかのぼれば、その着物も現在われわれが知つてゐるやうな使ひ方をされたのは、とほく室町時代において當時の帝都が十一ケ年もの長い間戰火につゝまれた所の應仁の亂を經なければならなかつたのである。『志人雜話』にある京都の一公卿が他人に面接するに蚊帳を着て出たといふ有名な話もこの時のことである。

新しい日本衣服創造時代の胎動期にあるわれわれの現在の生活行爲こそ明日の文化の實りなのだ。（完）

×　×　×

衣料切符制早わかり

劃期的な衣の統制

人間生活の三大要素たる衣、食、住のうち「衣」の部分に關する統制は、今まで國民の前にはつきり分るほどのものがありませんでした。たゞ一つ、われわれが實行しつゝある國民服運動のみが、曾ての支那事變勃發以來つづけられ、今日もなほ續いてゐます。

今回實施された衣料切符制は、この比較的緩やかであつた衣生活に下された劃期的、本格的な統制といふべきです。それは決して早すぎたとはいへない。むしろ、待ち設けてゐた當然のことが行はれたに過ぎません。

いつたい、わが國はこれほどの大戰爭を長期に渉つて遂行して來たにも拘らず、衣料に就ては、特殊の品を除き、まだ〳〵非常に豐富でありました。このことは、街の呉服屋に多彩な反物が山と並び、洋品店にはあらゆる身の廻りの品々が積まれてゐることで はつきりわかりませう なるほどスフ製品が純毛・純綿製品にとつて代つてゐますが、スフでもあればよい方です。

戰爭前から、世界有數の輕工業國であつた日本は、最近に至るまであらゆる生産設備を百パーセントに運轉し、國内には莫大な原料ストックがあつたため、輸入がとまつたあとも、國民生活に急に大きな不便を與へないですんだのです。

しかし、考へて見れば綿花、羊毛麻などは從來殆んど全部輸入で賄ひこれは戰爭以來、民需としての輸入は殆んど杜絶してゐたのです。一方國内生産が世界水準以上に達してゐるス・フ、人絹工業の部内でも、原料パルプや苛性ソーダの減少等のため、戰前のやうな產額をあげることが出來なくなりました。

これは當然の話で、世界中の交戰

國、どこでも同じことです。羊毛があり餘つてゐた筈の英國が、戰爭の進展につれて、遂に羊毛消費を切符制にしたことでも、この間の消息はわかるではありませんか。

この上、戰爭は、今後何年つゞくかわかりません。

また今度の大東亞戰の性格として一面戰鬪、一面建設の二つの面を持ち、且資源獲得戰でもあることはいふまでもないのですが、資源を得て生産を行ふのと、戰時消耗と、どちらが歩調が速いかといへば、勿論後者です。從つてこの大戰爭完遂の爲には、當然ある程度の消費節約が行はれねばなりません。

衣料切符制早わかり

殊に、わが國の纖維産業は、近く確立されんとする大東亞共榮圏内の住民に、着せるべき衣料を作る責任があります。

もちろん、濠洲、印度にまで、我國の政治的、經濟的實力が及べば、原料に關する限り充分のゆとりが得られるでせうが、それまでの數年間は、現狀のまゝ進むと見なければなりません。

從つてわれわれは、衣生活の上でも、はつきりと戰時體制を立て、最低限度の衣料に依つて甘んじて生活する必要が生じるのです。併し從來のまゝの制度では、限られた品物を國民に公平に配給することは不可能です。今回の衣料切符制は、消費規正と公平な配給、といふ二つの困難な問題を、最も合理的に解決する唯一の途だつたのです。

しかし、お米や炭の切符と違つて

衣料切符制早わかり

衣料の切符制施行が技術的に非常に面倒であつたことは誰しも想像に難くないところです。

わが國は、まるで服裝博物館のやうに、新古東西の衣服が入れ混り、その上、生活の程度、都會と地方による相違も加はつて錯雜を極めてゐます。どこに標準を置いてよいか、ちよつとわからない位です

洋服と和服と、いはゆる二重生活の人もあるし、和服一てんばりの人もある、主に勞働着の必要な人もあれば、着物類はストックで充分だがその代りさしあたり蒲團を買ひたい人もある、といつた具合に、その人によつて必要なもの〻種類が種々雜多に分れてゐます。

そこで、點數によつて一定の限度を設け、その範圍内で自由に必要なものを選んで買ふことの出來る綜合切符制が採用されたのです。

もつとも、これは既に御承知の通り、ドイツが第二次大戰勃發後直ちに施行して好成績を擧げてゐる方法で、別段珍しいやり方ではないのですが、さきに述べたやうに、日本人の衣服は復雜多岐であるため、この立案をした商工省の苦心は並々ならぬものがあつたと察することができます。

まづ考へてごらんなさい。和服、洋服、その附屬品、仕立てない布地から、夜具類、糸に至るまで、一々點數をつけるだけでも、大變な仕事です。いつたい、何を根據にかくかくの點數をつけることになつたのかといふ疑問も生じませう。この點については、別項、商工省當局の御話を伺ひましたからごらん下さい。

切符の種類・期限・適用される品目

今回實施された點數制切符は、皆さんも御承知の通り、都會百點、地方八十點の二種類で、ドイツのやうに、性別、老幼の區別なく、一様になつてゐます。

切符制の適用を受けるものは、一般呉服、洋品類、家庭用蒲團、敷布毛布その他纖維製品の大部分に亘つてゐます。ただ、同じ纖維製品でも製綿、レース、テープ、蒲團袋、帛紗、枕、蚊帳、クツシヨン、相撲用褌、帽子、傘、鼻緒、ガーター、ヅボン吊、乳バンド、コルセツト、

衣料切符制早わかり

リボン、ヘヤネット、紐類、袋物等は、切符制の適用を受けません。

また、業務用並びに工場、鑛山、農山漁村への特配品も除かれ、防空用暗幕、敷物（カーペット）などは家具の一種と見られて、同じく除外されました。

さきに、切符は都會、地方の二種があると申しましたが、甲種といふのが市及び六大都市の隣接町村以外の一般郡部地方で、點數八十點、乙種は市、並びに六大都市の隣接町村で、總點數は百點となつてゐます。

切符の色は甲種は茶色乙種は水色に分けられてゐますが、そのどちらも通用地域は内地一圓ですたとへば甲種切符の所持者がその切符で、東京で買物をしても差支へないわけです。

衣料切符の有效期間は一ケ年です但し、甲種切符で五十點、乙種で六十點に相當する切符は、二月一日から使へますが、あとは今年八月一日から、はじめて有效になります。

何故こんなことをしたかといふと切符を貰つたらすぐその日に品物にかへてしまふやうな、慌て者の買溜めを防止することが主な理由です。

注意すべきは、古着や、中古品もやはり切符の適用を受けることですさうしないと、新品も古着だといつて、脱法行爲を行ふ者も出ないとは限らず、取締りがつかなくなるからです。

特別交附はこんな場合に

切符は、既に内地に住む者全部に交附された筈ですが、なほ二月一日以後に産れた赤ちゃん、戰地からの歸還勇士、外國から歸朝した人なども、市町村長に屆出すると、新しい

衣料切符早わかり

切符が交附されます。この場合は、たとひ年の半ばでも、一年分の切符が渡されることになつてゐます。

衣料切符は原則として一ケ年一枚、たとひ紛失しても原則として再交附されませんが、次のやうな場合には特別に交附されることになつてゐます。

(一)婚約のとゝのつた女子　五枚以内

(二)妊娠五ケ月以後の婦人　一枚以内

(三)外國に居住するもので内地を旅行する者　三十點以内

(四)火災水害等の罹災者五枚以内

(六)その他特別の事情ある者、たとへば學校を卒業した學生に國民服二着分(六十四點)の如き

このほか臨時緊急に衣料品を必要とする場合(急病、交通事故など)には、所轄警察署長の證明によつて、無切符で衣料品を買ふこともできます。

制限小切符

誰でも必要でたくさんあればあるほど重寶な品物は、そこいらの買溜婦人の好目標になりませう。例へばタオル、靴下、足袋といつたものです。そこで、これらに就ては、制限小切符が附けられ、これがなくては買へない仕組になつてゐます。タオルは甲乙種とも二枚、足袋又は靴下は甲種四足、乙種六足等、いづれも小切符に書いてあるだけの數に國民全部が制限を受けるわけです。この數はあまりに酷しいといふ聲もありますが經濟學者は妥當だと認めてゐるさうです。なほ制限小切符は特別交付の切符からは全部切とられます。

絹物は四分の一

點數の例外は絹物です。絹は國產纖維の王位にあり、アメリカその他への輸出のとまつた今となつては、どうしても國內需要に向けねばなりません。そこで特に純絹物に限り、點數を四分の一として使用を奬勵することになつたのです　絹はどちらかといへば高價なものなので、一面では、奢侈的消費を生ずるのではないかともいはれますが、その點は大丈夫です。政府は、今後大衆向きの丈夫な糸の生產に重點をおくことになつてゐるので、高い代りに保ちのよい實用品が豐富に出廻ることになるでせうから。

なほ、絹物の點數で間違ひを起し易いのは一點端數切上げのことです。一反二十四點の反物も、純絹なら六點ですむことはわかり切つたことですが、一本一點のネクタイは、たとひ純絹でも四分の一點ではなく、端數切上げでやはり一點となるのです。四本一度に買つても同じことで、一本一點づゝ、都合四點の計算になります。糸類などを需める時にも、この點をよく心得てゐる必要がありませう。

衣料切符早わかり

勿論絹混紡や交織物は、この特典を受けないので、店頭の品物は、正確に純絹製品か否かと表示される必要が生じ、既に反物、洋品はもとより糸に至るまで特定の純絹證明紙が附せられてゐます。

特定の子供用品も、二分の一の點數ですみます。例へば兵古帶、袷、下着、シャツ、靴下等で、七八歳以下の子供物がこれに該當しますが、子供用でも、大人物でなければ間に合はぬものは、やはり大人並の點數をとられます。

衣料切符使用の際の注意

（1）手當り次第に必要なものを買つて行くと　最後に最も必要なものを買ひ殘すやうなことも、起らないではありません。まづ一ケ年間に必要な衣料を、家族全體を通じて計畫を立てることが何より大切です。

特に當局の親心で、家族間の融通を認められてゐるのですから、外套や着物など、點數の大きいものは順繰りに作るやうにするとか成長盛りの子供や、學校を出たての娘さんに、兩親の點數を融通するなど、大いに家族制度の美風を發揮させることができませう。

計畫にあたつて、手持の品物を百パーセントに役立てる工夫をし、その上で、今年中に是非とも新調しないと困る品目だけを擧げて見ます。衣服の裝飾的價値を一先づさしおいて、實用的見地からだけ考へ、また家庭内であるものを融通し合ひ、古物を更生すれば、案外買はねばすまされぬといふ品物は少いものです。

足袋　靴下、手拭、下着等の生活必需品に必要な點數をまづ計算した後、比較的點數を要する大きい物の計畫に移るべきことはいふまでもありません。

（2）ドイツの被服券行使の注意十則の中に「若干の切符は豫測できない場合のために常に豫備として保留しておく事」といふ項目がありますが、これは大切なことです。最後にそれがそのまゝ殘つたとしても切符を殘すことは、消極的ながら衣類報國となるのです。我國の約三分の一しかないといはれるドイツやイタリーの衣料切符でも、二割五分から三割を返してゐる人が多いといふ事實を考へて見たいものです。

（3）切符にお釣はない、といふことは今更いふまでもないことですが、一點切符を殘すやうにしないと、あとで困ることを常に注意したいものです。最後に五點切符ばかり殘つたりすると、靴下一足しか買へない場合でも、五點渡さねばな

らぬやうな破目になります

衣料切符早わかり

（4） 寸法によつて同じ商品でも點數が約三倍のひらきを生じることも注意を要します。例へば、敷蒲團は既成品でも、蒲團側でもカバーでも、いづれも長さ三尺五寸までのものは八點ですが、それを超えると一躍二十四點となります。風呂敷も長さ、幅三十六吋以下は四點、それ以上六十吋までは十二點、六十吋以上の大きさになると二十四點、と、點數に著しい開きが出來て來ます。

（5） 切符制實施直後、慌てゝ買溜めした人も多少あつたやうですが、現在の日本では、これは却つて損です。特に制限小切符がなくては買へない品は、品質をよくし、耐久力のあるものを作る計畫が着々進行中なので、後になるほど丈夫なよい品が得られるからです。

（6） 子供の足袋と靴下は一點ですが、その限度は、靴下十七糎以下、足袋は八文以下です。

（7） 糸の配給を受けてゐる仕立屋に着物等の仕立を頼む時は、糸をつける必要はありませんが、內職で仕立物をしたり知人に頼む場合は、糸をつけなければなりません。

（8） 眞綿のチョツキは編んだもの二十點、織つたもの十點

★

纎維局に衣料切符制を訊く（對談）

★

衣料切符制は何故施行されたか、將來どうなるか、われわれはどうすればよいでせう。

そこで、本誌記者は衣料切符制の元締商工省纎維局に近藤事務官を訪ね、一問一答を致しました。

記者 讀者に代つておたづねに上りました。

近藤 やあ、何でもきいて下さい。そして大いに協力するよう、たのみます。

記者 衣料切符制の目的は、何ですか。

近藤 いろんな關係がありますが、一口に言へば總力戰體制の力を發揮する爲、生產と消費とを計畫化し、物資を合理的に動かす事が第一の目的です。それには、配給部門（卸、小賣業）を再編成する必要がありますので、政府は大規模な綜合計畫をたて、從來の卸業を統合して、中央配給統制會社をつくり地方各府縣には地方配給統制會社をつくりました小賣部門は現在そのまゝですが、す

べての纖維製品の流れは一本になつてしまひ、一點を押へれば、すべての需給狀態が左右出來る仕組です。

第二の目的は戰時生活の設計ですこれまでのやうに、デパートで買ひ漁つたり、着物の競爭をするやうな惡習慣を、斷然この際改め、合理的な生活へ向ふべきです。

記者 そこのところを、とかく、窮屈に考へ勝ちです。

衣料切符制早わかり

近藤 實際ある程度窮屈かも知れないが、これ位のがまんが出來ないでは、大東亞共榮圏の建設はむづかしいでせう。日本は纖維製品に關する限りまだまだ豐富なのですよ。ドイツ、イタリーはもつと嚴格な切符制を布いてゐます。

記者 大東亞共榮圏からすぐにも纖維原料が來るやうに考へてゐる者もありますが。

近藤 もちろん、前途は洋々たるものですよ。しかし、近代戰はすべて計畫なしでは戰ふわけに行きません、將來、かくかくの資源が入る、また、これだけは共榮圏の住民のために確保しなければならぬ、つまりわれわれは全體の計畫化を必要とするのです。

記者 點數決定の根本は何ですか。

近藤 現在生産される總量を全人口に割當てたものを一點とするのです。もつとも、各品目の點數決定は必ずしも量の大小に依りません、たとへば、國民服はうんと安くしてある。

記者 なるほど。ところで、百點といふ數字は非常にあまいといふ說と辛いといふ見方と二つありますが。

近藤 われわれもあまいと思つてゐます。それに各家庭の貯有量がうんとあるから しかし、算定の基礎が、今いつた通り、國内で確保され

衣料切符制早わかり

る生産量にあるのだから

記者 それを將來どうされますか。

近藤 ある基準に於て整理しようと思つてゐます具體的にいへば、製品規格の單純化をはかり、比較的不用な種類は生産を停止させるのです。

記者 和、洋の二重生活などやつて居れないでせう。

近藤 一概にそうも言へません。二重生活のおかげで、非常にゆとりがあるとも言へませう。

記者 でも婦人の場合など和、洋の二重生活は無理でせう。

近藤 ××婦人會の調査によれば、一年七十點で充分だと言ふ結果が出てゐる。

記者 あそこは殆んど洋裝生活ですよ。

近藤 たしかにある程度の整理は行へると思ふ。

記者 この制度はあと何年つゞきますか。

近藤 それはちよつと返事の仕様がないが、かゝる劃期的な制度が、ちよい／＼變るやうでは、國民にあたへる影響がよくないので、細かい變更はありませうが、急にやめになるやうな事はありません。

記者 纖維品の材質、たとへばスフなどが、現在市場に出てゐるものでは困るといふ聲が高いです。

近藤 品質の向上をはかるべく努力してゐます。

記者 絹物の高級品を買へばよいのだといふ者があります。

近藤 困つたものですが、國民生活の實體が決つて劃一ではないので多少の高下、從つて、絹物が高く賣れるのも、ある場合認めてよいでせう。一方、一般國民が質實な生活をするだけの點數はあります。

★

八點生活をしませう

★

どこへ行つても、こゝ當分衣料切符制の話ばかりである。

着る物などは、寒暑を凌げば足ると悟り切つた様な事を云つてゐた人

衣料切符制早わかり

達も、急に何が何點と眼の色を變へてゐる。

さて、點數を見て行くうちに、當然の歸結として、國民服が皆の眼に大きく映つて來たらしい。

商工當局の話にあるやうに、國民服の點數が、背廣の五十點に比較して三十二點（國民服の中衣は十點同外套は四十點）といふ低位にあるのは、遇然ではないのである。

國民衣料生活の單純化、これを反面から云へば、合理化する事は、今回の急務なのである。

嫌々ながら、點數が低いから、國民服へ轉向せざるを得ないと云ふ人もあるだらう。

なかには、やせ我慢をして、高い點數を拂つても背廣の殘壘を守らんとする人もあるだらう。

まだまだ、現在は衣料の種類も多いし、その範圍内に於いての自由主義的選擇は許される。

それはそれとして、われわれは衣料切符點數の足らざるを憂うるよりも、この點數を少しでも餘す事を心掛ける事が第一である。

そうするうちに、知らず知らずの間に衣服生活が合理化されて來る。

衣料切符と國民服の問題は、關係する部面が廣く深く、簡單に云へないが、消費者として考へて見ても、衣服生活に影響するところが大きいのに驚くのである。

國民服上下一揃ひは三十二點であるが、背廣と違つて、チョッキが不必要であり、寒暑の差を下着のみで調節出來得るから、縱來の背廣のやうに夏、冬、合の三種類は絶對に不必要である。つまり、合服は簡單に節約でき得る。若し、盛夏の候、中衣を上衣代用（これは決して奇をねらふのではなく、中衣制定の趣旨に含まれてゐる）とすれば、一年を通じて一種類の服裝でよい事となる。

中衣もこの際、認識さる可きであらう。中衣はワイシャツ代用ではなく、上衣の觀念を持つもので、純粹の下着ではない。その證據に、資材からいつてもいはゆる下着用生地でなく、着用するのにも、袴（ヅボン）の上に出すのが正式である。

中衣（十點）とワイシャツ（十二點）との差二點は大した點數差ではない

しかし、消耗を考へて見ると、中衣は生地さへよければ二年位は完全

衣料切符制早わかり

に耐久力があり、その程度の生地を探すのはさして困難な事ではない。ところが、ワイシャツは、現在市販されてゐるスフ交織の並等品の耐久度が惡い事は、常識となつてゐる。その原因が何處にあるか、今日は問はないとして、これ等が一年間、無傷のまゝ維持出來ると考へる者は、まづあるまい。中衣は第一に洗濯回數が非常に少ない

冬期などは上着と同様に考へてよく、夏期でも一月に一回の洗濯で足りる。これは、附襟（カラー）附袖（カフス）をしばしば取り換へるだけで濟むからで、ワイシャツ特に襟付のカツターシャツなどの眞似出來ない特長であらう。

國民服が有するこれらの特長は、すべて今日ある事を豫想して考案されたもので、その原因するところは深いのである。

更に資材の點から見ると、純絹織物は普通點數の四分の一である。何故、絹を四分の一にしたかといふ事は、別記してあるから繰返さないが、純絹製品の國民服を着るとすれば、上下一揃ひの點數は、僅かに八點、中衣を入れても、十三點で足る。

では、純絹製品の國民服生地の生産はどうかと云へば、既に試作は着々と進み、一部市場へも出てゐる。

本協會でも、現在研究をつゞけてゐるが、第一期製品は昨年中に試作着用試験を終つてゐる。その當時の試作品は絹ホーム・スパン生地（冬、合着用）と絹麻生地（盛夏用）の二種であつた。

その後研究も進み、現在では羊毛代用絹糸の性能は、可成り高い程度にまで進んでゐる。

そこで、純絹生地で國民服を作れば、値段さへ適當であれば、こんなによい話はないわけである。現在では、稍高値であるから、何とか打開さる可きであらう。

要するに、國民服は「八點」にまで、點數を切り下げ得るのであつて、口を開けば「背廣五十點」を憂ひ、ひいては切符制を悲しむ一部人士はそんな、ちゞこまつた氣持にならず大らかに前進する立場から、衣料切符制を見なければならない。

八點生活、これは今日、直ちに實行出來るのだ。

衣料切符制早わかり

★

切符制と軍隊被服

★

今回政府に於て國民の衣料切符を制定せられたことは、纎維品輸入減少の折柄、軍需品生産擴充、資源確保上必須の策たるのみならず又國民衣料の配給消費を規正し、國民生活を戰時體制化せしむる上に於て、洵に時宜に適したことであつて、寧ろ其の實施の遲かりしことを憾みとする程である然し我が國の樣に服裝の復雜した國では、之が制定はなか〜容易でなく本制度を實施するように運ばれた當局の苦心と努力のなみ〜でなかつたことを推察する次第で、衣服生活上多少の不便はあつても出來るだけ之に協力し、之が運用を圓滑ならしむる樣努むるのが、大戰時下に於ける國民の義務であると思ふ。衣料切符制が行はるゝことゝなるや、其の噂を聞いて發表の直前に買溜をした人もある樣であるが、斯かる行爲は大東亞の建設を擔ふべき大日本帝國の國民として、洵に恥づべきことであつて、又其の迷や憐むべきである又發表直前に買溜をしなかつたが、切符制に對し困つた樣な感じを抱いたり、切符を一枚も殘さない樣に使つてしまうなどと考へるのは、國家に協力する所以でない。何人がやつても、凡ての人にそう都合よく行くものでない。絹以外の纎維は自給自足の出來ない我が國で、而も服裝の著しく復雜して居る現狀に於ては、此の位の處で我慢して、戰時下に於ける生活を確保する樣に努めなければならないと思ふ。而して現在衣料品は家庭に相當蓄積せられて居るので、特殊のものを除けば玆數年間は現在品で衣服生活を確保することが出來るから 現在品を善く活用して行けば、今回示された點數でも困ることはないと思ふ。

今之を內地に於ける軍隊被服給與上から觀ると兵員に支給せらるゝ被服(普通一般男子の切符制を適用せられて居る品種とし且寢具を除く)の點數を合計して見ると、次の樣に

衣料切符制早わかり

五百七十六點となるが、之は最大限で、現在は作戰上に多く使用せらるゝ爲、兵員に實際支給せらるゝ員數は、之よりずつと少くなる場合が多いのである。又年々更新せらるゝ數量も、部隊に依り多少の相違があるが、其の合計數は百點に充當ない場合が多い現狀である。

軍隊の給與被服數を點數に直して見ると、次の樣に基本點數も五百點內外であるし、又毎年の更新數も支那事變以來百點に充たない場合が多いが、これで日本帝國の軍人としての威容も損しないし、又訓練も十分に出來て、戰地では赫々たる戰果を擧げて居るのである。

內地に於ける軍隊被服給與數

品目	各品ノ點數	所持數 員數	所持數 同上點數	毎年度更新數 更新率	毎年度更新數 更新點數
冬衣袴	三二	三	九六	$\frac{2}{7}$	九
夏衣袴	三二	四	一二八	$\frac{2}{5}$	一三
外套	五〇	二	一〇〇	$\frac{1}{9}$	五
雨外套	三〇	二	六〇	$\frac{1}{6}$	五
冬襦袢袴下	二四	四	九六	1	二四
夏襦袢袴下	二四	四	九六	1	二四
襟布	一			$\frac{1}{4}$	一
手袋	五			$\frac{1}{3}$	二
靴下	二			8	一六
計			五七六		九九

註、更新率は基準であつて確定したものでないが、自分が本業務に關係して居つた最近までは此の率を越えなかつた。又更新は所持品の一部（三揃あるものは一揃）に對し行はるゝのである。

然し內地の軍隊は被服品の修理に修理を重ねどうしても着られなくなつたときでなければ廢品としないのである。これは軍隊の勤勞奉仕に從事して、兵員の被服を修理せられた方々は御承知のことゝ思ふ。而も軍隊は早期修理の勵行と相俟て、被服の格納及手入に最善の注意を拂ひ、命數を出來るだけ延ばすことに努力して居るのである。

普通一般家庭に於ける被服は、洋服と和服とあつて其の種類非常に多く、其の點數を合計すると兵員の所持數の數倍となる人も尠くない。又從來は年々無制限に新調した爲、毎年度調製數は軍隊被服の毎年度更新數を凌駕すること夥しく眞に着用し得ざるに至り、新調するものは稀で流行を追ふか又は競爭の爲の新調が多い。殊に婦人に此の傾向が多かつたのであるが、これは戰時下の生活としては許しがたいのである。斯様な考へを持つた人や、何もかも切符で新調しやうとする人は、今回の様に衣料切符が制定せらるゝと脅威を感ずるだらうが、軍隊の様な氣持になつて、善く計畫を立て、被服を整備すると共に之が修理及格納手入に最善を盡くし又出來るだけ命數を延ばすことに努め、尚着れるだけ着ると云ふことになれば、今のところ各家庭には相當の蓄積もあるから、

衣料切符制早わかり

少しも困ることはないと思ふ。然し被服品は食物と異なるから、切符を有効に使用するには相當長期に渉つて計畫を立てる必要がある。どうしても毎年作らなければならない物の點數を、男子の例に依つて寄せて見れば次の通り六〇點となるが、之も右に述べた様な注意を以て使用すれば、之以下ですむのである。

品目	枚數	點數
半袖シャツ	一	六
長袖シャツ(夏又ハ冬)	一	一二
長ズボン下(夏又ハ冬)	一	一二
猿股	二	八
ハンカチ	二	二
手拭	一	三
國民服襟	二	二
靴下	四	八
足袋	一	二
手袋	一	五
計		六〇

次に、數年に渉るものはどうしたら良いかと云ふことになるが、本邦家屋の構造上今の様な二重生活は今直ちに改めることは出來ないとしても、服装は出來るだけ一元化したいと思ふ。從來の様に洋服と和服と兩方作つたら、とても切符が足りないことになる。幸ひ昭和十五年の暮制定せられた國民服であれば、寛裕に出來て居るので、日本家屋内で使用しても洋服の様に窮屈でないから、和服も餘計要らないし、禮服の代りもするから禮服を作る必要もなく、又ワイシャツも要らない。其上點數も背廣等より少いから、切符制には三拍子揃つて持つて來いの服であるので、これから作る被服には是非之を充當したいものである。それで、これを中衣と共に二年に一回作るとしても、毎年の點數は二一點ですみ之に補助として六年に一回袷と單衣を作ることゝすれば、毎年の點數は一二點となり、前述の分を合計すれ

衣料切符制早わかり

ば、毎年の平均點數は九十三點となり七點餘ることゝなるが、之は國家に捧げたいものである。然し袷を作る年は點數が足りなくなるから、その年は長袖シャツの調製を差し控へ他の年に廻すのであるが、之等を家庭の蓄積品と睨み合はして、調製順位と年次を決定の上、數年に亙る計畫を立てたら良いと思ふ。

今回制定せられた衣料切符の點數は、必ずしも十分とは云へないが、猛烈に訓練する軍隊兵員の給與數に比べ、普通一般の人の所持數は遙かに多いのであるから、之を善く活用して、戰時下に於ける被服生活を確保すべきであると思ふ。**石原　通**

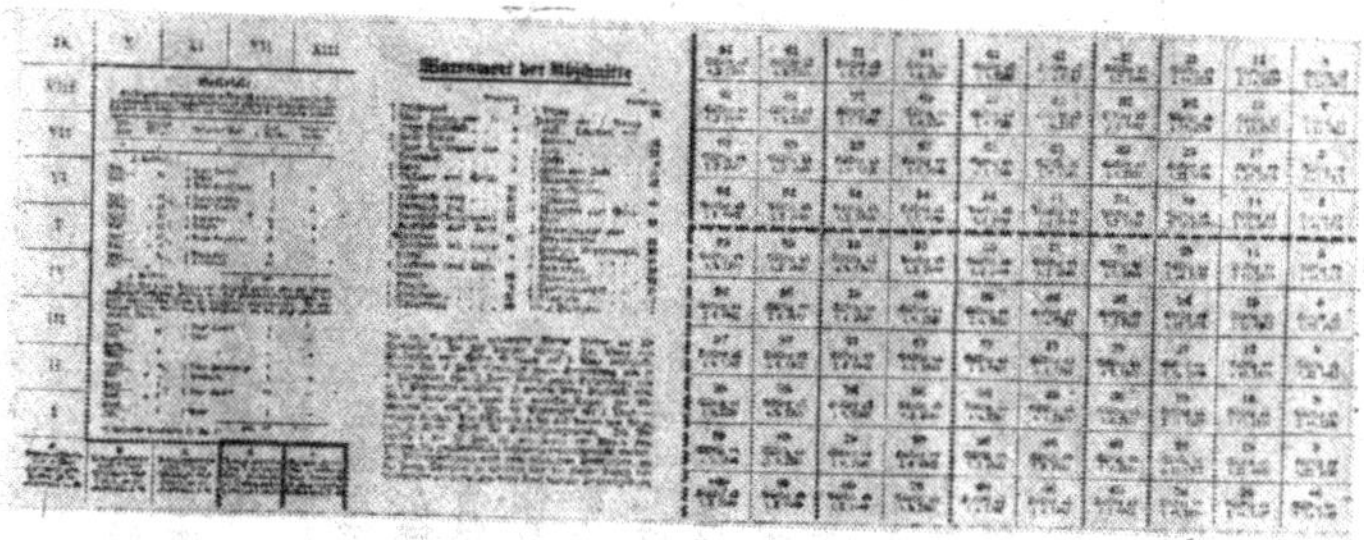

ドイツの衣料切符

ドイツ切符制（クライデ・カルテ）の點數算定方法は、わが國とは少し違つてゐます。全體として點數が、附屬品に對してからいゝやうです
こゝには婦人服關係についての點數をお知らせしませう。（カットはドイツの衣料切符）

品目	點數	品目	點數
毛糸洋服	四〇	薄毛レーンコート	二五
その他既成服	三〇	人造毛の外套	二五
ツーピース	二五	薄毛の外套	三五
上衣	二五	上下組下着毛糸製	二〇
スカート	二〇	部屋着	二五
ブラウス	一五	寢卷	二五
レーンコート	三五	簡易寢卷	一二
袖なしブラウス	六	手袋	五
ブラジャー	四	ソックス	四
ペテコート	八	靴下	四
コルセット	一五	ハンカチ	一
靴下吊	四	水泳着	一八
エプロン	一二	バスガウン	三〇
下着	一五	體操着	二五
下ばき（毛糸製）	一六	毛織物布地　一米	一四
スエーター	二五	その他布地　一米	八
ショール	二五		

座談會 ★★

出席者

三木清
火野葦平
上田廣
柴田賢次郎
中山省三郎
石原通（本會常務理事）

倉田・井澤兩幹事　本誌記者

新生活と服装を語る

何を新生活といふのでせう。いはゆる生活刷新は、今後どう發展すべきでせう。服装もこれまでのように服装だけで孤立してゐては、衣料切符制の前に行詰るだけです。戰時と平時の區別がなくなつた總力戰體制下の新生活問題と服装との關係をよく考へて見ませう。

そこには、日本人の氣持から湧き出でた、新しい生活の心構へが見出されるのです。

石原　それではちよつと御挨拶申上げます

私共國民服協會では生活文化綜合雜誌「國民服」を發行して居りますが、かねぐ\多大の御後援を戴きましてまことに有難いと存じて居る次第であります。本夕はお忙しいところを煩はして甚だ恐縮でありますがどうぞ一つ腹臓なくお話をお聽かせ願ひたいと思ひます。話の進行は井澤幹事から申上げますから、どうぞ宜しく。

火野　主題は何です。

井澤　だいたい明日の生活に希む、といふのです　――丁度この間衣服の點數切符制が施行になりまして、これを機會にいろ／\な各方面の生活に規格、計畫を持たなければならねといふやうなことを皆考へて居りますが、國民服協會の從來の方針から言ひますと、單なる計畫ではいかぬので、まア強い言葉でいへば、生活の革新といふことがこれから始まらなければいかぬ。さういふやうな氣持で居るのでありますが、まづその明日の生活をどういふ風に變へて行くかといふやうなことを、三木先生、一つ……。

生活內容の刷新

三木　いやどうも困るですね。先輩が澤山ゐらつしやるから（笑聲）まア年の順で始めませうか。

今もお話にありましたやうに衣服の點數切符制になりまして、どこの家でもさういふ衣服の問題について規格を持つ、或は計畫的にやつて行くといふことが必要になつて來て居るわけですが、しかし計畫的にやるといふだけでは實際に計畫も立たないのぢやないかと思ひます。やはりその內容を變へて行くといふこと、例へば衣服にしましても、これまで用ひて居たやうないろ〳〵な衣服を用ひるといふことは、もう出來なくなつて來るわけだらうと思ひますから、從つて計畫的にやらうとすれば、どうしても衣服の種類とか性質とかいふやうなことにまで考へを及ぼして、さうしてさういふものを新しく變へて行くと

寫眞向つて右より井澤幹事、中山、火野、上田、三木、柴田の諸氏

いふことが必要になるのぢやないかと思ひます。さういふ意味に於きまして計畫性を持たせるといふためには、どうしても內容の改善、或は內容の刷新といふことが非常に重要な問題になるのでありまして、その點について所謂指導者の位地にある人々がもつと國民を指導して行くことが必要になるのぢやないかと思ひます。でありますから、現在開始された點數制と同時に、さういふ面の活動が非常に活潑になつて行かなければ、結局行詰る。點數制になつてもその行詰りが來るといふことになりますから、さういふものを行詰らないやうにするために、どうしても內容の刷新といふ點にまで行かなければならない。その點について、現在國民服といふやうなものが一つありますが、ほかの面についても同じやうなことがあるのぢやないかと思ひますから、いろ／＼皆さんから御意見を伺ひたいと思ひます。

上田　今の三木さんのお話の、生活の刷新といふこともやはり非常に大切だと思ひます。私などは文學をやつて居りまして、われ／＼仲間では新しい文學を創造しなくちやならぬといふことを誰でも認め誰でも努めて居るわけでありますけれども、どうしたら新しい文學が出來るかといふ點になると、やはり自己革新といふことが必要だといふ所に來て居ると思ふのであります。誰でもそれは認めて居ることでありましてそれをどういふ風にして行くかといふ點でいろ／＼問題が起きるわけでありますが、さつきの問題などもやはり根本的にはその問題にからんで來るのぢやないかと思ひます。背廣から國民服に着替へたといふことだけでは、それだけでも行詰りが來てしまつて、別になんでもなくなるといふ風になつて來ると思ひます。ですから國民服の問題も、單に國民服の問題だけでなくて、もつと本質的な生活的な問題を含んで居るといふ風に考へてよいと思つて居るわけであります。

服裝と精神

三木　よく新聞などに、國民服の醉拂ひといふやうなことが出てをりますが、つまり國民服を着てをつても醉拂つて街頭で公衆の迷惑になるというふやうなことでは何にもならないわけでせうから、從つてその服裝と同じやうに心もかへて行くといふことと、同時に服裝はかりでなしにやはりほかの生活も服裝に相應した生活にならなければ、國民服だけ變つても、そのために却つて妙なものになつて、つまり生活とそぐはない國民服になつてしまつては何にもならないでせうから、生活の中に國民服が融け込むといふ風に、生活全體が一つの國民服なら國民服といふものに調和した生活になつて行かなければならないのだと思ひます。

井澤　われ〳〵の運動もいま三木先生の仰やつたやうに、衣食住全般の刷新といふことを目標としてをります。しかしどうも國民服といふ服にばかり囚はれるものですから、いま上田さんの仰しやつたやうな行詰りが一般の人には來るのではないか、それをなんとかして打開しなければならぬといふ氣持を感じてをります。

柴田　その意味に於て今度の百點の點數制ですが、あれは國民に非常に大きな衝撃を與へたんぢやないかと思ひますね。結局今まで米の切符制とか砂糖の切符制とかいろ〳〵ありましたが、なにか生活といふものにぴたッと革新とか簡略といふものが來てゐないと思つてをります。今度の衣服の點數制には非常にさういふものがあつたらうと思ひます。その意味に於て衣服とかさういふものの點數制以外にいま三木さんが言はれたやうに生活刷新の好い機會ぢやないかと思ひますこれは政治の一つの成功ぢやないかと思ひます。

井澤　ドイツの切符制といふものは前大戰の時から、綜合切符ぢやないですが購買券といふものが出てをります。ドイツは一つの、何と言ひますか、自分で規正した生活があつた物ですから、そこは二重生活の日本とは大いに違ふわけです。これは今仰しやられたやうに、日本にとつて非常に劃期的なものぢやないかと思ひます。

三木　これまでのやうに、例へば洋服を持ち和服を持つといふやうな生活は、だん〳〵不可能になりますね。なにか一つに統一して行かなければ生活出來なくなる。

井澤　さうですね。特に婦人の面で計算して見ますと、どつちかにしないと、とてもやつて行けなくなりますね。

三木　さういふ點に於きまして、國民服ばかりでなしに、例へばシャツとか寢卷といふやうなものに至るまで、かういふ風にして行くのだといふ規格といふか標準のやうなものが出來てをりますか。

石原　まだ出來てをりません。

三木　その百點を最も有效に使ふには、どういふ風にすればよいか。

石原　いま研究して居るやうです。大妻コタカさんあたりにも大分方々から標準を研究して貰ひたいといふ註文が來て居るやうです。普段もさうですが、結婚の時にどういふ風な標準でやつたらよいかといふやうな……。

記者　デパートにも今度相談所が出來たやうですね。

石原　これはやはりめい／＼の蓄積量によつて非常に違ひますから、一樣には行かぬだらうと思ひますね。

三木　しかし蓄積量を當てにしてをれば、結局買溜といふやうなことになりますからね。現に例へば洋服一着持つてゐなくて、學生から卒業してサラリーマンになる。さういふ人はどういふ風にやるべきかといふやうな基準があると非常に便利だと思ひますね。

石原　さういふ基準は一つ雜誌に出したいと思つて、いま研究して居ります。

婦人服裝の統一

三木　女の服裝はもう少し統一されなければいけないと思ひます。つまり服裝といふものは、自分のためにする服裝であり、また人のためにする服裝だと思ひます。ですから國民の、殊に男の服裝といふものは、男同志の趣味であると同時に、また女の趣味をも現はして居る。それから女の服裝は男の趣味を、また女の趣味を現はして居るといふ風になつて居りますから、そこに國民全體の服裝といふものが或る一つの調和を持つて來なければならない。ですから女の服裝といふやうなものの整理が進んで來ることが、國民服の普及といふことに非常に大きな意義を持つのぢやないかと思ひます。

石原　その意味もあつて、いま婦人標準服が研究されて居るのだと思ひます。軍隊の生活には御承知の通り規準といふものがあるのですね。それで私は切符制の採用になる前から早く國民生活の基準といふものを決めなければならぬと考へて居りました。そこで標準枚數をどういふ風にしたらよいかといふことを話して居つたのですが、今度はいよ〳〵切符制が布かれたわけです。軍隊には全部基準があつてちやんとやつて居るのに、普通の大衆にはさういふものがないですから、かういふ戰時下に於てはどうしても決めなければならぬと言つて居りましたがね。

三木　それから或る程度の自由ですかね。つまり變化をもう少し考へることも必要ぢやないかと思ひます。あまり一つのものにせずに、或る程度の變化はやはり個人々々によつて作つて行く、色も、薄いのもあれば濃いのもある、なにかさういふやうなことも必要ぢやないかと思ひます

石原　この色は（と着てゐる國民服を指し）軍服と違つて餘程緩和されてをつて、範圍は相當廣まつて居るわけです。

上田　よくは知りませんけれども、ドイツには制服が四十種類ぐらゐあるといふ話ですが、本當でせうか。

井澤　もつとあります。

上田　ドイツの眞似をする必要はありませんけれども、なにかさういふ必要といふものは、われ〳〵の國民服の場合にもあるのぢやないかといふ風に考へられますね。

井澤　ドイツは最初ヒトラーが政權をとるまでは例の褐色のシャツ一枚で通したのですが、やはり要望によつてあゝいふ風に決めなければならぬやうなことになつたのでせうね。ところがドイツにも國民服といふものはないのです。國民の服裝といへば、やはり背廣でせうね。

中山　大東亞共榮圈のユニフオームといふか一つの――外國人のモーニングですね。モーニングのやうに北から南まで一つで通用するものが一つだけはあるわけでせう。さういふ風な共通のものが今までの甲號で、

あとはどうするかといふやうな、或は今度は新しい丙號なら丙號といふ共通した禮式の時に着られるといふやうな服裝が出來て、さうしてまた種類がそのほか殖えて行くといふやうなことになるんぢやないでせうか

石原　これはほかのと違つて豫備の軍服ですからね。その蓄積を果し得る範圍でなら……。

倉田　やはり狙ふ所は、非常時下に於ける奉公活動を全うするといふやうな衣服を作りたい。男の國民服も今度の婦人の標準服も同じ狙ひ所なんです。今の變化といふことは、男の方の國民服については既に勅令を以て制定したものでありますし、それと宮中關係、日本の國民儀禮上の關係からいへば、今のところは動かない一つの型だらうと思ひますが、今後の東亞共榮圈の生活樣式といふやうなことになりますと、いくらか變化は出るんぢやないかと思ひます。

火野　地方でもあつちこつちに文化團體が出來て文化運動をやつて居りますが、九州あたりでやつて居る文化運動では、戰時下に於ける最も重大なテーマとして新生活運動といふことを取り上げて、衣食住に對する文化といふものを廣汎なる人間生活そのものであるといふ解釋をして、新しい生活運動を始めなければならぬといふので、先だつて私たちの文化團體で夏の婦人服のデザインを募集したのですが、これはあまり成功しなかつたけれども、物資が足りなくなつて戰爭目的を遂行するために切詰めて行くといふやうな考へ方でやつたのでは、本當に成功しないのぢやないかと思ひます。やはり日本人全體の生活内容が刷新され、内容と共に自分の精神が刷新されて行く。皆が考へて來て、かうしなくちやならぬと思つて居る内に切符制になつた。丁度今やらうと思つて居る通りに政府がやつたといふ風に一致したわけですね。何が何點だか、どういふ風に何を買はうといふやうなことは生活技術上の問題だけにすぎない。さういふ根本の點を指導者がもつとやらないと、ただ生活の形式だけに流れて行くのぢやないかといふことを非常に懸念するのです。支那では新生活運動といふものを昔か

らやつて居りますが、あれなんか面白いと思ふのは、いろ／＼な衣食住、食物から、飲物から、家から、着る物から、みんな刷新運動をやつて居りますが、女なんか非常に徹底して、青い水色の旗袍ですね。あれを新生活運動の制服として制定したらしいですけれども、非常に普及して居りますね。日本ではどうも女の方は後廻はしになつて、男の方が先になつて居りますが、この間滿洲に行つたら、滿洲はどこに行つても協和會服といふやうなことで、協和會服といふものが非常に普及して居りますね。さういふやうなことも、ただ物資の關係だけでかうするのだといふことでなくて、もつと大きな所から精神運動としてやつて行かないと駄目ぢやないかといふ感じを非常に深く持ちましたね。

井澤 われ／＼もその積りなんです。

國民服運動のこと

倉田 いろ／＼御意見を伺ひまして、精神部面の運動の點でございますが、元々國民服運動は、やはり精神方面から出て來て居るわけであります。一番初めに取り上げましたのは、國民精神總動員中央聯盟の中に戰時生活刷新委員會が出來まして、その事業の一つとして國民服部會が服裝に關する委員會として出來まして、まづ戰時下に於ける國民の生活樣式を早く確立しなければならないといふ所から、一方では國民精神運動と、それから一つは形の方から改めて行かなければならないと云ふことになつたのです。一番雜然とした姿をして居るのが日本の現在の國民の服裝の部面に於ける生活である。これをなんとか刷新して、戰時下に於ける奉公活動を最も强力になしとげることの出來るやうな體制を作らなければいけないと云ふことで、そこで取り上げられたのが國民服の運動になつて來て居ります。さういふ點から申しまして、國民服の運動といふものが單なる服の普及運動でなくして、その勅令制定に至りますまでの經過より見ますに、國民の生活全般に互つて一つ刷新をなさなければならないといふやうな大きい立法の趣旨を持つて居るわけであります。さういふ事情の下にあるのですが、私共非常に微力なものですから、單に國民服だけの運動よりほか進展出來なくて今日に至つて居るのでございます。さういふ部面で國民生活全般に亙つてなんとか最も有效適切な方法並に方針、それからこの運動の進め方といふやうなことについてお話願へますれば、非常に仕合せだと思つて居ります。

火野　國民服は便利であるとか安いとかいふやうなことであつては何にもならない。それで結局國民服の醉拂ひなんかがさういふ所から出て來るのぢやないかと思ひます。それは本當に理解して居れば、國民服を着たらさういふ醜態は起さないだらうと思ひますね。

三木　服裝を一定にして行くといふことは、結局共同生活といふ團體訓練といふやうなものと非常に關係があると思ひます。その團體訓練といふものがやはり日本には缺けて居ると思ひますね。さういふ意味に於て、團體訓練といふやうなものをいろ〳〵な面に於て進めて行くといふことと、服裝の刷新といふやうなことが結付いて行く。ただ服裝だけ言ふのではなしに、もう少し――團體訓練といふやうなものにもいろいろあります。必要性、またそれを實行して行くといふやうな事柄と結付けて服裝の確立に向つて行くことが必要ぢやないかと思ひます。

火野　今日の生活には規律が缺けて居るのですね。さういふものによつて規律を作つて行くといふことが大切だらうと思ひますね。

井澤　全く團體の訓練なんかなつちやゐないですね。

小柳　私は寫眞屋でなにも分らないですが、支那に五年行つて居た關係上、淺葱色の短かい、小學校生徒から女學生、師範學校生徒、みな着て居りますね、あれはいゝなと思つたですね。大臣の前に行く時でも國民服を一着着て行けばいゝので、實にこれは便利なものが制定されたと思つたんですが、女の服裝が國民服が出來たらいゝですね。

三木　日本の青年男女の風俗に對する嗜好といふものは、アメリカ映畫の影響が非常にありますね。ですからこれが今度の戰爭によつて打倒されれば非常に變つて來るだらうと思ひます。映畫の影響といふものによつて若い男女の、殊に女なんかの風俗嗜好といふものは決められて居るわけですから、やはり映畫なんかも大いに利用すべき點があると思ひますね。映畫によつて、美しさ——ただ國民服といふだけの感じでなく、生活の中に入つた國民服の美しさといふものを知らさなければならぬ。國民服といふものは生活が變つた所に現はれて來なければいけないと思ひますね。

井澤　火野さんは、文化運動といふものに關聯して、生活の美しさといふものをどういふ風にお考へになつて居りますか。

火野　非常に具體的な問題になると衣食住の問題で大變な問題があると思ひますが、考へ方としてはやはりどうしても人間の生活から美しさとか豐かさといふものがなくなつては何にもならない。ただ便利一方になつても潤ひがなくなるわけです。最近の文化運動として取り上げられた新しい日本文化の建設といふやうなことは、非常に重大なテーマで、けふ一日では片付かないが、近頃傳統の發掘といふやうなことが言はれて居ります。それは舊いものを懷かしんで舊いものを大切にするといふことでは何にもならないわけでありまして、いま三木さんの言はれたやうに、アメリカ映畫とか外國の文化にごちや〱にされて來た日本人の生活內容を整理して行く。つまり本當に日本の中にもこんな美しさがあつて、それに氣が付かないで居るといふことを生活の中から探して見て自分で考へてそれを整理して拔いて行けば、日本人の純粹の簡素のもつ美しさといふものが拔け出て來るのぢやないかといふやうな考へ方でやつて居るのでありますけれども、非常に大きな問題で簡單に片付きませんが、さうなつて來なくちやいかんぢやないかと思ひます。生活の豐かさと言ふと、直ぐなにか贅澤なものを着たり、美味しい物を食べたりするといふ、非常に簡單な考へ方がありますが、さういふものでないといふことを理解されないと、今度の點數制も本當に效果が上らないのぢやないかと思ひます。

三木　支那服は曲線美が非常にあるぢやないですか。日本の婦人の服装も曲線美が出て居ないと思ひます。洋服系統のものはどうも曲線的な美しさが足りない。東洋人の趣味に合ひにくいのぢやないかといふ氣がしますね。

倉田　その點、今度厚生省でやつて居ります標準服は、洋裁系統の研究と和裁系統の研究と二本で出て居りますが。結局二種類が出たんですが、この二種類の兩方を個々に見ますと和洋が渾然と一體をなして、和裁系統から研究を進めて行つたものは洋裁系統の技術をとりまして、それで一つのものが出來て居ります。洋裁の方から進めたものは日本の和服の良さを全部採り入れまして、積極的な活動をしなければならないやうな場合には洋裁系統から出發したものを用ひたらよいと見受けて居ります。家庭生活などでは和裁系統から出來上つた方を使つたらよいので、漠然と私共感じて居るのでございますが、今度はあの研究がもつと進みまして、少しく普及されて各裁縫師または各家庭で仕立てる様になり、相當の工夫を凝らされますと、或は意外に良いものが出來るのぢやないかと思つて居ります。

中山　大臣で國民服を着たのは商工大臣だけですか。

倉田　大臣も相當着ましたが、近衞さんだけは着ませんでしたね。

柴田　しかし國民服は相當普及されて居るぢやないですか。

地質の問題

倉田　國民服が相當普及しまして、着たいといふ人が多くても地質が間に合はない、今度はさういふ問題があるのです。何でもいゝからカーキ色のものと思つても、やはり豫備の軍服ですから相當しつかりしたものでなければならぬ。それでなか〳〵生産が間に合はないのです。

柴田　ひどいのがありますね。私たちは支那から歸つて參りまして友達に、國民服を着るといふこれだけの運動が起きたのだから、國民服を拵へる者にはいくらか生地の良いものを渡すやうにしたら、皆が喜んで着るんぢやないかといふ考へを言つたことがありますがね。

火野　さういふ人が實際非常に多いですね。着たいと思つても非常に高いし、作つても一ぺん雨に遇ふとペラ〳〵になつてしまつて……。

倉田　さういふことのないやうに協會で努めて居るのです。

中山　つまり服を一ぺんも着たことのない人が、地の悪い雨に遇ふと直ぐペロ〳〵に參つてしまふやうなのを着て居るから、非常に不恰好なんですね。今まで洋服なんか絶對に着ないと言つて頑張つて來た人が初めて着るでせう。さうするとどうしても體に合はない。それで見たところが慘めなんです。

倉田　今度の切符制では非常によくなると思ひます。今まで國民服の生地は本當に良いものが出來なかつた。洋服生地の良いものが出來なかつた一つの原因は、公定價格と今までの統制の行き方が禍ひして居ると思ひます。それはなんと言つても企業が自由だつたものですから、利益をより以上に大きくしたいといふ所から、どうしても悪い物を作る人が一番多く金を儲けることになるのです。品物は足りない、作る人が悪い物を作れば金が多く儲けられるといふやうな所から、良い研究が出來上つてか、今オール・スフのもので立派なものが出來て居ります。石原常務さんが非常に熱心にその生産の運動をしてゐるのですが、オール・スフのもので從來の毛織物より以上のものが日本内地で出來てゐるのです。それにも拘らず、それ等のものの生産がなか〳〵進んで行かないといふやうな惱みは、從來の統制經濟が禍ひしたものと私は思つてゐます。それが今度點數制となつて、日本の國民が一億人とすれば、百億の點數に該當するものは政府でも作ることにしようと言つて居りますから、その百億に該當するものを作るとすれば今度は本當に良い物を作つて呉れるだらうと思ひます。

中山　作つて呉れるだらうと思ひますね。

石原　それは商工省でよい物を作るといつて居ります。

三木　こういふこともあつたと思ひますね。つまり服裝がいろ〳〵まち〳〵になつたといふことは、一つは自由主義經濟時代の商人は流行を始終變へて行く。新しいものを皆に賣りつけなければならないから、國民服のやうな決つたものになれば、利益が少くなるですからね。色々變つたものを作つて賣りつけるといふやうなことがありますから、この商業の統制が利いて來れば、やはりその點も非常によくなると思ひますね。勅令を以てこの衣服の部面に於ける切符制度が初めて實施されたといふ事は、もう來るところまでは來たといふやうな意味に考へて居ります。

石原　闇が今まで盛んに行はれて居りますが、これは唯いけない、いけないといふのではなくして、何かの方法で巧く指導して、さういふことを自然やらせないやうにしたらいゝわけですね。今おつしやつた表彰といふことも一つの良い方法ですね。

中山　結婚する人達のは五百點ですが、五百點といふのも、僕は五百點でなく、百點だとばかり思つて居つて、これはいゝやと思つて居つたのですが、やはり五百點なら相當作れるだらうと思ひますね。

倉田　それに絹織物ですから相當に出來ますね。

中山　五百點だつたらこれまでと同じことぢやないかと思ひます。あれは却つて少くした方がいゝのぢやないでせうか。

三木　寧ろあそこから直して行つた方がいゝのではないかと思ひます。結婚生活の初めから變へて行くといふ風にした方がいゝぢやないですかね。

中山　あの五百點といふのはどういふ所から生れたのか知らんですけれども……

倉田　實際結婚すると、今まで、私等の經驗ですが、荷物を持つて來ますから、隨分金持になつたなア、女房を貰つたといふよりか、物を貰つたといふ感じの方が大きいですね。

火野　十人の中で、七人國民服を着て居つて、あとの三人が着てゐなければ、はづかしいといふやうな氣持にだん／＼なつて來なければいかんと思ひます。

倉田　國民服を着てゐることに、誇りと生命の歡喜を滿喫出來るやうなのを一つ……

中山　實際さうならなければなりませんね。

柴田 國民服も協會の方が着てゐるやうなのなら、皆が作りたがるでせうね。

井澤 今度はよい生地が出ますから……

中山 滿鐵に居る露西亞人が協和會服を着て居ゐますけれども、やはりよいですよ。

柴田 支那の服は非常に單純な服だが、よく見えますね。

井澤 旗袍を改善したのはやはり例の新生活運動です。

倉田 國民服を初めてやつたのが十三年一月でしたが、それが漸く十五年の十一月になつて勅令になつた。その間如何にむづかしい迂餘曲折があつたかといふことですね。

日本的なもの

火野 地方で試みてゐる生活の改善といふことも、新生活運動といふことも、新しいことをやらうといふのでなく、さつきも言つたやうに、西洋から日本へ、さういふものが入つて來て、どう混亂されて、どうなつたかといふことはわれわれでも分らないですが、それを整理して、純粹なものを拔いて行くだけでも大變な生活の改善だと思ふのです。それは生活だけでなくて、その中に根本的なものが……

三木 訪問なんかも勝手な時間に勝手に來られると、食事を出すといふやうなことで、非常に關係がありませうね。それから簡單なことのやうですが、戸締りの問題も改善すべきことぢやないかと思ひます。家を閉めて出ても何にも心配ないといふ風な問題もやはりいろいろあるのぢやないかと思ひます。

中山 それに炊事なども共同炊事といふやうなことに段段なつて來ればいゝですね。ソヴイエトなんかの都會でやつてゐるのは、パンは皆配給でせう。それは恰も新聞が出來るやうに、つまり宵の口からパン工場が動き始めて、それが新聞と同じやうに、夜明けと共にパンを配給するといふやうになれば、生活が非常に樂になるわけですね。

三木 私はどうしても米の粉食をなんとか工夫しなければならぬと思ひます。粉にして食べるやうにすれば第一量が少くて濟みますよ。米の消費と同時に、保存なり配給なり共同炊事といふやうないろ〱の點に於て便利だと思ひますね。ですからぜひなんとか粉食をやらなければならぬと思ひます。

上田　女中を置くといふやうなことは、一軒の家で男の方の要求が強い場合か、女の方の要求が強い場合か考へて見たら面白いでせうね。一般的には女の方の要求が強いために置くのぢやないですかね。

石原　殊にいまは買物ですね。八百屋や魚屋といふ工合にずつと並ばなければ買へないものですから……。

柴田　女中を置く家の女の人は虚榮があるのぢやないですか。

三木　いまではさういふ點は割合に少くなつて居ると思ひますね。

石原　子供が學校に行つてしまふ。さうすると主婦が殘る。それで今度は主婦が買物に行つてしまつて、いま仰しやつた戸締りも出來ない。その間に人が來たらさア困るといふ關係もあるだらうと思ひます。私は昨年三月まで熊本に居りましたが、あそこでは本當の八百屋ですね。それこそ菓子から肉類から果物からみな車に積んで各家庭を廻はる。ですから少しも買物に出ずに濟むのですが、あゝいふ風に切符でもずつと集めて廻はつて各家庭を廻はるやうにすれば買物に出る手數だけでも省けてよいと思ひますね。

柴田　魚屋と八百屋でだいたい二時間掛かるさうですね。

三木　その上隣組長にでもなつて居ると大變ですよ。卵を一々並んで貰つて來て、それをまた一々配らなければならぬ。あゝいふものはもつと簡單に出來ると思ひますね。つまり配給車でも造つて、それに配給品を全部載せてずつと一區劃廻はるやうにすればよいと思ひます。

石原　さういふ風になつたらよいと思ひますね。

三木　座談會はこの程度にして、あとは雜談にしたらどうですか。

石田　それではどうも有難うございました。

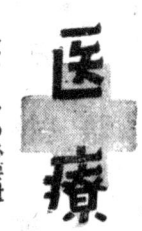

（二月二日　於東京）

医療

ビタミンの必要量

ビタミンは極めて少量であるが、絶對に必要なもので、この方面の研究が進歩するにつれて、その重要性が一層はつきりとして來ます。ではどれ位の量があればよいか、これについては各研究者によつて、多少の相違がありますが、日本人ではつぎのやうな數字があげられてゐます。

ビタミンA五〇〇〇國際單位、ビタミンB_1一―一・五ミリグラム、同B_2一ミリグラム、ビタミンC四ミリグラム

以上はわれ〳〵が健康を保つに必要な量で、したがつてこれが保健量です。ビタミンEやDも無論なくてはならないが、一般人の日常生活からいへばAやBの方が、より重要とされてゐます。殊にB_1が最近ではいろ〳〵の意味で重視されるやうになつて來ました。その作用は脚氣を豫防し、疲勞を防ぎ、傳染病に對する抵抗力を增强する。南方は寒帶と違つて溫度、濕度の關係から疲勞しやすく、傳染病を豫防する點からも一層Bの補給は必要です。

妊婦の登錄

妊婦の登錄は、いよ〳〵今年から實施することに決つてゐますが、この目的はいふまでもなく登錄することによつて妊婦の所在を知り、これに對し適切有效な生活指導を行ひ、母體、胎兒の保健に努めることにあるわけです。これが完全に、徹底的に行はれるかどうかによつて、直接には流早死產を防止することが出來るので、これによる人口損失三十何萬が防止され、間接には出生後の乳幼兒の保健が期し得られるので、この方から死亡率をも防ぐことが出來るので、その效果は大きい。いやも一つ忘れてならぬ效果は母體の健康保持から妊娠出產による各種の病氣の豫防が行はれるため、これを原因とする母性の死亡が防がれるので、したがつて妊娠回數の增加となり人口增加へ拍車をかけることになります。

エルゴステリン

エルゴステリンは紫外線に照射されると、ビタミンDに變ります。ビタミンDは骨の發育に必要なビタミンですが、このエルゴステリンは人間では皮膚組織の中に含まれてゐて太陽などにあたるとその中の紫外線の作用でビタミンDをつくり利用されることとなります。したがつて、一生懸命きれいになるつもりで石鹼を用ひて身體を洗ひすぎると皮膚組織中のエルゴステリンの幾分かは皮膚面に浸出することが當然豫想されるので、餘り身體を石鹼で洗ひすぎるのは感心しません。

體質の遺傳

體質は遺傳する。或る病氣がその家系に多く出るのは、病氣によつて遺傳するものもあるが、反面この體質遺傳によつて同じ病氣に罹りやすい傾向のあることが、最近大いにとなへられてゐます。一例をあげると高血壓の遺傳性は最近の研究によると一千人近の患者で、血管性の高血壓七三・五三%、腎性高血壓七七・五%が證明されてゐます。

（荻窪秀一）

衣服資源

争奪戦物語（三）

高村敦

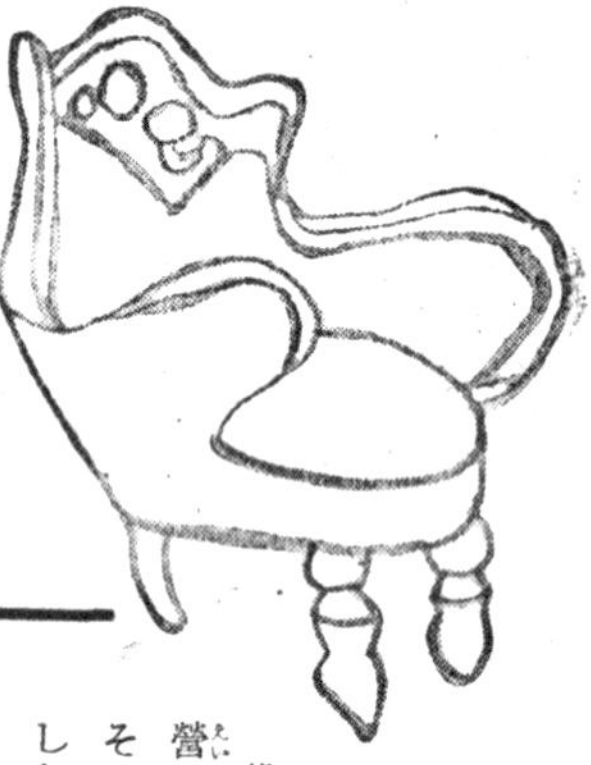

印度城下町の悲劇の前夜

佛蘭西宰相リシュリューは、東方經營として印度に深き關心を持つてゐてそこに自分の腹心の者を派遣しようとしたのであつたが、それは、メヂチ太后の側近のもの共によつて妨げられた。そればかりではなく、彼が東方政策に充分の力倆を示すことの出來なかつたことについては、次のやうな内政事情に遭遇したからであつた。それは國内にカルヴイン派の新教徒、これはユグノーと呼ばれたが、これらのもの共が内亂を起して、これを鎭定するためになみ〳〵ならぬ骨を折つたことや、當時佛蘭西の政界に非常な勢力を持つてゐた高等法院の派閥を驅逐したことや、それから政府の權力を充實するためには、何うしても陸海軍の武備を强化せなければならなかつたので、かういふことのためには海外に迄はとても手腕を振ふことが出來ず、そのうちに健康を害し、後任として有爲の材マザレンを推薦して世を去つた。彼の時代の最盛期は、ルイ十三世の時であつたが、この國王の歿したのは一六四三年で、日本でいふと德川三代將軍家光の時であつた。この年からルイ十四世王の時代に入るので、佛蘭西の東方經營も、此の時から活氣づいた。一六七二年にルイ十四世王が印度經略のために、フランソア・マルタンに武器と手兵を與へて、佛蘭西印度會社の印度要地の奪取を後援せしめた。翌七三年に印度のポンヂシエリーが、此の會社によつて强奪されたのは、佛蘭西政府の後援によるものであつた。この功によつてマルタンは、一七〇一年に東印度總督に任命された。

この裏面に、どんな悲慘な悲劇が、續出したことであつたらうか。ポンヂシエリーは、東印度のコロマンデル海に臨んだ港町である。こゝはポリガルス王國の領土で、白人が印度の海岸にサンタマリアのやうな帆船で來るまでは、ポンヂシエリー小王國の城下町だつた。

×

或日、帆船からどや／＼と陸に上つて來た佛蘭西の一組のマリ＝エール(水夫達)が、目ざとく街頭にゐる二、三人の印度の少女達を認めた。彼女等は色こそ淺黑いが、目鼻立といひ口元といひ、線の整つてゐる輪廓美は、白人よりも優れたアリアン原種族の持つ特長であるが、さうした容貌美は歐洲人よりも印度人に於て認められることは、今日においても變りがない。だが佛蘭西の水夫達の目に何よりも留つたものは、少女達の顏形よりもその着てゐた風土的な衣類だつた。それは、シルクとも見まがふばかりの織目の纖細な、そして柔かく薄い織物のゆるやかな着物だつた。それに、その色彩のあでやかさは、けば／＼しいエジプト風の原色の色彩ではなく、色とりどりの絞樣の混色したやうな、モザイック風の高雅な色模樣だつた。

印度の少女等は、片肌拔ぎのゆるいガウンの樣なものを着てゐた。それは黃色の無地のものだつたが、前だれにその特長のある絢爛たる美しい小布を纏うてゐた。それは いふまでもなく印度更紗であつた。白人の水夫共は、この更紗を少女以上に美しいものと感じた。突如として、街角に女達の悲鳴が起つた。水夫の或ものは、女達から着物の一部を剝ぎ取つたり、女を小舟に乘せて本船の方へ漕ぎ出したり、狼藉のかぎりを盡した。行方不明になつた娘を探す母親や、若い女房を奪はれた夫とおぼしき男達は、沖に碇泊してゐる帆船を、うらめしげに海岸に立つて見つめてゐた。それが幾日も續いた。

印度の人民に取つて、彼等の女を奪はれたことは、美しい色模樣の更紗を奪はれたことよりも大事件だつた。さうした略奪件數は、毎日次々と行はれた。王樣のプラータラは、町內取締の爲に近衞兵まで繰出して、警備に當つた。

だが、その効果はなかつた。酒場で

飲みはうだいに飲み盡して、亭主を叩きのめして戸外に飛出た數人の水夫達は、町の警備隊に遭遇し、路上の流血の慘事を演じた。血まみれになつた水夫の一人が、空に向つて發煙やうの合圖をすると、沖の本船から一隊の武裝兵を乘せた小船が陸に向つて漕いで來た。陸にまだ着かないうちに、その船からパッと白い煙が上ると、轟然町の一角に爆發が起つた。人民が右往左往して、たいへんな騷ぎになつた。すると、そのどさくさまぎれに上陸した一隊は、町中の目ぼしい店頭から印度更紗の反物だの、丁香だの胡椒だの、さては絹布やインディゴ（印度藍）の類まで略奪し去つた。

×

この町の統治に當つてゐるポンヂシエリーの小王、ポリガル王國の一小藩主であるプラータラは、或日王妃に向ひ、

「わしは鬼畜のやうな白人共によつてこの印度の神聖な土地を蹂躙させ度くない。このやうな目にあはせられて、それを傍觀してゐるなんて、わしは何といふ意氣地のない者だ。だが、わしは事を荒立てずに外國のものと取引して、少しでも此の國の利益になるやうにとそれを考へてゐたからだが、白人のもの共のあまりの理不盡さに、わしはもう辛棒が出來兼ねる。わしは手兵を引具して、白人共が上陸したら彼等と一戰を交へ度い。よいか、そなたともこれでお別れだ」

妃は、うらめしさうに、

「あなたは、初めから白人共の口車に乘せられたのです。最初にポルトガルの者がやつて來て、言葉巧みに取引によつてお互の國が富むなどといひながら、ひとの國にわがもの顏に這入り込んで横暴を極めてゐるではありませんか。こんどは和蘭とやらいふものが港に入りこんで、大砲を以ておどかして黄金を澤山持去つたではありませんか。そのあとからフランスの使者だなんて、町の慘たらしいありさま、私は城砦の高窓から騷動のあつた日、あの町角を見おろしたときには、恐しいことだとは思はず、たゞ腹が立つてなりませんでした。印度の國々が、白人共によつて次から次へと征服されでもしたら、印度のほこりはもう臺なしです あなたはカリカットの悲劇をお聞きになりまして」

「うむ、聞いた」

カリカットのあの人殺しを」

「うむ、カリカットにゐた印度の偉いものは、みんな殺された。ポルトガル人のあの野獸のやうな奴等によつて」

「あれはアルメイダです。ポルトガル人は、彼を神様のやうにあがめてゐますけれど、わたしたち印度のものに取つては、死んでも忘れることが出來ませんわ。印度の土地を奪ひ、印度の綿布を強奪し、印度の女を奴隷にして」

「アルメイダは、印度全部を乘取らうとして、兵千五百を乘せた二十二隻の大艦隊を率ゐ、あの年（一五〇六年）の四月印度にやつて來てカリカット城の沖に碇泊した。その船の奴等は…」

「その船のもの共は、いまわたし達のこの町に見せられたやうな無體な……それは鬼畜のやうな振舞でした。町中の目ぼしい店から奪はれた更紗布の反物は、小舟に八十隻もあつたといふではありませんか。その小舟が彼等の本船に引上げるときには、どの小舟にも財寶を積んだ荷物の上に美しい女達が手足を縛られて横たはつてゐて、その泣聲が磯の浪音と共に、海岸の人達に、いつまでも耳に殘つてゐたと聞きました」

　王妃はさう語つて、耐へられぬもののやうに床の上に突伏して泣きくづれた。王は、右手を力強く握りしめ、室内を足音も荒々しげに行きつ戻りつ、

「カリカット王は、船といふ船をかき集めてアルメイダ艦隊を撃滅しようとした。あの壯擧は當然であつた。國王の地位にあるものは、あの時は誰しもポルトガル艦隊を相手にして邀撃の擧に出ることは當然である。……」

　王はしばし沈思してゐたが、如何にも殘念さうな思入があつてから、

「だが、カリカット王の軍勢としては大船八十四隻、小船百二十隻といふ大艦隊ではあつたが、足りなかつた。味方は舊式の弓矢を主としたのに對し、ポルトガル艦隊は二十二隻で船の數から云へば少いが、敵は大砲といふ新武器を澤山持つてゐた。これでカリカット國の艦隊が撃滅されたのぢや。三千の軍隊が殲滅されて、それでも物足りぬか、カリカットの町中の男共は、後から〳〵と殺されて行つた……いま、それが此の町にも來るか。よし、わしは行くぞ」

×

凜として最後の聲を殘して、此の若き王は既にその姿をかき消した。それから間もなく、此のポンヂシエリーに大變なことが起つた。（未完）

東亞共榮圏の
文化工作について

三雲祥之助

カット・甲斐巳八郎

今までこの地上に生を享けた人類の中で、現在の日本人が味ひつゝある大きな感激と喜びとを體驗した國民といふものは、恐らく、いまだ曾つてなかつたのではないかと思はれる。いままでの世界史上に覇を稱へた國民といへども、これ程、華々しい戰果を、これ程の短日月の間に、文字通りアッといふ間に獲得した國民はなかつたと言つていゝだらう。

實際、去年の十二月八日以來、毎日のやうに新聞紙上に、報ぜられてゐるニュースといふものは、十二月七日以前には、まだ、空想だけの領分に屬してゐて、若しそれが、確實性をもつて示現れるとして、天佑的に都合よく運ぶとしても、短くて、五十年か六十年の將來に於てであり、惡るくすれば、絶對に示現しないかも知れないと思はれてゐたもので、いまそれが、眼前に實現されつゝあるのを見ると、何と言つていゝのか、どうして、その喜びを表現し、感謝していゝのか、筆にも舌にも言ひ盡せないのである。

その代り、この偉大なる感謝はこの耀やかしい勝利を永久化し、日本的大義を樹立するといふ重大責任を、一時にわれわれ日本人の双肩になげかけて來たのである。

そこに、新しい道義の確立と、文化工作が要求されてくるのである。そして、それを完遂するしか、今後の、日本人の生きる方法はなくなつたのであり、また、日本人の好むと好まざるにかゝはらず、日本民族の存在理由は、今となつては、その使命遂行に運命づけられてしまつたのである。

ここで、いままで文化を異にした他民族に接觸してきた日本人の態度について氣づいたことを二三擧げてみたいと思ふ。

文化工作と言へばそれが如何に至難複雜を極め、多方面に涉るものであらうとも、ともかくやつて行かなければならないものだが、その言葉は、往々にして、日本軍の占領地帶の住民のみが對象のやうに考へられ勝ちである。究極の目的としては、それに間違ひないことであるが、實際に於ては、占領地帶の住民の文化と、日本文化との交流を意味するので、決して、與へるばかり、指導するばかりのやうな一方的なものではないのである。

そして文化工作といふのは、結局は、その交流により、それからくる反省や、生活によつて、自己の文化の、より高度化へ進むのが目的で、自己の文化の向上完遂がなくして、決して、他民族に對して文化工作などは出來るものでないのである。だから、大東亞建設といふことは、新しい高度の日本文化の確立といふところから始められなければならないのだ。

ジャバの踊り子　三雲祥之助

その意味の文化工作が主體となり、他のもう一つの、文化を異にした民族に對する文化工作を平行させて、後者からの成果で、前者を豐富にし、深め、その結果からまた、後者を是正し、深めて、絶えず、交流を保たせて進めるところに眞の文化工作の意義があるのである。

それには、どうしても、相手國の文化、風俗、習慣、生活様式といふものに深い造詣をもつてゐなければならないので、相手國（現實の場合としては、東洋の諸民族で、その多くは、歐米諸國の植民地となつてゐる國々）の文化が、たとひ、日本文化と比較して低い程度のものであらうとも、輕蔑すべきでなく、深く理解すべきで、輕蔑するといふことは、一方的で、甚だ簡單なことであり、理解には努力と時間がかゝるものだが、その理解があつてこそ、はじめて、現實に卽した、文化工作の方針が立て得られるのである。

但し、こゝに注意すべきことは、相手國のこれらの現實、眞相の理解といふことは、必ずしもこれらの現實の現狀維持、または、繼續といふことを意味しないことである。それは、寧ろ大東亞共榮圏の創造といふ理想の線と、現在までの現實とか文化とかいふ線との妥協點の探求の問題で、そして、その妥協點を徐々に、理想線の支配下において行くといふことに本當の意味があるのである。若し、その理想線をすてゝ現實のみを認め、それに同化するといふことになれば、それは、相互に全く無意味なこととなるのである。

これは何も相手國に對する文化工作ばかりでなく、將來の日本文化の創造についても同じことが言へるので、そのためには、敵性國の文化の長所さへ入れる雅量がなくてはならないのである。元來、日本の諺に、罪を憎むも人を憎まず、といふ言葉がある如く、今日の日本海軍の華々しい成功も、今日の敵國イギリス海軍への絶えざる研究がなかつたならば期し得なかつたらうことを想起すれば、思ひ半ばに過ぎるものであらうと思はれる。

最近、歐米崇拜を一にも二にも屈辱的な、輕蔑すべきことのやうに言ふ風潮があるが、それも、ある政治心理的意味で止むを得ない事情もあらうけれども、元來、日本人で歐米崇拜者のやうに見られた人々でも、本當に隷屬的な意味での歐米崇拜者といふものは殆んどなかつたのであるまいか。これらの人々は、恐らく、日本それ自身をもつと強くするため、大きくするために、歐米の長所を學んでゐただけのことなのである。歐米を學んだことが決して、無氣力な歐米崇拜者を出したのでないことは、あらゆる近代武器を採り入れて、見事、日本的なものにし、今、歐米の勢力を東亞から驅逐しつゝあるわが陸海軍にその好例を見るのである。

又、日本があらゆる方面に於て、名實ともに世界一になつても、もう他民族に學ぶところなしといふやうな風潮をかりそめにも生ぜしめるやうなことがあつてはならないのである。自己獨善主義に陷り、他國民を蕃人と輕蔑しきつて、自已の無力をも知らずに滅んだものに、過去に支那があり、今、米英がその轍をふまんとしてゐるのである。

と言つて、また、その反對の現象もある。それは外國に長らくゐた人が、やたらに、外國に於ける日本的なものに、肩味のせまい思ひをする心理である。その理由はわからぬことはない。筆者もそんな思ひをさせられたこともあり、慨歎にたへなかつたこともある。しかし徒らに憤慨してゐても、肩味のせまい思ひをしてゐても、皮肉を言つてゐても仕方のないばかりでなく、そんなことをしてゐることすら、現下の激しい建設期には、最も非生産的なものとして排撃すべきことであるまいか。

考へて見ると、今まで、われわれ日本人は過去に於て、他の國々から遠く離れて、專ら、島國的な生活を營んでゐた關係から、また、日本自體が物資が豐かでなく、比較的に貧乏な國であつた關係から、現在の日本人の生活樣式の中には、そのまゝ外國へ持ち出した場合に、あまりに素朴でありすぎたり狹かつたりして、何か世界的な共鳴を享け得ないものがあつたりする。また日本人の生活の中心をなしてゐた家族制度といふものが、大陸的な大家族制度とは大分ちがつて、非常に精神的なもので、實際の生活樣式は寧ろ個人主義的で、それを容れる日本の家といふものも個人主義的であつた關係上、その生活に社會觀念とか、公德心とかが少なかつたりして、大きな社會生活、集團生活に馴れないところもあつて、それが不可避的に、日本人個人の考へ方や、動作や習慣や服裝に、何か粗暴な野卑な感じを與へることがないでもない。所謂一等國民の品位といふものと、少しかけはなれた印象を與へるのである。

それに對して、長らく外國にゐて、所謂一等國民の生活樣式を身につけ、廣い見聞をもつた知識人なり成功者なりが、肩幅のせまい思ひをしたり、國辱的なものと思つたりするのは、無理もないことであるかも知れないのだ。

しかし現在のやうに、文化工作といふものが、日本民族の自存のために、武力戰と同等の重大性をもつてきてゐる情勢に於ては、われわれ日本國民は一蓮托生の運命におかれてゐるのであつて、己ればかりの孤高を持して、單に、皮肉を言つたり、輕蔑したりしてゐる秋ではないのである。また、知識人としても、單に、皮肉を言つたり輕蔑をしたりして、自己の優秀感を滿足させてゐるのでなく、彼等もできるだけ、日本をよりよく、より偉大にするために、いろ〳〵な言葉を吐いてゐるのであらうと信ぜられるのだが、ただ、いままでの態度では、單に消極面に働いてゐたといふ憾がないでもないのである。

支那、南洋に於て、「裸體みたいな、裸體よりも悪いだらしない服裝で歩いてもらつては困る」とか「あんなことをしてもらつては困る」といふことをよく聞くし、また筆者自身、非常に憤慨したこともあるが、さういふことばかりを言つてゐる見聞人、知識人のあまりにも神經質な（さういふ人達の言ふことを聞いてゐると、全く日本人が世界で最も低等人種のやうな錯覺すら起す程だが）小言や、生活力の强い人間達の行動を一々批評したりするのは考へもので、時には、その人達の言ふことは、彼等が何時も批難してゐる「べからず主義」の官僚の消極性と威張りにも似たものがあつて、これこそ樣式を變へた知識人的官僚主義とでも考へたい時もある程である。

と言つて、これらの人達の言ふことも正しいのであるから、さういふ意見を原理的に綜合して、現實化して東亞共榮圈の中に「日本の捨て子」をつくらないやうな方法も考へられなければならないことは勿論であらう。こゝに、何と言はれやうともただ一つ信頼すべきことがある。

日本人の素質である。

これだけは絕對に信頼してもいゝものだと思ふ。見聞人、知識人もやはり日本人であるのであつて、彼等が慨歎したり、悲觀したりしてゐる日本人も、教育と環境によれば、卿等と同じやうに立派な日本人になり得る人であることを想起すべきである。日本人はまづ日本人に信頼し、そこから何物かを生み出すしか他に生きる道はないのである。

今日まで、國內生活しか知らなかつた日本人が、突如として、世界思潮の主流とならなければならないことになつてしまつたのであるから、そこには、十年二十年の間は、失敗もあらうし、物笑ひになることもあらうと思はれる。しかしそれでも、新しい日本と、大東亞の文化とを創造しなければならないのである。

今日、フランスと言へば文化人美術家からは、文化、美術の世界の中心のやうに言はれてゐるが、今から四百年程前、始めてフランスが當時の世界文化の中心、伊太利に出兵して、當時の歐洲に、フランスの共榮圈を打ち建てんとした時、如何にフランス人がその言動の野卑さのために、文化や美術の鑑賞眼がなかつたために、當時の伊太利人から嘲笑され、爪彈きされて、フランス王自身が赤面したかといふことを想起してみよう。

また、イギリスが十八世紀の初めから、「ルール・ブルタニヤ」の（ブルタニヤよ海を征服せよ）といふ國民歌謠とともに、世界制覇にのりだした頃の英國民のことを思ひ出してみよう。

彼等とても決して、今日の彼等の如く世界意識も文化意識ももつてゐたのではなかつたのである。また、歐洲に於てすら、彼等は、政治、文化の絕對的な權威をもつてゐたのでもなかつたのである。

ただ彼等は世界の海を一つ一つと征服して行く間に、その成功の耀やかしさと、世界から集つてくる物資の壯觀に刺戟されて、次第に、今日までの世界意識と文化意識とを涵養してきたのである。その代り、國內生活にも多少の犧牲も拂つてゐるのである。そのもつとも面白い例は、當時のテームス河には、伊太利のヴエニスにあるやうなゴンドラが浮んでゐたのである。彼等はそのゴンドラを破壞しその代りに、今日、テームス河口の壯觀を形成してゐるドツクをつくり、全世界の物資を貯へたことである。

當時のイギリス人と比較すれば、今日の日本人の方が遙かに世界人であるまいかと思はれるのである。

例の十二月八日以來、全日本人の間に起りつゝある注目すべき現象がある。

それは、世界地圖がどん／＼賣切れとなつて行くことである。いままで、地圖と何の關係もなかつたやうな人までが、地圖を擴げ、南方に目をやり、アメリカを眺め、シンガポール、スマトラから印度、マダガスカル、アフリカ、地中海、イギリスへと、心の旅行をさせてゐることである。そして實踐一歩手前の關心を寄せて、ゴムだの錫だのタングステンの產地の國々や島の名前を讀んでゐることである。

實際、この二ケ月の間に於ける日本人の世界地理の知識たいふものは、全體的に言つて、學校で一年や二年教はつた以上のものであらうと思はれる。それと共に、日本人の氣字も大きくなりつゝあるのだし、生活意力も旺盛になりつゝあるのだ。

滿洲事變以來、內地の心中沙汰が非常に數が減つたといふことである。

日本人の氣が大きくなつて心中する位なら、滿洲の新天地でといふ氣持らしいのである。

今、米英を相手に華々しい戰果をあげてゐるのであるから、今度は、單に、氣持が大きくなるといふことでなく、世界意識、文化意識に、もつと大きなものが加へられてくることだらうと思はれる。そして今の、見聞人、知識人の心配が杞憂に終るばかりでなく、そんな心配や思想すらが、やがては、色あせた、舊臭い退屈なものに見えてくる日が、必ずくることゝ信ぜられるのである。

撃戦日記

一月八日　初の大詔奉戴日ジョンストン西南の洋上で我が潜水艦、米水上機母艦ラングレーを撃沈す。

九日　海軍陸戰隊はルソン島南方のマスバテ島に上陸

○我が猛攻に英軍クアラルンプール(セランゴール州)撤退

十日　病院船ハルピン丸、南支那海に於て敵潜水艦の攻撃をうけ沈没、米英の非人道行爲許せず。

十一日　帝國つひにオランダ軍に對し戰鬪を開始、ボルネオのタラカン、セレベスのメナドに敵前上陸、メナド占領。

十二日　我が潜水艦ハワイ西方洋上で米航空母艦レキシントン型一隻を撃沈、敵の對日野望を挫く。

十三日　海軍艦艇はオランダ敷設艦プリンス・フアン・オラニエを撃沈。

○海軍特別陸戰隊カカス(セレベス)飛行場占領。

十四日　マレー戰線ネグリースミラン州のスレンバン及びセパンを占領。

十六日　ジョホール西岸バトパハ港奇襲占領。

十七日　我が軍ビルマ進撃開始、陸鷲新嘉坡猛爆。

十八日　伯林で日獨伊軍事協定調印、協同作戰要綱を決す、三國同盟更に强化さる。

十九日　ビルマ進撃の陸軍部隊はタヴオイを完全占領す

○香港占領地に總督部設置、磯谷廉介中將初代總督に親補

廿日　ジョホール州の敵總退却を開始。

○敗戰に血迷ふ英政府、ウソービルマ首相を逮捕す、英國流の卑怯なる一手段である。

廿二日　ウエーキ島は現地〇〇部隊長の命名で「大鳥島」と假稱する旨發表あり。

廿三日　ニユーブリテン島ラバウル附近及びニユーアイルランド島カビエングに上陸

廿四日　陸海軍部隊はボルネオ島バリツクパパン上陸。

○カビエンダ及び英領ボルネオのタワオを奇襲占領。

廿五日　泰國、米英に宣戰布告。

○バリツクパパン占領。

廿六日　海軍特別陸戰隊、ケンダリー完全占領。

廿七日　我が驅逐艦二隻エンダウ沖で英驅逐艦サネツト號を撃沈、バンパイヤを大破遁走させ無敵海軍ぶりを誇示す。

廿九日　海鷲新嘉坡空襲、セレター飛行場粉粋。

卅一日　ジョホール・バルを完全に占領。

○モールメンを占領。

二月三日　我が海鷲ジヤバ島を强襲敵機八十五機を屠る新嘉坡援路完全遮斷さる。

四日　ジヤバ海カンゲアン島南方で驅逐艦數隻を伴ふ敵艦主力を發見、猛攻を加へ蘭巡三隻、米巡一隻を撃滅、これに蘭印艦隊主力全滅す。本海戰をジヤバ沖海戰と呼稱。

五日　我が無敵潜水艦はジヤバ海方面に於て敵大型驅逐艦一隻を撃沈。

九日　ジョホール・バル前面より新嘉坡島敵前上陸に成功、テンガー飛行場占領。

十一日　帝國陸軍部隊は、新嘉坡市街一角に突入。

十五日　午後七時五十分、新嘉坡陷落。大東亞戰の大局決す。

戰線の兵隊さんと慰問袋、これは日本人のやうに「やさしい」心を持つ民族にぴつたりする。よい慰問袋をあげませう。と云ふのは、お金のかゝつた慰問袋のみを意味しない。形式だけの慰問袋などは、慰問袋の持つ精神からいつても、今後なくさなければいけない。「大東亞戰爭と新しい慰問袋」、この問題について諸家に回答をいただいた。

答へられるのは、文化奉公會の會員方である、いづれも歸還勇士ばかりで、作家、畫家、教授、編輯者など、わが國文化陣營の第一線に立つ方々であり、その言はれるところは貴重な戰ひの體驗に出て、指導的言說として、各方面を示唆すると思ふ。

貧しい慰問袋に溢れる誠實

片山昌造

慰問袋は兵隊の行つてゐる土地の氣候や兵隊の嗜好によつて效果が違ふやうだ。寒いとき、夏のものをおくられても戰鬪の最中などは、それを捨てて行かねばならないこともあつた。私のゐた隊に、どういふものか、一時ドロップスがたくさん來た。兵隊は誰もそれに手をつけなくなつた。馬が甘い物が好きなので馬にやつてゐた。そんなときのある日、私は板橋のある少年からドロップス一罐と古雜誌二冊だけの慰問袋と手紙をもらつた。それには、僕の家は貧乏で父も死んでゐない、母と二人きりだ、これがせい一ぱいの贈物だ、取つておいてくれ、といふ意味のことが書いてあつた。私は涙を流してうれしがつた。それだけは大切にしておいた。ある友人から市電の乘換切符と映畫館のビラを送られたことがあつた。ハサミのはいつてゐる切符を見ると、友人はここでのりかへここへ行つたのだなどと考へ、乗換場所のことなども思ひうかべ、うれしかつた。映畫館のビラは私の住んでゐた町のもので、何ともいへずなつかしく、長い間大切にしてゐた。私は金のない作家なので、妻からはよく家の庭の押花や、子供の着物のきれはじを送つて來た。それを抱いて子供をしのんだこともあつた。時折は香も送つてくれた。戰陣で香でもたいて考へる、といふ妻の心がうれしかつた。

「ガッカリ袋」「勵まし袋」

吉村正太郎

留守宅から送られる小包は　どんな貧弱な内容でも無上に兵隊を悦ばせるものである。「新しき慰問袋」の問題も、此の場合には少いと思はれる。問題は、幾分でも義理とかお附合の意味で送られる場合に在る。「慰問袋」を開けてみて、兵隊がガッカリするやうな「ガッカリ袋」も全て後者に屬する。新しいと云ふ意味は、より誠意を示すことだ。兵隊も銃後を知悉してゐる。高價なものや美味しいものを期待してゐるのではない。戰つてゐる銃後を感ずることが、兵隊にとつては一番の慰問である。誠意の籠つた便り――これでいゝのだ。現地では「慰問袋」と云はず小包と稱してゐるが、總力戰下此の名稱も「結び袋」とか「勵げまし袋」等適當に變へらるべきではないだらうか。

まづ情愛をこめてほしい

枝　法

私たちの隣組では「慰問袋」といふ名前をやめて「感謝袋」と言ふことにしてゐます。兵隊さんを慰問するといふよりも、兵隊さんに感謝するといふ心を強く出したわけです。そして平凡な言ひかたですが、送る人の誠實の問題が根本であると思ひます。送られた慰問袋に誠實がこもつてゐるかゐないかには、受けとつたものがよく感じるのです。「うちでは誰もいらないから慰問袋にいれて送らう」といふ行きかたが若しあるとすれば、さういふ慰問袋は何がはいつてゐても、悪い慰問袋でありませう。自分の夫や自分の息子が戰地に行つてゐることを考へて、その人に送るつもりで作れば必らず温かい情愛のこもつた慰問袋ができると思ひます。

花の種と銃後の愛情

笹岡了一

慰問袋の中から朝顔の種や鳳仙花の種等が出て來たり、五月端午の鯉のぼりが出て來た時は嬉しかつた。警備地の宿舎の屋根の上に空高々とそれをひるがへして喜んだ。山西省の山の中に赤や紫の朝顔の花が咲いたらどんなに嬉しいだらう。播いた種の花を見ない中に又次の討伐で出發しても心はうれしく何時迄もその花の事が忘れられなかつた。愛情のある強い誠心を戰地へ贈りたい。

讀み古した雜誌や小說や値段の安いお煎餅の樣なお菓子の中から比較的高價な萬年筆が一本出て來た。そんな慰問袋も大變嬉しかつた。激しい戰鬪中でも一番大切で可愛がつたのはその萬年筆だつた。物資不足の非常時下の慰問袋はこんな風に重點を持たせてもよいと思ふ。あり合せの物の中へ一つ丈ほんとによい物を兵隊さんにお渡ししませう。

うつり臭に御注意

棟田博

一、出來るかぎり、自家製の慰問袋にして頂くこと。

一、必ず慰問激勵、そして銃後の守りの確かさと國民の覺悟をのべた手紙を入れて置くこと。

一、臭氣が他の品物に沁むやうな品物は避けること。

渇望してゐる家庭の味

岡堅兒

慰問袋はたいていの場合、戰爭中には入手出來ないで、一戰爭終つて占領地を警備になつて始めて入手する物なれば、娯樂物、讀物、食物のお菜等が嬉しく、お菓子に類するものは、多くは支那人の子供や使役に使つた代償にやつて仕舞ひます。特にキャラメル、飴玉、せんべい、ほしいか、などは入手した時、たべられない程度に、くづれたり、しけたり、かびが生えたりしてる場合が多い樣です。そんな時品物のよし悪しより兵隊さんはがつかりするものです。

娯樂物では將棋、碁、釣道具、手品、講談本などいゝと思ひます。特に釣道具なぞはお菜を釣り上げる爲大歡迎されます。

兎に角戰地で一番不足してゐるものは家庭的な味なので、それを色々な物品で出來るだけ感を出さしてやれたら此上ないと思ひます。警備が少し長くなると、支那家屋を改築し日本風にして、喜ぶのが常です。それ程家庭的なことを戀慕ふ譯です。だから食料品にしても、食事のお菜類が最も喜ばれ、それも牛肉のかんづめとか魚のかんづめとかいふものより平時、何の氣もなく食してゐた唐がらし、からし粉、燒のり、しほからといつた樣に極く平凡なものがいゝ樣です。

肉類はあちらで相當自由に手にはいりますから、かんづめなどは餘り喜びません。かんづめ類なら水菓子物が喜こばれます。

尙便箋封筒は、捨てる程（軍の配給もあり）あるからいらないと思ひます。

以上は大體ですが、今迄の慰問品は無駄な物が多かつた樣です。尙始めに書忘れましたが、家庭的といへば、つゝ袖のねまきにでもなる樣な簡單な着物など非常にいゝと思ひます。甚だ簡單ですが以上氣の付いた儘を書いてみました。

兵に生氣を！

内海徹

慰問袋の構想

イ、心ある將兵のふところには神樣の護符が氾らんし、ロ、美人寫眞の如きはむしろ醜惡、ハ、從軍大家の敗虛ゑはがきは無味、ニ、デパートの均一慰問袋は愚の骨頂之を要するに精神無き慰問袋は發送せざるにしかず、兵に生氣を與えざればなり、慰問袋はそのまゝ銃後の精神なり、精しくは更に相談に應ずべし。

教養のための書籍もほしい

蓮田善明

できれば、本人に必要なものを問ひ合せて、それを送るやうにすることが最もいいと思ひます。私どもの貰つた經驗から言へば、內容品にずい分無駄なのが多くて、勿體ないことが多いことです。例へば封筒とかハガキとか鉛筆とかは軍の方から十分渡るし、第一あの慰問品の鉛筆（これは軍から渡るのも）は字が書けないしろもので、事實、鉛筆で書いた通信が戰地から來ることは殆どありますまい。あれなど早くやめたいものです。又所謂慰問品には唯思ひつきのものが多くて、商人の儲け以外に何にもならず腹立たしいことさへあります。必要なのは茶（水がわるいから）褌、手拭、クツ下、紙、絲、ハリ、食べものはパイナップル、ミカン、桃の罐詰（梨はうまくなし）、煮小豆、葛湯、砂糖入珈琲、キセル、刻煙草、娛樂品は風船　釣道具、將棋、五目並べ、小さな人形、美しい寫眞（安物は不快）手紙の入つてゐないのは價値半減。私の理想的な希望をつけ加へれば、あの若い人々の數年のために國民教育を深めるための本（いろ〳〵）支那その他に關する本を入れたい。間に合せでない、いいものを。尙一つ、御下賜品の清酒の瓶に「××店發賣」のレッテルを貼つてゐる如き不遜な商人を取しまつてもらひたい。

却つてわびしい「戰地向ユーモア」

清水崑

慰問袋の中味について痛感したことの一つ。慰問用の「笑ひ」を特別に滿載した雜誌や前線の兵隊を殊更に慰めんため作るユーモア書の類からは眞の慰安を得たためしがない。それは逆に、一種名狀し難い空虚さ、空々しさ、賴りなさ、肌寒さを感ぜしめる。

多くの場合、一冊のごて〳〵したお笑ひ本は、俳句の一秀吟の與へる深い慰めに遙に及ばぬ。

「本當のもの」であればあるほど、本當に人を慰め得る度も深い。

どうぞ、慰問品の一つとして是非佳い本を入れてあげて下さい。

食べるものに限らない

上田廣

どんなものでもよいから、心をこめて送るべきだと思ひます。デパートに出來てゐるのを、人賴みで送るなど考ふべきでせう。喰べるものがよく、はいらなかつたら、書物、雜誌などを主としてもよいと思ひます。

兵隊の「ゼイタク」

丸山學

慰問袋は戰場の兵士に與へられる唯一の慰安であり激勵であり謂はゞゼイタクであります。換言すれば慰問袋は必需品でありません。兵士たちが慰問袋に期待するのは、その實用價値と云ふよりも、その中にこめられた「眞心」であります。貰ふ側から若し注文をすることが許されるなら、少しでもこの「眞心」をたくさん詰め込んでもらひたいのです。即ち百貨店に行つてレデーメードの慰問袋を買つて宛名だけ書いて渡したと云ふ樣なものはどんなに高價なものでもあまり嬉しくないのです。その反對に品としては粗末でも色々と工夫をし、相手の兵士の身の上を案じつゝ取揃へたものはとてもうれしいのです。店で買つた五圓の靴下よりも古毛絲の手編がうれしいし、それがなくても庭先に出來た唐辛がよりうれしい防寒具です。高價な罐詰よりも戰地のその兵隊さんの噂をしながら家族が爐邊に集つて作つた胡麻鹽の方があり難い。「新しい慰問袋」とは要するにこの種の心構へで作られたものでありたいと考へます。

手紙こそ慰問袋の中心

森川賢司

慰問袋を頂いて第一に探すのは手紙である。そして品物は後廻はしにして手紙を見せ合ひ喜ぶのだ。荒涼たる戰線で、國の風物を想像させ、兩親や知友を瞼の奧に浮び上らせて喜び樂しむものは手紙である。頂戴して、こんな事を言つては失禮だけれども〇〇會〇〇團といふ印刷物の手紙は實際張合がなく、ガツカリする。それから些細な事でも故郷の變化を聞くのは嬉しいものだ。〇〇家に男の子が生れた、神社の枯れた松の所へ新しい松を植ゑた。稻がこんなに實つた。お寺の櫻がこんな花をつけた、といふやうな事は、どの位無聊を慰め、愛郷心を湧きたゝせるか知れない。實際こんな子供だましのやうな、つまらない物が、といふやうなものが、喜ばれる。本などもよい、漫畫のやうな、肩のこらない短篇物の面白いものなどは、奪ひ合つて讀まれる。嘗て私に國ではこんな甘い名物が出來たが送る事が出來ない、包紙だけ送るから充分に味はつてくれ、と送られた包紙が一番嬉しかつた。

粗品多數並列主義から重點主義へ

横田康夫

慰問袋としての物資についても、梱包上の質量と大小、撰擇の智慧、並に受取る者の側に於ける效用等に限度があるので、技術的には從來の考案を數歩前進したものとについて別にないのではないかと思ひます。從つて原則論的に問題はより多く存するのではないでせうか。古くて常に新しいことは、慰問袋なるものが銃後の前線を想ふ心であるといふ慰問袋の存在理由であります。受取る者は贈られた物自身よりも贈主の心を感謝するのだといふ事情よりして、從來とかくあり勝ちであつた百貨店調製式の間に合せ主義とか粗品多數並列主義が愼まれ、從つて手製主義重點主義で、送り主の眞心や工夫がぢかににじみ出てゐる如きものが送られることになれば、それで充分だと思はれます。それが永久に「新しき慰問袋」だと思ふのです。

まづ甘いものを！

小野昇

戰地で慰問袋を貰つた時の兵隊はまるでお八ツを貰つた幼子のやうだ。嬉しい。ほんとに嬉しいのだ。暫く食べなかつた甘い物、すぐその場で役立つ、身の廻りのものが入つてゐるからだ。だがそれにも增して兵隊を喜ばせるのは、送り主の暖い精神だ。このやうな場合兵隊は必ず尊い祖國のために自分の生命も靑春も抛ち、笑つて片輪にもならうとする決意を新たにせられるのだ。

終りに貰つた經驗から慰問袋に對する希望をちよつと……。(一)手紙は必ずお忘れなく　(二)日用品は官給品で間に合ふから、ほかのものを　(三)戰ふ兵隊の疲勞回復のためにはまず第一に甘い物を　(四)荷造は丁寧に　(五)煙草海苔はかびないやうに……。

一掃したい責任のがれの慰問袋

竹井龍治

従來の慰問袋といへば、どれを開いてみても同じだといふ感じが強く、またお義理のものが多かつたやうです。送つた……といふ責任のがれの氣持を、この際一掃することです。內容品は「誠實」のこもつたものが第一です。

手紙にしても、通り一遍の慰問文が多すぎます。ほんたうに兵隊さんと話すつもりになつてほしいと思ひます。何でもないことが、兵隊には無性に嬉しいのですから。自分の息子に送るつもりになつて、愛情のこもつた慰問袋をつくることです。新しいといふことは「新案」といふ意味でなく、常に新しい氣持を起させるもの……といふ風に、皆樣がそんな心になつて送つてほしいと思ひます。

唯一の希望

木戸史郎

內容は貧しくとも眞心の感ぜられるものは有難く思はれます。

慰問文の變つた趣向

大隈俊雄

自分が戰地に在つてはう〴〵から贈られた慰問袋の實際からいふにしても、送るはうの情勢が激しく變化してゐる今日では、一概にはいへないと思ふが、デパートや商店に托送任せきりの慰問袋は絕對に注意すべきである。もらつたはうでは有難くなし同時に何でもかでも罐詰類、慰問品としての特製品をつめこんでしまふことも考へて貰ひたいものである。要は內容品の高價上等よりは送る人の誠意をどこかにしつかりと封じ入れることである。思ひついた點を擧げると、

一、慰問文は必ず入れること。家族一人々々の慰問文をまとめて入れるのも面白いし、友人同志で書き

合つたものを入れるのもよい。
一、子供や家族の寫眞を入れるのもよい。風景も説明を加へて。
一、自分達の書いたもの作つたもの（習字、圖畫、手藝品等）
一、チリ紙や歯ブラシ石鹸をつめるなら、女の人ならば、むしろ小さい針道具やクリームの小びんや安い香水の小びんなどを。
一、兵隊さんは普通に考へてこどもらしいものやタハいないと思ふものを却つてよろこぶものだ。

案外なものがこんな役に立つ

益子善六

よく我々漫畫家仲間でやる、巻紙の慰問文、隣組の人に合作して貰ふ。下手でも好いからスケツチ等あると尚一層喜ばれる。新しいと云つても餘りふざけたものは却つて不快な感じを持つ、矢張り舊來のもので一つ二つ新しく替へるのが無難。食べ物でやつてゐる人もあるだらうが、鰹節、コショウ、食卓鹽が案外重寶する。勿論鰹節は嚙つてよく削つてよし、煮込んで尚よしの元氣百倍品。毎日同じもの許りで飽きたらコショウをふりかけると食慾增進、食卓鹽、大陸には固い不味い、岩鹽が主なので便利、その上中國人はとても是を欲しがるので宣撫にも役にたつ、と云つたところでせう、今のとこ斯んなものしか思ひつかず、先づは御返事まで。

うれしい郷土色

松下紀久雄

從來の慰問袋は餘りにも形式的であつた　金さへかければ、それで良いと云ふものではない。

歸還して百貨店の慰問品賣り場をのぞいて、かくもこれだけ兵隊の喜ばれない物ばかり集めたものだと感心した。

要は誠意のある氣持に溢れた物。たとひ、わずかの品物でも、戰地で貰つた嬉しさは格別である。郷土色豊かな物がいゝと思ふ。するめ、乾かれひ、鹽昆布、乾芋、カタマメなんか戰友にも配給したりして、野戰料理に光彩を添へる。

手製に故郷の香りをこめて

落合吉人

兵隊の食べるものをと考へてわざ〳〵森永の乾パンを澤山送つて呉れた人がありました。うんざりしましたが何んだか妙に心を打たれたことがあります。然し慰問袋を手にしたとき一番嬉しいのは、矢張り故郷の香りのするものです。何かさう言つた手製もので特に工夫したいものです。その上に紋切型の慰問のことばでなく細かな周圍の出來事などを綴つた眞心のこもつた通信をそへたいものです。

新案！福引入り慰問袋

平田一二

新しい慰問袋と言つて、別に小包で送る以上無いが私は極く通俗的だが私見を言ひたい。

一、慰問袋の興味、と言ふ事である。之は袋へ入れた品物を福引文句入にする。例へば蒋介石の都落ち…禅を締め直して又抗戦……と褌を入れておく風にする。之は個人に送る場合は前便で蒋介石の都落ちを入れました……と言つて知らせると兵隊さんはその慰問袋を非常に興味を以て待つ、個人宛でないなら中へ入れる、すると一つの慰問袋を二人三人で分ける場合非常に愉快である。

二、郷土名物を必らず入れよ、慰問袋へは必らず郷土の名物を入れたい。農家ならば自家製のそら豆、焼米もよろしい。地方の名産、ローカルカラーを送りたいものである。

慰問文第一主義に

柴田賢次郎

一、慰問袋の中には必ず慰問文を入れること、この慰問文なき慰問袋ほど形式的なものはありませぬ。

一、全國の各學校の生徒の慰問文及畫等を次ぎ〱とおくることによつて、兵隊はそれだけで満足し安心するのではないかと思ひます。兵隊は前線で敵と對戰してゐて常に故國のことを心配してゐます。物資不足の祖國からの慰問袋よりは慰問文の方がいゝのではないかと思ひます。

一、氣候は少し變ることもありますが、草花の種子、出來うれば野菜の種など送つてやれば、駐屯部隊などは大變喜ぶと思ひます。

ゴミタメ的慰問袋——私の經驗——

大内直通

私の經驗からすれば、手拭とサル又とチリ紙と石鹸とハミガキ粉とハブラシとがいちばん有難かつた。屯營にゐるときはいざ知らず、野戰に出て慰問袋でも貰はうといふときはひと戰爭終つたときである。さういふとき日用品がいちばん有難い。ハゴ板に風船に古雑誌二冊に古ブロマイドに下駄といふ慰問袋を貰つたことがある。なさけなかつた。古雜誌も結構だが四五年も古くては困る。慰問袋をゴミタメとでも思つてゐるのか。家で不用のものは戰地でも不用である。

石鹸とトウガラシ
——無駄のない慰問袋を——

野中勲夫

好意で頂く慰問袋に「惡い慰問袋」だ等と文句は云へないけれど、デパート製の一揃物は人情がしみてなくて困る。

私が朝鮮の女の子にもらつた慰問袋は石鹸一ケにあとはトウガラシばかり入つてゐる。手紙に「兵隊さん私の村にはお菓子屋さんがないので甘いものは送れませんが、このトウガラシを料理に使つたり、寒い時には靴下の中へ入れてたゝかつて下さい」とあり泣きたい程の嬉しさだつた。

それで慰問袋への注文が許されるなら

一、デパート製一揃の慰問袋はその品一ケ一ケに一家中のサインや歌激勵の文句をかき入れる。
二、兵隊のこのみがわかつたら、甘黨へは甘いものばかり入れる。
三、買つた品物ばかりでなく一家中で工夫製作したもの靴下、人形等
四、鄕土色濃厚なもの。
五、本は必ず入れて下さい。

一種類でも大量に粗末でもたび〳〵

澤村勉

私が慰問袋を貰つてゐたときの氣持を言ひますと、やはり食べるものを一番うれしく思ひました。それも少しづゝ多種類といふよりも、どうせ分隊のものに分けあふのですから、一種類でも量の多い方がよかつたと思ひます。それから、慰問袋はその中の品物をよろこぶといふよりも、內地の人々との心のつながりをなつかしがるのですから、高價なのを一度よりは、粗末でも回數を多く貰ふ方がどんなに有難かつたかしれません。右、べつに新しいことでもありませんし現在では、物資のありかたも隨分違つてをりますから、一概には言へませんが、御參考までに申上げます。

すりかへられた內容

濱田秀三郎

新しき慰問袋の內容品に就ては、多くの方々から定めし優れたる御解答のあることゝ存じますので、小生は次ぎの報告を以て御答へとしたい

と存じます。

先日某百貨店に赴き、出來合ひの慰問袋では面白くないと、あれこれと工夫して註文組入した一箇を、同店發送部を通じて知友宛てに送附したところ「部隊名のみにて地名無き爲め局より返送されたり」とて、旬日の後に同店より小生手許迄その品が屆けられました。封書やハガキなどが其の儘屆いてゐる宛名で小包の屆かぬは奇怪な話ですが、更らに奇怪なるは、その慰問袋の内容で、小生の特に註文して入れた品の大半が見も知らぬものに替へられ、在來の十束一からげ式の内容品になつてゐるのはたゞ啞然たるのみでした。

その間如何なる事性のあるかは知りませんが、斯かる事實のあつた事を御報告し、慰問袋御發送の際の御參考迄にと存じます。

ノモンハンの記（二）

中川芳男

七月二十二日

今朝も雲が低く蔽被さつて、鬱陶しい天氣だ。各分隊の彈藥車がそれ〴〵自分達の壕を掘つて、天幕を被せて住宅を造り初めた。

私の分隊は、砲車の運轉手小川上等兵が、助手の五味一等兵を連れてやつて來たので、彈藥車の運轉手と助手と私の五人の世帶である。私以外は、四人共皆現役兵で、三人は初年兵だ。二年兵の小川上等兵は千葉縣飯岡の人ださうで「十九貫、掛りますよ」と言ふ彼は、圓々と肥つた、見るからに賴もしさを感じさせる童顔の、丁度五月人形の「金太郎」を想はせる樣な人だ。私は彼に「金太郎」上等兵の尊稱を奉る事にした。

「さあ今の中に、家を建てちまはう。」

皆一生懸命に壕を掘り、裝具を取りまとめて天幕を張り、十時頃には立派な幕舍が出來上つた。各分隊とも幕舍を完成したらしい。

私は「隊長」の平野準尉の所へ、挨拶と人員報告に行つた。

正午少し過ぎた頃、昨日の樣に敵彈が地震を起し初めた。盛んに野鼠退治をやつて居るらしい。野鼠こそ飛んだ災難で有る。

昨日迄の忙しさにくらべて、今日は又朝から大した用も無く久しぶりで暇だ。」

○○は暑い事だらうな。千鶴子は、元氣で居るかな。「軍隊手帳」に挾んだ千鶴子の寫眞を出して眺めて居ると、

「中川上等兵殿、お子さんですか」分隊の皆がのぞき込む樣にして言つた。

「うん、俺の一人兒だ、見て吳れ。」

「やあ、此れは可愛らしい、幾歳ですか。」

「二歳だよ。」「へー、大きいですね。」

皆がほめて吳れたので、私はすつかり氣を好くした。

水が呑み度い。臭く無い水を一口でも呑む事が出來たらなあ。

「あつ、いけ無い。」今からこんな事でどうする。全く暇だと、ろくな事を考へ無い。「小人閑居して不善をなす」か。昔の人は巧い事を云つたもんだ。

戰場は、目の廻る程忙しい時が一番樂だ。突然、空中へ炸裂する。高射砲が鳴り出した。

天幕を飛出して見ると、「あつ、敵機だ。」

一機、二機、三機……九機だ。ダダン、ダダーアーン高射砲彈の煙が、空中に點々と浮いて居る。ダダン、ダダンと、息も繼がせぬ我が高射砲の集中射擊に、一機が「ぱつ」と火を吐いた。

あつ命中だ、命中だ、どつと歡聲が起る。

氣が付いて見ると、段列全員上空を見上げて、初めて見る此の敵機が火を吐き、尾部から黑煙を曳いて、すーつと落ちて來る光景に手に汗を握つて居る。「又一機、あつ、又又二機だ々」と又歡聲が擧る。殘りの七機は、編隊を亂して逃げ出して了つた。

「どんなもんだい。」「ざまー見ろ。」皆、自分が擊墜した樣な喩幕で有る。

幕舍の側の砂地に、可憐な藤紫の野草が、戰場に凡そにつかはしく無い可愛らしさで、點々と咲いてゐる。私は此の砂漠の砂に根を張つて咲誇つて居る少さな弱さうな花に、蒙古人の根强さを感じた。

「午後四時になつたら、放列へ彈藥補給に行つて吳れ。」段列小隊長の命令が出たので、早速支度に取掛つた。

今日も又貨車で行かう。文字通り彈の下をくぐつて行くのだから、牽引車へ彈藥車を付けてがらがら引張つて行くわけにはゆか無い。自動車手から用意が整つた旨、報告が來た。

皆でカンカンパリンと彈藥箱を壞して取り出した彈をどん〳〵車に積込む。炊事班は、「こりやあ好い炊物が出來た」と言つて木片を炊事場の方へ運んで行く。

「榴彈○○發、信管○○發、藥夾○○發」と、係下士官の讀上る通り、各車輛共積載が終つた。「出發準備完了。」「よーし、出發。」

放列の方向に當つて、盛んな彈着の音がドドン、ドドンと雷の樣に轟いて居る。

天候の都合で、總攻擊が一日延びたさうだ。

ロスケさん、一日生延びやがつた。まあ好い氣になつて、今の內精々野鼠退治でもやつて置くさ。放列に着いて、彈藥を車下し

始めた。

第一分隊へ行つて見た。やつぱり懐かしい。自然に足が向く。

「どうしたい、皆。」聲を掛けると、駒田一等兵が「うん、未だ此の天氣じあ、總攻擊が出來ないさうだよ。明日に延びたらしいな。」

「うんさうだつてな。」

「まあ這入れよ。おーい分隊長殿、中川が來ましたよ。」

「うわ寢ちまつたよ。うんどうだい段列の景氣は。」

煙草に火を付け乍ら、片桐軍曹が顔を出した。

「うん、今日は住宅の新築でね。午前中一寸汗をかいた切りさ。先刻、敵機が來たが、高射砲で忽ち二機擊墜されて、逃げて行つて了つたよ。丁度段列の眞上だつたね。凄かつたぜ。」

「先刻はもの凄かつたぜ」と、小林上等兵が出て來た。「友軍の野砲が射擊初めたと想つて居る中、來た、來た、一寸勘定が出來無いがまあ二百位は來たね。前の稜線をそつくり吹飛ばしちまやがつたよ」と、目玉をくるくるさせて說明して呉れた。

「うん、先刻ドカンドカンと音がして居たと思つたら、それだつたのかい。」

「さうだ凄いの何のつて」と、吉越一等兵が引取つた。

「此方が擊たねもんだから、好い氣になつてやんだよ。見ろ、畜生、ロスケ奴等、明日になれば首玉引こ拔いてやるから」と、すごい喩幕である。

深川の木場で働いて居たと言ふ此の砲手、よつぽど赤軍の野鼠退治が癇にさはつて居るらしい。

彈藥の補給が終つた。

「皆、賴むぞ。」「うん、御苦勞々々。」

皆と別れていやに靜かな道を段列へ歸つた。

七月二十三日

今日は、また、天の底迄見える程の日本晴れだ。

今日こそ、待に待つた總攻擊日和で有る。

段列の上空を轟々と爆音も高らかに、友軍機が大編隊を組んで銀翼を輝かして、一隊又一隊、敵陣の上空指して飛んで行く。連ねた銀翼が、きらり〳〵と光る。

「うわー凄いなあ。」段列は總出で、此の總攻擊の花形、爆擊隊を歡呼して見送つた。

「さあ速く〳〵、腹が空つては戰が出來ない」と、炊事班が放列へ持つて行く握飯を一生懸命握り初めた。

私は彈藥の受領を終つた。

「砲手よ、擊つて〳〵擊ちまくつて呉れ。彈藥車は、いつでも命令一下、直ちに補給に飛んで行くぞ。」

眞靑に澄んで眩しい程晴渡つた大空には、空の大進軍が未だ未だ續いて居る。

轟々と天地に木靈す爆音に、胸がわく〳〵してじつとして居られ無い氣持だ。

「おい、俺にも手傳はせてくれよ」と私は、炊事班の握飯隊の中に割込んだ。

「何だ、彈藥車長手傳つて呉れるのか、危つかしい手付だな」

「何を言つてやがんでい。」わつはつはつと皆も嬉しさうだ。

「僕ーは炊事でーにぎりー飯ーい」と、誰かが歌ひ出した。皆が聲を揃へて歌ひ乍ら、見る見る中に爆彈見たいな握り飯が山を築いた。

給與係の榎本軍曹が、それを「第一分隊〇〇個」「第二分隊〇〇個」「牛罐が〇〇個」と各分隊毎に分配して貨車に積込んだ。

「よし出發だ」積載が終ると炊事班の車が出發した。「彈藥車直ちに出發。」同時に段列小隊長の聲だ。

待つてましたと許り、既に出發準備完了した貨車へ飛び込む。各車輛共皆が車に吸付かれる樣に飛乘つた。道の兩側の所々に生えて居る草も、濡れてぴか〳〵輝いて居る。ほこりも立たず、稜線の上にはゆら〳〵と陽炎が燃て居る。こんな氣持の好い天氣は始めてだ。各車輛共全速力でぶつ飛ばす。

ホルステン河への別れ路迄來ると、行手の左前方に白い煙がもく〳〵立始めたと思ふと、ズシン、ズシン、ズシンと、連續的爆音が地響を起した。

「あつ、やつた〳〵。」友軍機が、敵の頭上へ爆擊を始めたのだ。後から〳〵空一杯に、もく〳〵と白い煙幕を張つた樣だ。ズシン、ズシンと、車上の私達の耳へ快い爆音が傳はつて思はず皆歡呼の聲を張り擧げた。

放列へ着くや飛下りて、小隊長に報告する迄も無く、各分隊から砲手が飛んで來て、車下を始めた。「速く々々、もう直ぐ射擊が始るぞ。急げ〳〵」小隊長が聲を枯らして叫ぶ。

大車輪をかけて車下したので、忍ち終つて了つた。

「〇〇諸元取れー榴彈着發信管ー」電話器にしがみ付いて居た通信手が叫ぶ。觀測からの號令だ。

「そーら始まつたい。」私達は息を殺して砲手の動作を見守つた。

小隊長は、聲を限りに各分隊へ

「高低ー十度二、七千五百第一發射、續いて込めー指令各個に擊て」。

「よし。」照準手が叫ぶ。「擊て」と分隊長。「ぱつ」と砲口火を吐くと見るや、天地も裂けよと許り、ダダーン、ゴーツと、彈道に嵐を巻起して第一彈が飛んだ。續いて第二、第三、第四の各分隊の砲口も火を吐いた。

近くの野砲陣地からも、射擊が開始され、バーンバーンと爆音が響いて來た。遂に總攻擊の幕は切つて落されたのだ。

「方向よし、續いて込めー指命右より擊てー」

嗚呼、中隊長宮殿下の颯爽たる御號令、電話器を通じて觀測所より傳はれば「ぱつ」と砲口を走る閃光、ガアン、ダーン、シュル〳〵ゴーツと天地を搖がす爆音は、今放列が全戰場の各陣地と呼應して、砲も砲手も一丸となつて砲口を飛出す火の玉の樣に敵陣粉碎の雄叫びである。噫々思へば「〇〇」を出發した時、すれ違つた戰傷兵滿載の病院車の横顏に、そしてノモンハンの集合所に到着したあの日、雨に濡て淋しく並ぶ戰友達の墓標に、「今に見ろ」と敵の空を睨んだこと幾日ぞ。彈藥輸送中又陣地構築中、集中する敵彈の炸裂に、大地に伏して「畜生」と齒を喰縛つたこと幾度ぞ。

衆を賴んでのぼせ上つたロスケ奴、今こそ一發又一發、眞心込めて擊出す皇軍將兵の大和魂の炸裂を受けるものなら受けて見ろ。さあ、——我々には我々の重大な任務が有る。

歸らう段列へ。砲手よ、しつかり賴むぞ。

鐵兜の顎紐をしつかり結び直して、自動車へ乘つて、放列を後にした。

一齊に開いて擊出す我が砲門の嵐に、泡を喰つて驚いた樣に、敵が射擊を開始したらしい。來る〻〻。野砲、重砲。シユ〳〵、ドカン、ドカン、目茶〻〻に炸裂する。然し、其れで無くしても當らないロスケ共が、度膽を拔かれて狂氣の樣な盲目射だ。好い鹽梅に肝腎の觀測所や放列は、其の儘頭上を飛越して相不變野鼠退治である。其の代り、段列へ急ぐ我々の車輛の前後左右、土砂を吹上げ、はね飛ばして、大穴を開けて居る。

「あつ危い」と思はず首を縮込める程、近く炸裂する奴が有るかと思ふと、シユルーウーンと車の上を斜めに飛越して、とんでも無い方で土煙を上げる奴もある。彈の下をくぐつて八時、全員無事段列へ歸着段列小隊長に復命して居ると突如、

「敵機」と叫ぶ對空監視哨の聲。「あつ敵機（アブ）。」ダン、ダン、ダンダーン、高射砲の炸裂する煙が、花火の樣に空中に點々として居る。

敵機の數はかなり多いと見えて、高射砲の音の中からゴーゴーと音は聞えるが、姿が見え無い。目がくら〳〵する程澄んで居る青空だ。其の內に

「あつ見えた、見えた」約三十機の敵機が、眞一文字に翼を連ねてやつて來る。七、八千米もの上空で有る。一列橫隊に並んだ翼がちかり、ちかりと僅かに光る。「ずい分高いなあー」と呆れた樣に見上げる皆の耳へ、「皆壕へ這入れ。」段列小隊長の叫ぶ聲。間も無くゴー、シユル〳〵ゴーッと嵐の樣な風を切る音。ズシンズシン〳〵、大地をぐら〳〵と震はす爆音が起つた。

「あつ落しやがつた。」全く大地震だ。壕の內の壁がざーざーと砂をずり落す。「あつ、又」「今度は頭の上だ。」ゴーゴー、シユーシユーズシンズシンズシン、壕は半分埋つて了つた。

ゴーゴーと敵機の爆音が、壕の上空を斜めに過ぎたなと思ふと、又シユル、シユル、ズシン、ズシンズシン、連續的に二三十發。左の凹地へ落ちたらしい。あゝ段列は奇蹟的にも盲爆の僅かな間隙に入つて、危い所で此の敵機（アブ）の糞を免がれたのである。「ずい分落してよこしやがつたもんだなあ」と思ひ乍ら、「ふーつ」と溜息を吐いて立ち上つた。皆が頭から被つた砂をばた〳〵と拂ひ落し乍ら、壕から出て來た。「うわー畜生」「あぶの奴、調子付きやがつて」等と言ひ乍ら向ふへ飛んで行く敵機を睨み付けた。

砲彈の炸裂には、なれ切つて了つた故か、一向驚か無い無神經な私達も、さすがに高射砲も高射機重も手の付けられない程の高度から、夕立の樣に降つて來る盲爆には、初めての經驗の故許りで無く皆が口では何と言つても、實際の所全く殘念乍ら生きた心

が無かつた。

あつ又 今度は三粁ばかり後方に有る湖の邊りを爆撃して居る、盛んに白煙が天を突いてズシン ズシンと地軸をゆるがして居る。あつそうだ、畜生―彼所には野戰病院が有る所じあないか。並んで聯隊段列、大隊段列の方向からも「ぱつ」と火柱が立つた。何に命中したのだらう。もく／＼と黑煙が天を焦し初めた。ガソリンが燃えて居るらしい。眞紅な火が、手に取る樣に見える。

今度は、右側方の稜線に、白煙を立て、地震を起して、其のまゝ稜線の彼方に姿を消して行つて了つた。

敵機の奴等、御留守見舞か、後方攪亂と來たらしい。十二時三十分、平野軍曹等五名と一諸に、大隊本部へ彈藥受領の連絡を取りに出かけた。

野戰病院の前を通ると先刻の空爆の犧牲になつた戰死者を運んで居る。十五六名やられたさうだ。負傷者も相當有るらしく續々と運んで來る。

私達は車から下りて、戰友の屍に敬禮を捧げた。側に立つて居る若い軍醫殿が我々に向つて、

「實に壯烈な戰死です。小銃彈と違つて砲彈でも、爆彈でも、破片創は實際無殘ですね。自分等は北支から轉戰して來たんだが」と言つて居た。

私達は重ねて英靈に敬禮すると共に、火の樣な復讐心が腹の底から燃上つて來るのを覺えた。

一發、一發、目標に向つて的確な皇軍の砲擊や爆擊と違つて、彼等のやり口は爆彈にしろ砲彈にしろ、丁度それは俄成金の馬鹿息子が湯水の如く撒散す金錢の樣に、時と所の見境無しにばら撒くので有るから、其の效力は高が知れたものだ。皇軍の「百發、百中」の信念に比して「百發、一中」と云ふ所らしい。

然し昔から、「下手な鐵砲擊も數發擊ちや中る」と云ふ言葉が有る通り、たまには、驚く程正確に飛んで來る奴が有るし、爆彈だつてあんなに莫迦々々しい程澤山落してよこすのだから、空襲を受けると殘念乍らどうしても多少の被害は免れ無い。

湖の邊りにあつた、輕重隊のらしい馬列線に、爆擊でやられたらしい軍馬が三頭、横たはつて居る。飛行場では、患者輸送用の飛行機が二臺もやられて居る。先刻段列から見えた火柱は、之だつたのか。大隊本部への用事をすまして歸途に付いた。途中迄來ると、あつ又來やがつた。午前の時よりは幾らか低目らしい、矢張約三十機。一列横隊に此方に向つてやつて來る。皆、一旦下車して「敵機」の動向を見守つて待機した。あつ落した。向ふの稜線へ白煙が立上つた。ズズン、ズズズン、ズシン、ズシンと地響が傳はつて來る。

あつ又、今度はずつと近い。

段列の近くだが、段列じやないだらうな。はつと思つて、車の上へ飛乘つて見ると、段列より一つ先の稜線の向ふである。續いて何も見え無い砂地二箇所ばかりに落すと、其のまゝ方向轉換して、將軍廟の方向へ飛去つた。

午後八時、放列へ彈藥補給に行つて、歸りに觀測所へ立寄つ

た。今日の總攻擊で中隊は、流石全戰場の友軍から期待され、其の到着を待兼られた丈有つて、十五糎榴彈砲の威力を遺憾無く發揮して思ふ存分敵を叩付け赫々たる戰果を擧る事が出來たと云ふ事で有る。彼我の砲擊戰愈々酣に、敵の榴彈は炸裂して渦を卷き、四圍に火柱が林立する。この激戰中も、終始陣頭に御立遊ばされて勇戰御奮闘遊ばされた中隊長宮殿下に於せられては、益々御元氣にて御滿足氣に拜された。皆、身に餘る御褒の御言葉迄戴いて、感激して心に明日の奮戰を誓ひつゝ、段列へかへつた。

七月二十四日

今朝も早くから、放列の方向からはドドン、ドドンとひつ切り無しに、彼我の砲聲が天地に木靈して響いて來る。

六時頃、戰砲隊の小林上等兵と近藤、沼上の兩一等兵が「おい中川上等兵居るかい」と言ひ乍ら壕の中へ這入つて來た。見ると三人共莫迦にぼんやりして居る。

「どうしたい、皆莫迦に早いじや無いか、まあ座れ。」「うん、どうも殘念だよ、分隊の砲車が故障して了つたんだよ。」小林上等兵が元氣の無い聲で答へた。「えつどうしたんだい。敵彈でか」私も驚いて鬩返した。

「いや砂地の故か、射擊中、開却して有る右の埆が曲つて了つたんだ。原因は分ら無いが、兎に角これ以上擊つと折れて了ふさうだよ。」

ダダン、ダアーン放列の方から、盛んに轟いて來る砲擊の音に耳をかしげた。向ひ合ひ乍ら近藤一等兵も「畜生、砲車さへ故障しなければ、撃つて撃つて、撃ちまくつてやるんだがなあー」と口惜しさうだ。

「うーん分隊長も口惜しがつて居るだらうなあ。」

　私は片桐軍曹の心中を察するに餘り有るものが有つた。

「うんまあ然し敵弾でやられたんでは無し、外の分隊は無事なんだらうし、各分隊で第一分隊の分迄うんと撃つて貰うさ。命令が有れば今直ぐでも修理に持つて行つてやるからな。其ればかりの故障は直きに元通りになほるよ」と努めて元氣な聲で皆を勵す様に言つて、昨日、輕重隊の兵隊に貰つた「グリコ」を二粒づゝやつて慰めた。

　九時少し過ぎ、噫々、中隊段列は遂に空爆を喰つて了つた。「敵機」と叫ぶ對空監視哨の聲と同時に、高射砲の音が聞こえ始めた。と思ふ間も無くズズーン、ズシン、ズシン、ズシン、「敵機」の奴、昨日と同じ體形でやつて來たらしい。昨日の通り向ふの稜線の上へ二三十發落した。今朝は昨日よりずつと低い様で有る。それでも五千米以上は有るだらう。ゴーゴーと丁度頭の上へやつて來たらしい爆音に、皆、壕の壁へピッタリと吸付かれる様に、もぐつて居る。とシュー〳〵、シューと來た。「あつ落しやがつた。」何しろ五千米以上の高度から何十發と無く一度に風を切つて落ちて來るのだから、眞下に居て何と言つて好いか。何とも形容の出來ない様な音を立てゝ我々の頭上に降つて來るのだからいかに無神經な我々でも、一寸平氣でゐるわけには行か無い。ズシン、ズズズズーンーズシン、ズシン、ズシン、ぐら〳〵と地面が搖れる。ざざざーと崩れ落ちる砂で、壕内はすつかり埋まつて了つた。其處等中に蒙々と立籠める煙で四圍は眞暗である。何か焦げる様な匂ひがつーんと鼻を突く。耳がじーんと鳴つて、息が苦しい。と又、シュル〳〵シューと來た。畜生敵機の奴、今日は二段構へか。「わつ」と私達は爆風のあふりで、半分吹飛ばされて居る天幕を手で引張りよせると、夢中になつて頭から被つた。

　冗談じや無い。天幕なんぞ被つたつて、被らなくたつて、相手が何千米もの高度から來る爆弾だ。然し、皆誰でも其の時は無意識の内に背嚢を頭にのせ飯盒迄も被つて、後々迄の笑の種を作つて了ふのだ。やつぱり人情である。昨日の通り、後の凹地へ二三十發落すと其のまゝ今日は將軍廟の方へ飛去つて了つた。敵機の奴等、何にも無い後の凹地に何か有るとでも思つて居るらしい。

　僅かな時間で有つたらうが、私達には、ずい分長かつた。「ふふーん」、溜息をついて皆顔を見合せると同時に立ち上つた。もう〳〵と立籠めた煙が霧の晴れて行く時の様に、すーつと流れる。

　おー、段列の其處、此處に、二十幾つも見事な程大きな穴が空いて居る。直徑十米以上も有るだらうか、五十粁弾らしい。

「わあー、ずい分落しやがつたなあー。」

　よくこれで無事で居られたもんだ。と皆は又顔見合せて感心した。

「何だ、全で空爆を喰ひにわざ〳〵段列迄來た樣なもんだな」等と、放列から來た連中、砂をばた〳〵と拂ひ落し乍ら、愚痴をこぼして居る。「各分隊共ー、異狀無いかー」と段列小隊長が叫んだ、と同時に

「安部屬官がやられたー」と叫んで、二三人が、屬官の倒れて居る方へ飛んで行つた。

「伊藤上等兵がやられたぞー」と、右の壕から誰かが怒鳴つて居る。

嗚呼、段列は今日、中隊で初の戰死者として中隊長宮殿下の御供をして從軍中の安部仁三郎氏及び召集の伊藤上等兵の二名を失つて了つたのだ。

正午、放列へ彈藥の補給に出掛けた。途中觀測所へ寄つた。用事をすまして、放列へ行かうとすると、松本少尉に會つた。

「やあ中川上等兵、しばらくだな」と、士官學校を出て直ぐ中隊の觀測小隊長として出征して來て居る此の少尉殿、潑剌とした其の若さと共に、素晴しい元氣な少壯士官である。

「はい、いつも御元氣ですなあ」と擧手の禮をした。「おい中川上等兵、これから放列へ行くんだらう。片桐軍曹がしをれて居るから慰めてやれよ。」此の少尉、私と片桐軍曹と仲の好い事を知つて居ると見える。

「はい、慰めてやります」と言つて車へ乘つた。彈藥車下を終へて、第一分隊へ行つて見ると、皆各分隊へ應援に行つて、壕の中には駒田一等兵と二人しか居ない。いやに靜かだ。中へ這入つて、「おいどうしたい」と聲をかけて、腰を下した。

一小林上等兵から聞いたが、殘念だつたな。」

「うん處置無しだよ。はゝゝゝ」と淋しさうに笑つた。

ダダアーン、ドドーンと轟く各分隊の射擊の音を聞き乍ら、さも殘念さうに砲車の故障の模樣を話して吳れた。

私は、わざと元氣、に午前段列へ受けた空爆の時の樣子と、其の結果を彼に話した。そして「まあ戰爭だから仕方がないさ。それに昨日の總攻擊は、武勳赫々たるもんだつたじや無いか。そう氣を落すなよ。又いい事が有るよ。命令が下れば今直ぐにでも、修理班へ持つて行つてやるよ。敵彈でやられたのと違つてこればかりの故障、直ぐになほるさ。」

「まあ元氣で行かうぜ」と立上つて、「じあ歸るぜ」二人に見送られて、歸途に着いた。

通路の右方に、野砲彈がやたらに炸裂してダダーン、バーンと、土砂をはね飛ばして、黑煙を上げて居る。もう、どんなに擊たれたつて、一寸も驚かない。そればかりで無く、考へ樣によつちあ、此奴が來ないと、何だか物足り無い淋しさを感ずるから妙だ。段列へ歸つて、皆と午前中の空爆の話をしながら飯を喰つて居ると、ダダン、ダンダンと高射砲が鳴り初めた。「敵機」と監視哨が叫ぶ。

「又か、敵機の奴しつこいぞ。だが、此奴ばかりは一寸苦手だ。

すると、誰かが外で「あつ友軍機だ、友軍機が來た。」「何、友軍機だ」と、皆飯盒をおつぽり出して、壕の外へ飛出した。

見ると、午前と同じ方向から敵機約三十機。午前の時よりずつと低空でやつて來る。

將軍廟の方から友軍機が三機。「何だ三機か。」私達は三十の敵機に對して何だかはつとしたものを感じた。

お互に、接近して行つたかと思ふうち、友軍機がすーつと編隊を解くと同時に、さつと敵機群の中に飛込んで行つた。

「あつ、空中戰だ、空中戰だ」「わー凄げえー〳〵」私達は生れて初めて觀る空中戰に、手に汗を握つて見入つた。

すうーつと上になり下になり、友軍機は巧に敵機群の中央に喰込んだ。ゴーゴーグウーンとエンヂンの唸りに交つて、バリンバリンバリンと機關銃の音が盛に聞える。

其の中一機がぱーつと火を吐いた。好く晴れた青空に火焔が一段と鮮かである。

「あつ、どつちだ〳〵」「敵機」敵機」尾部から眞黒な煙を曳いて、すーすーと燃え乍ち落ちて來る。

「バンザイ、バンザイ、あつ又、二機だ。又三機だ、三機だ。」

私達は、昨日から何度も、空爆を受けて、被害を被つた友軍を思ひ、特に今日は午前、毀列に受けた空爆に依つて戰友を失つた許りな丈に、火焔に包れて落ちて來る敵機と、僅か三機で敵機の大群中に悠々と奮戰して、次次と此の憎む可き敵機を擊墜して居る友軍機の素晴しさに感激の淚さへ浮べて、バンザイを絶叫し、友軍機に聲を枯して聲援を送つた。

あつ、又、四機だ。眞紅な火を吐いて落ち來てると、下の方で二機が同時に火を吐いた。

「あつ、空中衝突だ。」はつと息を呑んだ。夢中になつて友軍機の數を追つた一機、二機、三機。確かに三機、あー友軍機は無事だつた。

すると今のは兩方共敵機だ。はつとすると同時に、「わーつ」と歡聲が上つた。

「わーつ、敵機の奴ざまー見ろ。」又一機が火を吐いた。同時に敵機は、一齊に逃出し始めた。

嗚呼——如何に精神力の相違とは言ひ乍ら、七機も擊墜されて我先にと算を亂じて遁走する敵機に比べて、たつた今、我に十倍の敵機群の眞只中へ、敢然と突入して、此の多大な戰果を收め乍ら、何事も無かつた樣に、すーつと又元の樣にきちんと三機雁行に體形を組んで、悠々と引上げて行く友軍機の力强さ賴もしさ。ああ、世界中、何處の國にこんな素晴しい空軍があらうか。

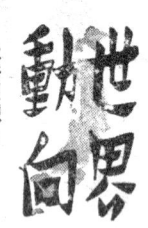

皆機影の去つた大空を見上げたまゝ、少時感激に我を忘れて立ち盡した。（未完）

婦人標準服協賛

和洋女子專門學校

生徒募集

①本科（三年）⑤別科（三年）②家政科（二年）
③師範科（一年）④家庭科（一年）

入學資格 ①乃至④ハ高女卒、實科高女卒、甲種職業學校卒、⑤ハ五年制高女四年修了、專檢合格者、國民學校訓導有格者

東京市麹町區九段中坂上（電話九段一九〇七 四〇〇七）

特典

一、本科、別科　無試驗檢定裁縫科中等教員免許
一、本科一部
一、別科一部　卒業後特設ノ家政專攻科（一年）ニ入リ卒業セバ無試驗檢定家事中等教員免許
一、家庭科
一、師範科　無試驗檢定國民學校裁縫專科訓導免許
一、家政科　無試驗檢定國民學校家事專科訓導

寄宿舎完備（入學案内要郵券三錢）

公認 音羽洋裁女學院

昭和十七年四月生徒募集

願書　目下受付中
△本科　一ヶ年卒業
△速成科　半ケ年卒業
△師範科　一ケ年卒業
就職紹介　夜間部特設
寄宿舎完備（學則要郵券）
參觀歡迎

特色

本學院は大本山護國寺が社會奉仕として設立した洋裁專門學校で校舎・寄宿舎の完備、講師の權威あるの事、環境の自然の美に惠まれた事は洋裁研究者にとりて一大福音です

東京市小石川區大塚坂下町二一護國寺境內
電話大塚五六三三番

第五回校舍寄宿舍增築生徒募集

專門部
師範科　一ヶ年
研究科　A 四ヶ月　B 四ヶ月　C 四ヶ月

女學部
豫科　一ヶ年
本科　二ヶ年

洋裁專科
婦人服科　六ヶ月
子供服科　六ヶ月

夜間部
速成科　八ヶ月
子供服科　四ヶ月

新學期四月五日

東京洋裁學園

學園長　清水登美

豐島區西巣鴨二丁目
電話大塚(86)一〇八五番

新學期洋裁生徒募集

目下願書受付中　規則書要三錢

速成科　高等科　普通科
隨意科（華道科、書道科）

興亞女子洋裁學院

東京市下谷區竹町百廿一
電話下谷(83)八八四三番
省線御徒町驛下車三分

特典＝ミシン無料貸與・材料支給

世界動向

戰爭原理と米英の敗退

戰爭は、敵國を打倒するために行ふ國家行爲である。この打倒の方法として、絶對戰たる武力決戰に依るか、若くは武力以外の經濟包圍戰によるかに從つて、相手國が當方に對する攻勢態度に軍事的であり、或は政治經濟的である樣相を呈する。米英が數年この方、わが國に對して加へて來た敵性行動は、後者に重點をおいた。これは、主たる敵性國米國が英吉利等を引具して對日包圍陣を布き、眞綿でわが首根を絞める如き恐るべき死の陷穽であつた。

その方法は、彼等に取つて兵力人命の損失を避けつゝ、相手國の抗戰力を減殺する巧妙な手段である。この手口は、獨逸のカール・リンネバツハに依れば、佛蘭西のフォツシュ元帥の「戰爭原理論」に於て强調されたものであつて、第一次大戰に於て英佛等の聯合國側が獨逸に勝つたのは、實にこの聯合包圍方法を採用したからだといふのである。

第一次大戰に於て勝を占めた秘訣がこの方法であつたから、米國は由來この方法を以て日本打倒の秘傳としてわが國に臨んで來たのである。顧みれば、ヴェルサイユ會議で日本の勢力を押へ付けようとしてその機會を失ふや、大正十年にワシントン會議を開催して米英が主力となつて日本を押へ付け、五・五・三の比率でわが海軍の戰艦勢力を減殺した。次いで昭和五年ロンドン會議で、わが潜水艦の數量を制限し、かくて米英は戰はずしてわが海軍の抗戰力を低下させた。敵を倒す方法として、米英に取つては、武力を用ひずして效果を收むる巧妙な手段であつたのである。

米國は、日本を打倒するために、この方法の味を忘れ去ることが出來ず、昨夏來對日包圍陣を强化しつゝ外交方策に於て日本を威嚇し、わが國策の達成を妨害した。之が遂に今次大戰爭の因を爲したことと周知の通である。

そこで、この方法たるや、實はクラウゼウイッツの戰爭論では、未だ說かれてゐなかつたものである。そう云へばこの方法は、リンネバッハの論じたやうに、フォッシュ元帥の戰爭新原理であるかも知れない。敵を倒すには此の方法は、味方の兵力人命を直接損耗することなくして戰爭に勝つ所以であらう。

併し乍ら、この方法は戰爭の手段として果して成功したであらうか。然らず、緒戰以來彼等は敗戰を重ねてゐることと現實の事實である。

かゝる米英敗戰の原因は、彼等の採つた戰爭原理に災されてゐるものと言へる。即ち要塞を强固にし、軍港の威容を宣傳し、軍艦、飛行機の數量の多きを吹聽し、敵性國家群の聯合勢力を以て我を威嚇せんとした。命を捨つることなくして、戰爭に勝たうとする卑怯陋劣な方法を採用した。彼等は、クラウゼウイッツのいふ命を捨てゝかゝる絶對戰を冷笑してゐた。米英のやり口は、いつも自分が本質的の犧牲を拂ふことなくして勝たうとする。之がために其の植民地より徴収した兵を第一線に立たせ、本國兵を最後方に督戦させながら勝利の榮冠を獲得しようとする。屬領や傀儡の聯合勢力を以て日本を包圍し、自らはその後方に居て危險を避けながら戰爭に勝たうとする圖太くもずるいやり口が米英の常套手段だ。かくして彼等は、緒戰より敗戰の天罰を受けたのである。これは米英の傳統たる自己中心の利益主義が其國策のみならず軍略上にも現はれ、それが災して敗戰を決定的ならしめた。彼等として クラウゼウイッツの所謂生命を捨てゝかゝる絶對的武力決戰を嫌惡せる習性の然らしむる所、我が日本魂とは天壤の相違である。

×

星港攻略と　その後に来るもの

イギリスの東洋制覇の牙城星港が、今や忠勇無比の我が皇軍によつて攻略されたのである。英帝國百年の守、難攻不落を誇つた堅城も、我が皇軍の前には遂に敵なき最後を告げねばならぬ悲運に陥つた。かつては東洋にまで爛として輝いたユニオンジャックの軍旗も、マレー敗戰から星港陥落により、其旗影を全く沒するに至つた。皇軍の向ふ所敵なきは、香港、マニラ、星港等の陥落によつて、ヤンキーやジョンブル共の今や思ひ知るべき所であらう。

星港が要塞として如何に巨大にして防備設備の完璧を誇るに足るものであつたかは、英吉利が十ケ年の歳月と一千萬磅の巨費を投じて完成した勢力の跡を顧みても知られやう。故に星港攻略こそ大に慶祝に値する。

それは星港喪失によつて英勢力は、全く東洋より驅逐せらるゝに至るからである。由來英本國より印度に至つたルートは、星港に至り此島から分れて一は北上して香港に達し之を以て支那を支配せんとし、他の一は東漸してスンダ列島海路を通り濠洲ポートダウインに至り、之により蘭印と濠洲及ニユージーランドを抑へてゐた。玆に於て星港の地位たるや、經濟的には支那マレー蘭印濠洲に於ける產業收益に對する植民地的利益搾取の監督支配地であり、軍略的には東洋艦隊の鎭守府として香港と共に日本の軍事的經濟的南洋制覇への前衛防砦であつたものである。

故に英吉利として東洋に於ける此の大根據地の喪失は、支那マレー蘭印濠洲ビルマのみならず、印度に對する支配勢力の轉落乃至喪失を意味するものである。實に東亞に對する英帝國戰略及經濟路の致命的喪失であり、從つて英吉利の帝國構成の根本的崩解を意味するものである。

之と同時に日本の立場は、星港を軍略的基據とすることにより、マレーは云ふまでもなく蘭印諸島及ビルマを其支配圏内に收め、東は濠洲を制壓し、西は印度に及び得るであらう。進んで獨伊の西亞進出勢力とよく關聯を保ち、以て英の印度濠洲路を斷ち、又米の南洋進出を完封し得べく、かくて星港は我東亞共榮圏構成の要石とならう。世界の歴史は斯くして一變するのである。

職場と服裝

師勝夫

徳永直のラヂオ小説の中に、婦人勞務者の服裝の問題を取扱つた面白い作品のあつたことを想ひ出して見る。

物語りは、東京近郊の某工場に通勤する二人の女性を登場させる。

一人は粗末な作業衣、工場から支給される物だが、これ許りを唯一の服裝として、降つても照つても身につける貧しい婦人勞務者。

他の一人は、その作業衣は職場の中でだけ着用して、通勤には別な立派でハデな模樣の着物を次々に取換へて着飾るといふ見榮を張る女性。この後の女性も、先の女性と同じ職場で働く勞務者であつた。

が、この二人は、その工場の中の或る男性を互ひに戀ひ慕ふことになる。

作業衣の女は靜かな瞳の中に男への愛情を秘めかくして居り、男の方では白粉氣もないこの女には少しも注意を拂はないでゐる。

それのみか、ハデな粧ひを凝らしてゐる他の女の方に興味を惹かれてゐるやうな氣配である。晴れ渡つた或る第三日曜日、その工場では、一同ハイキングに出掛けた。

その日も作業衣の女は、依然として粗末な着古した作業衣を着て出て來た。

それに反して、他の女は男の眼を惹くキラビヤかな服裝、しかも美しくお化粧した輝やくばかりの顔を誇りがましく見せてゐた。

ところが、晴れた空が俄かに曇り出し、雨がドシヤ降りに降つて來た。

お化粧した女の顔は雨に叩かれて、汚く變り、立派な着物は却つて、雨の野道には似つかはしくなく、だらしのない恰好に見えるのであつた。

それに反し、作業衣の女は、この雨に却つて、甲斐々々しいいでたちになり、頼母しい風情さへ感ぜられるのであつた。

男は初めて女の本當の美しさを知り作業衣の女との交際を進めて行く。

といふのが、大體の筋書のやうに記憶してゐるが、この物語りの中から服裝の持つ大きな意義を充分汲み取ることが出來ると思ふ。

この物語りの中には、作業衣の美しさが謳はれてゐる。キリツと緊つた作業衣の女に、何かしら堅實味を感じさせる。そして、その作業衣によつて包まれた人間をも、自然しつかりした人格を具へてゐるやうに思はせる。

形式が内容を決定するといふのが、服裝の問題に於いて殊によく裏打されてゐる。

また 次のやうなこともよく世間でいはれてゐる。

「白衣を着た看護婦の美しさは、その白衣を脱げば、減殺される」

これは、職場にあつて、自分にまかされた仕事に懸命な人の姿――これを外部的に表徴するものはやはり服裝である――が美しさを表現し、作出することを意味するものである。

この美しさが、「服裝」にそのまゝ移されると、制服の美、作業衣の美しさといふものが生れて來る。

作業衣のやうなキツチリした物を着て、職場にあれば、それを着る人の心が引締つて來、從つて生産の喜びを感じ、生産の力が自然涌き出て、生産能率も增進するといふ結論になる譯である。

勞務者全部が均一な作業服を着てゐる集團的な職場に於いて、殊に生産能率を昂める事實は注目されなければならない。

政府は、勞務者に對して「作業衣」の割當配給を行つてゐる。

しかし、原料、製造能力の關係から全國の勞務者に萬遍なく配給される迄には立至つてゐないが、政府の立案する男女の作業服が相當程度、生産現場に行きわたつて生産能率を高めてゐる

生産に直接必要な物資として、全國の職場から絶えず要望があり、政府も配給に努力してゐるやうであるが、作業衣こそは、生産の力を如實に發揮出來るための必需物資として、現在最もその必要が痛感されて居り、これがなければ生産の喜びも或る程度減殺させられ、生産能率も低下するといふ幾多の事例を屢々見聞するのである。

大日本産業報國會で最近開催した京濱地帶の「勞務者生活懇談會」では服裝」に關して多數の注目すべき意見が述べられたことを左に特記しなければならない。

その一つ――

「青少年工は僅かな收入のうちから、高價な洋服を買ひたがる。

毎月收入の大部分を洋服月賦として洋服屋に拂はねばならず、從つて食費も充分でなくなり、榮養も缺乏し、身體をこはす者も殖えて來てゐる。

青少年工は、幹部職員の服裝を眞似して高價な洋服を着ようとする。

この傾向を是正するために工場勞務者の服裝をこの際統一してまち／＼な洋服を着ないやう指令を發して貰ひたい」

といふのである。

この意見を述べた人は、これを說明するに當つて、如何に多くの青少年工が服裝による深刻な惱みを持つてるかを、數字を上げて統計的に詳細に說明する所があつた。

國民服といふものが現在制定されてゐる以上、工場勞務者の服裝を別に統一制定することの是非については研究論議を必要とする問題であり、生產能率の增進が强度に要求されてゐる今日以上の報告は取上げて檢討をしなければならぬ所であると思ふ。

青少年工が、多數、高價な洋服を着るために憂味をやつしてゐることは、誠になげかはしいことではあるが、「そんなことは怪しからぬ事だ」と叱り飛はす丈では餘りにも無責任な話しである。

青少年工が高價な洋服にあこがれる心理を解剖してその眞因を突き止めることも必要であらう。

その對策として工場々々で服裝の方式を簡素に一定するのも考へられるし幹部職員もつとめて簡素な洋服を着るやうにするとか、種々の對策が樹てられねばならぬことである。

しかし、服裝の統一について名古屋の某工場では見事に失敗した實例がある。

女子勞務者の通勤服が區々であるため、その工場では質素な服裝を考案して强制的に着用させたが、いつの間にか誰もその服を着て來なくなつた。原因はその新しい服が餘りに質素に過ぎて、女らしい情緒を全く忘却し去るやうな作り方であつた爲だと謂ふ。

と、思へば、作業衣に敬禮をする工

場がある。

職工さん達が出勤して來る。通勤服を作業衣に着換へる時、自分が着古した作業衣に、男なら擧手の禮を、女なら、丁寧に頭を下げて敬禮する。

それから職場に就く。

一日の勤勞が終つて、作業衣から通勤服に着換へる時も、同じやうに敬禮をする。

この珍らしい習慣はその工場主が、工場規律の嚴正を目標として考へ出した案であつた。

「かうすれば、仕事に眞劍になるだらう」といふ位の氣持ちで開始させたのであつた。

最初は誰も彼も、作業衣に對して敬禮するなど、馬鹿くさい事のやうに考へられ、一寸板につかぬギコチなさを感じ合つたものだつた。

がしかし、一日々々と日が經つに連れて、作業衣に敬禮することが、少しも不思議でなくなつた。そればかりではない。毎朝、毎夕作業衣に敬禮を忘れると、何かしら、心濟まないやうな氣持ちに落ちるのであつた。

これは面白い作業衣の實話であるがこの話しは、作業衣の中に「生産の喜びと力」が包みかくされてゐることを意味してゐるものといへる。

産業報國運動は、勤勞の國家性を敎へようとしてゐる。即ち、勤勞は賃銀を得るための單なる手段だけではない、勤勞先づ國家のものだといふ觀念を植えつけようといふのである。

勤勞の姿を外部に表現するものは、「作業衣」である。勤勞は私事ではなくして、立派な奉公であるとする考へ方から、作業衣の中に自然で立派な精神がこめられて來る。

作業衣に敬禮！

これは立派な産業報國運動の實踐である。この精神を以て、この作業衣を着た勞務者が、生産の喜びと力を以て職場にいそしめることも誠に自然な勢ひである。

生産の喜びと力と服裝——この三題噺のやうな取合はせは、誠に奇妙な感を與へるが、詮じつめれば結局、服裝の持つ少からぬ威力を今更ながら認識させられる丈である。

從つて、昨今のやうな着ればすぐヨレ〳〵になる作業衣も誠に困つたものだが、作業衣に敬禮する位の徹底した信念を持つことによつて、地質の弱いこと等には、この時局、些かも合意する所なく、生産能率の增進につとめねばなるまい。（筆者は産報文化部員）

新らしき隊列

火野葦平

三

ガンガラ木魚の叔父が警察にひつぱられたといふことをきいて、孝之介はいやな氣持になつた。すこし成木の叔父が好きになりかかつてゐたところに、警察などに引かれたときいてまた、やつぱりどうも蟲が好かないと思つてゐたが自分のかんはちがつてはゐなかつたなどと思ひかへした。なんの事件かすこしも知らなかつたが、いかなる理由があるにしろ、惡い者をとりしまる警察に拉致されて、しかも三日も四日も歸つて來ないといふことではどうせろくなことでないにきまつてゐる。しかし孝之介はよく考へてみると、叔父はたゞ蟲が好かないといふだけで、そんならどこが好かないかといふとまつたく當惑してしまふのだ。いよいよ叔父を批難してみようと思ふとどことといつてあげようがない。頭が禿げてゐるとか、その形が木魚に似てゐるとか、口やかましいとか、ずんぐりした猫背であるとかいふことがべつに惡いことであるわけはない。惡いことをしたといふことをきいたことはいちどもなく、叔父の惡口をいふ者の口裏をよく考へてみると、叔父が石炭商としてはならぶ者のないやり手でうつかりしてゐる者はいつもしてやられるといふことに對する嫉視と羨望とがあるらしい。しかし、その叔父が自分を養子に欲しいといつてゐるときくと、なにかふしぎにいやでたまらなくなつた。それが姉の家に弟の孝太郎や新太郎といつしよに行つたときに、叔父がたづねて來たときのことでいくらか好きになりかけてゐた。養子のことも孝之介は考慮してみる氣持になつてゐた。しかし、もう警察にひつぱられるなどといふことであつてみれば、もうなんとも仕方がない。

「成木の叔父さん、どうしたの」

と孝之介は父にきいてみたことがある。

「さあの」

父は知つてゐるのか知らないのか、澁面をつくつて生返事をした。

「惡いことしたんでせう」

「さあの」

父は同じ返事をする。

「だつて、惡いことをしない者が警察にひつぱられるわけはないでせう」

「さうぢやな」

父との問答はいつかうたよりがない。孝之介は父がかくしてゐるのだと信じた。

「どろぼうしたの」

「馬鹿たれ」

耳のやぶれるやうな聲だつた。孝之介はとびあがつた。父がこんな聲をだしたことはない。孝之介はだまつた。

孝之介は古賀の海岸での叔父を別人の樣におもひだす。海濱で前から來る馬渡とみ子と、うしろから來る成木太三とにはさみうちになつて、當惑しはてた孝之介は思ひもかけぬ行動をした。もう秋ちかい海のなかへ裸になつてとびこんだのである。國民服が白い砂のうへに拔ぎすてられたくましい孝之介の身體は汀によせる波に白いしぶきを蹴ちらしながら、まつ青な海のなかにをどりこんだ。

ふしぎな氣持であつた。自分の眼のまへにはまつ青な空と、まつ青な海とだけしかなく、その間をくつきりとえがいてゐる水平線のうへへ繩とびでもするやうに飛びこんでゆく氣持であつた。つめたい水が足のうらをぬらし、膝をぬらし、膝小僧をうづめると、孝之介は水平線へからだを投げかけるやうに、海にむかつてをどつた。うしろをふりむかず沖へ沖へとおよいでいつた。

この海と空とのま正面に兄たちのゐる戰場がある。そこへまつすぐに泳いでゆきたかつた。はさみうちになつて當惑した果の動作であつたが、孝之介は拔き手を切つてつめたい海をおよいでゆくうちに、後方にゐるひとびとのことを全く忘れた。

　しほからい水ががぶりと口に入る。玄海灘からうちよせて來る波はかなりうねりが大きく、波の谷間に落ちたときには、空のほかはなにも見えなくなる。空には白雲がながれてゐた。このむかふに兄たちがゐる。孝之介は沖へ沖へとでてゆきながら、いつの間にか眼に涙をうかべ、うたのやうな文句を口吟んでゐた。

　はるかなる
おほぞらあふぎ
はるかなる
きみをしのばむ
もののふの
いのちのかぎり
もののふの
こころのかぎり
たたかへよ
たたかひてかて

　ふとそれが馬渡とみ子のつくつた詩であつて、またしても自分のあたまのなかで平假名で書かれてあることに氣づいた孝之介は、とつぜん、うしろをふりかへつた。ずゐぶん、沖へ出たやうな氣持であつたが、ふりかへるとあまり遠くないところに海岸の松林があり、白砂の渚にこちらを見て立つてゐる四つの人かげがみとめられた。

　彼等はつめたい秋の海にいきなり飛びこんだ青年をあつけにとられて眺めてゐるのであらう。海の方から風が吹いてゐるので、耳にはただ風と波の音だけしか聞えなかつたが、ふと、なに　その風の音にまじつて叫んでゐる聲がしてゐるやうに思はれた。

　孝之介は耳をすました。たしかに彼を呼んでゐるのであつた。風の合間を縫つて、どら聲や、金切聲やかん高い聲が聞えた。

「孝之介やあい。早うかへつて來うい。風邪をひくどう」

　これは叔父だ。

「兄ちやあん」

と孝太郎と新太郎とが交替で、口に手で輪をつくつたり手をあげたりしてどなる。

「岸原さあん」

孝之介はとみ子の聲を聞いた。

彼は海岸にむかつて泳ぎはじめた。實はすこし冷たくてたまらなくなつて來たのだ。海岸の列は孝之介が岸にむかつて近づきはじめたことをみとめると、いつそう聲を高めた。およぎながら、孝之介は微笑がわいて來た。この海濱の行列がをかしかつたのだ。彼はおよぎながら口笛をふきだした。

だんだん渚がちかくなつた。成木太三と馬渡とみ子とはなにか話をしてゐる。叔父がいつもする身ぶり手まねでときどき禿げあがつた頭をたたくのは、機嫌のよいときである。馬渡とみ子もなにがをかしいのか、身體をおしまげて膝をたたいて笑つてゐる。孝之介はをかしなことに思つた成木太三はいつも口癖のやうに馬渡とみ子を不良少女だといつてゐた。そして、關野の姉にもあんな女ははやくくびにせよといひ、孝之介がとみ子と口をきくことを苦々しいことに思つてゐた。その叔父がしきりにとみ子と屈託なげに話してゐる。

孝之介は足がとどくやうになると、立つた。海中にゐるときはさうでもなかつたのに、身體が水面に出ると寒くてふるへあがつた。

「元氣のええ奴ぢやなあ」

成木の叔父は特徴のあるがらがら聲で笑つた。腰からタオルをとつて身體をふいてやつた。

「とみ子さん、服着せてやつてや」

「さうね」

馬渡とみ子は白砂のうへにぬぎすてられてある國民服をとりあげ、おうこんなに砂が、といひながら二三度はらつた。まつ白になるくらゐ砂が飛んだ。孝之介が叔父からうけとつたタオルで身體をふき終ると、うしろから着せかけた。孝之介は袖をとほしながら變な氣持になつて來た。小さいときに母から着物をきせてもらつたことを思ひだしたのだ。

「ええお嫁さんぢやの」

叔父がふいにさういつたので、孝之介ははつとして、胸がどきどきしはじめた。

「まあ、いやな小父さん、知らないわ」

馬渡とみ子はまつ赤になつて、白砂のうへをどんどんと走りだした。すこし走つていつてから自轉車をわすれたことに氣づいたらしく立ちどまつた。しかし、ひきかへすことが照れるらしく、ふりむきもしないで前よりもはやい速度で駈けていつた。

「冷たかつたぢやらうが。こんな冷たい海でおよぐなんて、もの好きぢやな」

叔父がさういつてゐるのには答へず、孝之介は馬渡とみ子が乘りすてた自轉車を押していつた。

國民服裝より見たる

比島産業誌

マニラ麻　マニラ麻はアバカと呼ぶ芭蕉と酷似してゐる植物ムサ・テックステリス種の莖より挽き出したものを云ふ。唯芭蕉と異る所は葉が多少濃色で短い。此の莖を成す纖維は强靱で水中でも容易に腐敗せず、從つて船舶用綱索、織物、帽子其他需要が廣い。特に製綱業はマニラ市が中心で市内には三大工場があり最新式の機械を運轉し年八千乃至一萬噸を生産する。

アバカは、十七世紀の終りにミンダナオ島に於て之に類する植物纖維の强力に堪へるを知つて栽培したのが始めで、其後十九世紀の初期ボルネオ方面のものを培植して漸く一般の耕作物となり現今に至つた。

アバカは冲積平地の河川の岸、火山灰より成り石灰分を相當に含有する傾斜地に最もよく發育する。故に比島の如く川の上流に森林繁茂して冲積平地は天然の腐蝕土多く、又火山多く火山灰の厚い堆積ある地は好適地である。然し其の葉が廣濶の爲、風に破損され易く發育不良となるので、比群島北部は颱風の襲來區域の爲發育の成績良くないが、之に反し南方諸島は理想的の栽培地である。ルソン島南部よりサマル島、レイテ島、ミンダナオ島のダヴアオ、スリガオ、ミサミス州等に發達する。普通五米乃至八米の高さとなり、基周四十二吋に達するものがある。一株より十二乃至三十本の萌芽が出る。

アバカ栽培は土地を選び、木を伐り、草を燒き拂つて直に植付をなし、或は種子を蒔き又は幼芽を有する根を植える。一ヘクタールにつき二千本宛を植付け、普通三年以上の年月を經ればマニラ麻を挽き得る。之を挽くには從來手を以てしたが近年機械挽出法が行はれ、生産額が愈々增加した。

マニラ麻産出州として比島中第三位にあるダヴアオは、英領北ボルネオのタワオと共に日本人の南洋に於ける二大栽培地である。此處に四十餘の邦人會社があり、麻及椰子の栽培に從事する。中でも太田興業と古川拓植の兩會社は其代表的のもので各ザンボアンガ、マニラに支店を有し盛大の生産並に輸出に當つて居る。邦人の栽培區域はダヴアオ灣の東岸及西岸に在り栽培面積二萬六千ヘクタールに及び、投下資本約一千萬圓と言はれてゐる。

マゲイ　これはアバカに次ぎ價値ある纖維植物で所謂龍舌蘭である。此の植物は土地豐饒を必要とせず、如何なる砂地又は岩石地にても石灰分に富む地に發育し長期の乾燥にも堪へ、耕作方法も簡單で自然に繁殖する。植付後簡單な手入さへすれば十年乃至十二年の壽命を保つ。比島内ではセブー、ボホール等の中部島に多く栽培される。織物、刺繡材量に供せられる。

工業　比島は原料物資は充たさるゝが、動力の供給に於ては甚だ不利である。即ち炭坑の大なるものなく又石油の富源にも乏しく、電力は嶼國たる關係上大河なく、假令發電所設置可能の河あつても僻地では送電の費用が容易でない等、之等の理由で工業には見るべきものがない。原料品はそのまゝ、海外に輸出する外ない。

工場として主なるものは砂糖、マニラ、煙草、酒精、刺繡、瓦斯電氣、金鑛、帽子、製氷、ナイフ、炭坑、製油、製綱、製鹽、製材、製靴、石鹼、精米等に關するものである。（本誌編輯部調査室記）

ニュース劇場で

倉橋彌一

航空母艦から一機、また一機と飛び立つ
荒鷲の姿を見送り
たのむぞ！　たのむぞと
旗や手やハンケチがふられてゐる

眉濃き少年航空兵よ
君達は若く、水々しく

しかも猛きものが秘められてゐる感情で一杯だ
君達のちちはは
君達のふるさと
小川の傍の學校の汚れた窓ガラス
それらが君達の腦裏をかすめるだらう
しかし　決然と出發する君達は
新しい歴史の創造者
輝しい戰果を生む母體なのだ

ニユース劇場の一時に
私の眼も妻の眼も友の眼も
若い君達への感謝の泪が溢れてくる

婦人標準服研究會試案は去る二月三日厚生省で朝野の服裝、文化、國防關係者約二百名を招待して發表されました。當日、厚生省川村生活局長から「この標準服については各方面の御批判を仰ぎ、政府においては出來るだけ早い機會にこれを公式のものとするつもりである」との聲明があり婦人標準服はこゝに一歩前進する事になりました。前號に引きつゞき、解說と裁ち方、縫ひ方をかゝげます。なほ、これについては次號以下でくはしい說明を致すつもりです。

婦人標準服解說

洋裁から見た婦人標準服

成田順

昭和十三年十一月國民服制定につき國民精神總動員聯盟で協議會が開かれた時から婦人のものも是非考へるといふことでありまして、爾來識者の間には各方面から研究されつゝあつたのであります。しかし一般用としてこれはといふものはむづかしくなか／＼に實現には至らなかつたのであります。

男子國民服が紀元二千六百年即ち昭和十五年に生れ出て十一月には勅令を以て國民服の制定があり儀禮章を佩用すれば宮中參內をも差許されることになつたのは時代と服裝との密接な關係を物語るものであります。

扨て婦人の方のは男子國民服につれて此際何とか決定すべきではあるまいか、是非決定をと叫んで見てもこれはほんたうに困難な事であり、男子のそれの如く目的が單一でない爲に格別論議されてもなか／＼纏らなかつたのであります。然るに其の後捨てゝもおけず昭和十六年三月に厚生省の肝煎りで之を具體化する段になり各方面からの意見を求め、昨夏七月には婦人標準服試作要項を定めて民衆一般に募集を致し、十月其の審査を終り優秀なるものを發表されたのであります。

それより引續き十數回の委員會が開かれ試作要項に則り甲論乙駁單なる机上の空論をさけ資材の方面よりも平常着として使用せらるゝ各種の用布を以て實物を製作し批評し訂正し此程漸く具體的に基本形の案が出來たのであります。

婦人標準服の特徴は平常着といふ點から上下二部式にして活動に便にし保健上よりは勿論經濟上よりも考慮し日本の着尺地或は從來の和服から更生することを得しめたこと。甲型乙型何れも日本意識を强調し、しかも現代に於ける服として充分なる活動性を有し質實簡素にして優美性を失はず女性の保健に適合し體位の向上を目指し生活様式風土等をも顧慮したこと。なほ家庭にて容易に仕立て得ることを原則として手入保存に便なること等全く試作要項を其のまゝ實物化したやうであります。

しかし人各々見方があり考へ方があるので變つた物を始めて見た時又之を用ひる時今迄の服の習慣在來の習慣等より何とはなく奇異に感ずる所があるのであります。我々委員としても考案製作はして見たものゝこれで充分だとは決して考へて居らず、資材の用ひ方其の仕立方によつて感じの異るのは勿論着用者の姿勢態度着こなし等又此の基本型が如何に活用せられるかは今後之を育成する人の考へによるのであります。

現時の如く生活全部が戰時態勢になりますと婦人の服裝のみが現狀維持では居られません。從來の和服から申しますればもつと輕快に活動に便に裾は風紀上考へねばならぬし帶は何といつても和服の生命だなどと頑張ることは時勢を知らない事になりませう。又洋服は文化的であつて活動に便であるし、科學的に研究されて居て若い者にはこれでなければならぬといつても歐米のものそのまゝでは日本婦人の服ではありません。どうしても日本婦人の着る服日本の生地で日本人が容易く製作し得るものと變はつて來なければならぬのであります。

かやうな點から今回考案された婦人標準服が發表されたならば先づ基本形の根本が何處にあるかを判然と

認識しそれを愛育してゆくべきだと考へて居ります。

この標準服は法令化する迄には至らないし、又強制ずべきものでもないが、皇國の運命を賭する決戰下にあつては必ず服装にも一大變化が起るべきであると信じて居ります。我々は此の意味に於て、考案された標準服を新しき服飾文化への發足として大東亞建設の重大な役割をもつ皇國婦人の容儀を整へる爲に最もふさはしい服飾を建設する爲に眞劍な態度で研究して行きたいと思ひます。

和裁から見た婦人標準服

大妻コタカ

男子國民服制定以來の懸案であつた女子の國民服は、標準服の名のもとにやうやく基本となるべき型を示されることゝなりました。

和服を基としたもの、洋服を基としたものの兩様の型が示されましたがいづれにしてもこれをもつて最上の服装とは申されない點はございますが、和洋兩様の服装の歩み寄りは相當出來たやうに思はれます。卽ち洋服の和服化、和服の洋服化はやがて和洋服の一元化を示すものであつて、明治以來の外來文化が今日のこの大東亞建設といふ偉大な使命完遂のために日本のものとして完全に消化され使用されて居りますやうに、服装文化の上にも亦和洋一元化されてこゝに新らしい大東亞服の出現を見る、その礎石が置かれたのであるといふやうな感じがされます。この意味に於て、今度示されましたこの標準服はまだ其の緒についたのみでありますから、今後愛用しつゝ立派なものにまで育てあげることが出來ると存じます。

先づ和服型について長所を擧げますならば、第一に衞生方面に於て、輕快さが非常に高められて活動に便利になつた點が認められます。長い袖を短かく斷つた點だけでも働く着物といふことを充分に表示されるやうな氣がいたされます。加ふるに着物全體に亙つて不必要な縫ひ込みを除き、從來の總用布の約三分の二の布地により作り上げて居ります爲めに着物全體の重量が輕限されましたことは活動上大きな獲ものであつたと存じます。更に日本服の缺點とされてゐた裾に留意されたスカート式に裾衣を輪にいたしましたのも新らしい試みでございます。尤も裾衣は、別に卷合せ式のものをも取り入れてありますがこれも亦便利であり、從來の着物の裾の感じを其のまゝ取り入れながら、然も腰紐によつて確りと結びつけられますため、從來の和服ほど裾の見苦しさは無いであらうと思はれます。この卷合せ式は普通の體格でありますならばよろしからうと思はれます。特にこの裾衣は丈が短かくなる程理想的で、洋服のスカート等に應用いたしますならば恐らく裾の開く心配はなく、着脱に、裁縫に非常に便利な裾衣であると思ひます。

次には帶でございます。和服に於ける帶は服飾の上から、衞生の上から實に重要な役割をもつて居りますこの使命を完全に果たさせ、一方必要以上の虛飾を省き缺點を補ふために大きな苦心があつたと思ひます。着物の袖を短かくするためには、帶の幅も狹くしなければならないことは必然的のことで、あの一尺足らずの袖丈に對して半幅の帶を配しましたことは釣合上誠に當を得たものであると申せませう。そしてこれを確りと締めて居りますことは、衞生上から見ましても、また精神的にも大切なことでございます　第二には經濟上の見地から見た標準服について考へて見たいと存じます

用布節約の點については前にも申述べましたやうに着物は三分の一の節約となり、帶は半分乃至十分の六の節約を見ますことは、資材の點からそれに要する勞力の點から著しい貢獻であると思ひます。然し只今の處新らしい反物によつて私共の着物を作るといふ事よりも死藏品を活かし、廢物を更生させる事が最も大切な時でございますゆゑ、從來の和服の廢物を活かし、惡い所をとつて更生させるといふやうな場合には好適

であると存じます。然し將來は新らしい反物を用ふる事もありませうから反物を短尺にするとか或は必要だけの長さを自由に求めることが出來る切賣制の和服地を作る事が必要であると思ひます。長尺ものをもつて思ひ切つて標準服を作るといふことは、日本婦人には容易に實行し難い所でありますから、この着物を一般化させるためには亦生地の上にも考慮を拂ふ必要がございませう。

資材に對する經濟、これを染織するための勞力の經濟を細かく計算いたしましたならば實に莫大な數字が一年間に計上されることでございませうが、小さい家庭經濟の上からだけ考へましても亦容易ならない經濟が生れて參ります。古いものを更生させるのに便利なことは申すまでもなく、新らしい反物で作るといたしましても、二反の布地があれば三枚の標準服を作ることが出來ます。更に裁縫の點整理の點に於て手數の省かれることがこの着物の最も大きな特長であると申せませう。

和服裁縫は長方形の布地を直線に縫ひ合せることが主な操作でありますが、澤山の布地を縫ひ込んで、幾回かの縫直しの際に役立てようとする處に裁縫の難所がありました。それがためには細密な標付も必要であり、縫込みの始末も大切な技術でございました。然し今度の標準服は殆ど縫込みがなくそのために、所謂急所、難所と云はれた裁縫上の難點が減少されたこと。上衣と裾衣との二つに切離しました爲めに、取扱ひが簡單となり、裁縫をして億劫な感じを持たせることが少くなつたといふことも採るべき所であると思ひます實際に於ては上下續いた一枚の着物の運針の長さと、上下切り離された着物の運針の長さとは、寧ろ上下切り離されて居りますために、上衣の裾の始末とか裾衣の上部の始末など餘分な手數を要する箇所があるのでありますが、襦袢とスカートを縫ふといふ氣持は、一枚の長着を仕上げる氣分よりは餘程氣樂な氣持が感じの上にあるやうに思はれます。更に袷などの場合裏と表の釣合など見ますのに技巧的にも簡易化されたと申すことが出來ませう。又汚れた場合洗濯、縫直し等に、上衣だけ或は裾衣だけ必要なものだけを手入れすることの出來ますことは今迄の着物に對して非常に便利な點であると存じます。

以上の如く裁縫並に洗濯、整理等が簡易になりました事は、複雑な家庭内の仕事の大きな負擔が輕減されることでございまして主婦にとつては誠に大きな喜びでございます。

最後に洋服型について一言申上げますならば、外觀に於て日本式の襟日本式の前合せを採り入れた點が大きな變化であつたと思ひます。私共のやうに着なれないものが洋服を着ますときに最も不便を感じますことは、着たり、脱いだりする時でございますが、襟の改良によつて、着物を着ると同樣な氣樂さで洋服を着ることが出來る點で、今後は一躍洋服黨を増加させることであらうと思ひます。

衞生、活動の點については、第一にスカートの丈を伸して足部の露出を少くし、冷えることを防いだこと上衣の脇の下をあけて空氣の流通を計り、日本式の前合せによつて腹部を二重にして冷えることを防いだ點袖付をシャツ式に改めて腕の活動を自由にした點、などがその主な長所であると思ひます。

洋服式に於て更に大きな長所を擧げますなら裁斷、裁縫の簡易化でございませう。襟刳、袖刳を始めとして精密な製圖によつて裁斷されてゐた在來の方法を改めて、洋裁上の高い知識を持たないものにも容易に作ることが出來、また洋裁獨特の曲線縫ひを出來るだけ直線に改め、然もミシンを餘り用ひずして立派に作り得るやう考慮された點にありまして所謂洋裁の普遍化とも申されませう日本式の型、裁縫が取り入れられたといふことは、日本式の布地に適する洋裁といふことでもございまして着物地をもつて作るに適したものであることは一段の進歩でございませう。この點が亦着物の廢物、死藏衣服の更生に適するもので、現下の家庭にとつて誠に好適なものであると存じます。

斯樣に標準服は各種の長所を持つて居りますが、從來の着物をもつと完全な日本服の標準とした時にはその和服型のものには何か充たされ難い點があり、他方洋服型に就いても今迄の洋服が泰西服装の至上の型であるとして考へました時には矢張り缺陷だらけのものであらうと思はれますが、今や全世界が舊い殼を破つて新秩序の建設に邁進して居りますとき、私共の服飾文化も亦和洋渾然一體となつて、彼我の長所をよく組み合せ、こゝに新らしい服装の生れるべき時機に到達してゐると存じます。この標準服は實に新らしい服装の一試案として投げ出されたものであると思ひますから、これを愛用し、これを育てゝ將に大東亞の指導者日本の服装として恥かしからぬものを作り上げるまでお互に努力し合ふべきだと存じます。

婦人標準服の裁方と縫方

こゝに揭げる裁方と縫方は、厚生省の婦人標準服研究會の發表に依るものです。型式と併行して最も大切な裁方縫方の合理化は、同研究會の苦心したところで、和洋裁縫の長所をとり、出來るだけ簡易明確な方法をとり、家庭で縫へると云ふ點を强調してあります。

乙型縫方

（從來の長着に準ず）

○上　衣

袖

イ、袖口布掛

ロ、袖口合はせ

ハ、袖下縫

ニ、振縫

身頃

イ、背縫及び脇縫

ロ、裾合はせ（裏を表より約一糎控へる）

ハ、縦縫

ニ、身八つ口縫

袖附

假縫・衿附及び衿絎

衿附線は抱幅を標して衿肩と結び、その線を延ばして裾までつけ下す。

共衿掛

附紐附

衿の、身八つ口より下部に附ける。但し授乳期間は附紐を後部帶下に附し前で結ぶ。

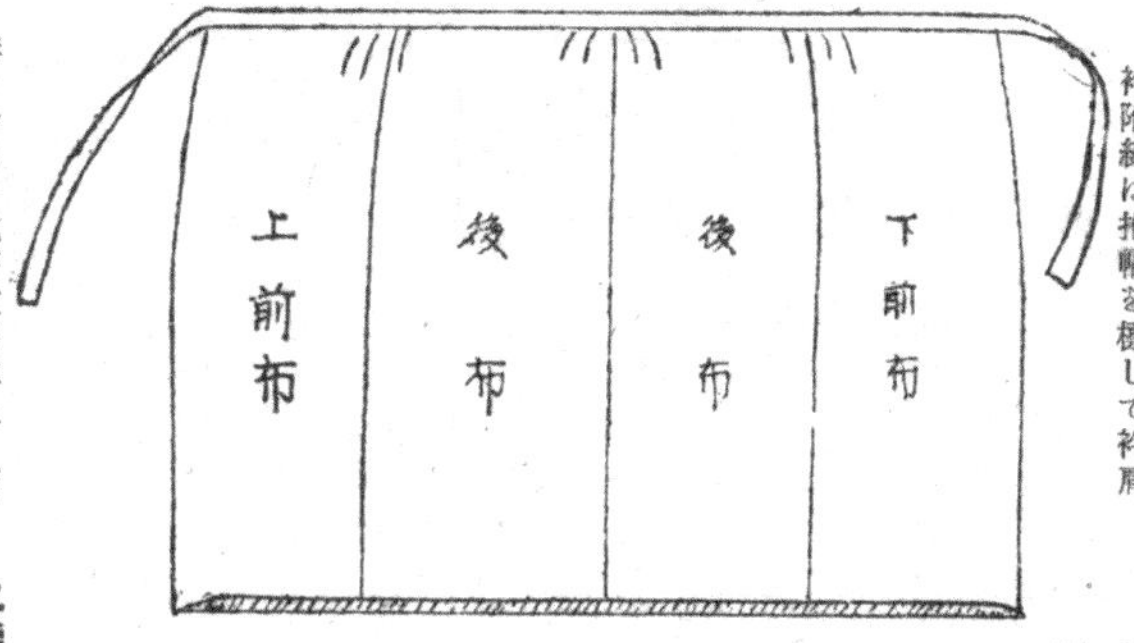

捲き合はせ式下衣出來上り圖

○下衣

一號（捲き合せ式）

1、**表布縫合はせ及び裏布縫合はせ**（きせの方向は從來の長着に同じ）

2、**裾合はせ、裾袵及褄作り**

3、**縦縫**

4、**衿下縫**

5、紐附

身頃の上部に背に四ケ所兩脇に三ケ所宛襞を取つて紐を附ける。

二號（輪式）

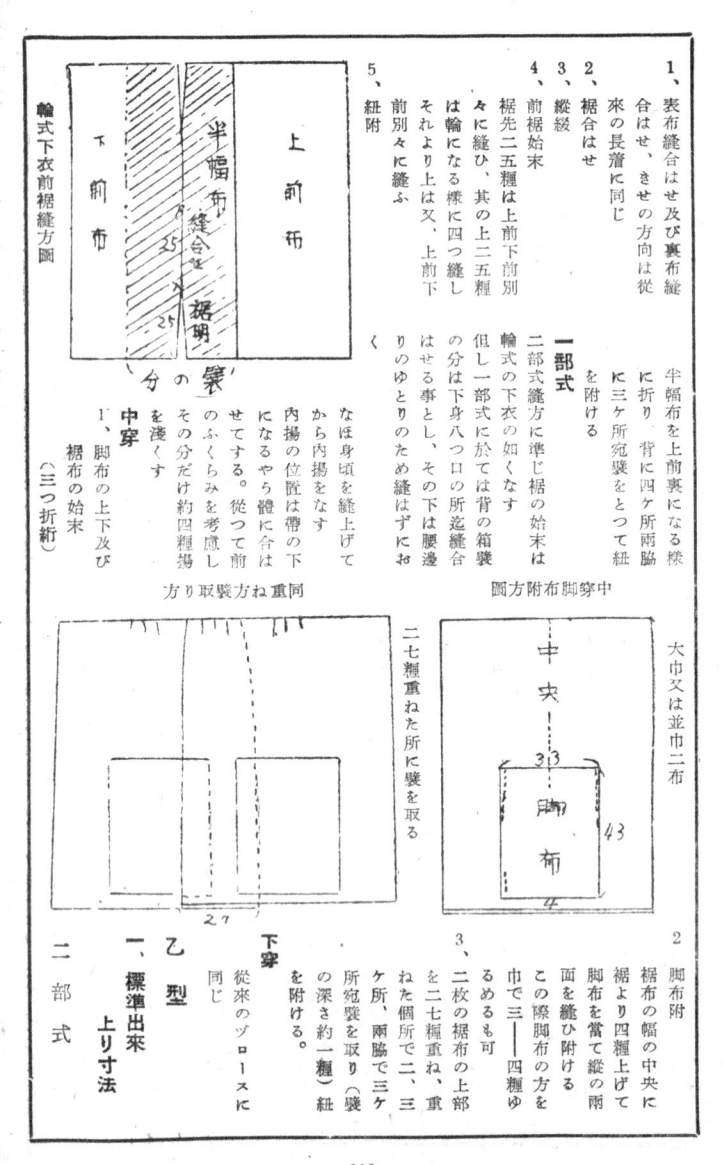

1、表布縫合はせ及び裏布縫合はせ、きせの方向は從來の長着に同じ

2、裾合はせ

3、縦綴

4、前裾始末

裾先二五粍は上前下前別々に縫ひ、其の上二五粍は輪になる樣に四つ縫しそれより上は又、上前下前別々に縫ふ

5、紐附

半幅布を上前裏になる樣に折り、背に四ケ所兩脇に三ケ所宛襞をとつて紐を附ける

一部式

二部式縫方に準じ裾の始末は輪式の下衣の如くなす

但し一部式に於ては背の箱襞の分は下身八つ口の所迄縫合はせる事とし、その下は腰邊りのゆとりのため縫はずにおく

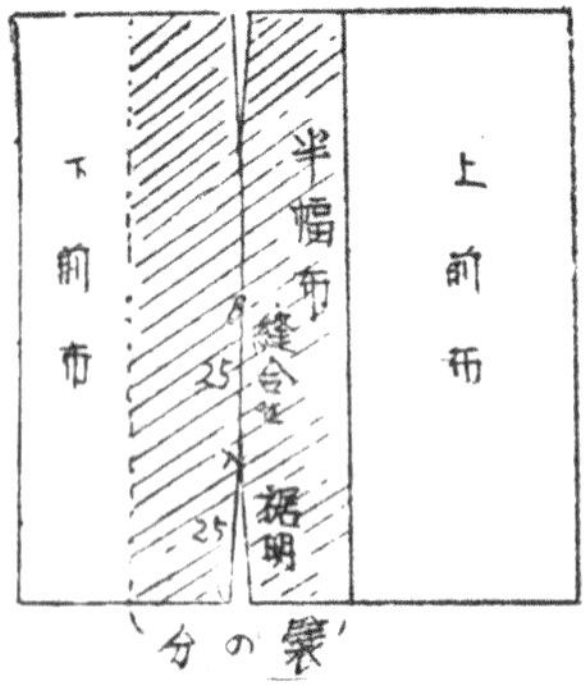

輪式下衣前裾縫方圖

なほ身頃を縫上げてから内揚をなす

内揚の位置は帶の下になるやう體に合はせてする。從つて前のふくらみを考慮しその分だけ約四糎揚を淺くす

中穿

1、脚布の上下及び裾布の始末

（三つ折絎）

中穿脚布附方圖

大巾又は並巾二布

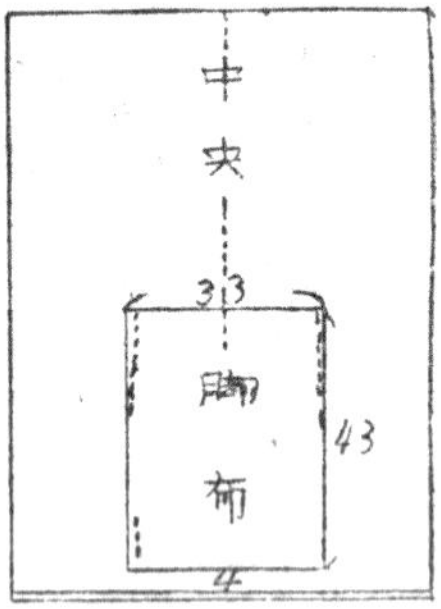

2 脚布附

裾布の幅の中央に裾より四糎上げて脚布を當て縦の兩面を縫ひ附ける

この際脚布の方を巾で三――四糎ゆるめるも可

3、二枚の裾布の上部を二七糎重ね、重ねた個所で二、三ケ所、兩脇で三ケ所宛襞を取り（襞の深さ約一糎）紐を附ける。

同重ね方襞取り方

二七糎重ねた所に襞を取る

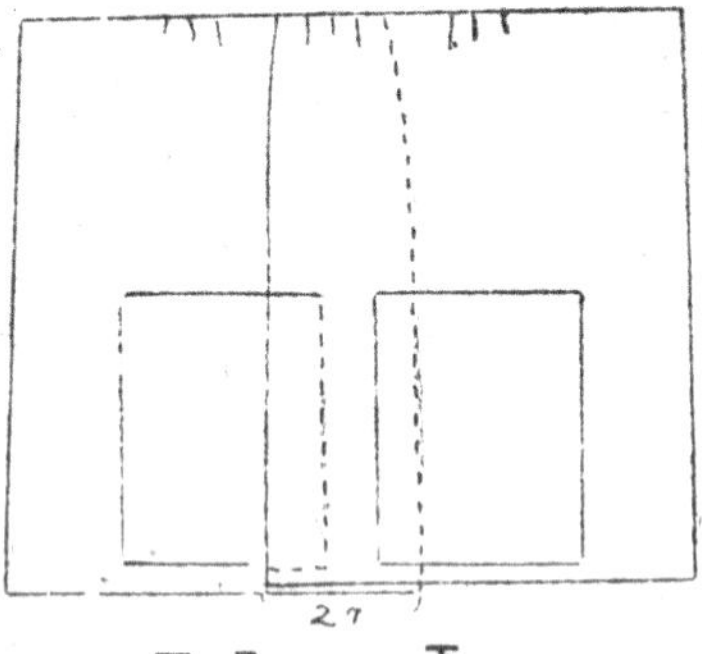

下穿

從來のヅロースに同じ

乙型

一、標準出來上り寸法

二部式

區分		メートル	鯨尺
上衣	袖丈	三五糎内外	九寸二分内外
	袖口	一五糎——一九糎	四寸——五寸
	袖附	二一糎——二五糎	五寸五分——六寸
	袖幅	三二糎——三四糎	八寸五分——九寸
	後丈	五〇糎内外	一尺三寸内外
	前丈	後丈に五糎加ふ	後丈に一寸三分加ふ
	後幅	一ぱい	同上
	前幅	一ぱい	同上
	繰越	二糎内外	五分内外
	身八ツ口	一三糎　一五糎	三寸五分——四寸
	衿肩明	八・五糎　九糎	二寸二分——二寸三分
	衿幅	四糎　五糎	一寸——一寸三分
	裄	六三糎　六五糎	一尺六寸五分——一尺七寸
下衣	丈	九〇糎　九三糎	二尺四寸——二尺四寸六分
	幅	一ぱい（捲き合はせ式 四布 輪式 四布半）	
	紐丈	二〇〇糎内外	五尺三寸内外

一　部　式

二部式に準ず

但し身丈は出來上りてより體に合せて内揚をなし衝丈とす

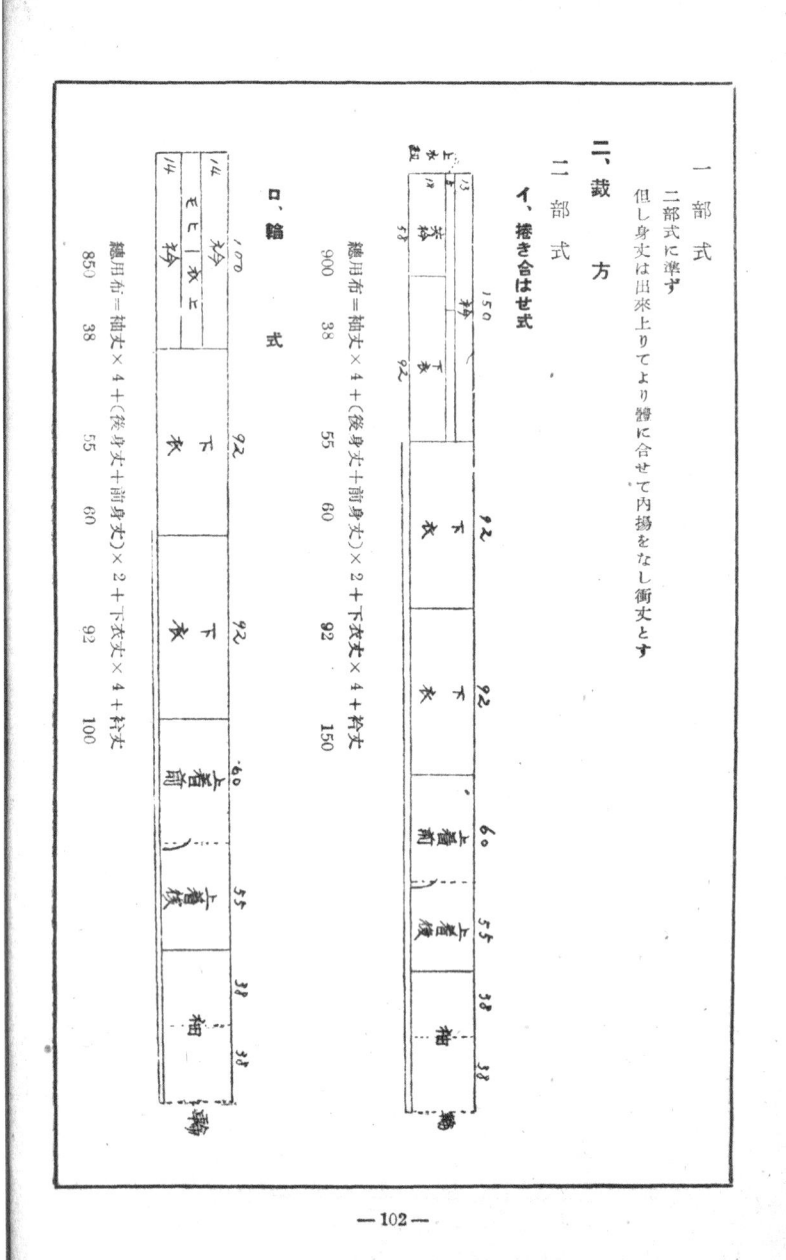

二、裁　　方

二　部　式

イ、捲き合はせ式

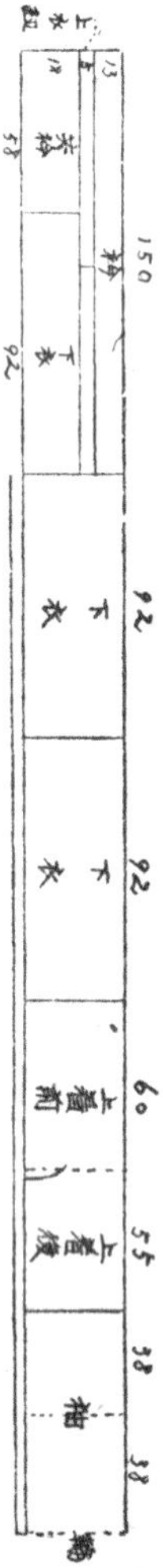

總用布＝袖丈×4＋(後身丈＋前身丈)×2＋下衣丈×4＋衿丈

900　38　55　60　92　150

ロ、輪　　式

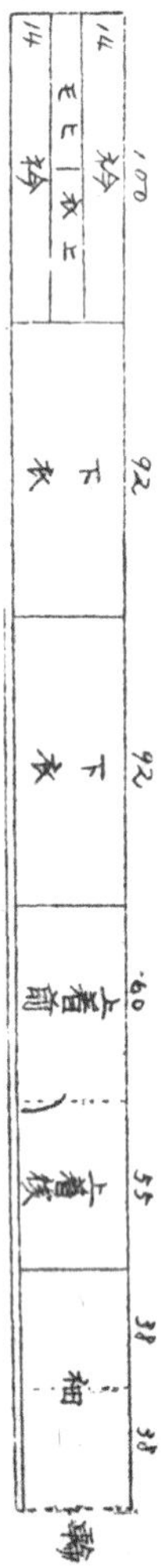

總用布＝袖丈×4＋(後身丈＋前身丈)×2＋下衣丈×4＋衿丈

850　38　55　60　92　100

衿肩明裁方

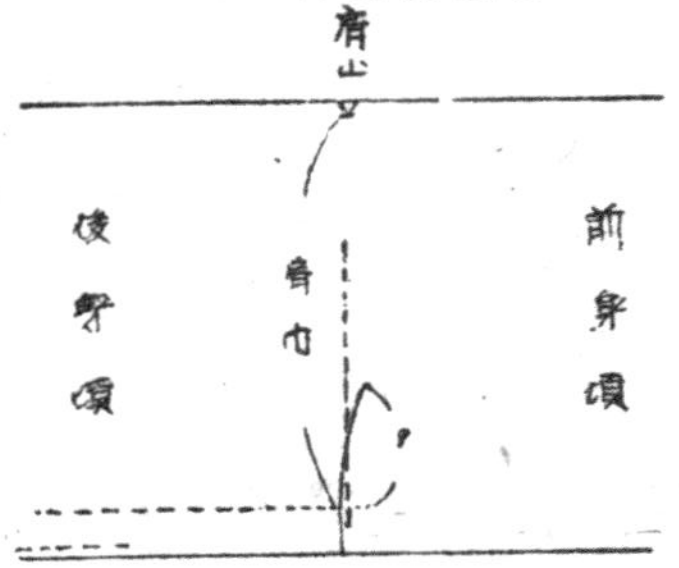

寸法は糎を単位とす

以下同じ

1　部　式

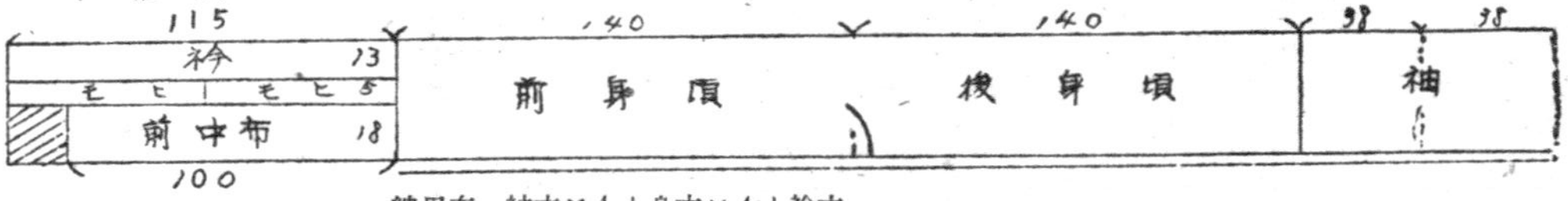

總用布＝袖丈×4＋身丈×4＋衿丈
827　38　140　115

中　衿

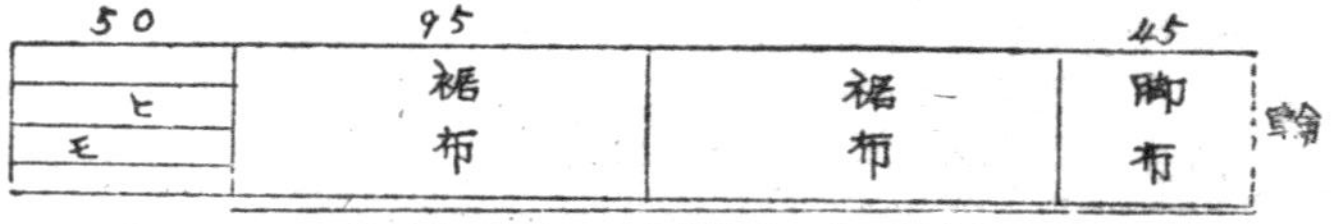

總用布＝裾丈×4＋脚布丈×2＋紐布丈
520　95　45　50

下　衿

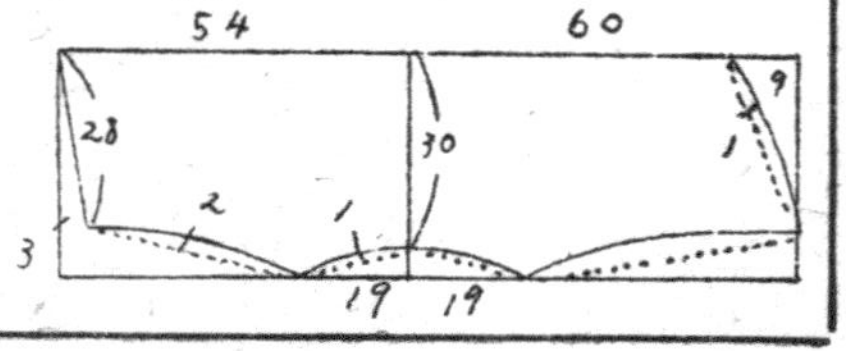

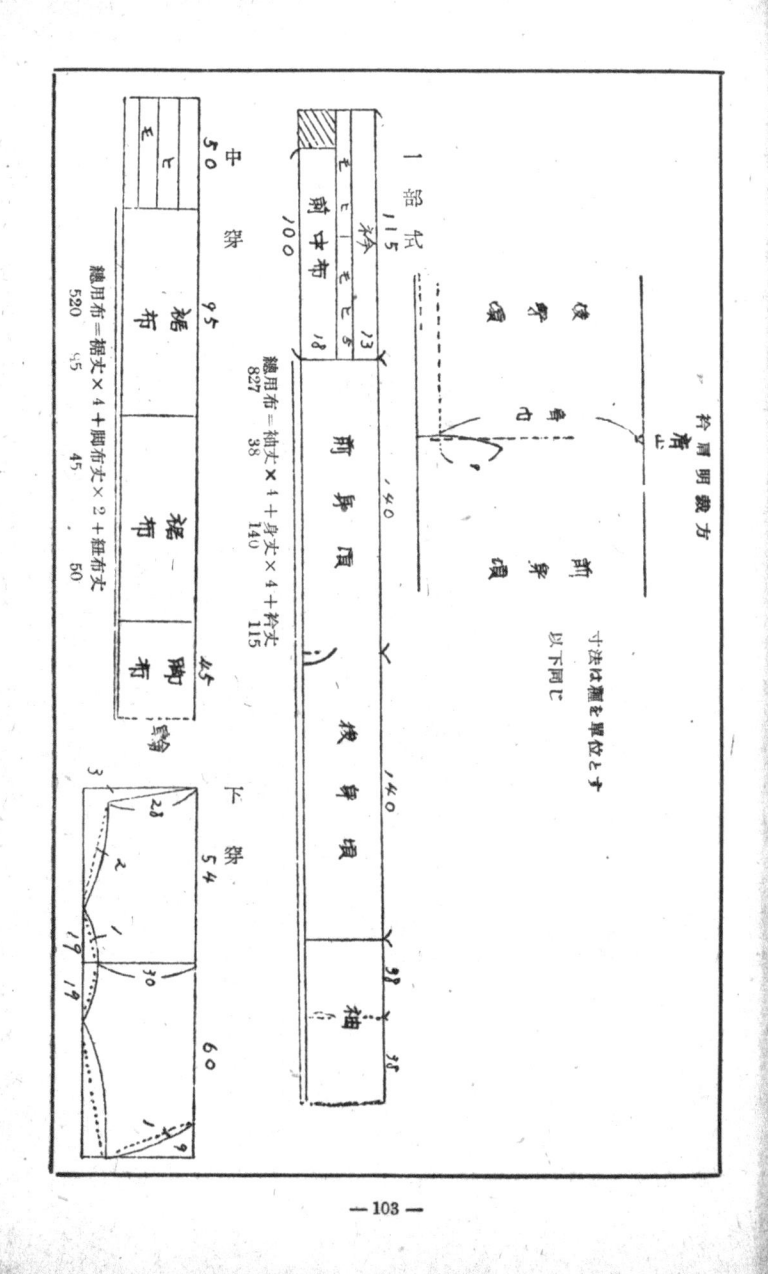

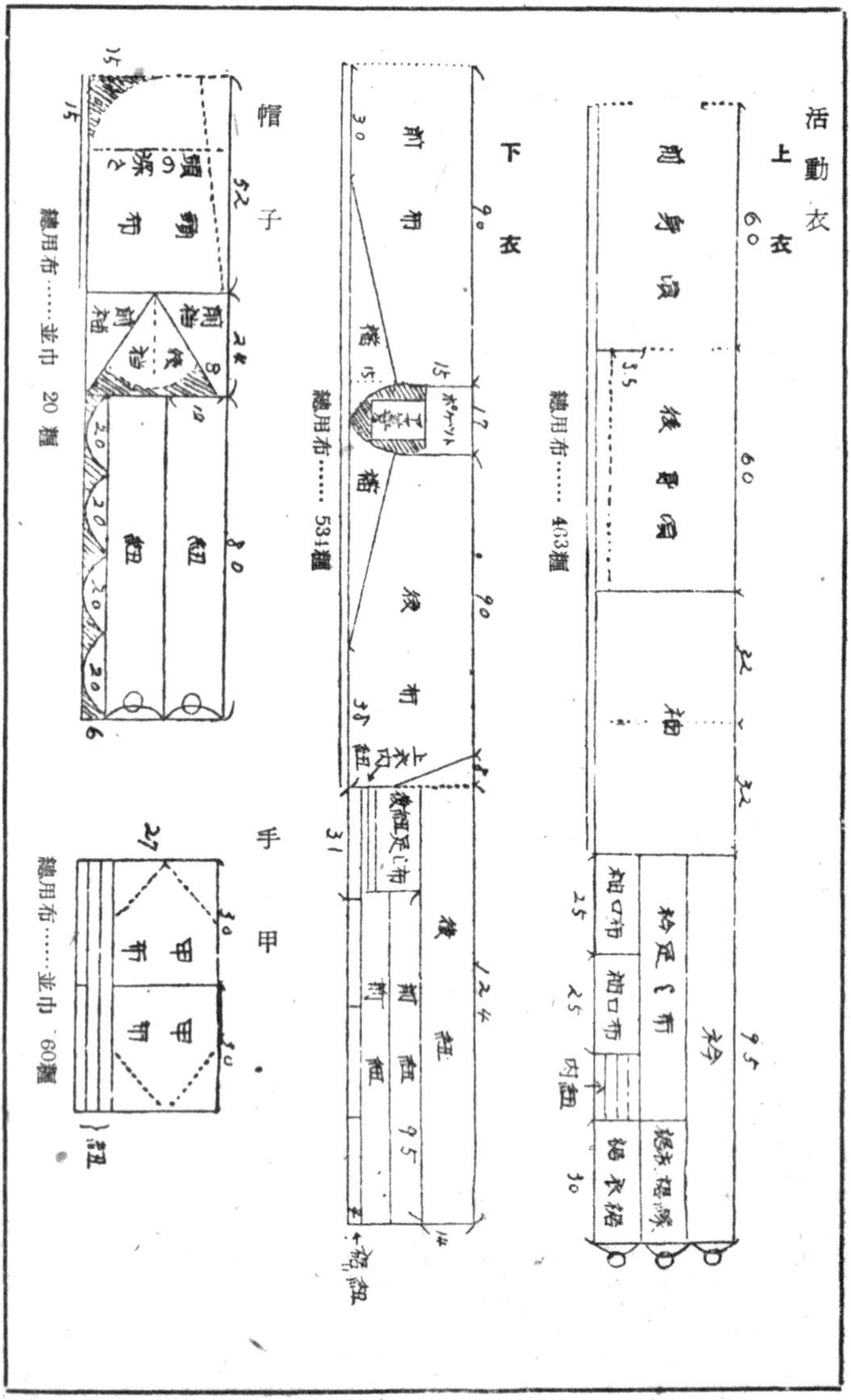
活動衣
上衣
前身頃
後身頃
袖
衿
衿足し布
袖口布
袖口布
内紐
総衣裾
総衣裾隙
總用布……4.63纏
下衣
前布
後布
襠
襠
ポケット
工夫袋
上衣用紐
後紐足し布
後紐
前紐
前紐
總用布……5.31纏
帽子
頭の深さ
顎布
前袖
前袖
後袖
紐
紐
總用布……並巾 20纏
手甲
甲布
甲布
總用布……並巾 60纏

衣料相談

△足袋の上手な履き方

（問）　衣料が點數切符制になつたので毎日通勤する職業婦人にとつてはス・フ足袋一年六足となれば相當上手な履き方をしなければ間に合ひません。取扱ひ上便利な方法や洗濯上の注意などきかせて頂きたいと思ひます。

（答）　これからの被服はすべて大切に使用することが第一義です。殊に足袋は毎日のことですから、絶えず修理を怠らぬことが肝腎です。

どんなに接ぎはぎをしたものでも、これからは恥づかしいといふことはないのですから、手持の古いものを揃へて出してごらんなさい。外出勝の人でもこれに新しいものを一足をたして、出來るだけ長保をさせませう。三足や四足は一〻てきませう。

それには足袋カバーを作つてはくことです。これを利用すれば乘物の混雜から足袋を汚すこともなく、ス・フ足袋特有の傷みやほつれも避けられます。又洗濯も回數が減りますから何ケ條かの有利なことがあるわけです。

足袋カバーは外出用のものは白を用ひ家庭用には靴下や古シャツの古から作つたもの一足あればよいでせう。作り方は自分の古足袋をほぐして型紙代用として底、外甲、內甲とわけて新聞紙に型をとり、それ〴〵印をつけておきます。足袋カバーですから、足袋より淺目に裁ちます。

用布は底、巾六寸、丈五寸、表布裏布共に一尺一寸あれば出來ます。古布ならばワイシャツの裾、古エプロンの裾など利用します。

底は帶芯などが適してゐます、ゴム芯ならば二枚合せ薄地のものならば三枚合せて豫め刺しておくと丈夫です。特に踵や指先にあたる部分は入念に刺します。

縫ひ方、表裏ともに外甲と內甲の踵の縫ひ合せを細かい針目でし、內甲と外甲を甲の處で重ねて表裏四つ龍ひにして合せます。この時左右同じものが出來ないやうに、最初に內甲を下において外甲を重ねて縫つたら、次は外甲を下にして內甲を上にして縫ひます。

最後に底と甲を廻しづけにします。このとき甲と底の踵の中心を合せ、踵、指先などの要所をしつかりと留めるやうに注意します。倘布を裁つとき、左右同じものを作らないやうに一方で型紙の表を使つたら一方は裏を使ふやうにします。出來上りましたら、口元にゴムテープを入れ、小ハゼ代用にします。

足袋の永持法

まづ求める時には九文三分の方は九文七分か半を求めるといふやうに半文大きいものを選ぶことが大切です。

半文大きいのを選ぶわけは、足袋の裏地は糊で布地を伸ばしてあるため、布地に無理がしてあるのを丁度よいやうに直すためです。

その方法ははく前に、糊を落す程度に水洗ひするか、弱火で十分ほど煮て、アイロンをかけて用ひると、糸がしまつてかつちりと足に合ひ、恰好がよいばかりでなく大變丈夫です。

　また鼻緒の當る部分は白蠟を塗ると緒ずれがあまりしなくてよく、色足袋は煮るとき酢を少し入れると、色がさめたり落ちたりしません。

洗濯法

　ス・フ足袋は洗つて乾す時、木綿ものゝやうに竿にかけたり、綱に下げたりせず形崩れのしないやうに板か笊の上に擴げて乾し、もう一度しめりを與へて、手で靜かに形を整へて鏝をかけます。

　洗濯も揉んだり搾るのは禁物です。四十五度の微溫湯に石けんをとかし、その中にしばらくつけて、振り洗ひか摑み洗ひをします。水につけて、いきなり石けんをつけて洗ふのは失敗です。爪先や踵の底など汚れ易いところだけ石けんをつけて輕くヘラでこする程度にし　あとは振り洗ひが最も布地を損めません。

　晒し方、純白にするには水一リツトルに對し漂白粉二―三グラムをとかした液中にひたすときれいに晒されますから、後十分に水洗ひします。

　糊付は一種の防弱劑ともなり、汚れを少くさせますから必ずつけること。アイロンは適當に水霧を吹いて、熱と壓力によつて形を整へ仕上げます。

△糸を經濟に使ふ秘訣は？

（問） これからは繕ひ物を早目に手まめにしなければならないので、糸の用途も多くなつてきます、經濟的な方法がありませうか。

（答） 縫糸は絹糸も入れて、十匁まで一點ですから、これからは衣類を解いたあとの古糸を十分利用することです。むかし縫つたものは純綿の糸も多いことでせうし、解くときもそれだけ注意深く、結び目だけに鋏を入れて、靜かに拔きとり、色分けして澤山たまれば種類別に處理します。

　古糸は厚紙のタトーに入れてもよし、糸巻に巻きつけておいてもよろしい。これらはシツケ糸やくけ糸、色紙つぎなどに使ひます。古くて弱つたものも二本撚れば縫糸として充分役立ちます。特に孔かゞりなどの場合は、解いた色糸を撚つて太目にして使ふと、却つて柔かな太糸ができて具合のよいものです。

　新しい縫糸を使ふときは、とかくよぢれたり滑りが惡く、急ぎの縫ひものゝ時に限つてもつれたり、節ができたりすることがありますが、これからはさうした時も矢鱈に切つてしまはないことです。その時には糸に蠟を引くとか煙草の包紙の小さな蠟の紙で糸をしごくかして糸に蠟を付着させて捲いておくとよろしい。

　また縫ふときからあとの解き糸になる場合も考へて、つなぎ目を作らぬやうに縫ふ所の長さに十糎ほど加へて糸を切ります。蠟を引いた糸はボタンをつける時など特によく、これでしつかりと縫ひつけておけばボタンの落ちることもなく度々縫ひつける手數と糸の節約にもなります。

△型くずれがする

（問） 雨に合つたス・フ生地はだらしなく型がくずれますが、何かよい方法はないものでせうか。

（答） 純毛でも雨のかゝつたズボンは縮みますが、ス・フ地であればなほのこと伸縮がおこり、ぶくついてだらしなく型が崩れます。

これを手際よく直す方法としては、一旦乾かしてしまひ、その上で霧吹きをして、手で伸縮を直し平に置き型をとゝのへます。そして重しをかけておけば態々アイロンをかけなくとも充分直ります。

大體ズボン類とか通學用スカートなどは毎日アイロンをかけるのでは折目が早く損みます。ズボンやスカートのやうに毎日用ひるものは同じ型の布を作つておき、夜寢る前に水につけてしつかりと絞り、この濡れた布をズボンなりスカートの間に入れてよく疊みつけます。すると蒲團の暖かみと水氣で立派にプレスの役目をいたします。この寢押しの方法を實行すればいつも仕立おろしの洋服を着てゐるやうに型くづれがいたしません。

ス・フ生地は濡れると型くづればかりでなく腰がなくなつてダラリとしてしまひますが、からしたものの型を整へ、生地をしつかりさせるには、水の中にフノリの溶液を加へ、薄いふのり液にして吹かけると布地がしやんとしてきます。あまり濃いふのり液を使ふと、布がこわばつて皺になり易くなりますから、薄目の液を用ひることです。そのあとは形を整へてから重しをかけて仕上げればよいのです。

日常の手入れとしては、朝夕洋服類は必ずブラシをかけ、ズボンの裾の折返しから、上着の兩前や兩袖先、肩など部分的によく埃を拂つて、更にもう一度力を入れて手早くブラシをかけます。からした日常の手入れさへよければ二年役立つものは三年間は着られるわけです。

△服裝の點數調べ

（問） 點數制になりましたが、和服と洋服ではどちらが點數が嵩むでせうか？

（答） 現在私たちはどの位の點數を身につけてゐるか一應點數採點をしてみて批判を加へる必要がありませう。

男の場合　洋服（括弧内は點數）

背廣三つ揃（五〇）オーバー（五〇）襟卷（一五）ワイシャツ（一二）腹卷（六）ズボン下（一二）シャツ二枚（二四）パンツ（四）ネクタイ（一）靴下（二）手袋（五）ハンカチ（一）合計一八四點になります。

これを國民服（三一）にすると、ワイシャツ（一二）が不用になりますから、計一七二點ですみます。カラー（一）ネクタイ（一）も減じることになります。

女の場合　ズロース二枚（八）シミーズ（八）スリツプ（八）シャツ（一二）ワンピース（一五）オーバー（四〇）靴下（二）マフラー（一五）手袋（五）ハンカチ（一）合計一一四點ですがワンピースをツーピース（二四）にすると一二三點になります。

女の和服の場合（純絹製品でない和服）肌襦袢（八）メリヤス襦袢（一〇）ブルマー（六）スカート（お腰八）メリヤス・スカート（都一二）長襦袢（四八）半襟（一）袷（四八）名古屋帶（一五）帶揚（一）帶〆（一）伊達卷（一）腰紐三本（三）羽織（二四）コート（四〇）襟卷（一五）手袋（五）足袋（二）ハンカチ（一）合計二四九點

からして數へてみると驚くほどの點數を身につけてゐることになります。長襦袢、羽織、コート、襟卷が絹ものであれば四分の一で濟み四四點少くなることになります。

冬を暖く暮す衣服

清水登美

毎日の寒さである。戰地を想へば寒さなんか何でもないと口では云へるが、無理なくその言葉を生活の上に生かして暮すためには、衣類について保溫のことを考へねばなりません。寒くないと頑張りながら慄へてゐては見つともないし仕事の能率もあがらず風邪を引いては周圍までが迷惑します。

夏の間洋服を着てゐた人達が秋風と共に和服になり、それは中年の人ほどさうなり易いのですが、冬になると共に斷然和服が多くなり若い婦人も職業に就いてゐる通勤の婦人も洋服から離れてしまふ傾向があります。

洋服は寒い、外套をつくるのに大變だ日本の住居はやはり日本服でなければ過せないといふやうな批評があります。殊にウール類が輸入出來なくなると外套に困るから、洋服常用は無理だとの考へ方もあります。

しかし被服改善に當つては困難と感じられることも克服して衣服文化を確立する必要があります。もくもくと動きがとれないやうに厚着する無恰好さに落ちることなく、伊達の薄着をしたが結局體を縮めて炬燵にもぐり込んでゐるといふ退嬰もないやうにして臨戰下の潑剌たる生活を建設するのが何よりです。

寒がらぬためには皮膚の鍛錬が第一なので顔が一番寒がらぬのでも明かです。若い人は襟卷とか手袋とかは廢した方がよいと云はれるのを次第に實行すべきであるが、それと共に重いほど重ねなければ防寒にならないといふ氣分を去るべきでせう。保溫と保健の上からは身體の中樞部、即ち內臟機關のある部分を守ることが必要なのですが、婦人の衞生の上からは腹部から下脚部を溫かにせねばなりません。

標準服は帶を細くして幾重にも卷かぬことになりますから、腹部の保溫には、下着をしつかりさせねばなりません。直接肌につけるもの、例へば、ブラジャーズロース、シユミーズ等は、體をしめつけぬ程度に、ピツタリさせる事が大切です。

なほこの上に、眞綿を敷いて、粗くさしたブルーマーを穿くと、しつとりした暖かさで腹部から下脚部を保護します。勿論長さは、從來のブルーマーの域を脫して、膝下まで被ふ股引式に致します。

コルセツトは從來、非衞生なるものとして一般に批難されてゐたものですが、下腹部の保溫には、是非なければならぬものゝ一つです。勿論、その構成に適當な衞生的考慮を拂はねばなりませんが、無理に體を壓迫せぬ樣、又保溫を兼ねた工夫がなければなりません。スリップにも同樣、極く薄く眞綿をしき柔かにすると申分ありません。胸部はブラジヤー、腰部はコーセットで整へられますから決して醜とはなりません。

この邊に、保溫の要訣を摑へるべきです。

上着も毛織物の不足から、主に絹物を用ふる事になります。あまりタイトに過ぎず、ゆつたりとした、スーツ風のものがよいと思ひます。中衣をもつて保溫の調節を致します、又チヨツキを用ひてもよろしいでせう。これ等は適當に眞綿を用ひデザイン出來ます。下半身は勿論、スカート又はニッカーをはき臨戰下の生活にふさはしい保健的で、活動的な姿になります。

嚴寒時はなほこの上に、スモック風のものを着るのも、改良羽織とも見えて室內着にはよいと思ひます。襟は羽織風にもなり被布樣にひろげて前を蔽ふことも出來ます。

皮膚の鍛錬といつても裸になるのとは違ひます。保溫上の効果は寒い外氣を防ぐことにありますから、袖口や裾がきちりとしまつてゐる方が多は適します。かうして中樞部の保溫を完全に、末梢部は鍛錬するやうにすれば、どろどろするほどの厚着の必要はありません。

これらはすべて下着の硏究にあります外國は室內溫度が一定してゐる暖房裝置に依るから洋服でもよいが、日本は困る腰が冷え風邪を引くと職業婦人や近來の娘達が人口增强に積極的にあづかれない原因を洋裝に轉嫁するのはどうかと思ひます。この缺點を防ぐためにはレゲンスを用ひれば、氷の上を歩いても大丈夫です。脚絆は旅の道中の疲勞を來さぬやう脚を寒さと疲れから保護したものと思はれますが、脚絆よりも文化的なデザインのレゲンスは內でも外でも用ひられますこの姿は團服としてもユニホームとしても學生生徒の制服としても結構ですし、中衣や下着の調節で上衣は裏なしでも間にあひ、洗濯に大變便です。レゲンスに防水した布を用ひれば一石三鳥位の働きをします。レゲンスと限らず靴下の二重ばきでも結構です。

着ず嫌ひといふことのないやうに、科學的な考察をすべきで、夏の洋服は放熱度が高いので靜かにゐても活動してゐても和服よりも凉しいことは認識濟みです。春秋は、靜かにゐる場合の洋服は和服に保溫の點で劣りますが、活動の場合は斷然優ります。冬はなほこれがはつきりして靜態に和服、動態に洋服となるのですから、時局柄靜態であり得ない今日の服裝が創造されねばなりません。

洋服といふ觀念から離れた日本の風土に根ざしたものを求めねばなりません。帶による胸の緊縛や袖や裾のびらびらに長いところから、生理的障碍を受け活動を害されて徒らに疲勞することのないやうにせねばなりません。働くものには疲勞を來すことの遲い點からも經濟的な點からも保溫の上からも洋服的なものが似合はしいといふ結論になりますから、今後はその被服地について硏究を要します。一番下の肌着類には保溫と淸潔のためから洗濯のきく木綿が欲しいのですが他は外國依存を脫し得ます。

絹を實用化してこれにあてるのが國策

の道です。絹も從來の絹織物から面目を一新して、實用に供されるやうになりました。短纖維として紡織しますと毛織物の感じと温かさが出ます。表は繻子のやうに、裏を起毛してあるのは既にショール等に用ひられてゐます。もつと値を安くすれば外套として好適になります。眞綿を用ひるのもこの意味ですが、眞綿から毛糸ほどの太さの線を紡ぐと面白い編物が出來ます。ボレロにも中衣にも適します。上へ上へと重ねて最後にはどてらを引つかけた和服の冬姿とは異つて、あくまでスマートですから、鏡に姿を寫したときも活動の精氣と生活の喜びが溢れて來ます。

その意味から心理的な動向が心を元氣にすると共に身體をもあたたかにすると云へませう。進んで會ふ人達の心も明るく、季節の寒さを人間の心溫かさで凌ぐためには、人々が優しさに充ちてゐることが大事です。寒くない色調のもの黑や紺や茶が冬に似合ふのも、心理的の一面からも來てゐると思ひます。

國家經濟と國民の一億一心とが合致した知性が衣の上にも表れて、冬を温かに樂しく働き通すことを望みます。

1、**ブラジエヤー**

2、**ドロワース**

3、**シユミーズ**

強く締めぬ程度に膚にぴつたりさせる事。特にせめて直接膚につける之等には、木綿が欲しいものです。

4、**コーセツト**

眞綿を引き、和洋兩用に適するやう工夫します。特に古い絹靴下のジャージーの使用等はよい試みです。

5、**ソツクス**

毛糸編のもの。又はウールの有切れ等で、足袋風な物等を用ひます

6、**レゲンス**

ウールの有合布、又起毛した絹地を防水加工して用ひます。殊に足の冷え易い方は下に靴下を穿けば更に暖く出來ます。

7、**ブルーマー**

從來のものより長目にし膝下まで被ふやうに、又股引様の打合ひをつけ、和洋兩用に便利に勿論薄く眞綿を引き暖さを加へます。

8、**スリツプ**

和、洋兩用に。又、ニツカースに適し、着易くする爲裾の兩脇を圖の如く明けて置きます。

9、**ヴラウス**

10、**スカート又はニツカース**

裾口の締る工夫をして暖く穿けるやうにします。

11、**中衣**（チヨツキ）

眞綿を入れて、暖く、デザインを致します。

12、**上衣**

13、**上被**

薄綿を引いても、ふつくりと柔い暖い室内着になりませう。樂にはおれるやうにする事が大切です。

婦人國民服と臺灣

高野　武

今や帝國は南進發展を國策としてこれに邁進して居ります時に、臺灣はその基地であり、その基地としての重責を果す上にこの衣服の問題は重要なことではないかと存ぜられます。

皇軍の手によつて見事に復興された廣東の娘等すら、從來の服とは變つた何か新鮮な興亞の服を着たいと云ふ希望をもつ者も居るとか。

臺灣住民の住居は現在內地人は大方和洋折衷で座ることを主に椅子式を從の生活で本島人は椅子式が多く上流は和洋折衷にて椅子式を主に座を從の生活であります。高砂族は現在土間又は椅子式の生活ですが、將來は和洋折衷の日本式に近い生活に移るであらうと思はれます。

現代臺灣には本島人間に用ひられてゐる服で、上衣は短衫と云つて日本古代服の衣に似た腰を覆ふ位の短衣で、下は布を輪に縫ひ合して上部をちぢめた古代服の裳の如きスカート樣の袴とその下に古代の褌の如きズボンを穿く服裝で、これは本島人の生活には誠に便利なものとされ田舍や勞働階級の女はスカートを脫げば下のズボンは直ちに勞働服にもなり又外出にはその上にすぐスカートをはいて出かけます。

然し私共の目から見れば暑い國には不向な點があり又形態全體の上から云つても餘りに支那式であることなどが目につきます。然し老人階級にはこの服に對する執着心が可成りに强いものがあります。

若い娘は內地人、本島人、高砂族を問はず洋裝禮讃者が多く、殊に本島人の娘達は殆ど洋裝と申してもよい程で、市內の國民學校の生徒を調べたところ、本島服を持つてゐる者は殆んどなく、女學生は僅かにその一割に過ぎませんでした。蕃人の娘はどうかと申しますと靑年團等の制服等は洋服が多いやうですが、通常は種々雜多な有合せの服を着てゐると云ふ狀態であります。本島人、高砂族を問はず彼女等の欲しがるものは友禪模樣の派手な着物でお正月等の晴着の一揃は持つて居ると云ふのが中流以上の慣しです。然しかうした暑い國に和服の不向なことは申すまでもないことであります。

この島のかうした樣々の人達の生活を目のあたりに見、その聲を聞きつゝ生活して居りまして思ひますに何かかうと云ふ娘達に早く基本的な日本意識のはつきりした衣服を示してやり、自分等の服裝はこの方向に向つて健全に育て上げると云ふ熱情を湧き起させ度いと云ふ念に驅られます。

この際私共は服裝に對する一切の雜念をかなぐり捨て白紙にかへつて日本上古に遡り、日本古來の服を研究しそこに眞に日本的なものを發見してこれを基本として考へ、時代に照し正しき認識を以て時代人の生活と感覺にぴつたりするものを作り上げるべきであらうと思ひます。

・日本の道德が幾多の時代を經、諸外國の思想を取り入れて異狀の發展を擧げ、ここに行きづまりを來して始めて惟神の道を再檢討して見て、ここに雄々しくも輝かしき時代の國民道德を生み建國創業の精神に立ちかへり八紘一宇の大理想に向つて大東亞建設に邁進して居ります。

斯くの如くに服裝の改善も日本古來の姿に立ち歸らねばならないのではないでせうか。私は半生を激しい活動もし、色々の病氣もしてみましたが病中つく〴〵思ひますに日本上古の服こそ新しい日本服の基礎をなすものではないかと思ひます。

後記

シンガポール陥つ。

何よりも慶祝の誠を捧げたい。近代世界史上かくの如き重大事を、わが日本はやつてのけたのだ。

老大英國が王座からすべり落ちる事なぞは最早問題ではない。昭南島に飜へる日章旗を見る全世界の眼を見よ。われら何を爲すべきか。今は漠然と大勝の甘きに醉つてばかりゐる時ではない。

敵の反撃恐るゝに足らず、長期戰もとより期するところだ。しかしながら、建設にあたつては、新らたなる覺悟を要する。

英人に取つて代るのは簡單だ、しかし、それだけでは英人の如き末路を見るのみ。

物資が豐富になつたら、衣料切符制もなくなるだらうと今から切符制の改廢を云々してゐる者がある。

衣料切符制の將來などは政府の指導に待つたらよい。それよりも、衣料切符制を機會に根本的刷新をなす可きであらう。

強制されて刷新に着手するのはあまり賞めた話ではないが、やらないよりもよい。

國民服運動から見れば、衣料切符制も遲きに過ぎる程だ。口先でいくら贅澤するなといつても、なかなか徹底しないのは分りきつてゐる。

こゝは一應強制的に浪費を押へておいて、新生活へ出直す外はあるまい。

かゝる意味で、衣料切符制に有終の美を與へなければならない。點數かぞえに日を送るやうな消極的生活刷新は一日も早くやめて欲しい。

何をどうすればよいか、といふ事が肝心で、ある物をひねくつてばかり居ては解決の道は遠い。

婦人標準服に對する無責任な批評は、あたかも男子國民服が數年前に受けた冷評と軌を一にする。

今少し大らかな氣持で　歴史を直視しようではないか。

一口に服裝文化といつてもその意味は激變してゐる。

われらは決死の覺悟で進んでゐるのである。

技術的なこまかい缺點などは矯正の道がある。たゞ、國民服精神のみは終始一貫したい。

かくてこそ、「勅令」の御趣旨にも添ふ所以であると思ふ。

× × ×

前號から連載の「ノモンハンの記」の筆者中川上等兵は過日、當時の中隊長宮殿下に拜謁を賜ひ本誌を獻上して退下した。まことに感激に堪へない。

× × ×

本號では衣料切符制の特輯をした。この問題は單に本號のみで終るものではないが、取り敢えず「切符制の認識」に重點を置いた。

本協會でもいろいろ研究をしてゐるが、國民諸氏の積極的な生活刷新意慾こそすべての根本となるのである。（眞）

「國民服」毎月一回十五日發行　第二卷第三號

㊟定價一册四十錢（郵税一錢九厘）

「國民服」はなる可く豫約して下さい。御希望の方は書店へ御申込下さい。定期御購讀の方は左記の前金を添へて本協會へ御申込下さい。

半年分（六册）	金二圓四十錢（郵税とも）
一年分（十二册）	金四圓八十錢（郵税とも）

●御註文は總て前金で願ひます。

●御送金は振替が便利です。

廣告料は本協會編輯部廣告係へ御照會下さい。

昭和十七年二月廿五日印刷納本

昭和十七年三月十五日發行

（禁無斷轉載）

發行人　石原通

編輯人　井澤眞太郎

印刷人　淺野剛

東京市芝區櫻川町一二

印刷所　株式會社金羊社

東京市芝區西久保廣町十八

發行所　財團法人大日本國民服協會

電話芝（43）四五〇五番

振替口座東京一四四、六七五番

文協會員番號第二一六〇四三號

配給元　東京市神田區淡路町二ノ九　日本出版配給株式會社

昭和十六年十一月十五日第三種郵便物認可
昭和十七年二月二十五日印刷納本（毎月一回十五日發行）
昭和十七年三月十五日發行

(停)
定價金四十錢

国民服・衣服研究　第2巻

『国民服』1942年(昭和17年)1月号～3月号

(『国民服』第2巻第1号　1月号／『国民服』第2巻第2号　2月号／
『国民服』第2巻第3号　3月号)

監修・解説　井上雅人

2019年10月18日　印刷
2019年10月25日　発行

発行者　鈴木一行
発行所　株式会社ゆまに書房
〒101－0047 東京都千代田区内神田2-7-6
電話 03-5296-0491（営業部）／03-5296-0492（出版部）

組版・印刷　富士リプロ株式会社
製本　東和製本株式会社

定価：本体18,000円＋税　ISBN978-4-8433-5607-4　C332
Published by Yumani Shobou, Publisher In
2019 Printed in Japa
落丁・乱丁本はお取替え致します。